Mon année de 1re

ENSEIGNEMENTS **COMMUNS**

Cet ouvrage a été rédigé par une équipe de professeurs de lycée.

Français ▶ Sophie Pailloux-Riggi, Jacqueline Turgis

Histoire ▶ Magali Domain, Norbert Dubouis, Sébastien Piecuch, Bénédicte Zielewski

Géographie – EMC ▶ Loïc Hamandjian

Enseignement scientifique
▶ Bruno Lavigne, Denis Regaud

Maths tronc commun
▶ Fabien Aoustin

Anglais ▶ Claire Vittecoq-Laurelli

Espagnol ▶ Alejandra Chuliá Jordán

bordas

Sommaire

FRANÇAIS

HISTOIRE

GÉOGRAPHIE

ENSEIGNEMENT MORAL ET CIVIQUE

ENSEIGNEMENT SCIENTIFIQUE

MATHS TRONC COMMUN

ANGLAIS

GESTES FONDATEURS ET MONDES EN MOUVEMENT

ESPAGNOL

GESTES FONDATEURS ET MONDES EN MOUVEMENT

Les FICHES DE MATHILDE et ses TUTOS VIDÉO

Nouveau BAC

Demandez le programme !

À partir de la rentrée 2019, les programmes de première et terminale de la voie générale comprennent :

- **des enseignements communs**, suivis par tous les élèves ;
- **des enseignements de spécialité**, à choisir parmi une liste de 12 disciplines ;
- **des enseignements optionnels**. 4 sont accessibles dès la première, 3 autres les complètent en terminale.

1 Les enseignements communs

	première	terminale
Français	4 h/semaine	
Philosophie		4 h/semaine
Histoire-Géographie	3 h/semaine	3 h/semaine
Enseignement moral et civique	0 h 30/semaine	0 h 30/semaine
Langue vivante A et langue vivante B	4 h 30/semaine	4 h/semaine
Éducation physique et sportive	2 h/semaine	2 h/semaine
Enseignement scientifique	2 h/semaine	2 h/semaine
+ mathématiques tronc commun	1 h 30/semaine	

Les enseignements obligatoires ne faisant pas l'objet d'épreuves terminales sont évalués dans le cadre du contrôle continu, par le biais des résultats obtenus en classe pendant les deux années du cycle terminal.

2 Les enseignements de spécialité

Les 12 spécialités disponibles sont les suivantes :

Arts
Biologie, écologie
Histoire-géographie, géopolitique et sciences politiques
Humanités, littérature et philosophie
Langues, littératures et cultures étrangères
Littératures, langues et cultures de l'Antiquité
Mathématiques
Numérique et sciences informatiques
Physique-Chimie
Sciences de la vie et de la Terre
Sciences de l'ingénieur
Sciences économiques et sociales

Dans chacune de tes spécialités, tu auras 4 heures de cours par semaine en première et 6 heures de cours par semaine en terminale.

Tu as choisi en fin de seconde tes trois spécialités de première. À la fin de l'année, il faudra en abandonner une. Tu n'en auras donc plus que deux en terminale.

La spécialité que tu auras choisi de ne pas poursuivre en terminale sera évaluée dans le cadre du contrôle continu par la moyenne des moyennes trimestrielles ou semestrielles. Les deux autres spécialités donneront lieu à des épreuves finales au cours du second semestre de terminale.

3 Les enseignements optionnels

Si tu le souhaites, tu peux choisir de suivre 1 matière optionnelle en première et 2 en terminale, parmi la liste suivante :

Accessible dès la première	Accessible en terminale uniquement
Langue vivante C	Mathématiques expertes
Arts	Mathématiques complémentaires
EPS	Droits et grands enjeux du monde contemporain
Langues et cultures de l'Antiquité	

Nouveau BAC

Le baccalauréat

1 Les deux modes d'évaluation

CONTRÔLE CONTINU

Coefficients en classe de	1re	Tle
Spécialité non poursuivie en Tle	8	/
Histoire-Géographie	3	3
Enseignement moral et civique	1	1
LVA	3	3
LVB	3	3
Enseignement scientifique dont mathématiques	3	3
EPS	/	6

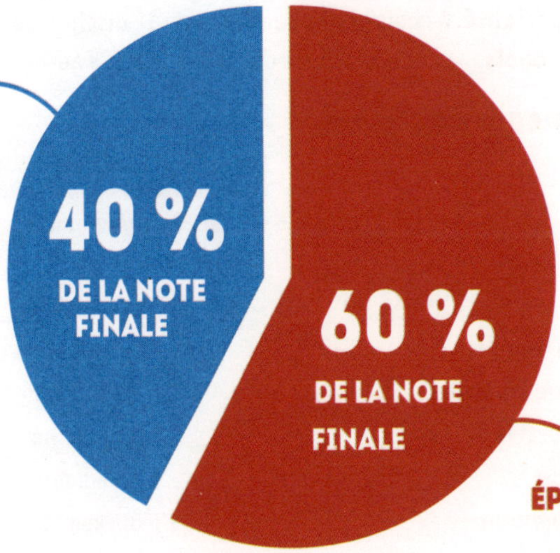

ÉPREUVES TERMINALES

2 épreuves anticipées en première

- Français écrit : coefficient 5
- Français oral : coefficient 5

4 épreuves finales en terminale

- 2 enseignements de spécialité : coefficient 16 chacun
- Philosophie : coefficient 8
- Grand oral : coefficient 10

2 Le calendrier des épreuves

	Juin		Juin
1re	ÉPREUVES DE FRANÇAIS • Écrit • Oral	Tle	ÉPREUVES TERMINALES • Philosophie • Grand oral • Enseignement de spécialité A • Enseignement de spécialité B

Nouveau BAC

Le contrôle continu

Les 40 % de la note du baccalauréat issus des enseignements obligatoires ne faisant pas l'objet d'épreuves terminales sont calculés à partir des résultats obtenus en classe pendant les deux années du cycle terminal.

Les moyennes annuelles du cycle terminal, dans les enseignements ci-dessous, constituent les notes qui sont prises en compte.

Enseignement de spécialité

▶ La spécialité qui n'est pas poursuivie en terminale est évaluée en première par le contrôle continu : la note, affectée d'un coefficient 8, est la moyenne des moyennes trimestrielles ou semestrielles de l'élève pour la classe de première.

Histoire-géographie | Enseignement scientifique | Langues vivantes A et B

▶ Pour ces trois matières : la note est la moyenne des moyennes trimestrielles ou semestrielles de l'élève, affectée, dans chaque enseignement, d'un coefficient 3 pour la classe de première et d'un coefficient 3 pour la classe de terminale (soit un coefficient 6 pour chacun de ces enseignements sur le cycle terminal).

Éducation physique et sportive

▶ Pour l'EPS : la note à laquelle est affectée le coefficient 6 est la moyenne des notes obtenues par l'élève aux évaluations certificatives prévues dans le cadre du contrôle en cours de formation (CCF) qui vient ponctuer chaque période de formation au cours de l'année de l'examen. L'élève est évalué, pendant l'année de terminale, sur trois épreuves reposant sur trois activités physiques, sportives et artistiques (APSA). La note finale obtenue par le candidat est la moyenne de ces trois épreuves.

Enseignement moral et civique

▶ En EMC, la moyenne des résultats de l'élève est affectée d'un coefficient 1 pour la classe de première et d'un coefficient 1 pour la classe de terminale (soit un coefficient 2 pour cet enseignement sur le cycle terminal).

Les moyennes sont attribuées par les professeurs, entérinées en conseil de classe, transmises aux familles dans les bulletins trimestriels ou semestriels, puis renseignées dans le livret scolaire. Elles sont désignées par les termes « évaluations chiffrées annuelles » dans les textes réglementaires relatifs à l'organisation du baccalauréat.

Dans chaque enseignement concerné, la moyenne annuelle est validée lors du dernier conseil de classe de chaque année du cycle terminal (fin de première et fin de terminale). La moyenne annuelle de chaque enseignement est prise en compte pour l'obtention du baccalauréat en l'arrondissant au dixième de point supérieur.

Nouveau BAC

Les épreuves anticipées de FRANÇAIS

Les épreuves anticipées de français sont un des grands enjeux de ton année de première. Tu en trouveras ci-dessous une description détaillée.

1 L'épreuve écrite

- Durée : 4 heures
- Coefficient : 5

Structure

Pour l'épreuve écrite, tu dois choisir entre deux types de travaux d'écriture : un commentaire ou une dissertation.

Le commentaire

Le commentaire porte sur un texte littéraire en lien avec un des objets d'étude du programme de première.

Tu dois composer un devoir présentant de manière organisée ce que tu as retenu de sa lecture et justifier par des analyses précises ton interprétation et tes jugements personnels.

Le texte proposé pour le commentaire n'est pas extrait d'une des œuvres au programme.

La dissertation

Pour la dissertation, il te faut conduire une réflexion personnelle sur une question littéraire. Tu dois choisir entre trois sujets de dissertation, chacun étant en rapport avec l'une des œuvres du programme et son parcours associé.

Pour développer ton argumentation, tu t'appuies sur ta connaissance de l'œuvre et des textes étudiés dans le cadre de l'objet d'étude concerné, mais aussi sur tes lectures et ta culture personnelle.

Notation

L'épreuve écrite est notée sur 20.

2 L'épreuve orale

- Durée : 20 minutes
- Préparation : 30 minutes
- Coefficient : 5

Structure

L'épreuve orale est composée de deux parties qui s'enchaînent et sont précédées d'un temps de préparation de 30 minutes.

Le descriptif des activités de l'année

Avant l'épreuve, tu dois présenter à l'examinateur un descriptif des activités réalisées au cours de l'année. Ce descriptif t'aura été fourni par ton professeur, il récapitule les œuvres et les textes étudiés en classe, en distinguant ceux qui ont fait l'objet d'une étude détaillée, sur lesquels tu peux être interrogés dans la première partie de l'épreuve.

Pour chaque objet d'étude tu as au moins quatre textes susceptibles de donner lieu à une interrogation : 2 extraits au minimum pour chaque œuvre, 1 extrait pour le parcours associé.

Ce descriptif indique également l'œuvre que tu as choisie parmi celles proposées par ton professeur au titre des lectures cursives obligatoires ou parmi celles qui ont été étudiées en classe. Cette œuvre fait l'objet de la seconde partie de l'épreuve.

Première partie : exposé sur un des textes du descriptif

Durée : 12 minutes

L'examinateur t'indique par écrit, sur une fiche que tu dois signer :
– le texte et le passage du texte sur lequel tu es interrogé ;
– une question de grammaire.

À l'issue de ton temps de préparation :

1. Tu réalises une lecture à voix haute juste, pertinente et expressive du texte choisi par l'examinateur, après l'avoir situé brièvement dans l'œuvre ou le parcours associé.

2. Ensuite, tu proposes une explication linéaire d'un passage sélectionné par l'examinateur dans le texte.

3. Enfin, tu réponds à la question de grammaire posée par l'examinateur au moment du tirage. La question porte sur le texte choisi : elle vise l'analyse syntaxique d'une courte phrase ou d'une partie de phrase.

Seconde partie : présentation de l'œuvre choisie par le candidat et entretien avec l'examinateur.

Durée : 8 minutes

Cette partie de l'épreuve se déroule en deux temps successifs :
– tout d'abord, tu présentes brièvement l'œuvre que tu as retenue et tu exposes les raisons de ton choix ;
– ensuite l'examinateur te pose des questions qui visent à évaluer tes capacités à dialoguer, à nuancer et à étoffer ta réflexion, à défendre ton point de vue sur la base de ta connaissance de l'œuvre.

Notation

La première partie de l'épreuve orale est notée sur 12 points, la seconde sur 8 points.

Le tableau ci-contre t'indique ce que les examinateurs attendent de toi lorsqu'ils te font passer l'épreuve orale et les éléments sur lesquels ils vont baser leur évaluation.

Nouveau BAC

	Attendus de la prestation orale	Éléments évalués
Lecture	Lecture correcte et expressive d'un texte déjà connu	Capacité à faire entendre sa voix et à faire preuve dans sa lecture d'une intention de sens Capacité à adresser sa lecture
Explication	Bonne compréhension littérale du texte Analyse pertinente au service d'une interprétation Mobilisation des savoirs linguistiques et littéraires nécessaires à l'analyse du texte Références précises au texte étudié	Qualité de l'expression et niveau de langue orale Qualités de communication, de précision et de clarté dans le propos
Question de grammaire	Mobilisation des savoirs linguistiques pertinents pour l'analyse faisant l'objet de la question	Capacité à mobiliser un lexique grammatical pertinent Capacité à construire une analyse syntaxique, à réfléchir sur des faits linguistiques
Entretien	Présentation synthétique de l'œuvre retenue Expression pertinente, justifiée et convaincante d'un choix personnel Entrée véritable dans l'échange, tirant profit des éléments de relance pour approfondir sa propre réflexion Mobilisation pertinente des connaissances culturelles et artistiques en lien avec le propos	Capacité à défendre une lecture personnelle Capacité à expliquer et à justifier ses choix Aptitude au dialogue Qualité de l'expression et niveau de langue orale Qualités d'analyse et d'argumentation, de communication et de persuasion Capacité à établir des liens entre la lecture littéraire et les autres champs du savoir, l'expérience du monde et la formation de soi

Les relations logiques

Cours

Les relations logiques au sein d'un énoncé jouent un rôle essentiel. Ce sont elles qui structurent le propos et assurent sa cohérence.

1 Opposition et concession

L'opposition entre deux éléments au sein d'un énoncé n'est pas toujours radicale. Elle peut s'exprimer de façon plus nuancée, pour marquer simplement une restriction ou une concession.

***Quoique** le XVIe siècle français soit caractérisé par un espoir humaniste, il comporte aussi un versant sombre, notamment à partir des guerres de religion.*

La conjonction de subordination « quoique » marque que l'on reconnaît un fait tout en le mettant à distance, pour ensuite le nuancer ou le réfuter.

Opposition	Concession	Restriction
mais, cependant, pourtant, néanmoins, en revanche, au contraire alors que, tandis que, or…	malgré, en dépit de, quoique, bien que, même si, ce n'est pas que, certes, bien sûr, il est vrai que, toutefois…	mis à part, en dehors de, hormis, à défaut de, excepté…

2 Cause et conséquence

Cause et conséquence fonctionnent ensemble, mais attention à établir la relation logique dans la bonne direction.

▶ La cause exprime l'origine, la raison d'un fait ou d'une idée. Pour introduire une cause :
- *car* ;
- *parce que* ;
- *puisque* ;
- *par* ;
- *grâce à* ;
- *en effet* ;
- *en raison de* ;
- *du fait de* ;
- *dans la mesure où* ;
- *en raison de*, etc.

▶ La conséquence exprime le résultat.
Pour introduire une conséquence :
- *ainsi* ;
- *c'est pourquoi* ;
- *en conséquence* ;
- *si bien que* ;
- *de sorte que* ;
- *donc* ;
- *alors* ;
- *par conséquent* ;
- *d'où*, etc.

À noter

Attention à la **différence entre conséquence et but** : la conséquence est entraînée par une cause alors que le but est ce que l'on vise.
Dans son essai « Les Cannibales », Montaigne rappelle le sens étymologique du mot « sauvage » pour déplacer les préjugés de son époque à l'égard des Indiens du Nouveau Monde (« pour » marque le but).

3 Condition et hypothèse

La condition exprime une circonstance nécessaire pour qu'un fait se réalise. L'hypothèse est elle la formulation d'une supposition dont on va tirer les conséquences.

Mais il n'est pas toujours évident de les distinguer l'une de l'autre.

Montaigne suggère ironiquement à la fin de son essai « Les Cannibales » *que les Indiens pourraient apparaître comme civilisés **s'**ils portaient des « hauts-de-chausse ».*

La proposition subordonnée exprime ici la condition.

▶ Expression de la condition :
- *si* ;
- *à la condition que* ;
- *pourvu que*, etc.

▶ Expression de l'hypothèse :
- *si* ;
- *dans l'hypothèse où* ;
- *en supposant que* ;
- *en admettant que* ;
- *au cas où*, etc.

4 Les relations implicites

La logique d'un propos peut rester implicite. C'est alors au lecteur de la déduire en étant attentif au contexte, au sens, à la ponctuation (les deux points ont ainsi des valeurs variées), à la disposition du texte, à la présence d'un certain lexique (par exemple appréciatif ou dépréciatif).

FRANÇAIS

Méthode

Structurer la progression de son propos : quels outils ?

Pour hiérarchiser ses idées	premièrement, deuxièmement, en premier lieu, en second lieu… ; tout d'abord, ensuite, enfin ; d'une part… d'autre part ; non seulement… mais encore…
Pour ajouter une idée à une autre	de plus, par ailleurs, en outre, de surcroît…
Pour préciser ou nuancer une idée	c'est-à-dire, en d'autres termes, autrement dit, voire, ou plutôt, plus exactement, à vrai dire…
Pour introduire un cas ou un exemple précis	ainsi, comme, c'est le cas de, par exemple, en particulier, notamment…
Pour conclure son idée	ainsi, en somme, donc, par conséquent, en guise de conclusion, pour conclure…

Exercices

1 ★★★ 30 min **Identifiez la progression logique des extraits suivants, en veillant à expliciter, si le cas se présente, les relations implicites.**

Ces textes, extraits d'œuvres du XVIe au XVIIIe siècles, peuvent désarçonner par leur lexique et leurs tournures syntaxiques différents de nos usages. Prenez le temps de les lire plusieurs fois et de comprendre leur sens avant de faire l'exercice.

Texte 1

Chez nous, les caractères sont tous uniformes, parce qu'ils sont forcés : on ne voit point les gens tels qu'ils sont, mais tels qu'on les oblige d'être ; dans cette servitude du cœur et de l'esprit, on n'entend parler que la crainte, qui n'a qu'un langage, et non pas la nature, qui s'exprime si différemment, et qui paraît sous tant de formes.

MONTESQUIEU, *Les Lettres persanes*, Lettre LXIII, 1721.

Texte 2

Il arrivera possible que mon travail fera naître à d'autres personnes l'envie de porter la chose plus loin. Tant s'en faut que cette matière soit épuisée, qu'il reste encore plus de fables à mettre en vers que je n'en ai mis. J'ai choisi véritablement les meilleures, c'est-à-dire celles qui m'ont semblé telles ; mais, outre que je puis m'être trompé dans mon choix, il ne sera pas bien difficile de donner un autre tour à celles-là mêmes que j'ai choisies ; et, si ce tour est moins long, il sera sans doute plus approuvé.

Jean de LA FONTAINE, *Fables*, Préface, 1668-1693.

Texte 3

L'étrangeté de ces inventions me met en tête cette autre fantaisie : que c'est une espèce de pusillanimité[1] aux monarques, et un témoignage de ne sentir point assez ce qu'ils sont, de travailler à se faire valoir et paraître par des dépenses excessives. […] Nous avons des contes merveilleux de la frugalité[2] de nos Rois autour de leur personne, et en leurs dons ; grands Rois en crédit, en valeur et en fortune[3]. Démosthène combat à outrance la loi de sa ville qui assignait les deniers publics aux pompes des jeux et de leurs fêtes ; il veut que leur grandeur se montre en quantité de vaisseaux bien équipés et bonnes armées bien fournies. Et l'on a raison d'accuser Théophraste d'avoir établi, en son livre Des richesses, un avis contraire, et maintenu qu'une telle nature[4] de dépense était le vrai fruit de l'opulence. […]. Outre cela, il semble aux sujets, spectateurs de ces triomphes, qu'on leur fait montre de leurs propres richesses et qu'on les festoie à leurs dépens. Car les peuples présument volontiers des Rois, comme nous faisons de nos valets, qu'ils doivent prendre soin de nous apprêter en abondance tout ce qu'il nous faut, mais qu'ils n'y doivent aucunement toucher de leur part.

Michel de MONTAIGNE, *Essais*, « Des Coches », III, 6, version modernisée.

1. Irresponsabilité.
2. Simplicité.
3. Destin.
4. Une dépense excessive et ostentatoire.

2 ★★ 20 min **Relisez l'extrait des *Essais* proposé dans l'exercice 1 et répondez en dix lignes à la question suivante en structurant votre propos à l'aide de liens logiques entre vos idées. À quelle critique des dépenses des rois se livre ici Montaigne ?**

Les subordonnées conjonctives circonstancielles

Rappel

Une proposition subordonnée est **dépendante** d'une proposition principale. Elle est introduite par une **conjonction de subordination** (ou locution conjonctive lorsque le lien subordonnant est constitué de plusieurs mots).

Cours

1 Les subordonnées causales (expression de la cause)

▶ On peut distinguer deux formes de relation causale selon que le fait donné comme cause dans la subordonnée est déterminé par le locuteur ou qu'il est une cause établie, déjà connue de tous, indépendamment du seul locuteur. Comparez ces deux exemples :

« ***Parce que*** *vous êtes un grand seigneur, vous vous croyez un grand génie* » (Le Mariage de Figaro)

Puisque *vous êtes un grand seigneur, vous vous croyez un grand génie.*

▶ Les nuances dans la relation causale :

Cause formulée objectivement	parce que, puisque, comme, étant donné que, vu que, du fait que...
Cause supposée	soit que... soit que...
Cause niée avant que ne soit donnée la cause réelle	non que... mais
Cause présentée comme une allégation	sous prétexte que...
Fait antécédent interprété comme cause	dès lors que, du moment que...
Cause accentuée	surtout que, d'autant plus que...

2 Les subordonnées consécutives (expression de la conséquence)

▶ On distingue deux types de liens selon que la principale exprime ou non une idée d'intensité : *si...que, tellement...que, tant de...que, au point que... / de (telle) sorte que, en sorte que, de façon que, si bien que...*

▶ La consécutive est à l'indicatif quand la conséquence est effective : *J'ai tant travaillé que ce devoir* ***est*** réussi.

Elle est au subjonctif quand la conséquence est espérée ou supposée : *Je peux croire que j'ai assez travaillé pour que ce devoir* ***puisse*** *être réussi.*

3 Les subordonnées finales (expression de la fin, du but)

Conséquence et but sont proches. La différence est que le but suppose toujours une intention. Les subordonnées finales sont toujours au subjonctif.

J'ai travaillé ***pour que*** *ce devoir* ***soit*** réussi (dans cet exemple, il ne s'agit pas comme dans le cas précédent d'une conséquence espérée, mais d'un but visé).

4 Les subordonnées hypothétiques et de condition (introduites par *si*)

On peut distinguer :

– la condition simple : ***Si*** *Julien parle, je parlerai aussi.*

– la condition assortie d'un souhait : ***Pourvu qu'****il parle, je serai heureux.*

– l'hypothèse : quand l'hypothèse ne correspond pas à une réalité présente ou passée, « si » est suivi de l'indicatif imparfait ou plus que parfait : *Si Julien* ***parlait****, tout serait perdu. / S'il* ***avait parlé****, tout aurait été perdu* (ce qui suppose que Julien ne parle pas ou n'a pas parlé).

Quand l'hypothèse engage l'avenir ou une conséquence immédiate, « si » est suivi de l'indicatif présent : *S'il* ***parle****, tout est perdu.*

5 Les subordonnées concessives (expression de la concession)

Quand s'exprime une conséquence contraire par rapport à ce qui est attendu ou une implication surprenante, la subordonnée est appelée concessive. Elle est généralement au subjonctif. Elle est introduite par *bien que, encore que, quoique* ou, si elle comporte une idée d'intensité, par *quelque, quel que, qui que, quoi que.*

Bien qu'*il parlât, tout fut perdu /* ***Quelque parole qu'****il dise, tout est perdu/* ***Quoi qu'****il dise, tout est perdu*

Méthode

Exprimer l'hypothèse de façon nuancée

Éventualité pure	quand	*Quand (bien même) il parlerait, cela ne servirait à rien.*
Supposition simple	à supposer que, au cas où, en admettant que	*En admettant qu'il parle, cela ne servirait à rien.*
Supposition et restriction	à moins que	*À moins qu'il ne parle, tout est perdu.*
Supposition et alternative	soit que... soit que..., que... que..., selon que... ou que...	*Soit qu'il se taise soit qu'il parle, tout est perdu.*

Exercice

1 ★★ 30 min

a. Identifiez les subordonnées circonstancielles soulignées dans ces deux extraits de *La Princesse de Clèves*.
b. Transformez la proposition infinitive en gras en proposition subordonnée, et précisez sa fonction.

Texte 1

La magnificence et la galanterie n'ont jamais paru en France avec tant d'éclat que dans les dernières années du règne de Henri II. Ce prince était galant, bien fait, et amoureux : quoique sa passion pour Diane de Poitiers, duchesse de Valentinois, eût commencé il y avait plus de vingt ans, elle n'en était pas moins violente, et il n'en donnait pas des témoignages moins éclatants.
Comme il réussissait admirablement dans tous les exercices du corps, il en faisait une de ses plus grandes occupations : c'était tous les jours des parties de chasse et de paume, des ballets, des courses de bagues, ou de semblables divertissements. [...].
La présence de la reine autorisait la sienne : cette princesse était belle, quoiqu'elle eût passé la première jeunesse ; elle aimait la grandeur, la magnificence, et les plaisirs. [...]
L'humeur ambitieuse de la reine lui faisait trouver une grande douceur à régner. Il semblait qu'elle souffrît sans peine l'attachement du roi pour la duchesse de Valentinois, et elle n'en témoignait aucune jalousie ; mais elle avait une si profonde dissimulation qu'il était difficile de juger de ses sentiments ; et la politique l'obligeait d'approcher cette duchesse de sa personne, **afin d'en approcher aussi le roi**.

Madame de Lafayette, *La Princesse de Clèves*, 1678.

Texte 2

Ce mariage avait eu beaucoup d'obstacles par les promesses que M. de Montmorency avait faites à mademoiselle de Piennes, une des filles d'honneur de la reine ; et, bien que le roi les eût surmontés avec une patience et une bonté extrême, ce connétable ne se trouvait pas encore assez appuyé, s'il ne s'assurait de madame de Valentinois, et s'il ne la séparait de MM. de Guise, dont la grandeur commençait à donner de l'inquiétude à cette duchesse [...]. Elle haïssait particulièrement le cardinal de Lorraine ; il lui avait parlé avec aigreur, et même avec mépris ; elle voyait qu'il prenait des liaisons avec la reine, de sorte que le connétable la trouva disposée à s'unir avec lui [...]. Le connétable ne crut pas trouver d'obstacles dans l'esprit de M. d'Anville pour un mariage, comme il en avait trouvé dans l'esprit de M. de Montmorency ; mais, quoique les raisons lui en fussent cachées, les difficultés n'en furent guère moindres. M. d'Anville était éperdument amoureux de la reine dauphine ; et, quelque peu d'espérance qu'il eût dans cette passion, il ne pouvait se résoudre à prendre un engagement qui partagerait ses soins.

Madame de Lafayette, *La Princesse de Clèves*, 1678.

Le verbe

Cours

1 Valeurs temporelles

Le temps d'un verbe permet de situer un fait avant (antériorité), pendant (simultanéité) ou après (postériorité) le moment de référence de l'énoncé.
Deux temps doivent attirer plus particulièrement l'attention :

a. Le présent

Il peut renvoyer au moment même de l'énonciation, avoir une valeur de vérité générale (présent gnomique), marquer une habitude, ou encore avoir, selon le contexte, une valeur de passé récent ou de futur proche. Enfin, dans un récit au passé, l'emploi du présent a pour fonction de mettre en relief une action, comme si elle avait lieu dans le temps même de la narration.

b. Le conditionnel

Le conditionnel présent exprime le futur dans un texte au passé.

Le conditionnel passé ajoute l'idée d'achèvement : *Je pensais que vous l'**auriez lu**.*

Il permet aussi de traduire une éventualité passée, non réalisée : *Vous auriez lu* Les Fleurs du Mal, *vous sauriez ce que signifie le spleen.*

2 Valeurs aspectuelles

Le temps du verbe sert aussi à indiquer un aspect, c'est-à-dire la façon dont est envisagé dans son déroulement le procès, l'action.

a. Aspect accompli/ aspect non accompli

Les formes simples (non conjuguées avec un auxiliaire) expriment un aspect non accompli (l'action est envisagée comme en cours) : ***Je lis*** Les Fleurs du Mal, alors qu'avec les formes composées (conjuguées avec l'auxiliaire *être* ou *avoir*), le procès est envisagé après la fin de l'action, on se situe après coup. On parle alors d'aspect accompli : ***J'ai lu*** Les Fleurs du Mal.

Aspect en contexte

Certaines indications temporelles liées au verbe nuancent la façon dont est envisagée l'action : aspect semelfactif (présente une action comme ayant lieu une seule fois) : *Hier, j'ai lu les Fleurs du Mal* ; aspect itératif (présente une action comme se répétant) : *Je lisais Les Fleurs du Mal tous les matins* ; aspect duratif (présente une action comme durant) : *J'ai lu longtemps Les Fleurs du Mal.*

b. Aspect global/sécant

Avec le présent, le passé simple ou le futur, l'action est envisagée de l'extérieur, comme un tout indivisible (aspect global) : *Je **lus*** Les Fleurs du Mal *en dix jours*, alors qu'à l'imparfait, elle est vue de l'intérieur, en coupe (aspect sécant, *secare* en latin veut dire « couper »), dans un moment de son déroulement : ***Je lisais*** Les Fleurs du Mal.

Méthode

Choisir un mode verbal

a. Modaliser son propos

Les modes personnels (indicatif, subjonctif, impératif) donnent une indication sur la position du locuteur par rapport à son propos, c'est ce que l'on appelle la **modalisation.**

– L'**indicatif** pose l'action indiquée par le verbe (son procès) comme appartenant à l'**ordre du vrai pour le locuteur ou de ce qui est effectivement réalisé.**

– Le **subjonctif** envisage le procès comme appartenant à l'**ordre des possibles pour le locuteur** (c'est le mode du virtuel, du potentiel, mais aussi de la contradiction entre ce qui est et ce que l'on voudrait qui soit).

– L'**impératif** correspond à une **injonction** (ordre, prière ou défense) lancée à celui à qui on parle pour qu'il réalise (ou non) l'action exprimée par le verbe.

– La **valeur modale du temps conditionnel** : le conditionnel peut marquer un **degré d'incertitude** ou une **volonté d'atténuation** du propos.

b. Adopter le mode approprié

- « **si** » n'est jamais suivi d'un verbe au conditionnel,
- « **dans le cas où** » est toujours suivi du conditionnel,
- « **après que** » est toujours suivi de l'indicatif (l'action a eu lieu, elle est effective),
- « **avant que** » est toujours suivi du subjonctif (l'action n'est pas encore effective par rapport à celle de la principale).

Exercices

1 ★ 5 min **Précisez les valeurs du présent dans ce quatrain de « Au lecteur ».**

C'est l'Ennui ! — l'œil chargé d'un pleur involontaire,
Il rêve d'échafauds en fumant son houka.
Tu le connais, lecteur, ce monstre délicat,
— Hypocrite lecteur, — mon semblable, — mon frère !

Charles Baudelaire, *Les Fleurs du Mal*, 1857-61.

2 ★ 5 min **Précisez la valeur du conditionnel dans ce quatrain du poème « Le guignon ».**

Pour soulever un poids si lourd,
Sisyphe, il faudrait ton courage !
Bien qu'on ait du cœur à l'ouvrage,
L'Art est long et le Temps est court.
[...]

Charles Baudelaire, *Les Fleurs du Mal*, 1857-61.

3 ★★ 15 min **Identifiez les temps des verbes dans l'extrait suivant de « 1909 » d'Apollinaire et précisez pour chaque verbe la valeur temporelle et aspectuelle du temps utilisé.**

Juste avant la publication d'*Alcools*, Apollinaire supprima toute la ponctuation de son recueil.

N'entendra-t-on jamais sonner minuit

La dame en robe d'ottoman violine
Et en tunique brodée d'or
Décolletée en rond
Promenait ses boucles
Son bandeau d'or
Et traînait ses petits souliers à boucles

Elle était si belle
Que tu n'aurais pas osé l'aimer
[...]

Guillaume Apollinaire, *Alcools*, « 1909 », 1913.

4 ★★ 15 min **Identifiez les temps verbaux dans les deux strophes suivantes de « Don Juan aux enfers » et précisez pour chacun sa valeur aspectuelle.**

Quand Don Juan descendit vers l'onde souterraine
Et lorsqu'il eut donné son obole à Charon,
Un sombre mendiant, l'œil fier comme Antisthène,
D'un bras vengeur et fort saisit chaque aviron.

Montrant leurs seins pendants et leurs robes ouvertes,
Des femmes se tordaient sous le noir firmament,
Et, comme un grand troupeau de victimes offertes,
Derrière lui traînaient un long mugissement.
[...]

Charles Baudelaire, *Les Fleurs du Mal*, 1857-61.

5 ★★★ 20 min **Identifiez les temps des verbes dans l'extrait suivant de « À Villequier » et précisez pour chaque verbe la valeur temporelle et aspectuelle du temps utilisé.**

Le livre IV des *Contemplations* est tout entier consacré au deuil de Léopoldine, la fille du poète, noyée dans la Seine. Le poète s'adresse ici à Dieu.

Considérez encor que j'avais, dès l'aurore,
Travaillé, combattu, pensé, marché, lutté,
Expliquant la nature à l'homme qui l'ignore,
Éclairant toute chose avec votre clarté ;

Que j'avais, affrontant la haine et la colère,
Fait ma tâche ici-bas,
Que je ne pouvais pas m'attendre à ce salaire,
Que je ne pouvais pas

Prévoir que, vous aussi, sur ma tête qui ploie,
Vous appesantiriez votre bras triomphant,
Et que, vous qui voyiez comme j'ai peu de joie,
Vous me reprendriez si vite mon enfant !
[...]

Victor Hugo, *Les Contemplations*, Livre IV, 1856.

L'interrogation indirecte

Cours

1 Interrogation directe/ indirecte

Une interrogative indirecte est une proposition subordonnée que l'on peut trouver notamment après certains verbes de pensée, de parole ou de sensation.
– Interrogation directe : *Comment La Fontaine allie-**t-il** dans ses fables pensée et imagination ?*
– Interrogation indirecte : *On se demandera **comment** La Fontaine allie dans ses fables pensée et imagination.*

À noter

Une interrogative indirecte n'est jamais suivie d'un point d'interrogation, contrairement aux interrogations directes.

2 Interrogation totale et interrogation partielle

▶ L'interrogation peut porter sur l'ensemble de la proposition qui suit, elle est alors introduite par la conjonction « si ». Elle est alors dite totale.
– Interrogation directe : *Est-ce que La Fontaine allie dans ses fables pensée et imagination ?*
– Interrogation indirecte totale : *On se demandera **si** La Fontaine subordonne la pensée à l'imagination.*

▶ L'interrogation peut ne porter que sur un sujet, un attribut, un complément, etc. Elle est alors dite partielle.
*On examinera **qui** a pu être choqué par* Les Fleurs du Mal *en 1857.*

3 Les outils interrogatifs

▶ Comme dans le cas de l'interrogation directe partielle, les mots interrogatifs peuvent être :
– des déterminants : *quel (quelle, quels, quelles) / combien de*, qui accompagnent le nom qui les suit.
– des pronoms : *qui* (sujet) / *que* (COD), *duquel* (*de laquelle, desquels, desquelles*), *auquel* (*à laquelle, auxquels, auxquelles*), parfois introduits par une préposition : à qui, *de quoi, etc.*
– des adverbes : *quand, où, comment, pourquoi, combien.*

▶ Ces mots ont alors une fonction dans la subordonnée interrogative.
*On verra **comment** La Fontaine allie dans ses fables pensée et imagination.*
Ici, « comment » est complément de manière du verbe « allier ».

4 Modes et temps

▶ Le mode indicatif est de règle dans le cas de l'interrogation indirecte mais on peut aussi trouver le mode infinitif.
*Je ne sais **que penser**.*

▶ Dans les interrogatives indirectes, les temps suivent les règles de la concordance.
*Je me **demandais** si La Fontaine **s'était inspiré** d'Ésope pour toutes ses fables.*

Méthode

Passer d'une interrogation directe à une interrogation indirecte

▶ Une interrogation directe suppose une inversion du sujet ou une reprise du sujet par la forme *- t-il* ou *-t-elle*. Dans l'interrogative indirecte, l'**ordre des mots est rétabli** comme dans une phrase affirmative.

▶ Quand on transforme une interrogation directe totale, le mot interrogatif de l'interrogation indirecte est **si**.

▶ Quand on transforme une interrogation directe partielle, le mot interrogatif est repris (avec parfois quelques adaptations) : ***Que** veut-il ?* devient *Je me demande **ce qu'**il veut.*

▶ On respecte la concordance des temps gouvernée par le verbe introducteur.
*La Fontaine **a-t-il** écrit ses fables pour plaire aux Grands de la cour ?*
*Je me demande si **La Fontaine a écrit** ses fables pour plaire aux Grands de la cour.*
*Je **me suis demandé** si La Fontaine **avait écrit** ses fables pour les Grands de la cour.*
*Où **écrivit-il** ses fables ?*
*Je me demande où **il écrivit** ses fables.*

Exercices

1 ★★ 15 min **Transformez les interrogatives directes de l'extrait suivant de « À qui donc sommes-nous ? » en interrogatives indirectes.**

Un exemple pour servir de modèle : « Vautour fatalité, tiens-tu la race humaine ? » → Le poète demande à la « fatalité » si elle tient « la race humaine ». N'oubliez pas les guillemets citationnels pour les passages repris à l'identique du texte de Hugo.

À qui donc sommes-nous ? Qui nous a ? qui nous mène ?
Vautour fatalité, tiens-tu la race humaine ?
Oh ! parlez, cieux vermeils,
L'âme sans fond tient-elle aux étoiles sans nombre ?
Chaque rayon d'en haut est-il un fil de l'ombre
Liant l'homme aux soleils ?

Est-ce qu'en nos esprits, que l'ombre a pour repaires,
Nous allons voir rentrer les songes de nos pères ?
Destin, lugubre assaut !
Ô vivants, serions-nous l'objet d'une dispute ?
L'un veut-il notre gloire, et l'autre notre chute ?
Combien sont-ils là-haut ?
[...]

Victor Hugo, *Les Contemplations*, Livre IV, 1856.

2 ★★ 15 min **Transformez ces problématiques de commentaire ou de dissertation en interrogatives indirectes. Toutes portent sur *Les Contemplations* de Hugo.**

Variez les possibilités de verbes introducteurs (*voir, demander, se demander, comprendre, tenter de comprendre, d'analyser etc.*)

a. Sur quoi porte l'interrogation du poète dans l'extrait proposé ?
b. À qui s'adresse successivement le « je » dans ce passage ?
c. Comment peut-on comprendre la formule « Mémoires d'une âme » ?
d. Est-ce que l'on peut considérer « Réponse à un acte d'accusation » comme un poème révolutionnaire ?
e. *Les Contemplations* sont-elles un recueil entièrement élégiaque ?

3 ★★★ 20 min **Lisez attentivement cet extrait du *Mariage de Figaro* et formulez trois projets de lecture pour une explication de texte, d'abord sous forme de questions directes, puis sous forme de questions indirectes.**

Figaro, *seul, se promenant dans l'obscurité, dit du ton le plus sombre.*
Ô femme ! femme ! femme ! créature faible et décevante !... Nul animal créé ne peut manquer à son instinct : le tien est-il donc de tromper ?... Après m'avoir obstinément refusé quand je l'en pressais devant sa maîtresse ; à l'instant qu'elle me donne sa parole ; au milieu même de la cérémonie... Il riait en lisant, le perfide ! et moi, comme un benêt... Non, monsieur le comte, vous ne l'aurez pas... vous ne l'aurez pas. Parce que vous êtes un grand seigneur, vous vous croyez un grand génie !... noblesse, fortune, un rang, des places, tout cela rend si fier ! Qu'avez-vous fait pour tant de biens ? vous vous êtes donné la peine de naître, et rien de plus : du reste, homme assez ordinaire ! tandis que moi, morbleu, perdu dans la foule obscure, il m'a fallu déployer plus de science et de calculs pour subsister seulement, qu'on n'en a mis depuis cent ans à gouverner toutes les Espagnes ; et vous voulez jouter !... On vient... c'est elle... ce n'est personne. — La nuit est noire en diable, et me voilà faisant le sot métier de mari, quoique je ne le sois qu'à moitié ! *(Il s'assied sur un banc.)*
[...]

Pierre-Augustin Caron de Beaumarchais,
Le Mariage de Figaro, Acte V, Scène 3, Bordas, 2017.

5 ÉTUDE DE LA LANGUE
L'expression de la négation

Cours

1 Négation totale ou partielle

On distingue :
– négation totale : La Princesse de Clèves ***n'est pas*** *un roman héroïque*.
– négation partielle, qui implique soit une limitation (ne... guère, ne...plus, ne... jamais), soit une restriction (ne... que) : *On* ***ne*** *lit* ***plus*** La Princesse de Clèves. / *On* ***ne*** *lit* ***plus que*** La Princesse de Clèves. (on parle, en ce dernier cas, de négation restrictive ou de restriction exclusive).

2 Portée de la négation

La négation peut porter :
– sur le syntagme verbal : *Je* ***ne*** *lis* ***pas*** La Princesse de Clèves.
– sur un autre élément, le nom par exemple : *Je lis* Le Rouge et le Noir ***et non*** La Princesse de Clèves.
Elle peut apparaître dans des phrases nominales : *Pas un seul petit morceau. / De mouche ou de vermisseau.* (« La Cigale et la Fourmi »)

3 Emploi de « ne »

▶ L'adverbe « ne », employé seul, est obligatoire dans les phrases où *aucun, rien, personne, nul* sont sujets ou compléments :
Aucun ***n'****a lu le roman.*
Nul ***ne*** *l'a lu.*
Je ***ne*** *le dirai à personne.*
▶ Il est aussi obligatoire quand sont sujets ou compléments des mots coordonnés par *ni*.
Ni lui ni moi ***ne*** *l'avons lu.*

Attention

Ne pas omettre à l'écrit, comme à l'oral, l'adverbe « ne » quand la négation porte sur le syntagme verbal, surtout après le pronom « on » :
On n'accepta pas l'invraisemblance de la scène d'aveu dans La Princesse de Clèves.

▶ Avec des verbes comme, *cesser, savoir, pouvoir, oser*, mis à la forme négative, on peut employer soit « ne...pas », soit simplement « ne ». Il en va de même dans : *si je ne me trompe, si je ne crains de.*
Je ***ne*** *cesse de penser à ce roman.*

▶ On emploie enfin « ne » dans certaines tournures où il n'a aucune valeur négative, par exemple derrière des verbes de crainte, après les locutions conjonctives du type *de peur que* ou *avant que*, ou dans des constructions comparatives. On parle en ce cas de valeur explétive. Dans ces cas, le « ne » peut toujours être supprimé sans que la phrase devienne incorrecte ou change de sens.
Je lirai ce roman avant que l'année ***ne*** *soit finie.*
Il dévora ce roman plutôt qu'il ***ne*** *le lut.*

Méthode

Bien manier les tournures négatives

a. Clarifier la négation

Tous les élèves n'ont pas lu le roman peut être une phrase ambiguë. Selon ce que l'on veut dire, mieux vaut dire ou écrire : *Aucun élève n'a lu le roman* ou bien *Les élèves n'ont pas tous lu le roman.*

b. Mettre en relief

On peut utiliser la mise en relief par la locution ***ce n'est pas*** pour mettre en évidence la négation portant sur un élément précis d'une phrase.
Ce n'est pas toujours d'Ésope que s'inspire La Fontaine.
Ce n'est pas Hugo qui écrivit « Le dormeur du val ».
Ce n'est pas au XVIII*e siècle que fut publié* Alcools.

c. Construire correctement une phrase interro-négative

Ne penses-tu pas que c'est un bon roman ? qui est à différencier de *Penses-tu que ce n'est pas un bon roman ?*

Exercices

1 ★ 5 min La négation peut aussi s'exprimer lexicalement, par le jeu de préfixes comme *non-*, *dé*, *mé*, *in*, *il*, *ir*, *a* ou *an*. Exprimez à la forme négative les mots suivants :

connaître – responsabilité – normal – réaliste – informer – adroit – parfait

2 ★★ 15 min Lisez attentivement cet extrait de la fable « Le dépositaire infidèle », soulignez les négations, expliquez leur valeur et reformulez dans vos propres mots chacune de ces phrases ou expressions (ou pour le dire autrement, paraphrasez le texte).

> L'usage du « ne » est différent au XVIIᵉ siècle. On l'excepte parfois alors que son absence paraîtrait aujourd'hui incorrecte.

Des légions de menteurs :
« Tout homme ment », dit le sage.
S'il n'y mettait seulement
Que les gens du bas étage,
On pourrait aucunement
Souffrir ce défaut aux hommes ;
Mais que tous tant que nous sommes
Nous mentions, grand et petit,
Si quelque autre l'avait dit,
Je soutiendrais le contraire ;
Et même qui mentirait
Comme Ésope et comme Homère,
Un vrai menteur ne serait :
Le doux charme de maint songe
Par leur bel art inventé,
Sous les habits du mensonge
Nous offre la vérité.
L'un et l'autre a fait un livre
Que je tiens digne de vivre
Sans fin, et plus, s'il se peut.
Comme eux ne ment pas qui veut.
[...]

Jean de LA FONTAINE, *Fables*, Livre IX, 1668.

3 ★★ 10 min Que met-elle en valeur la tournure négative dans l'expression soulignée dans cette première phrase de *La Princesse de Clèves* ?

La magnificence et la galanterie n'ont jamais paru en France avec tant d'éclat que dans les dernières années du règne de Henri second.
[...]

Madame de LA FAYETTE, *La Princesse de Clèves*, 1678.

4 ★★★ 20 min Expliquez le fonctionnement et la valeur des négations dans les segments de phrases soulignés dans l'extrait suivant.

Quand le roi Pyrrhus passa en Italie, après qu'il eut reconnu l'ordonnance de l'armée que les Romains lui envoyaient au-devant : « Je ne sais, dit-il, quels barbares sont ceux-ci (car les Grecs appelaient ainsi toutes les nations étrangères), mais la disposition de cette armée que je vois n'est aucunement barbare. » Autant en dirent les Grecs de celle que Flaminius fit passer en leur pays, et Philippe, voyant d'un tertre l'ordre et distribution du camp romain en son royaume, sous Publius Sulpicius Galba. Voilà comment il se faut garder de s'attacher aux opinions vulgaires, et les faut juger par la voix de la raison, non par la voix commune.
J'ai eu longtemps avec moi un homme qui avait demeuré dix ou douze ans en cet autre monde qui a été découvert en notre siècle, en l'endroit où Villegagnon prit terre, qu'il surnomma la France antarctique. Cette découverte d'un pays infini semble être de considération. Je ne sais si je me puis répondre qu'il ne s'en fasse à l'avenir quelque autre, tant de personnages plus grands que nous ayant été trompés en celle-ci. J'ai peur que nous ayons les yeux plus grands que le ventre, et plus de curiosité que nous n'avons de capacité. Nous embrassons tout, mais nous n'étreignons que du vent.
Platon introduit Solon racontant avoir appris des prêtres de la ville de Saïs, en Égypte, que, jadis et avant le déluge, il y avait une grande île, nommée Atlantide, droit à la bouche du détroit de Gibraltar, qui tenait plus de pays que l'Afrique et l'Asie toutes deux ensemble, et que les rois de cette contrée-là, qui ne possédaient pas seulement cette île mais s'étaient étendus dans la terre ferme si avant qu'ils tenaient de la largeur d'Afrique jusqu'en Égypte et de la longueur de l'Europe jusqu'en la Toscane, entreprirent d'enjamber jusque sur l'Asie et subjuguer toutes les nations qui bordent la mer Méditerranée jusqu'au golfe de la mer Majeur.

Michel de MONTAIGNE, *Essais*, « Des Cannibales », 1580.

Du romantisme à la modernité poétique (XIXe siècle)

Cours

1 La révolution romantique

a. Le coup de tonnerre des *Méditations poétiques*

▶ En dépit du développement d'une prose poétique avec Rousseau puis Chateaubriand, le XVIIIe siècle a globalement figé la poésie dans une versification usée et dans une rhétorique artificielle. En mars 1820, paraissent les *Méditations poétiques*, œuvre d'un jeune poète à peu près inconnu, Lamartine. C'est un succès immédiat : les lecteurs ont l'impression d'avoir d'un coup changé d'atmosphère, de découvrir une poésie radicalement neuve.

▶ En effet, la poésie ne se définit plus par sa conformité à des conventions ou comme une inspiration venue des dieux ou des muses : sa source s'est intériorisée et singularisée. Elle s'écrit depuis « les fibres mêmes du cœur de l'homme, touchées et émues par les innombrables frissons de l'âme et de la nature » (première préface des *Méditations*). Son lyrisme, véritable chant intérieur, se fonde sur l'expression de l'émotion intime du poète et de son rapport singulier, parfois douloureux, parfois émerveillé, au monde.

b. Un nouveau chant poétique

▶ Dès lors, même s'il n'y a pas de rupture avec le vers mesuré et rimé, il n'y a plus de modèles à imiter : « Je n'imitais plus personne, je m'exprimais moi-même pour moi-même. Ce n'était pas un art, c'était un soulagement de mon propre cœur, qui se berçait de ses propres sanglots » (préface des *Méditations*). Cette poésie est donc originale dans la mesure où elle a pour seule origine un être particulier et ses émotions.

▶ C'est aussi la relation au lecteur qui se trouve déplacée. La poésie n'apparaît plus lointaine ; par elle, s'établit un dialogue entre le poète et son lecteur, entre un homme et un autre : « Le public entendit une âme sans la voir, et vit un homme au lieu d'un livre » (Lamartine). Hugo s'en souviendra dans sa préface des *Contemplations* en 1856, en les qualifiant de « mémoires d'une âme » et en s'exclamant : « Est-ce donc la vie d'un homme ? Oui, et la vie des autres hommes aussi. [...] Prenez donc ce miroir, et regardez-vous-y. On se plaint quelquefois des écrivains qui disent moi. Parlez-nous de nous, leur crie-t-on. Hélas ! quand je vous parle de moi, je vous parle de vous. Comment ne le sentez-vous pas ? ».

▶ Le lyrisme romantique doit donc être compris non comme le repli du poète sur lui-même, mais comme un chant qui venu de l'intérieur entre en écho et en résonance avec le monde. Il y a à la fois intériorisation et expansion.

Citation à retenir

« Qu'est-ce que *Les Contemplations* ? C'est ce qu'on pourrait appeler, si le mot n'avait quelque prétention, *Les Mémoires d'une âme*. »

Hugo, préface des *Contemplations*.

c. La revendication d'un absolu

▶ Si les *Méditations* font renaître la poésie française, Lamartine n'est pas un cas isolé en ce début de XIXe siècle. Sa poésie s'inscrit dans un mouvement d'abord diffus puis de plus en plus perceptible, qui va porter le nom de romantisme. Une sensibilité nouvelle et une conception différente de l'art et de sa place dans le monde ont en effet émergé à la fin du XVIIIe siècle, notamment dans un cercle de très jeunes gens, poètes et philosophes (Schlegel, Novalis), à Iéna, en Allemagne. C'est ce que l'on appelle le premier romantisme allemand : il fait de la poésie un absolu, c'est-à-dire un art à la fois autonome et embrassant tous les autres arts, toute la connaissance et toute la pensée. Certes, la poésie française du début du XIXe siècle ne s'inscrit pas en filiation de ce romantisme allemand, mais elle reçoit, notamment par la publication de *De la littérature* et de *De L'Allemagne* de Germaine de Staël, les influences indirectes de ses principes et de son élan.

▶ Plus largement, au tournant des XVIIIe et XIXe siècles, c'est notre idée moderne de littérature qui voit le jour. Jusque-là, on ne parlait pas de littérature mais de « Belles-lettres », incluant poésie, histoire, ouvrages érudits etc. C'est là une révolution considérable : ce que l'on appelle désormais « littérature » revendique son indépendance, son autonomie et sa liberté. C'est ce que signifie d'abord la formule de « l'art pour l'art », employée par Hugo, avant que, dans la seconde moitié du XIXe siècle, le Parnasse (Théodore de Banville, Leconte de Lisle) n'en fasse une recherche exclusive de la forme belle.

d. Un mouvement culturel défini ?

▶ On peut considérer le romantisme français comme un mouvement aux bornes définies (entre 1820 et 1848), qui se développerait en deux ou trois temps autour de figures centrales comme Lamartine, Hugo, Vigny, Musset, Sainte-Beuve. >>

▶ Il y aurait un premier romantisme, révolutionnaire en poésie (par exemple dans sa volonté de se libérer du carcan de l'alexandrin et de revendiquer le droit de faire entrer tous les mots en poésie, exprimée par Hugo dans « Réponse à un acte d'accusation », *Les Contemplations*) mais fidèle politiquement à la monarchie restaurée en 1815.

▶ Puis se développerait un second romantisme qui, dans la logique de la liberté défendue pour l'art, conduit ces mêmes poètes à se rapprocher des idées libérales qui aboutissent à la révolution de juillet 1830 et à l'instauration d'une monarchie parlementaire. Enfin, avec la déception de cette monarchie libérale, s'affirment les convictions républicaines, fondées sur l'héritage de la Révolution française. Révolution poétique et révolution politique se rejoignent alors. Et le second Empire (1852-1870) trouvera comme principal opposant Hugo lui-même, depuis son exil de Guernesey.

e. Ou le creuset de la poésie moderne ?

▶ Mais on peut aussi envisager la révolution romantique dans une acception plus large, débordant ce strict cadre chronologique (*Les Contemplations* publiées en 1856, sont une œuvre romantique) en tant que fondatrice de toutes les formes de poésie moderne : « Qui dit romantisme dit art moderne – c'est-à-dire intimité, spiritualité, couleur, aspiration vers l'infini », écrira Baudelaire.

▶ En effet, au-delà des positions politiques affichées au début du siècle, la révolution romantique est toute entière fille de la Révolution de 1789. Avec le romantisme, la poésie s'affirme, non comme une affaire de technique et de virtuosité mais comme un rapport sensible et énergique au monde et aux êtres. Elle réalise l'union de l'intelligible et du sensible, de la matière et de l'idée. En un mot, la poésie pense. Elle croit en la puissance des mots (Hugo parle ainsi du « verbe » sur le modèle du verbe créateur divin), en sa capacité à agir, à s'adresser à l'humanité, et à changer le monde par la force même de l'émotion. D'où la figure du poète-mage, guide des peuples, que construit la poésie hugolienne.

▶ Enfin, la poésie va se concevoir en termes de marginalité. En effet, si la poésie est bien dans le monde, parmi les êtres humains et pour eux, le poète ne peut faire naître sa parole singulière qu'en se situant en marge du monde des hommes et de la société, non pas séparé d'eux, mais à côté d'eux, dans une forme d'isolement et de solitude nécessaire, qui garantissent son autonomie. Cette marginalité se déclinera, selon les moments, en révolte (Lautréamont), désespoir (Musset), folie (Nerval) ou encore malédiction (Verlaine, *Les Poètes maudits*, 1884).

2 La modernité poétique

a. Le cas Baudelaire

▶ Sainte Beuve dira de Baudelaire qu'il constitue « la pointe extrême du Kamtchatka romantique ». La poésie des *Fleurs du Mal* (1857-1861) traduit en effet un déchirement entre l'idéal et le *spleen* (mot anglais signifiant « rate »), sorte d'ennui et de cafard profonds, entre le bas qui sans cesse aspire le poète et le haut vers lequel il tend, et une révolte de l'être contre tout ce qui le borne (l'espace, le temps). Ce sont là des éléments qui sembleraient rattacher Baudelaire au romantisme. Mais le romantisme y est en réalité emporté au-delà de lui-même et *Les Fleurs du Mal* en saluent le crépuscule dans leur « Coucher du soleil romantique ».

Citation à retenir

« Ô vous, soyez témoins que j'ai fait mon devoir
Comme un parfait chimiste et comme une âme sainte.
Car j'ai de chaque chose extrait la quintessence,
Tu m'as donné ta boue et j'en ai fait de l'or. »

Baudelaire, projet inachevé d'épilogue pour l'édition de 1861 des *Fleurs du Mal*.

▶ Il y a tout d'abord une excentricité (au sens de ce qui s'éloigne du centre) radicale de la poésie baudelairienne, qui se distingue de la marginalité romantique. Elle se tient dans le travail opéré dans la langue par le poète, mélange de concentration dans la forme restreinte, d'explosion dans la dynamique du vers, d'électrisation par le rythme et le jeu des sonorités. Ce que le poète Jules Laforgue exprimera en parlant de « Baudelaire yankee », avec ses « *très* » devant ses adjectifs, ses attaques sonores et sa poésie nerveuse au sein même de l'alexandrin racinien retrouvé (car Baudelaire est aussi un classique). C'est ce même souci qui le pousse à « plonger [...] au fond de l'inconnu pour trouver du nouveau » (« Le Voyage ») et au poème en prose dans *Le Spleen de Paris* (1869, publication posthume) à la recherche d'une « prose poétique, musicale, sans rythme et sans rime, assez souple et assez heurtée pour s'adapter aux mouvements lyriques de l'âme, aux ondulations de la rêverie, aux soubresauts de la conscience ».

▶ Baudelaire déplace aussi le rapport à la poésie lyrique : d'une part, on trouve une forme d'autodérision du poète (accentuée encore dans *Le Spleen de Paris*), voire de mise à la torture du « je » (dans le poème « L'héautontimorouménos » signifiant bourreau de soi-même), d'autre part, le lyrisme devient impersonnel, neutre (rejetant de toute confidence intime, le poète peut écrire dans *Le Spleen de Paris* : « Je suis un vieux boudoir plein de roses fanées »). Sa poésie amoureuse se fait érotique, en dehors des normes morales du temps (d'où le procès de 1857).

>> Enfin, la poésie baudelairienne affiche un goût du moderne qui ne se confond pas avec la société détestée dans laquelle vit le poète. Baudelaire apparaît ainsi comme « le damné quotidien de la capitale » (Laforgue), attentif aux figures éphémères et parfois terribles qui y apparaissent (« À une passante », « Les Sept vieillards »), sensible à cette poésie de la ville, et refusant toutes les conventions bourgeoises. C'est donc un rapport singulier à son époque et au réel qu'entretient le poète : « Tu m'as donné ta boue et j'en ai fait de l'or », qui peut s'entendre comme la proposition d'une nouvelle alchimie poétique.

b. La langue au travail

▶ Le romantisme avait peu touché au vers. À partir du tournant baudelairien, la modernité s'élabore dans la recherche de nouvelles pratiques d'écriture : mètre impair (Verlaine), vers libre, poème en prose (initié par Aloysius Bertrand en 1842 avec *Gaspard de la nuit* et porté à son sommet par Baudelaire et Rimbaud avec ses *Illuminations*).

▶ La plongée dans l'inconnu et le désir du nouveau prennent chez Rimbaud, le poète voyant, les voies d'une écriture subversive, hors des conventions qui régissent les usages ordinaires de la langue, dans une explosion des formes et des structures syntaxiques. Chez Mallarmé, il s'agit de refaire par le travail même du vers (coupes, silences, sons) un « vocable neuf » (« Le vers qui de plusieurs vocables refait un mot total, neuf, étranger à la langue et comme incantatoire, achève cet isolement de la parole », *Crise de vers*), dans une confrontation sans cesse relancée à l'espace de la page (« Un coup de dés n'abolira jamais le hasard »).

▶ Le symbolisme, courant poétique de la fin du XIXe, caractérise plus globalement, dans le sillage de Mallarmé (non que l'on puisse qualifier directement celui-ci de symboliste), une attitude poétique qui refuse de réduire le monde à ses phénomènes physiques et à sa réalité rationnelle. Le poème devient le lieu où peuvent s'établir (selon l'étymologie grecque, *symbalein* signifiant « rassembler ») des rapprochements entre les signes dispersés qu'offre le monde.

Méthode

La versification

a. Vers et syntaxe

Le vers commence traditionnellement par une majuscule et se termine par un blanc.

– Un groupe syntaxique peut déborder d'un vers sur l'autre : on parle alors **d'enjambement**.

– Lorsqu'un fragment bref de ce groupe syntaxique est reporté au début du vers suivant, l'enjambement forme un **rejet** ; lorsqu'il est situé à la fin du vers antérieur, c'est un **contre-rejet**.

b. La métrique

▶ Le mètre est déterminé par le **nombre de syllabes prononcées.** Le « e » placé entre consonnes au sein d'un vers se prononce.

Lui/, na/guè/re/si/beau//qu'il/est/co/mi/que et/laid ! (Baudelaire, *L'Albatros*).

▶ Par ailleurs, un mot peut comporter une **diérèse** (deux voyelles en contact sont prononcées en deux syllabes : « *Or/ient* »).

▶ On distingue **différents mètres :** le monosyllabe (une syllabe), le dissyllabe (2), le trissyllabe (3), le tétrasyllabe (4), le pentasyllabe (5), l'hexasyllabe (6), l'heptasyllabe (7), l'octosyllabe (8), le décasyllabe (9) et l'alexandrin (12).

c. Césures et coupes

▶ La **césure** (matérialisée par le signe //) est la coupe majeure d'un vers de plus de huit syllabes : elle le divise en deux hémistiches (qui malgré l'étymologie signifiant « demi-vers », peuvent être inégaux, par exemple un décasyllabe se scinde en 4/6 ou 6/4). À la césure médiane de l'alexandrin (6/6), la poésie romantique substitue parfois trois groupes égaux de syllabes (soit 4/4/4) : c'est ce que l'on nomme le **trimètre romantique.**

▶ La **coupe** (représentée par le signe /) est déterminée par les syllabes accentuées (en gras dans l'exemple ci-dessous). L'accent d'intensité ou **accent tonique** tombe sur la dernière syllabe d'un ensemble de mots ou sur l'avant-dernière si la dernière se termine par un *e* (le *e*, même prononcé, n'est jamais accentué)

*Lui, nag**uè**/re **si beau**,// qu'il est co**mi**/que et **laid** !*

Par convention on notera ce rythme 3/3/4/2 (on compte le nombre de syllabes entre chaque coupe).

d. Rimes et strophes

▶ La **rime** peut porter sur la reprise d'un seul phonème (rime pauvre : *vouloir/ pouvoir*) ou de plusieurs (rime riche : *revoir/ pouvoir*).

L'agencement rimique varie : rimes plates ou suivies de type AABB, rimes croisées de type ABAB, rimes embrassées de type ABBA.

▶ La **strophe** constitue un groupement de vers perceptible selon l'agencement rimique et/ou le blanc typographique : distique (deux vers), tercet (3), quatrain (4), quintil (5), sizain (6), huitain (8), dizain (10).

Exercices

1 ★★ 30 min

a. En quoi ce poème se présente-t-il comme un sonnet ? Quelles irrégularités constatez-vous dans le schéma des rimes ?

b. Identifiez le mètre employé, soulignez les « e » qui doivent être prononcés.

c. Placez pour chaque vers césures et coupes.

d. Entraînez-vous à lire le poème à voix haute en faisant entendre la mesure du vers.

La vie antérieure

J'ai longtemps habité sous de vastes portiques
Que les soleils marins teignaient de mille feux,
Et que leurs grands piliers, droits et majestueux,
Rendaient pareils, le soir, aux grottes basaltiques.

Les houles, en roulant les images des cieux,
Mêlaient d'une façon solennelle et mystique
Les tout-puissants accords de leur riche musique
Aux couleurs du couchant reflété par mes yeux.

C'est là que j'ai vécu dans les voluptés calmes,
Au milieu de l'azur, des vagues, des splendeurs
Et des esclaves nus, tout imprégnés d'odeurs,

Qui me rafraîchissaient le front avec des palmes,
Et dont l'unique soin était d'approfondir
Le secret douloureux qui me faisait languir.

Charles BAUDELAIRE, *Les Fleurs du Mal*, 1857.

Le sonnet compte 14 vers isométriques disposés en deux quatrains et deux tercets (qui sont liés par le système des rimes et constituent de fait un sizain). La disposition des rimes suit le schéma régulier abba abba ccd ede (ou, pour les tercets, la variante introduite au XVIe siècle par Marot : ccd eed). Au XIXe siècle, les poètes jouent avec le modèle en introduisant dans la forme fixe de nombreuses irrégularités

2 ★★ 15 min **Lisez attentivement la préface des *Contemplations* de Victor Hugo, datée de mars 1856. Comment le poète y définit-il son recueil ? Pour quelles raisons ?**

Si un auteur pouvait avoir quelque droit d'influer sur la disposition d'esprit des lecteurs qui ouvrent son livre, l'auteur des Contemplations se bornerait à dire ceci : Ce livre doit être lu comme on lirait le livre d'un mort.
Vingt-cinq années sont dans ces deux volumes. Grande mortalis ævi spatium[1]. L'auteur a laissé, pour ainsi dire, ce livre se faire en lui. La vie, en filtrant goutte à goutte à travers les événements et les souffrances, l'a déposé dans son cœur. Ceux qui s'y pencheront retrouveront leur propre image dans cette eau profonde et triste, qui s'est lentement amassée là, au fond d'une âme.
Qu'est-ce que les Contemplations ? C'est ce qu'on pourrait appeler, si le mot n'avait quelque prétention, les Mémoires d'une âme.
Ce sont, en effet, toutes les impressions, tous les souvenirs, toutes les réalités, tous les fantômes vagues, riants ou funèbres, que peut contenir une conscience, revenus et rappelés, rayon à rayon, soupir à soupir, et mêlés dans la même nuée sombre. C'est l'existence humaine sortant de l'énigme du berceau et aboutissant à l'énigme du cercueil ; c'est un esprit qui marche de lueur en lueur en laissant derrière lui la jeunesse, l'amour, l'illusion, le combat, le désespoir, et qui s'arrête éperdu « au bord de l'infini ». Cela commence par un sourire, continue par un sanglot, et finit par un bruit du clairon de l'abîme.
Une destinée est écrite là jour à jour.

Victor HUGO, *Les Contemplations*, 1856.

1. Citation de Tacite : « Longue durée dans la vie d'un mortel ».

3 ★★★ 30 min **Dans un projet d'épilogue des *Fleurs du Mal*, Baudelaire semble caractériser l'écriture poétique comme une alchimie : « Tu m'as donné ta boue, et j'en ai fait de l'or ».**

a. Qu'est-ce que l'alchimie ?

b. À qui s'adresse selon vous ici le poète (qui désigne le « tu » ?)

c. Lisez le poème « Une charogne » (dans le recueil ou sur internet) et expliquez en quoi cette formule du projet d'épilogue convient bien selon vous pour exprimer ce qui se réalise dans ce poème.

Du surréalisme à la poésie contemporaine (XXe-XXIe siècles)

Cours

1 Apollinaire, une écriture en liberté ?

Apollinaire n'est pas surréaliste mais a forgé ce mot « surréalisme » dans *Les Mamelles de Tirésias* et les poètes surréalistes verront en lui un précurseur.

a. L'ancien et le nouveau

Publié en 1913, comme *La Prose du transsibérien* de Cendrars, *Alcools* de Guillaume Apollinaire marque un tournant dans la modernité en ce début de XXe siècle.

▶ D'une part, ce recueil revendique l'attachement à une tradition poétique :
– le titre « *Alcools* » le situe dans la filiation de l'ivresse poétique antique, celle qui s'empare du poète sous l'effet de l'inspiration (l'enthousiasme poétique signifiant littéralement que le poète est possédé par les dieux) ;
– le poète s'inscrit dans le double sillage d'Orphée, figure d'un lyrisme à la fois enchanteur et élégiaque (l'élégie est un chant de douleur et de deuil) et de Dionysos, dieu du vin, de l'ivresse, du festin ;
– il multiplie les références mythologiques et culturelles à un monde ancien.

Rappel

Par sa lyre, Orphée a la capacité de charmer les animaux et les êtres inanimés. Il parvient grâce à son lyrisme à arracher Eurydice, sa femme morte le jour même de ses noces, aux enfers, mais, lorsqu'Eurydice sort des enfers, contrairement à l'avertissement donné par les dieux, Orphée se retourne et la perd à jamais. Il ne peut dès lors que chanter sa douleur.

Orphée jouant de la lyre

▶ D'autre part, il s'inscrit dans l' « esprit nouveau » de son temps par :
– la revendication de la liberté poétique : effacement de toute marque de ponctuation, diversification formelle inédite, mêlant vers réguliers, vers démesurés, vers libres, qui fait de son recueil une synthèse du travail de déconstruction de la tradition poétique effectuée tout au long du siècle précédent ;
– la multiplication de motifs du monde moderne, par exemple la Tour Eiffel, l'aviation, les automobiles, etc.

b. Une refondation du lyrisme

▶ La poésie d'Apollinaire est pleinement lyrique, notamment dans la place accordée à la poésie amoureuse. Il y a moins chez lui désir de subvertir le lyrisme que volonté de le refonder et de l'élargir à la poésie du monde moderne. Il est toujours associé à une énergie, à l'image du « galop soudain des étoiles » (« Le Brasier »), et se fait volontiers visuel, ce que réaliseront pleinement les *Calligrammes*.

▶ *Alcools* accorde un rôle fondamental au travail de la mémoire (« Mon beau navire, ô ma mémoire »), avec un regard qui se retourne sur un passé perdu et des allusions autobiographiques (par exemple, « À la santé » fait allusion à l'emprisonnement du poète). Mais cette poésie personnelle inscrit moins un « je » clairement identifiable qu'une voix souvent incertaine, qui se fonde davantage dans l'adresse aux êtres aimés, à des figures anonymes, au monde entier (dans le poème final « Vendémiaire ») que dans la confidence. La poésie est un appel et par elle, c'est tout un monde, ancien et moderne, qui se lève.

2 Du surréalisme à la seconde guerre mondiale

a. L'aventure surréaliste

▶ Après la première guerre mondiale, et après le mouvement contestataire Dada du début du siècle, le surréalisme vient affirmer dans les années 1920 une révolte radicale devant un monde qui a prouvé son absurdité. Autour des figures majeures de Breton, Éluard, Desnos et Aragon, sous l'influence notamment de la psychanalyse et du marxisme, le groupe surréaliste se donne deux impératifs : « changer le monde », « changer la vie ».

André Breton

▶ Comme l'affirment les deux *Manifeste du surréalisme* (1924 et 1929), la poésie entend se libérer ainsi de tous les carcans qui viennent brider son expression, notamment du contrôle de la raison. Le surréalisme accorde ainsi une grande attention au jeu de l'inconscient (hypnose, écriture automatique, récits de rêves), aux images qui viennent secouer le rapport au monde et révéler une « surréalité », au pouvoir magique de médiatrice de la femme.

b. La poésie dans la seconde guerre mondiale

▶ Pour beaucoup, la poésie, plus ou moins clandestine, devient le lieu et le moyen d'une résistance au nazisme. Aragon publie ainsi en 1942 *Les Yeux d'Elsa* où il développe une « poésie de contrebande » (à double entente qui permet de chanter de façon indirecte une France libre et combattante). Le poème « Liberté » d'Éluard est quant à lui parachuté pour appeler à l'espoir. Mais cette poésie engagée rencontre aussi la critique. Benjamin Péret (*Le Déshonneur des poètes*), tout en reconnaissant la nécessité du combat, voit dans ces écritures une forme de trahison de la poésie elle-même, qui ne serait plus qu'un moyen mise au service d'une cause.

▶ À côté de cette poésie dite de résistance, René Char, depuis le maquis où il a pris les armes et dirige un groupe de résistants, écrit les *Feuillets d'Hypnos*, qu'il ne publiera qu'après la guerre, et qui ne cessent de rappeler que la poésie elle-même, en tant que poésie et non dans son « message », en tant qu'elle dit le monde vivant contre la barbarie, est une « contre-terreur ».

c. La poésie de la négritude

De part et d'autre de la seconde guerre mondiale, se développe, autour d'Aimé Césaire, poète martiniquais et de Léopold Sedar Senghor, poète sénégalais (les deux se rencontrent avant-guerre à Paris où ils sont étudiants), une poésie en langue française qui se revendique et s'affirme comme celle de la négritude, reprenant et renversant ce mot lancé initialement comme une insulte raciste.

Ainsi, *Cahier d'un retour au pays natal* de Césaire est d'abord publié en 1939, puis repris en 1947 et 1956. C'est un vaste poème qui mêle prose, vers libres, et parfois versets (à l'image de la poésie de Saint John Perse, lui aussi originaire des Antilles) et où s'élève progressivement un chant de la négritude, qui se met « debout » et acquiert une portée universelle. Le poème est aussi traversé (comme le sera plus tard l'œuvre d'Édouard Glissant) des images de la traite négrière et de l'esclavage.

Citation à retenir

« Ma bouche sera la bouche des malheurs qui n'ont point de bouches. Ma voix la liberté de celles qui s'affaissent au cachot du désespoir. »
Aimé Césaire,
Cahier d'un retour au pays natal, 1947.

La poésie de Senghor, par exemple dans *Chants d'ombre* (1945) ou dans *Éthiopiques* (1956) se fait, quant à elle, chant de l'Afrique, alors colonisée, dans la langue même du colonisateur européen.

3 Écritures poétiques après 1945

▶ Après la seconde guerre mondiale, la poésie oscille entre la réinscription dans une certaine tradition versifiée (Aragon ne cesse de dire son attachement au vers rimé, Bonnefoy donne un nouvel élan au vers) et l'affirmation de l'écriture poétique comme lieu d'une expérience toujours nouvelle :
- travail sur l'objet et le mot chez Ponge,
- chansons de Prévert,
- jeux de l'Oulipo (qui s'appuie sur l'invention de contraintes comme ressorts de l'écriture),
- éclatements et discontinuités dans le vers libre comme dans la prose (par exemple chez Michaux ou Char qui développe une poésie du fragment, une « parole en archipel),
- incertitude de la voix poétique (qui parle ?),
- réflexion sur la dimension spatiale de la poésie (travail du blanc, de la typographie, etc.).

Henri Michaux

▶ La poésie contemporaine explore ainsi des voies inédites et singulières, d'une très grande variété. On peut penser aux élégies d'Emmanuel Hocquard, au blanchiment de la page chez Anne-Marie Albiach, aux ciné-poèmes de Pierre Alféri ou encore chez Dominique Fourcade au travail d'une écriture au contact du réel où « tout arrive », où il y a à dire le rapport entre les choses :
« nous avons à les dire, à dire leurs juxtapositions respectives les unes par rapport aux autres et à dire les liens sans plus hiérarchiser, sans plus aucune idéologie » (*Improvisations et arrangements*, 2018).

Méthode

Lire des écritures poétiques modernes et contemporaines

a. Vers libres et poèmes en prose

▶ Le **vers libre** ne reconduit plus les mesures habituelles du vers, son rythme est autre (il autorise une lecture plus proche de la prononciation orale courante) ; il peut ne plus être rimé, ni même jouer d'assonances ; seuls le blanc et le retour à la ligne le délimitent.

▶ Le **poème en prose**, ou la **prose-poème**, qui a renoncé au vers, peut être un texte bref qui se déploie sur l'espace de la page, ou bien être développé sur plusieurs pages, voire sur tout un livre. Sa « poéticité » tient au travail opéré dans et sur la langue, notamment le travail du rythme, par le son (**échos sonores**, **allitérations** - reprises d'un même son consonantique – et **assonances** – reprises d'un même son vocalique), la musicalité, les constructions syntaxiques (**symétries, parallélismes, répétitions, anaphores**), son système interne de tensions et de relances qui en assurent le mouvement.

b. Le rapport à la langue

▶ La **grammaire** : la poésie ne se soumet pas aux normes grammaticales, ce qui ne veut pas dire qu'elle en ignore les règles : absence de majuscules en début de vers, ordre des mots lié à la contrainte du vers ou au travail rythmique, musical et sémantique, ponctuation parfois supprimée ou aléatoire. Plus exactement on pourrait dire que chaque poème, dans ses ruptures et ses écarts, invente sa propre grammaire.

▶ Le **mot** : dans toutes ses composantes, sémantiques, graphiques et sonores, le mot est le **matériau même de la poésie.** Il n'y a **pas de mot *a priori* poétique.** Ainsi, Ponge consacre tout un poème au mot « cageot » (« À mi-chemin de la cage au cachot la langue française a cageot »). Inscrit dans un réseau sémantique et musical, le **mot se charge alors dans le poème de résonances inédites, inconnues** (selon le vœu de Mallarmé de « donner un sens neuf aux mots de la tribu »).

▶ La **question des images** : la qualité poétique d'un texte peut aussi tenir à la **présence d'images** (comparaison, métaphore, allégorie, personnification). Ainsi, le poème en prose offre souvent un réseau métaphorique dense. L'image peut établir un rapport inattendu entre les éléments du monde depuis lequel apparaît une réalité nouvelle (ainsi l'oxymore unit deux réalités opposées) : « L'image est une création pure de l'esprit. [...] Plus les rapports des deux réalités seront lointains et justes, plus l'image sera forte, plus elle aura de puissance émotive et de réalité poétique » (Breton, *Manifeste du surréalisme*). Mais l'**image n'est pas un critère de poésie** ; certains poèmes ne comportent aucune image ou privilégient la déclinaison métonymique (pour faire par exemple le tour d'un objet). Ainsi, la poésie contemporaine renonce parfois à la métaphore et surtout à la comparaison, senties comme pure rhétorique.

Mots-clés

Anaphore : reprise d'un mot en début de vers ou de séquences syntaxiques.
Parallélisme : reprise d'une même construction syntaxique.
Métonymie : figure de substitution qui consiste à désigner une chose par une autre avec laquelle elle entretient une relation de proximité.
Comparaison : mise en relation d'un comparé et d'un comparant par un outil de comparaison (« la terre est bleue comme une orange », Eluard).
Métaphore : elle fait l'économie du lien comparatif et souvent il ne subsiste plus que le comparant (« Le vent et la forêt qui pleurent/ Toutes leurs larmes.. », *Alcools*).
Oxymore : union de deux termes opposés dans une même expression (« le soleil noir », Nerval).

FRANÇAIS

Exercices

1 ★★ 15 min En quoi ce début de poème vous semble-t-il révélateur d'une modernité poétique propre au début du XXe siècle ?

Écrit durant les premiers mois de l'année 1913, *La Prose du transsibérien* se présente comme le récit d'un voyage du poète-narrateur de Moscou à Kharbine, en compagnie de Jeanne, la petite prostituée. La publication est le fruit d'une collaboration artistique avec Sonia Delaunay qui le met en forme et l'illustre.

En ce temps-là j'étais en mon adolescence
J'avais à peine seize ans et je ne me souvenais déjà plus [de mon enfance
J'étais à 16 000 lieues du lieu de ma naissance
J'étais à Moscou, dans la ville des mille et trois clochers [et des sept gares
Et je n'avais pas assez des sept gares et des mille et trois [tours
Car mon adolescence était si ardente et si folle
Que mon cœur tour à tour brûlait comme le temple [d'Éphèse ou comme la Place Rouge de Moscou quand le soleil se couche.
Et mes yeux éclairaient des voies anciennes.
Et j'étais déjà si mauvais poète
Que je ne savais pas aller jusqu'au bout.
[...]

Blaise Cendrars, *La Prose du transsibérien et de la petite Jehanne de France*, Éditions des Hommes nouveaux, 1913.

2 ★★★ 30 min

a. En quoi le poème décrit-il l'expérience de ce qu'est une huître ?

b. Quel rapport pourrait s'établir dans le texte entre ce que peut être un poème et une huître ?

L'huître

L'huître, de la grosseur d'un galet moyen, est d'une apparence plus rugueuse, d'une couleur moins unie, brillamment blanchâtre. C'est un monde opiniâtrement clos. Pourtant on peut l'ouvrir : il faut alors la tenir au creux d'un torchon, se servir d'un couteau ébréché et peu franc, s'y reprendre à plusieurs fois. Les doigts curieux s'y coupent, s'y cassent les ongles : c'est un travail grossier. Les coups qu'on lui porte marquent son enveloppe de ronds blancs, d'une sorte de halos.

A l'intérieur l'on trouve tout un monde, à boire et à manger : sous un firmament (à proprement parler) de nacre, les cieux d'en dessus s'affaissent sur les cieux d'en dessous, pour ne plus former qu'une mare, un sachet visqueux et verdâtre, qui flue et reflue à l'odeur et à la vue, frangé d'une dentelle noirâtre sur les bords.

Parfois très rare une formule perle à leur gosier de nacre, d'où l'on trouve aussitôt à s'orner.

Francis Ponge, « L'Huître », *Le Parti pris des choses*, © Éditions Gallimard, 1942.

3 ★★★ 30 min

a. Lisez le poème à voix haute plusieurs fois.

b. En vous appuyant sur les éléments qui vous surprennent, dégagez quelques caractéristiques majeures de l'écriture poétique de ce texte.

c. Quel rapport le poète établit-il entre lui-même et l'automne ? En quoi renouvelle-t-il selon vous ce thème traditionnel ?

Automne malade et adoré
Tu mourras quand l'ouragan soufflera dans les roseraies
Quand il aura neigé
Dans les vergers

Pauvre automne
Meurs en blancheur et en richesse
De neige et de fruits mûrs
Au fond du ciel
Des éperviers planent
Sur les nixes[1] nicettes[2] aux cheveux verts et naines
Qui n'ont jamais aimé

Aux lisières lointaines
Les cerfs ont bramé

Et que j'aime ô saison que j'aime tes rumeurs
Les fruits tombant sans qu'on les cueille
Le vent et la forêt qui pleurent
Toutes leurs larmes en automne feuille à feuille
Les feuilles
Qu'on foule
Un train
Qui roule
La vie
S'écoule

Guillaume Apollinaire, *Alcools*, 1913.

1. Nymphes des eaux dans les légendes germaniques.
2. Néologisme.

4 ★★★ 30 min Identifiez la forme poétique de ce texte. En quoi vous semble-t-elle relever d'une modernité poétique ?

Naissance à l'orage

Toute la face ronde
Au coin sombre du ciel
L'épée
la mappemonde
sous les rideaux de l'air

Des paupières plus longues
Dans la chambre à l'envers
Un nuage s'effondre

La nuit sort d'un éclair

Pierre Reverdy, *Plupart du temps*, © Flammarion, 1945.

La littérature d'idées au XVIe siècle

Cours

1 De nouveaux mondes

a. « Notre monde vient d'en trouver un autre » (Montaigne)

▶ La fin du XVe siècle et le début du XVIe siècle sont marqués par de grandes expéditions qui entraînent les Européens vers la découverte de terres inconnues : voyages de Christophe Colomb vers le Nouveau Monde entre 1492 et 1502, de Vasco de Gama sur la route des Indes, de Jacques Cartier au Canada, ou encore de Magellan autour du monde. Ces voyages comme l'exploration de ces terres nouvelles qui leur fait suite, donnent lieu à des comptes-rendus et à des récits qui nourrissent la pensée et l'imaginaire du XVIe siècle.

▶ Ils conduisent aussi à remettre en question l'ethnocentrisme européen et à une pensée relative des peuples, des civilisations et des valeurs. Les représentations du monde et de l'homme changent. C'est dans ce contexte que l'on peut saisir l'enjeu des essais de Montaigne « Des Cannibales » et « Des Coches ».

Les « cannibales » dont parle l'essai de Montaigne sont les Indiens Tupimamba du Brésil, et représentent pour l'opinion occidentale l'horreur d'un monde sauvage. Ce titre est une provocation : Montaigne s'appuie sur ce mot devenu effrayant, alors qu'il vient d'un mot indien signifiant « hardi », « courageux », pour en retourner au fil de l'essai les stéréotypes : les Indiens du Brésil sont sauvages en ce qu'ils sont proches de la nature mais ils ne sont ni sauvages ni barbares au sens d'une absence de mœurs. Leur cannibalisme même obéit à un rituel symbolique. Et l'essai propose une leçon de relativisme : « chacun appelle barbarie ce qui n'est pas de son usage ». Montaigne fait par ailleurs le tableau d'une société indienne, riche, structurée, et lui oppose la civilisation européenne pervertie.

b. La fin du géocentrisme

C'est également la perception de l'univers qui se modifie. Les recherches de Copernic et de Galilée introduisent la théorie d'un univers organisé autour du soleil (héliocentrisme), dont la Terre n'est plus le centre. Cette remise en cause du géocentrisme est une autre modification des repères à partir desquels on avait jusqu'ici pensé la place de l'homme dans l'univers et son rôle.

Copernic

c. Le corps humain

Enfin, c'est le corps humain lui-même qui est exploré, avec les travaux en chirurgie réalisés par Amboise Paré ou avec ceux de Vésale qui offre la synthèse de ce nouveau savoir dans son traité d'anatomie, *La Fabrique du corps humain* (1534).

2 De la Réforme aux guerres de religion

a. Naissance du protestantisme

▶ La publication en 1517 par Luther de ses « 95 thèses » ouvre un nouveau courant de pensée religieuse : la Réforme. Contestant le pouvoir de l'Église de Rome et du pape, Luther invite les hommes à rentrer en contact direct avec Dieu par la seule lecture des textes saints.

De nouvelles traductions de la Bible voient le jour, favorisées par l'intérêt des humanistes pour les textes anciens. L'imprimerie, en plein essor, va faciliter leur diffusion. En France, Calvin reprend puis déplace les thèses de Luther.

Martin Luther

▶ Les idées de Luther et de Calvin vont fonder ce qui peu à peu va se nommer globalement protestantisme, mouvement qui se sépare de l'Église romaine.

Pour des motifs peut-être d'abord plus politiques que religieux, en Angleterre le roi Henri VIII conteste lui aussi l'autorité du pape et fonde l'anglicanisme.

>>

b. Humanisme et évangélisme

Ces approches nouvelles donnent lieu chez les humanistes à un courant de pensée et de pratiques des textes, l'**évangélisme**, soucieux de débarrasser les textes sacrés des commentaires et interprétations dont l'Église les avait progressivement encombrés. Réformés (comme Henri Estienne), ou non (comme **Rabelais** ou **Marguerite de Navarre**), les humanistes partagent généralement un **regard critique** sur les pratiques du clergé catholique.

Marguerite de Navarre

c. Quarante ans de guerres de religion

▶ En France, divergences religieuses et rivalités politiques s'accentuent à la mort d'Henri II en 1559, et aboutissent, à partir de 1562, à la **guerre civile** (huit guerres au total) entre catholiques et protestants. **Ronsard** prend position, de façon parfois virulente, pour le camp catholique à travers ses *Discours*.

▶ Les **massacres**, notamment contre les protestants, comme ceux commis le 24 août 1572, jour de la Saint Barthélémy, vont marquer durablement les consciences : le XVIIe siècle vivra pour une grande part à l'ombre de ce **traumatisme de guerres civiles** qui auront fait des centaines de milliers de morts.

▶ Commencés pendant le conflit et publiés en 1617, *Les Tragiques* d'Agrippa d'Aubigné, protestant, poète en armes, témoignent de ces temps d'extrême violence (dont « Des Cannibales » de Montaigne offre aussi la trace) tout en prolongeant par la voie de la poésie un combat vengeur contre les catholiques.

▶ En 1598, est promulgué par Henri IV, chef des protestants converti au catholicisme pour accéder au trône de France, un édit de tolérance religieuse, l'**édit de Nantes**.

3 Un siècle de bouillonnement intellectuel

▶ Sous le nom général d'humanisme, se manifeste partout en Europe une **vie intellectuelle intense**. Les humanistes sont non seulement des érudits, des traducteurs, mais également des écrivains et des **penseurs** qui ne cessent de s'interroger sur l'homme et le monde, souvent de façon très libre, hors des cadres religieux et universitaires qui voudraient imposer leurs normes et leurs règles. Il s'agit de combattre la barbarie de l'ignorance : obscurantisme, superstitions, faux-savoirs et préjugés.

Mot clé

L'**humanisme** se caractérise en premier lieu par l'étude et l'enseignement des lettres grecques et latines (les *studia humanitatis*). Il en vient à désigner pour le XVIe siècle un mouvement intellectuel qui place en son centre une pensée de l'homme.

▶ Les humanistes croient en la **perfectibilité de l'homme** et attachent une importance essentielle à l'**éducation**, comme en témoignent les textes de Rabelais ou de Montaigne. C'est aussi au rôle de l'**expérience** dans la recherche de la vérité, contre un savoir exclusivement livresque, que l'humanisme accorde une place de premier plan.

▶ C'est enfin une haute exigence pour l'humanité qui se dessine. D'**Érasme** (*Éloge de la folie*) à **Montaigne** (*Essais*), en passant par **La Boétie** (*Discours de la servitude volontaire*), reconnaissance de l'autre, amitié, liberté, faculté de juger, exercice de la pensée critique, souci de la maîtrise de la langue, volonté d'échange et de dialogue, sont autant de voies par lesquelles chaque homme est invité à **réaliser son humanité** : « Chaque homme porte la forme entière de l'humaine condition » (Montaigne).

▶ L'œuvre d'Étienne de la Boétie, ***Discours de la servitude volontaire***, écrite en 1548, peut être considérée comme emblématique de la complexité d'une époque et des questions qui la traversent. Ce texte a une résonance à la fois politique et philosophique. Le titre, paradoxal, installe l'idée que la servitude n'est pas ce qui est imposée par le tyran, mais ce que les hommes s'imposent à eux-mêmes : il y a chez eux une volonté de servitude, et c'est **cette volonté de servitude qui fait le tyran**. Cet essai affronte donc une énigme : pourquoi les hommes renoncent-ils volontairement à leur liberté ? La Boétie rattache cette énigme à la naissance de l'État moderne qui induit relations de pouvoir et renoncement à la liberté. Il y a là, pour La Boétie, une dénaturation de l'homme. Ce qui est naturel en effet, pour lui, est une société sans divisions, à l'image de celles du Nouveau Monde. En faisant émerger cette énigme, La Boétie ne prêche pas la révolte, mais **il fait penser, autrement**, et c'est cela qui est **révolutionnaire en soi**. Seule l'**amitié**, relation entre égaux, échapperait à la logique de la servitude.

Méthode

Lire un essai de Montaigne

a. Se renseigner sur l'œuvre et l'auteur

▶ Les *Essais* de Montaigne, né en 1533, sont l'œuvre d'une vie. Ils sont publiés entre 1580 (pour les deux premiers livres) et 1595 (date de la publication posthume des trois livres, par Marie de Gourmay, alors que Montaigne qui en préparait l'édition est mort en 1592).

▶ Montaigne n'est pas un érudit coupé du monde et indifférent à son époque. Les *Essais* sont un **texte plein d'énergie dans une époque pourtant terrible**, celle des guerres de religion. Dans ce contexte Montaigne est d'ailleurs chargé en 1574 d'une mission diplomatique entre Henri de Guise, côté protestant, et Henri de Navarre, côté catholique. Il voyage également en Europe, découvre la variété du monde et écrit un *Journal de voyage*. Il est élu maire de Bordeaux.

Montaigne

▶ Les *Essais* sont une œuvre d'une **grande mobilité**, très libre : non seulement parce que Montaigne y aborde sans ordre ni programme préétabli n'importe quel thème, mais aussi parce qu'il ne cessera d'ajouter au fil des éditions à ce qui a déjà été écrit et que son style y va, comme il le dit, « à sauts et à gambade ».

▶ C'est une œuvre qui peut désarçonner : la pensée naît en effet du mouvement même de l'écriture, avec de nombreuses digressions. Elle peut dérouter aussi par une **langue qui n'est plus la nôtre** (choisissez plutôt une version modernisée) et par les **nombreuses citations** des auteurs de l'antiquité avec lesquels Montaigne dialogue. Il est donc nécessaire d'accepter d'abord d'entrer dans cette écriture.

b. Étudier un essai

▶ **Interroger le sens du titre** et la signification que le chapitre lui donne. Par exemple, le titre « Des Cannibales » désigne d'abord les Indiens du Brésil et leurs pratiques anthropophagiques, en apparence « barbares », mais le terme prend au fil de l'essai d'autres connotations et s'avère bien plus polysémique.

▶ **Lire en s'aidant des notes** de bas de page en acceptant aussi, dans un premier temps, de ne pas tout comprendre.

▶ **Noter** dans un cahier personnel, ou sur une fiche, au fur et à mesure, **les thèmes et les idées majeurs** qui apparaissent (avec la référence des pages).

▶ Noter aussi des **expressions** ou des **phrases** qui vous semblent **essentielles.**

À retenir

Au centre du livre I se trouve la figure de **La Boétie**, l'ami trop tôt disparu, auteur d'une œuvre pour laquelle Montaigne avait une grande admiration : *Discours de la servitude volontaire.* Ce livre I est même construit comme un tombeau pour La Boétie.

▶ Après la lecture, **rédiger librement dans votre cahier personnel vos réponses aux questions suivantes** (vous serez ainsi prêts pour l'étude en classe) :

– quel est le sujet de cet essai ?
– quel est le point de vue de Montaigne sur ce sujet ?
– quels passages ont retenu mon attention ? Pourquoi ?
– quelles expressions m'ont frappé ? Pourquoi ?
– qu'ai-je appris de cette lecture ?
– à quoi cet essai m'a-t-il invité à réfléchir, c'est-à-dire quelles questions m'a-t-il conduit à me poser ?
– quelles conclusions puis-je tirer de ma réflexion ?
– en quoi cet essai me paraît-il significatif de l'humanisme du XVIe siècle ?

Exercices

1 ★★ 15 min Après avoir lu attentivement cet extrait, expliquez en quelques phrases quelle image Montaigne y donne du Nouveau Monde et ce qu'il révèle du rapport des Européens avec ce monde. Invite-t-il à conclure à la supériorité de la civilisation européenne sur la civilisation indienne ?

> Notre monde vient d'en trouver un autre (et qui nous répond si c'est le dernier de ses frères, puisque les Démons, les Sibylles[1], et nous, avons ignoré celui-ci jusqu'à cette heure ?) non moins grand, plein, et membru que lui : toutefois si nouveau et si enfant, qu'on lui apprend encore son a, b, c ; il n'y a pas cinquante ans qu'il ne savait ni lettres, ni poids, ni mesure, ni vêtements, ni blés, ni vignes. Il était encore tout nu, au giron, et ne vivait que des moyens de sa mère nourrice. Si nous concluons bien de notre fin, et ce poète de la jeunesse de son siècle, cet autre monde ne fera qu'entrer en lumière, quand le nôtre en sortira. L'univers tombera en paralysie ; l'un membre sera perclus, l'autre en vigueur. Bien crains-je que nous aurons bien fort hâté sa déclinaison et sa ruine par notre contagion, et que nous lui aurons bien cher vendu nos opinions et nos arts. C'était un monde enfant ; si ne l'avons-nous pas fouetté et soumis à notre discipline par l'avantage de notre valeur et forces naturelles, ni ne l'avons pratiqué par notre justice et bonté, ni subjugué par notre magnanimité[2]. La plupart de leurs réponses, et des négociations faites avec eux, témoignent qu'ils ne nous devaient rien en clarté d'esprit naturelle et en pertinence.

Michel de MONTAIGNE, *Essais*, « Des Coches », Livre III, 1580.

1. Prophétesses.
2. Grandeur d'âme.

2 ★★★ 15 min Lisez l'extrait suivant puis répondez aux questions.

a. Pourquoi Montaigne se désole-t-il de la venue de ces trois Indiens en France ?

b. Que demande le roi aux Indiens ? En quoi cela est-il révélateur d'une certaine arrogance et d'un ethnocentrisme ?

c. Reformulez les deux points sur lesquels les Indiens expriment leur étonnement. Le lecteur peut-il à son tour en être étonné ?

> Trois d'entre eux[1], ignorant combien coûtera un jour à leur repos et à leur bonheur la connaissance des corruptions de deçà[2], et que de ce commerce naîtra leur ruine, comme je présuppose qu'elle soit déjà avancée, bien misérables de s'être laissés piper[3] au désir de la nouvelleté et avoir quitté la douceur de leur ciel pour venir voir le nôtre, furent à Rouen[4], du temps que le feu roi Charles IX[5] y était.
> Le roi parla à eux longtemps ; on leur fit voir notre façon, notre pompe, la forme d'une belle ville. Après cela, quelqu'un en demanda leur avis et voulut savoir d'eux ce qu'ils y avaient trouvé de plus admirable. Ils répondirent trois choses, d'où j'ai perdu la troisième, et en suis bien marri[6] ; mais j'en ai encore deux en mémoire : ils dirent qu'ils trouvaient en premier lieu fort étrange que tant de grands hommes, portant barbe, forts et armés, qui étaient autour du roi (il est vraisemblable qu'ils parlaient des Suisses[7] de sa garde), se soumissent à obéir à un enfant, et qu'on ne choisissait plutôt quelqu'un d'entre eux pour commander ; secondement (ils ont une façon de leur langage telle qu'ils nomment les hommes moitié les uns des autres) qu'ils avaient aperçu qu'il y avait parmi nous des hommes pleins et gorgés de toutes sortes de commodités, et que leurs moitiés étaient mendiants à leurs portes, décharnés de faim et de pauvreté, et trouvaient étrange comme ces moitiés-ci nécessiteuses pouvaient souffrir une telle injustice qu'ils ne prissent les autres à la gorge ou missent le feu à leurs maisons.

Michel de MONTAIGNE, *Essais*, « Des Cannibales », Livre I, 1580.

1. Il s'agit de trois indiens du Brésil.
2. De l'Europe.
3. Tromper.
4. Sans doute en 1562.
5. Roi de France alors âgé de 12 ans.
6. Fâché.
7. Garde du roi de France.

La littérature d'idées au XVIIe siècle

Cours

1 Un siècle complexe

a. Baroque et classique

▶ Le mot « classique » n'est pas une étiquette commode. D'une part, c'est a posteriori, à partir du XVIIIe siècle, que le XVIIe siècle est qualifié de « classique » et d'autre part ce que nous appelons « classicisme » ne recouvre qu'imparfaitement le XVIIe siècle. Une grande part de l'art et de la littérature apparaît comme décalée, bizarre, irrégulière ; c'est elle que le XIXe siècle qualifiera de « baroque ». Le baroque est moins un principe esthétique que l'expression d'une sensibilité et d'un rapport inquiet au monde, à ses métamorphoses, à son instabilité, à son théâtre des apparences.

▶ De fait, la littérature et la pensée du XVIIe siècle sont parfois en tension entre sensibilité « baroque » et idéal « classique ». Les sermons et oraisons funèbres de Bossuet (évêque attaché à la cour royale, où il célébra les messes d'enterrement des Grands) s'appuient ainsi sur l'inquiétude ressentie face à une existence fragile, éphémère, pour en révéler la vanité (le caractère vain et illusoire) et élever vers la vérité (celle de notre condition mortelle, celle de Dieu).

La Fontaine

b. Le « siècle de Louis XIV » (Voltaire) ?

▶ Le XVIIe siècle n'est pas tout entier celui de Louis XIV, le roi Soleil. C'est oublier que son règne personnel ne commence qu'en 1661, et que c'est avec Henri IV puis Louis XIII que se met d'abord en place l'absolutisme. C'est aussi oublier que le XVIIe siècle prend son élan à l'ombre des guerres de religion du XVIe siècle et que la marche en avant de l'absolutisme vacilla avec l'épisode de la Fronde (fronde des parlements puis des Grands seigneurs) entre 1648 et 1653, alors que Louis XIV est mineur.

▶ Mais la figure de Louis XIV est objectivement centrale : il favorise notamment le foisonnement et le rayonnement de tous les arts qui viennent contribuer à la grandeur de son règne, parce qu'un règne pour lui doit être grand : construction de Versailles, mécénat, pensions versées aux artistes, création des académies, etc. Le pouvoir royal censure peu ou moins que l'on ne l'a parfois dit pour des motifs politiques (c'est davantage la censure religieuse qui opère), même si on observe un durcissement au fil du règne. Ainsi La Fontaine ne fut jamais reçu à Versailles en raison de son soutien à Fouquet, intendant des finances que Louis XIV fit arrêter au début de son règne, mais il put toujours librement publier ses fables.

▶ C'est pourquoi il serait faux de penser le recours aux figures animales dans les *Fables* comme un moyen de déjouer la censure (sauf à supposer que le roi et les censeurs ne sauraient pas bien lire). De même, les fables ne sont pas une critique politique de la monarchie. La Fontaine n'envisage aucun autre pouvoir possible que celui-ci.
Bien entendu le texte a souvent une tonalité satirique, mais le regard est d'abord celui d'un poète et d'un moraliste, qui met au jour le fonctionnement souvent terrible du pouvoir, des sociétés et de l'homme.

▶ Le règne du roi Soleil est aussi un règne sombre, marqué par des guerres constantes qui affaiblissent le royaume et aggravent les famines, ainsi que par des persécutions religieuses multiples, contre les libertins, les jansénistes, et les protestants (avec la révocation de l'Édit de Nantes en 1685).
Un certain nombre d'œuvres ouvrent aussi à une réflexion politique sur les dérives de ce règne. Publiées à titre posthume, les *Mémoires* de Saint Simon témoignent de l'envers du siècle.

À retenir

Le jansénisme est un courant de pensée religieuse qui s'appuie sur les thèses de Jansénius (1585-1638), évêque flamand, disciple de Saint Augustin (354-430). L'idée fondamentale est que le salut ne peut résulter que de la grâce divine et non de l'action humaine. Il convient donc de renoncer à toute vie mondaine et de se consacrer à la méditation. Ce courant remet en cause certains dogmes catholiques, le pouvoir temporel de l'Église et celui des jésuites. Pascal s'inscrit dans ce courant.

2 Le « classicisme » : élévation de l'homme et processus de civilisation

a. L'admiration des Anciens

▶ Au XVIIe siècle, le terme « classique » (qui signifie de « première classe ») désignait non les écrivains contemporains mais les grands auteurs de l'Antiquité, qui sont des modèles à imiter. *Les Caractères* de La Bruyère s'écrivent ainsi sur l'imitation de ceux de Théophraste, et les *Fables* de La Fontaine sont d'abord un exercice de poésie, par la mise en vers des fables antiques.

▶ La majeure part de la littérature du XVIIe siècle s'élabore en effet dans l'admiration des Anciens ; ceux-ci sont perçus comme constituant un idéal de beauté, d'harmonie et de profondeur dans la pensée ; la philosophie d'Aristote ou les préceptes d'Horace sont revisités pour constituer une théorie classique de l'art (dont l'*Art poétique* de Boileau offre une synthèse).

▶ La seconde moitié du XVIIe siècle est enfin marquée par la « querelle des Anciens et des Modernes » : toute la question est de savoir si les Anciens sont ou non des modèles indépassables. Ainsi en 1687, dans le *Siècle de Louis le Grand*, Perrault vanta la supériorité de l'époque moderne sur l'Antiquité. La Fontaine répondit par une défense des anciens dans son *Épître à Huet*. À la fin du siècle, s'impose une modernité qui reconnaît la culture antique comme une étape fondamentale de l'humanité mais n'en fait plus un absolu.

b. Rationalisme et cartésianisme

▶ Le « classicisme » est d'abord un rationalisme, dont participe pleinement le cartésianisme issu de la philosophie de Descartes (*Discours de la méthode*, 1637 ; *Méditations métaphysiques*, 1641). Il est fondé sur l'intellect et la volonté de connaissance : goût du raisonnement, recherche de la vérité, primauté de l'esprit et de l'âme sur le corps, source de troubles et de passions à maîtriser. C'est le projet des *Fables* de La Fontaine où l'imagination, le pouvoir de fabulation (qui est tout à la fois fiction et art de la parole), est inséparable d'une pensée rationnelle. Elle en constitue un ressort.

▶ L'élaboration de règles pour l'art n'est pas à comprendre comme une volonté d'emprisonner la pensée et la création, mais comme une discipline pour tendre vers la vérité et la rendre sensible au public. L'un des premiers principes du classicisme est ainsi celui de l'utilité de l'art : il faut plaire et instruire.

▶ Ce rationalisme accompagne aussi le développement d'un courant libertin, qui ne se résume pas à un anticonformisme moral et religieux au plan des mœurs. Le libertinage est d'abord une pensée critique, indépendante des dogmes et s'appuyant sur la leçon des faits et de l'expérience.

c. Nature humaine et universalité

▶ Le classicisme témoigne en second lieu d'une volonté de tendre vers l'universalité : ce qui intéresse c'est la nature humaine, non telle qu'elle est, mais telle qu'elle devrait être. Il s'agit de s'élever, de dépasser ce qui nous rive aux contingences de l'existence pour atteindre une vérité supérieure de la condition humaine.

▶ Dans cette perspective, le XVIIe siècle valorise un art impersonnel ; il se méfie de ce qui relèverait de l'épanchement trop intime du créateur (le philosophe Pascal dira ainsi que « le moi est haïssable »).

d. Un processus de civilisation

▶ Le classicisme développe donc un art de la mesure et de la civilité, qui fonde un idéal social et humain : l'honnête homme. La littérature apparaît ainsi comme participant d'un processus de civilisation.

▶ C'est en ce sens que l'on peut parler d'une littérature morale : il ne s'agit nullement d'être moralisateur, mais de s'attacher à l'étude des mœurs et des passions humaines pour comprendre et pour s'élever. Le spectacle tragique des passions, chez Racine, suscite pitié et crainte, pour mieux s'en libérer, dans une réinterprétation de la « catharsis », purgation des passions, développée par Aristote. C'est aussi un regard lucide, ironique et souvent tranchant qui est porté sur la nature humaine et sur les mœurs, par exemple dans les *Maximes* de La Rochefoucauld ou dans les *Lettres* de Madame de Sévigné. Les comédies de Molière offrent quant à elles un tableau critique des mœurs du siècle ; le rire, toujours subversif, est une secousse de la pensée.

Molière

>> 3 Genres et formes

▶ Il serait artificiel de distinguer des genres et des formes où serait privilégiée la littérature d'idées. Une pièce de Molière, ou un roman de Madame de Lafayette sont des lieux de pensée de l'homme et du monde, et on peut opérer une lecture politique du théâtre de Corneille.

▶ Cependant, au XVIIe siècle, certains types d'œuvres s'affichent explicitement comme débat des idées. C'est le cas des contes de Perrault qui allient le merveilleux et la réflexion morale, des fables de La Fontaine, qui relèvent de l'apologue, du roman philosophique développé par Fénelon à la fin du siècle.

▶ La fable est un court récit généralement en vers, parfois en prose, qui engage une moralité explicite ou implicite. C'est un récit allégorique, qui met en scène des animaux symbolisant le monde des hommes, des éléments naturels ou des hommes (plus exactement des types humains). Elle vise en ce sens à plaire et à instruire dans un même mouvement (« *placere et docere* », dit-on selon la formule latine). Elle développe ainsi un art de la séduction et de la jubilation par la variété même de son écriture. Elle n'a pas pour but d'inculquer des règles de conduite et des leçons de morale mais inspire au lecteur une sagesse, et conduit à une réflexion sur l'homme et le monde.

▶ Quant au conte, développé notamment par Perrault, il est merveilleux en ce qu'il projette dans un ailleurs souvent indéfini (« il était une fois dans un royaume... ») ; il suscite certes la rêverie, mais offre aussi une image souvent cruelle des schémas sociaux et humains, et se clôt par une moralité sans concession.

▶ Enfin l'écriture fragmentaire (celle des *Pensées* de Pascal, des *Maximes* de La Rochefoucauld, des *Caractères* de La Bruyère) favorise l'implicite et la suspension du jugement. La brièveté et la discontinuité de la forme sont à la fois une élégance de l'esprit (il s'agit de ne pas être lourd ni pédant) et le geste d'une pensée en mouvement, par définition ouverte et inachevable : de fragments en fragments, elle se relance.

Méthode

Préparer l'explication d'une fable

L'explication linéaire d'une fable prend appui sur un certain nombre de repères préalables indispensables :

a. La découverte du texte

- **Lire** attentivement la fable.
- **Rechercher le sens des expressions difficiles**, en s'aidant des notes et d'un dictionnaire.
- Que met en évidence le titre ? Quel est le **sujet** de la fable ? Quel est le **registre dominant** : dramatique, comique, épique ?
- Comment la fable **s'organise-t-elle** : place du récit, présence et place d'un discours, formulation et place d'une moralité, si elle est explicite.

b. L'art de raconter une histoire

- **Résumer** l'histoire : que se passe-t-il ?
- Comment le récit s'organise-t-il ? Quelle place y occupent les **dialogues** ?
- Quels types de **personnages** apparaissent ? Quels sont leur rôle et leurs caractéristiques ?

c. L'écriture poétique

- Quels **vers** sont employés ? Quels effets produit la **variation métrique** dans le rythme du récit, dans la mise en valeur d'un épisode, etc. ?
- Comment s'élabore la **musicalité du texte** : rimes, jeux sonores, etc. ?

d. L'élucidation des enjeux de la fable

- Quelle est la **morale** ? Est-elle implicite ou explicite ?
- En quoi la fable invite-t-elle au **jugement critique** ?

Exercices

1 ★★★ 45 min **Lisez attentivement cette fable, puis prenez appui sur les questions proposées en méthode pour préparer une explication de texte.**

Avant de commencer, éclairez les allusions mythologiques : Troie, Xanthe, Hélène, et le sens du mot « Fortune ».

Les deux coqs

Deux coqs vivaient en paix : une Poule survint,
Et voilà la guerre allumée.
Amour, tu perdis Troie ; et c'est de toi que vint
Cette querelle envenimée,
Où du sang des Dieux même on vit le Xanthe teint.
Longtemps entre nos Coqs le combat se maintint :
Le bruit se répandit par tout le voisinage.
La gent qui porte crête au spectacle accourut.
Plus d'une Hélène au beau plumage
Fut le prix du vainqueur ; le vaincu disparut.
Il alla se cacher au fond de sa retraite,
Pleura sa gloire et ses amours,
Ses amours qu'un rival tout fier de sa défaite
Possédait à ses yeux. Il voyait tous les jours
Cet objet rallumer sa haine et son courage.
Il aiguisait son bec, battait l'air et ses flancs,
Et, s'exerçant contre les vents,
S'armait d'une jalouse rage.
Il n'en eut pas besoin. Son vainqueur sur les toits
S'alla percher, et chanter sa victoire.
Un vautour entendit sa voix :
Adieu les amours et la gloire.
Tout cet orgueil périt sous l'ongle du vautour.
Enfin par un fatal retour
Son rival auprès de sa poule
S'en revint faire le coquet :
Je laisse à penser quel caquet,
Car il eut des femmes en foule.
La Fortune se plaît à faire de ces coups ;
Tout vainqueur insolent à sa perte travaille.
Défions-nous du sort, et prenons garde à nous
Après le gain de la bataille.

Jean de La Fontaine, *Fables*, Livre 7, 1678.

2 ★★★ 10 min **Selon vous, à quel conte célèbre la moralité suivante correspond-elle ? Quel sens lui donnez-vous ?**

Moralité

On voit ici que de jeunes enfants,
Surtout de jeunes filles,
Belles, bien faites et gentilles,
Font très mal d'écouter toute sorte de gens,
Et que ce n'est pas chose étrange
S'il en est tant que le loup mange.
Je dis le loup, car tous les loups
Ne sont pas de la même sorte ;
Il en est d'une humeur accorte,
Sans bruit, sans fiel et sans courroux,
Qui, privés, complaisants et doux,
Suivent les jeunes Demoiselles
Jusque dans les maisons, jusque dans les ruelles ;
Mais hélas ! qui ne sait que ces loups doucereux
De tous les loups sont les plus dangereux.

3 ★★★ 30 min **La fable intitulée « Le pouvoir des fables » se termine sur ces vers : « Le monde est vieux, dit-on : je le crois, cependant /Il le faut amuser encor comme un enfant. ». Lisez cette fable, puis dites dans un court paragraphe quelle réflexion vous inspirent ces deux vers.**

La littérature d'idées au XVIIIe siècle

Cours

1 « Qu'est-ce que les Lumières ? »

▶ En 1784, le philosophe allemand Kant, en réponse à cette question « Qu'est-ce que les Lumières ? » qui fournit le titre de son article, propose une devise : « Aie le courage de te servir de ton propre entendement ! ».

▶ Ce mouvement des Lumières est en effet avant tout l'adoption d'une attitude intellectuelle : se servir de sa raison, librement, en se dégageant des dogmes, des superstitions, des préjugés. Il est inséparable de la naissance des sciences modernes (perfectionnement des instruments de mesure, développement de la biologie, méthode expérimentale, volonté d'expliquer le monde par des lois physiques).

▶ Les écrivains majeurs du XVIIIe siècle, Montesquieu, Voltaire, Diderot, Rousseau, sont tous philosophes des Lumières. Ils déploient leur réflexion dans des voies différentes et parfois divergentes, mais ont en commun la volonté d'exercer leur esprit critique dans tous les domaines.

Voltaire

2 Enjeux de l'esprit critique

a. Savoirs

C'est sur l'expérience, l'observation de la nature (Buffon, *Histoire naturelle*) et la connaissance des lois physiques que doit se fonder pour les Lumières le savoir scientifique. La science est la voie par laquelle on peut s'opposer aux préjugés des hommes et aux erreurs des dogmes. Elle est aussi l'une des clés du bonheur de l'homme sur terre, à partir de découvertes aussi essentielles que l'électricité. C'est leur foi dans le progrès qu'affirment ainsi, à l'exception sans doute de Rousseau, les philosophes du XVIIIe siècle.

b. Politique et société

▶ En politique, s'effectue la critique de la monarchie absolue, de la tyrannie, du despotisme. Si Montesquieu est favorable à une monarchie parlementaire de type anglais, si Diderot et Voltaire réfléchissent à la possibilité d'un despotisme éclairé, Rousseau ouvre la voie du « contrat social » depuis laquelle se réfléchiront les options démocratiques.

▶ Dans le domaine social, Voltaire dénonce, dans ses lettres, pamphlets et contes philosophiques, la peine de mort, la torture, le servage et l'esclavage ; beaucoup (comme Diderot dans son *Supplément au voyage de Bougainville*) révèlent aussi combien l'on peut apprendre de sociétés autres : le XVIIIe siècle prolonge ainsi par d'autres voies la critique de l'ethnocentrisme initiée au XVIe siècle ; c'est enfin à une réflexion sur les inégalités que se livre très largement Rousseau, réflexion qui rejoint une interrogation sur la place du mérite contre la naissance (que l'on retrouve aussi dans le célèbre monologue du *Le Mariage de Figaro*).

▶ Ainsi s'élabore une réflexion aux enjeux sociaux et politiques neufs : comment construire le bonheur de l'homme sur Terre ? Comment les hommes peuvent-ils inventer par eux-mêmes et construire pour eux-mêmes une possibilité de vivre ensemble ? En somme, comment faire société ? Et quelle relation, quel contrat peuvent unir entre eux les hommes, c'est-à-dire l'individu et la société ? Ce sont ces questions qui guideront dans ses principes la Révolution de 1789.

L'affaire Calas

En 1761, **Jean Calas**, un protestant, est accusé d'avoir tué son fils qui voulait se convertir au catholicisme. Il est condamné et exécuté. Voltaire se lance dans une campagne de défense et de réhabilitation de Calas et publie *Le Traité sur la tolérance*.

>>

c. Religion

Dans le domaine religieux, il s'agit de lutter contre les superstitions et l'intolérance. Voltaire entreprend ainsi un combat contre « l'infâme » c'est-à-dire le fanatisme religieux, poison des sociétés humaines. Comme Montesquieu, il est partisan d'un déisme, qui reconnaît l'existence d'un principe divin et la valeur civique de la religion libérée des dogmes et des rites. Le pouvoir de l'Église, sa corruption et son obscurantisme sont mis en cause, dans *Les Lettres persanes* comme dans *L'Ingénu* ou *Zadig* notamment.

Enfin, Diderot s'interroge de façon plus audacieuse sur le danger de toute religion, il n'hésite pas à affirmer son matérialisme et son athéisme.

3 Des genres et des formes

Les œuvres témoignent d'un désir de vulgarisation, de diffusion et de partage des idées et de la démarche philosophique.

a. *L'Encyclopédie*

Entre 1751 et 1772, Diderot et le mathématicien d'Alembert se lancent dans une entreprise colossale qui entend faire la somme de tous les savoirs de leur temps et les examiner de façon critique. *L'Encyclopédie* comportera dix-sept volumes de textes et onze de planches illustrées.

b. Les fictions philosophiques : contes et romans

- À travers personnages, situations, aventures, la fiction fonctionne comme laboratoire et illustration de la pensée philosophique.
- Le roman épistolaire de Montesquieu, *Les Lettres persanes*, opère ainsi sur deux plans et par le jeu du croisement des lettres, une critique du despotisme, d'une part à travers les lettres d'Usbek et de Rica, deux Persans en voyage qui dévoilent pendant leur long séjour en France les errances et les abus de la monarchie absolue et d'autre part depuis les aventures du sérail en Perse où Usbek entend régner, à distance, en maître tyrannique.
- Ce sont l'arbitraire, la corruption, les préjugés et l'injustice qui font l'objet par exemple de *L'Ingénu* de Voltaire (œuvre au carrefour du roman et du conte philosophique), depuis le regard, ici encore étranger, de son héros, un Indien huron.

Diderot

c. Le dialogue et la lettre

- Le dialogue philosophique (Diderot, *Dialogue d'un philosophe avec la maréchale de ****) comme la lettre (*Lettre sur les aveugles*) sont des formes ouvertes, qui mettent un jeu un exercice de la parole fondée sur l'échange et le débat.
- Le dialogue philosophique a ainsi une dimension argumentative dans sa volonté de convaincre et de persuader l'autre. Mais il peut aussi avoir une fonction plus délibérative : différentes solutions s'offrent aux personnages interlocuteurs ; pour chacune, le dialogue permet d'en peser la valeur, d'en mesurer les avantages, les limites, les conséquences, afin de déterminer éventuellement celle qui semble la meilleure et de prendre, selon l'action proposée, une décision.

Le dialogue délibératif est alors la voie par lequel l'auteur développe, à travers ses personnages, sa propre réflexion et ses propres interrogations.

- Le rôle du lecteur est ici particulièrement intéressant : aucune réponse ne lui est d'emblée fournie. Dans l'éventail des arguments et des contre-arguments offerts par le dialogue, c'est au lecteur de former son propre jugement.

Dans son *Dictionnaire philosophique*, Voltaire introduit ainsi sa pensée sous la forme d'un dialogue. Il peut ainsi affirmer : « Les livres les plus utiles sont ceux dont les lecteurs font eux-mêmes la moitié ; ils étendent les pensées dont on leur présente le germe ».

d. Le théâtre

Enfin, le théâtre de Marivaux se fonde sur des expérimentations qui font écho à la pensée de son époque. Ainsi *L'Ile des esclaves* fonctionne comme une utopie provisoire où maîtres et esclaves échangent leurs places, tandis que dans *La Colonie*, les femmes revendiquent le pouvoir.

Marivaux

Méthode

Lire une fiction philosophique

La lecture d'une fiction philosophique proposée comme œuvre intégrale nécessite un travail personnel de repérage et de questionnement.

a. Genre et tonalités

– De quel **genre** relève l'œuvre proposée : conte, roman, théâtre, dialogue fictif ? Justifier.
– Quels sont les **registres** et tonalités dominants : comique, satirique, pathétique, tragique ?

b. L'histoire

– **Préciser le cadre spatio-temporel** de l'histoire : où et quand se déroule-t-elle ?
– **Identifier** ses principales **étapes.**
– **Comparer le début et la fin** : quelle évolution constatez-vous ?

c. Le système des personnages

– **Repérer les personnages** principaux.
– Les classer selon leur fonction dans le récit : héros, destinataire, adjuvants, opposants.
– Identifier les types ou problèmes humains auxquels ils renvoient.

d. L'enjeu philosophique

– **Déterminer les éléments** qui rattachent l'œuvre à une fiction philosophique.
– **Identifier le problème philosophique abordé** : apparaît-il dans le titre ? Certains personnages sont-ils les porte-parole d'une thèse précise sur ce problème ? Comment leur réflexion évolue-t-elle au fil de l'œuvre ?
– Quelle en est la dimension critique ? Sur quoi porte-t-elle ? Situer cette critique dans la perspective des Lumières.
– Aboutit-on à une « leçon philosophique » explicite ? Quelles conclusions le lecteur peut-il tirer de cette fiction ?

Exercices

1 ★★ 10 min

a. Quel est le sujet de cette lettre ?

b. Quels indices révèlent le regard distancié et critique de Rica ?

L'œil neuf : on nomme ainsi le procédé qui consiste à placer des réalités connues du lecteur sous le regard d'un personnage étranger à ce monde, qui pose donc sur lui un « œil neuf ».

Rica à Ibben

Le roi de France est le plus puissant prince de l'Europe. Il n'a point de mines d'or comme le roi d'Espagne son voisin ; mais il a plus de richesses que lui, parce qu'il les tire de la vanité de ses sujets, plus inépuisable que les mines. On lui a vu entreprendre ou soutenir de grandes guerres, n'ayant d'autres fonds que des titres d'honneur à vendre ; et, par un prodige de l'orgueil humain, ses troupes se trouvoient payées, ses places munies, et ses flottes équipées.

D'ailleurs ce roi est un grand magicien : il exerce son empire sur l'esprit même de ses sujets ; il les fait penser comme il veut. S'il n'a qu'un million d'écus dans son trésor, et qu'il en ait besoin de deux, il n'a qu'à leur persuader qu'un écu en vaut deux, et ils le croient. S'il a une guerre difficile à soutenir, et qu'il n'ait point d'argent, il n'a qu'à leur mettre dans la tête qu'un morceau de papier est de l'argent, et ils en sont aussitôt convaincus. Il va même jusqu'à leur faire croire qu'il les guérit de toutes sortes de maux en les touchant, tant est grande la force et la puissance qu'il a sur les esprits.

Ce que je te dis de ce prince ne doit pas t'étonner : il y a un autre magicien plus fort que lui, qui n'est pas moins maître de son esprit qu'il l'est lui-même de celui des autres. Ce magicien s'appelle le pape : tantôt il lui fait croire que trois ne sont qu'un ; que le pain qu'on mange n'est pas du pain, ou que le vin qu'on boit n'est pas du vin, et mille autres choses de cette espèce.

MONTESQUIEU, *Lettres persanes*, 1721.

2 ★★★ 40 min **Étudiez les textes suivants en répondant aux questions.**

a. Quel est le thème commun abordé par les trois textes ?

b. Quel est le point de vue exposé sur ce thème dans chaque texte ? Peut-on dégager une position commune ?

c. De quel genre littérature relève chaque œuvre ? À quelle forme correspond chaque texte ? Quelle est la valeur de ces choix littéraires pour la diffusion des idées philosophiques ?

Texte 1

L'Ingénu est enfermé à la prison de la Bastille où il fait la connaissance de Gordon.
— Ah ! monsieur Gordon, s'écria l'Ingénu, vous n'aimez donc pas votre marraine ? Si vous connaissiez comme moi Mlle de Saint-Yves, vous seriez au désespoir. » À ces mots il ne put retenir ses larmes, et il se sentit alors un peu moins oppressé. « Mais, dit-il, pourquoi donc les larmes soulagent-elles ? Il me semble qu'elles devraient faire un effet contraire.

— Mon fils, tout est physique en nous, dit le bon vieillard ; toute sécrétion fait du bien au corps ; et tout ce qui le soulage soulage l'âme : nous sommes les machines de la Providence. »

L'Ingénu, qui, comme nous l'avons dit plusieurs fois, avait un grand fonds d'esprit, fit de profondes réflexions sur cette idée, dont il semblait qu'il avait la semence en lui-même. Après quoi il demanda à son compagnon pourquoi sa machine était depuis deux ans sous quatre verrous. « Par la grâce efficace, répondit Gordon ; je passe pour janséniste : j'ai connu Arnauld et Nicole ; les jésuites nous ont persécutés. Nous croyons que le pape n'est qu'un évêque comme un autre ; et c'est pour cela que le P. de la Chaise a obtenu du roi, son pénitent, un ordre de me ravir, sans aucune formalité de justice, le bien le plus précieux des hommes, la liberté.

— Voilà qui est bien étrange, dit l'Ingénu ; tous les malheureux que j'ai rencontrés ne le sont qu'à cause du pape. À l'égard de votre grâce efficace, je vous avoue que je n'y entends rien ; mais je regarde comme une grande grâce que Dieu m'ait fait trouver dans mon malheur un homme comme vous, qui verse dans mon cœur des consolations dont je me croyais incapable.»

VOLTAIRE, *L'Ingénu*, Chapitre X, 1767.

Texte 2

LA MARÉCHALE. – N'êtes-vous pas monsieur Diderot ?
DIDEROT. – Oui, madame.
LA MARÉCHALE. – C'est donc vous qui ne croyez rien ?
DIDEROT. – Moi-même.
LA MARÉCHALE. – Cependant votre morale est d'un croyant.
DIDEROT. – Pourquoi non, quand il est honnête homme ?
LA MARÉCHALE. – Et cette morale-là, vous la pratiquez ?
DIDEROT. – De mon mieux.
LA MARÉCHALE. – Quoi ! vous ne volez point, vous ne tuez point, vous ne pillez point ?
DIDEROT. – Très rarement.
LA MARÉCHALE. – Que gagnez-vous donc à ne pas croire ?
DIDEROT. – Rien du tout, madame la Maréchale. Est-ce qu'on croit parce qu'il y a quelque chose à gagner ?

Denis DIDEROT, *Entretien d'un philosophe avec la Maréchale de* ***, 1776.

Texte 3

RÉFUGIÉS

C'est ainsi que l'on nomme les protestants français que la révocation de l'édit de Nantes a forcés de sortir de France, et de chercher un asile dans les pays étrangers, afin de se soustraire aux persécutions qu'un zèle aveugle et inconsidéré leur faisait éprouver dans leur patrie. Depuis ce temps, la France s'est trouvé privée d'un grand nombre de citoyens, qui ont porté à ses ennemis des arts, des talents et des ressources dont ils ont souvent usé contre elle. [...] Louis XIV, en persécutant les protestants, a privé son royaume de près d'un million d'hommes industrieux, qu'il a sacrifiés aux vues intéressées et ambitieuses de quelques mauvais citoyens, qui sont les ennemis de toute liberté de penser, parce qu'ils ne peuvent régner qu'à l'ombre de l'ignorance. L'esprit persécuteur devrait être réprimé par tout gouvernement éclairé [...].

Encyclopédie, « Réfugiés », 1751-1766.

L'aventure du roman

Cours

1 L'évolution du genre romanesque

a. La Renaissance : le roman humaniste

La Renaissance consacre deux écrivains de romans parodiques et réalistes : en France, Rabelais, avec *Gargantua* et *Pantagruel* ; en Espagne, au début du XVIIe siècle, Cervantès avec *Don Quichotte de la Manche*.

b. Le XVIIe siècle : le triomphe du « romanesque » ?

▶ Siècle du théâtre, il considère souvent le roman comme un genre mineur et frivole, un divertissement créé par des nobles oisifs pour un public féminin. Ainsi, le roman offre généralement le récit d'aventures amoureuses. Dans le cercle de la préciosité, milieu aristocratique et cultivé, le roman se distingue par sa longueur (par exemple, *L'Astrée*, d'Honoré d'Urfé, comprend plus de 5 000 pages), ses péripéties sans nombre, le merveilleux et l'héroïsme de ses personnages.

▶ Pourtant, *La Princesse de Clèves* de Mme de Lafayette (1678) apparaît comme le fondement du roman moderne. En effet, l'auteure – même si elle fréquente le cercle des précieuses - choisit un contexte historique, celui de la cour des Valois (« dans les dernières années du règne de Henri second ») et explore la psychologie des personnages, les tourments de la passion et la lutte de la vertu. La raison doit gouverner les passions, et le livre acquiert ainsi une dimension morale, une fonction didactique.

c. Le siècle des Lumières : l'illusion romanesque en action

S'il garde encore quelques préjugés sur le roman, il offre une grande variété dans la forme et l'esthétique romanesques. La portée morale y est affirmée (*Manon Lescaut* de Prévost ou *Paul et Virginie* de Bernardin de Saint-Pierre) à travers le récit d'une vie présentée comme réelle ; mais cette dimension moralisatrice est souvent malmenée (le roman épistolaire de Laclos ou les écrits de Sade). C'est aussi le XVIIIe siècle qui dévoile, dans l'écriture même du roman, les artifices du récit (*Jacques le Fataliste*, Diderot) et annonce les romans d'apprentissage du XIXe siècle, sous l'influence du romantisme allemand.

À noter

Le terme « roman » désigne au Moyen Âge les textes écrits en langue romane ou en langue vulgaire par opposition à ceux écrits en latin, qu'ils soient en vers ou en prose, narratifs ou non. Progressivement, le roman désigne un genre littéraire, celui des romans de chevalerie médiévaux (XIIe siècle).

d. Le XIXe siècle : le roman-roi

▶ C'est le XIXe siècle qui consacre le roman : les nouveaux modes de diffusion permettent un lectorat de plus en plus important, et les critères du genre se consolident. La société devient le sujet du roman, elle est traitée dans une perspective réaliste et naturaliste : observer, se documenter, comprendre, décrire mais aussi dénoncer sont les objectifs des romanciers, comme le montrent les œuvres de Hugo, Balzac, Flaubert, Maupassant ou Zola. Cependant, le roman du XIXe siècle reflète aussi, par la multitude des sous-genres qui le composent, la complexité de son écriture. Cette variété manifeste aussi la liberté que revendiquent les auteurs en matière d'écriture romanesque.

▶ Le roman d'apprentissage constitue aussi un phénomène important du XIXe siècle. Issu du « Bildungsroman » (ou roman de formation, en allemand), il retrace généralement l'itinéraire d'un jeune homme qui veut s'élever dans la société. *Bel-Ami* de Maupassant, *Le Rouge et le Noir* de Stendhal, ou *L'Éducation sentimentale* de Flaubert, en sont des exemples.

e. Le XXe siècle : le roman en question

Le goût pour le roman se poursuit au XXe siècle, mais le regard des romanciers sur la société, sur le réel, se fait plus critique, voire plus pessimiste : affirmation de la nécessité d'un engagement ou désillusion face aux atrocités révélées lors des guerres mondiales. La forme romanesque même de l'œuvre est mise en cause : le Nouveau Roman (représenté par Robbe-Grillet, Butor ou Sarraute) rejette le réalisme du XIXe siècle et brouille les repères traditionnels du lecteur.

f. Les principales étapes du genre romanesque

Siècles	Caractéristiques	Exemples
XIIe	Roman en vers, il s'inspire des mythes et légendes (exemple de la matière de Bretagne). Ce genre de mythe s'inspire de l'épopée.	*Perceval*, Chrétien de Troyes.
XVIe	Roman satirique, il tourne en dérision les motifs traditionnels, le monde de la chevalerie. Ce genre mêle réel et imaginaire.	*Pantagruel*, *Gargantua*, de Rabelais.

>>

XVIIe	• Développement du roman psychologique : aventures amoureuses « romanesques » dans la sphère privée, analyse approfondie des sentiments ; • Roman comique, plus réaliste, voire triviale.	*La Princesse de Clèves*, Mme de Lafayette. *Le Roman comique*, Scarron.
XVIIIe	• Roman de l'émotion, de l'expression de soi : il annonce le romantisme ; • Récit d'une vie aventureuse ; • Romans qui critiquent la société de l'Ancien-Régime.	*La Nouvelle Héloïse*, Rousseau. *La vie de Marianne*, Marivaux. *La Religieuse*, Diderot.
XIXe	• Roman réaliste : il décrit la société, les milieux qui la composent avec un souci d'effet de réel ; • Roman naturaliste : défini dans le « roman expérimental » de Zola, il s'appuie sur les théories scientifiques pour étudier les lois de l'hérédité et le déterminisme social.	*La Comédie humaine*, Balzac. *Le Rouge et le Noir*, Stendhal. *Madame Bovary*, Flaubert. *Pierre et Jean*, Maupassant. *Les Rougon-Macquart*, Zola.
XXe	• Romans dits « psychologiques » ; • Romans historiques, récits de guerre ou romans engagés ; • Œuvres du Nouveau Roman : une nouvelle conception du réalisme.	*Les Faux-Monnayeurs*, Gide. *La Condition humaine*, Malraux. *La Peste*, Camus. *Les Gommes*, Robbe-Grillet.

2 Le personnage du roman

a. Son statut : un être à l'existence illusoire

▶ Le personnage de roman, qu'il soit fictif ou inspiré d'un personnage réel, est une création de l'auteur et n'existe que dans le cadre du récit, de l'histoire racontée : c'est un « être de papier », pour reprendre l'expression de Paul Valéry.

▶ Pourtant, le romancier attribue traditionnellement à son personnage les caractéristiques d'un être réel : il lui donne un nom, une fonction ou position sociale, en dresse le portrait physique et moral, lui invente un passé et un entourage. Cette caractérisation peut se faire de façon directe (portrait par exemple) ou indirecte (à travers notamment le comportement et les actions des personnages, mais aussi les discours rapportés – voir le rôle du dialogue, du monologue intérieur pour ne citer que quelques exemples).

b. Ses fonctions

▶ Le personnage se définit aussi par la fonction, le rôle qu'il joue dans l'action et ses relations avec les autres personnages. Dans le schéma actantiel, il peut être sujet ou objet de l'action, destinateur ou destinataire, adjuvant ou opposant.

▶ Le personnage romanesque acquiert aussi un sens lié à ce qu'il représente ou symbolise dans l'univers de l'œuvre romanesque.

▶ Entre incarnation d'un groupe, individu autonome ou porte-parole de l'auteur, on note une évolution du personnage au fil des siècles. Il est d'abord le héros des romans médiévaux, preux chevalier incarnant les valeurs de la courtoisie, de la bravoure et de la fin'amor, soit l'idéal de cette société aristocratique.

Porteur de valeurs collectives, il n'acquiert une certaine individualité que progressivement. Il peut ainsi permettre l'expression de soi, tout en étant aussi l'incarnation d'un type, d'un caractère ou d'une classe sociale, comme on peut le voir dans les romans balzaciens du XIXe siècle. Ainsi, Rastignac représente le provincial ambitieux, arrivé à Paris, qui s'élève dans l'échelle sociale.

Les personnages de Zola expérimentent les théories naturalistes de leur créateur, dans une nouvelle forme de destin que sont les lois héréditaires et le déterminisme social (voir *Le Roman expérimental*). Le personnage romanesque devient alors le support et la voix permettant à l'écrivain d'explorer la société et de rendre compte de sa vision du monde. Par exemple, le parcours rédempteur de Jean Valjean dans *Les Misérables* illustre les convictions religieuses, humanistes et sociales de Victor Hugo.

c. L'antihéros, une image de l'Homme

Le personnage peut être aussi un antihéros, voire un être privé d'identité, réduit à une initiale (K. dans *Le Château* de Kafka), un regard, une parole, un pronom. La remise en cause du statut du personnage traditionnel est une des constantes du Nouveau Roman, au XXe siècle, mais on la retrouve aussi dans les œuvres romanesques de Joyce ou de Beckett (*L'Innommable*, 1953). Dénonciation de l'illusion réaliste ou symbole d'une communication impossible, de l'absurdité du monde, le personnage romanesque porte le questionnement fondamental de l'homme sur son existence et son rapport au monde.

Méthode

Analyser les procédés narratifs d'un texte romanesque

À noter

Le point de vue narratif peut être :
- **externe :** narration d'éléments uniquement perceptibles de l'extérieur. Il donne l'illusion de l'objectivité.
- **interne :** l'histoire est présentée à travers la subjectivité d'un personnage (vision limitée).
- **omniscient :** le narrateur sait tout et voit tout, il a une vision complète de l'univers dans lequel évoluent les personnages.

a. Étudier le statut du narrateur et le point de vue choisi

– En s'appuyant sur les indices personnels, repérer et analyser le **statut du narrateur** : est-il explicitement **présent**, **effacé** ?

– Des **interventions** ou **marques de jugement** du narrateur sont-elles perceptibles ? Qui ou que concernent-elles ? Quelles informations, quelle orientation vous donnent-elles ?

– Le texte (extrait ou roman intégral) présente-t-il **différents points de vue** ? lesquels ? Quel est l'effet recherché ?

b. Analyser la structure narrative

– Dégager les **différentes étapes de la narration.**

– Repérer les éventuels **récits enchâssés**, les **digressions** et s'interroger sur **leurs effets** : caractérisation des personnages, ralentissement volontaire de l'action, effet de rupture.

– Repérer et analyser les **perturbations dans la chronologie du récit** : présence d'analepses, de prolepses, d'ellipses temporelles.

– Étudier en parallèle le rythme de la narration : quand le récit s'accélère-t-il ? ralentit-il ? Comment (description, retour en arrière, commentaire du narrateur...) ? Pour quel effet ?

– Dégager la **stratégie du romancier.**

– Expliciter les éléments précédemment relevés et étudiés, en les reliant aux enjeux du texte romanesque : en quoi les choix narratifs mis en œuvre participent-ils du projet de l'auteur ?

c. Étudier un personnage de roman

– Dégager les caractéristiques générales.

– Le personnage est-il éponyme ? Est-il le **personnage principal** ?

– Est-il précisément caractérisé ? Si oui, quels sont ses attributs (âge, sexe, nom, fonction, statut social, traits physiques, moraux, psychologiques...) ?

– Comment est-il présenté (caractérisation directe et indirecte) ? Repérer dans le roman les passages importants.

– Le personnage est-il un **narrateur de l'histoire** ? Sinon, qui nous le présente ?

d. Étudier la présence et l'évolution du personnage

– Sa présence est-elle **constante**, **régulière** ? Étudier les variations.

– Quel rôle joue-t-il par rapport à l'action ? par rapport aux autres personnages ?

– Le personnage évolue-t-il (socialement, psychologiquement,...) ? Si oui, quels sont les moteurs de cette évolution (ou dégradation) ?

e. S'interroger sur le sens, la fonction symbolique du personnage

– Ce personnage offre-t-il l'image d'un **héros** ? Est-il au contraire un individu quelconque ? un **antihéros** ? Permet-il le processus d'identification ?

– Représente-t-il un **type social** ? Son action ou son comportement ont-ils une **dimension morale** ?

– Ce personnage a-t-il une **valeur symbolique, philosophique** ? Si oui, laquelle ?

– Le roman délivre-t-il, à travers ce personnage, un **message** (voir les romans engagés) ?

– Quelle **vision du monde** donne-t-il au lecteur ?

Exercices

1 ★★ 25 min

a. Comment les deux personnages sont-ils décrits ? Relevez et analysez des procédés d'écriture précis.

b. Quelle est l'importance du lexique du regard ? En quoi peut-on parler de « coup de foudre » ?

c. Qu'annonce cette scène ?

Il s'agit de la première rencontre entre les deux protagonistes, la princesse de Clèves (qui vient de se fiancer avec le prince de Clèves) et le duc de Nemours.

Elle passa tout le jour des fiançailles chez elle à se parer, pour se trouver le soir au bal et au festin royal qui se faisait au Louvre. Lorsqu'elle arriva, l'on admira sa beauté et sa parure ; le bal commença et, comme elle dansait avec Monsieur de Guise, il se fit un assez grand bruit vers la porte de la salle, comme de quelqu'un qui entrait, et à qui on faisait place. Madame de Clèves acheva de danser et, pendant qu'elle cherchait des yeux quelqu'un qu'elle avait dessein de prendre, le Roi lui cria de prendre celui qui arrivait. Elle se tourna et vit un homme qu'elle crut d'abord ne pouvoir être que Monsieur de Nemours, qui passait par-dessus quelques sièges pour arriver où l'on dansait. Ce prince était fait d'une sorte qu'il parut difficile de n'être pas surprise de le voir quand on ne l'avait jamais vu, surtout ce soir-là, où le soin qu'il avait pris de se parer augmentait encore l'air brillant qui était dans sa personne ; mais il était difficile aussi de voir Madame de Clèves pour la première fois sans avoir un grand étonnement. Monsieur de Nemours fut tellement surpris de sa beauté que, lorsqu'il fut proche d'elle, et qu'elle lui fit la révérence, il ne put s'empêcher de donner des marques de son admiration. Quand ils commencèrent à danser, il s'éleva dans la salle un murmure de louanges. Le Roi et les Reines se souvinrent qu'ils ne s'étaient jamais vu, et trouvèrent quelque chose de singulier de les voir danser ensemble sans se connaître. Ils les appelèrent quand ils eurent fini, sans leur laisser le loisir de parler à personne, et leur demandèrent s'ils n'avaient pas bien envie de savoir qui ils étaient, et s'ils ne s'en doutaient point.

– Pour moi, Madame, dit Monsieur de Nemours, je n'ai pas d'incertitude ; mais comme Madame de Clèves n'a pas les mêmes raisons pour deviner qui je suis que celles que j'ai pour la reconnaître, je voudrais que votre Majesté eût la bonté de lui apprendre mon nom.

– Je crois, dit Madame La Dauphine, qu'elle le sait aussi bien que vous savez le sien.

– Je vous assure, Madame, reprit Madame de Clèves qui paraissait un peu embarrassée, que je ne devine pas si bien que vous pensez.

– Vous devinez fort bien, répondit Madame la Dauphine ; et il y a même quelque chose d'obligeant pour Monsieur de Nemours à ne vouloir pas avouer que vous le connaissez déjà sans l'avoir jamais vu.

Madame de La Fayette, *La Princesse de Clèves*, 1678.

2 ★★ 15 min Quelles caractéristiques des personnages souligne cet extrait du roman ? À partir de quels procédés ?

Aidez-vous de la méthode et pensez qu'un auteur peut jouer sur différents points de vue.

Engagé comme précepteur chez Mme de Rênal, Julien Sorel se présente devant la demeure.

Avec la vivacité et la grâce qui lui étaient naturelles quand elle était loin des regards des hommes, Mme de Rênal sortait par la porte-fenêtre du salon qui donnait sur le jardin, quand elle aperçut près de la porte d'entrée la figure d'un jeune paysan presque encore enfant, extrêmement pâle et qui venait de pleurer. Il était en chemise bien blanche, et avait sous le bras une veste fort propre de ratine violette.

Le teint de ce petit paysan était si blanc, ses yeux si doux, que l'esprit un peu romanesque de Mme de Rênal eut d'abord l'idée que ce pouvait être une jeune fille déguisée, qui venait demander quelque grâce à M. le maire. Elle eut pitié de cette pauvre créature, arrêtée à la porte d'entrée, et qui évidemment n'osait pas lever la main jusqu'à la sonnette. Mme de Rênal s'approcha, distraite un instant de l'amer chagrin que lui donnait l'arrivée du précepteur. Julien, tourné vers la porte, ne la voyait pas s'avancer. Il tressaillit quand une voix douce dit tout près de son oreille :

– Que voulez-vous ici, mon enfant ?

Stendhal, *Le Rouge et le Noir*, 1830.

3 ★★ 25 min Comment le discours de Julien Sorel se fait-il dénonciation de la société de 1830 ? Pourquoi le personnage est-il nécessairement condamné ? Que représente-t-il alors ?

Julien Sorel a tiré sur Mme de Rênal. Voici son discours au moment de son procès.

« Messieurs les jurés,

« L'horreur du mépris, que je croyais pouvoir braver au moment de la mort, me fait prendre la parole. Messieurs, je n'ai point l'honneur d'appartenir à votre classe, vous voyez en moi un paysan qui s'est révolté contre la bassesse de sa fortune.

« Je ne vous demande aucune grâce, continua Julien en affermissant sa voix. Je ne me fais point illusion, la mort m'attend : elle sera juste. J'ai pu attenter aux jours de la femme la plus digne de tous les respects, de tous les hommages. Mme de Rênal avait été pour moi comme une mère. Mon crime est atroce, et il fut prémédité. J'ai donc mérité la mort, messieurs les jurés. Quand je serais moins coupable, je vois des hommes qui, sans s'arrêter à ce que ma jeunesse peut mériter de pitié, voudront punir en moi et décourager à jamais cette classe de jeunes gens qui, nés dans une classe inférieure, et en quelque sorte opprimés par la pauvreté, ont le bonheur de se procurer une bonne éducation, et l'audace de se mêler à ce que l'orgueil des gens riches appelle la société.

« Voilà mon crime, messieurs, et il sera puni avec d'autant plus de sévérité, que, dans le fait, je ne suis point jugé par mes pairs. Je ne vois point sur les bancs des jurés quelque paysan enrichi, mais uniquement des bourgeois indignés... »

Pendant vingt minutes, Julien parla sur ce ton ; il dit tout ce qu'il avait sur le coeur ; l'avocat général, qui aspirait aux faveurs de l'aristocratie, bondissait sur son siège ; mais malgré le tour un peu abstrait que Julien avait donné à la discussion, toutes les femmes fondaient en larmes. Mme Derville elle-même avait son mouchoir sur ses yeux. Avant de finir, Julien revint à la préméditation, à son repentir, au respect, à l'adoration filiale et sans bornes que, dans les temps plus heureux, il avait pour Mme de Rênal... Mme Derville jeta un cri et s'évanouit.

Stendhal, *Le Rouge et le Noir*, 1830.

Du récit intime au témoignage du monde

Cours

1 L'autobiographie

a. Qu'est-ce que l'autobiographie ?

▶ Selon la définition de Philippe Lejeune, critique littéraire, l'autobiographie est le « récit rétrospectif, en prose, qu'une personne réelle fait de sa propre existence, lorsqu'elle met l'accent sur sa vie individuelle, en particulier sur l'histoire de sa personnalité ». Elle se distingue ainsi des formes biographiques proches comme le journal intime ou les mémoires et relève de la littérature par ses qualités esthétiques.

▶ Dans la deuxième moitié du XXe siècle, l'autobiographie remet cependant souvent en cause la structure chronologique et devient un récit plus morcelé, plus éclaté.

b. Quelles sont les motivations de l'auteur ?

▶ Plusieurs motivations engendrent l'écrit autobiographique : besoin de parler de soi, volonté de dresser, au terme d'une existence, le bilan de sa vie, d'analyser le parcours psychologique, sentimental ou intellectuel suivi, désir de mieux se comprendre ou de se justifier face aux lecteurs et au monde. L'autobiographie relève ainsi du registre lyrique en tant qu'expression privilégiée du « moi », mais elle peut prendre aussi une dimension argumentative.

▶ Explicitement ou, plus rarement, implicitement, l'auteur définit un « pacte autobiographique » (Philippe Lejeune), qui établit la relation auteur-lecteur : il explique ses motivations et s'engage à se décrire selon la réalité, sans mensonge ou déformation volontaires. Le lecteur est présenté comme un témoin, un confident ou quelqu'un que l'on veut convaincre. S'instaure ainsi un dialogue fictif entre le narrateur et le lecteur.

c. Les difficultés de l'écriture autobiographique

L'écart temporel entre l'événement passé et le moment de l'écriture, les transformations involontaires des souvenirs, la défaillance de la mémoire peuvent présenter une image déformée du passé. De plus, les motivations de l'auteur peuvent remettre en cause l'objectivité, toujours relative, de la narration et du discours.
Enfin, le travail sur l'écriture peut dénaturer le souvenir en empêchant toute spontanéité, et le portrait du personnage semble figé. Ainsi, l'écriture autobiographique est une entreprise difficile par le sujet même de l'œuvre, la connaissance de soi, et par le pacte autobiographique qu'elle met en place.

2 Les mémoires

▶ Les mémoires sont le récit qu'une personne fait des événements dont elle a été le témoin ou auxquels elle a participé.

▶ À la différence de l'autobiographie, qui est centrée sur l'expression du « moi » et développe un itinéraire individuel, les mémoires s'inscrivent dans une perspective plus large : le récit de la vie se fait en relation avec les événements historiques contemporains de l'auteur.

▶ Ainsi, les mémoires dressent, à travers le regard du narrateur-personnage, une peinture de la société, voire une critique de celle-ci. Le personnage se raconte mais, en tant que témoin privilégié ou personne active, il peut aussi relater et commenter des faits historiques et sociaux. Les observations, analyses et jugements du narrateur sur les événements vécus viennent s'ajouter à un récit souvent chronologique.

▶ Les mémoires ont donc souvent pour auteur une personne réelle connue, qui a joué un rôle important dans sa société, notamment un rôle historique ou politique. La qualité littéraire de ces écrits, le style, le questionnement de la mémoire et le souci de parler de l'homme à travers soi, permettent aux mémoires d'atteindre le statut d'œuvre littéraire. Ainsi, nous pouvons citer les *Mémoires*, de Saint-Simon (fin du règne de Louis XIV et période de la Régence), *Mémoires d'outre-tombe*, de Chateaubriand dans lesquels l'auteur évoque sa vie personnelle, mais aussi les événements historiques majeurs auxquels il a assisté (de la Révolution française à la Monarchie de Juillet), et *Mémoires d'une jeune fille rangée*, de Simone de Beauvoir, qui révèle, à travers les vingt premières années de l'auteure, la société de cette époque et l'anticonformisme du personnage-narrateur.

Chateaubriand

>>

▶ L'écriture des mémoires répond à plusieurs motivations :
- se raconter,
- laisser une trace écrite de son existence (et par là dépasser la mort pour atteindre une forme d'immortalité, comme le voulait Chateaubriand),
- livrer un témoignage personnel sur des événements, une classe sociale ou une époque, témoignage qui donnera lieu à une réflexion politique ou philosophique sur l'homme et la société.

▶ L'écriture peut aussi mêler Histoire et fiction. Ainsi, *Les Mémoires d'Hadrien* (1951) est une œuvre fictive, écrite par l'auteure Marguerite Yourcenar qui choisit de faire le récit de la vie de l'empereur romain Hadrien (Ier siècle après J.-C.) à la première personne, sous la forme d'une lettre.

Marguerite Yourcenar

FRANÇAIS

Méthode

1 Analyser un texte autobiographique

a. S'interroger sur le « je »

Le « je » renvoie à la fois à l'auteur, au narrateur et au personnage, qui sont la même personne réelle. Mais, selon les passages (narration ou discours), il désigne des **« moi » différents** : est-ce le **narrateur** qui parle ou le **personnage** qui agit ?

b. Distinguer discours, ou commentaire, et narration

L'**étude des temps** est indispensable. Le **récit** (ou la narration des événements) sera fait avec les temps du passé (imparfait, passé simple...) ou le présent de narration, tandis que le **commentaire** (ou le discours du narrateur) utilisera le présent d'énonciation, le futur ou le passé composé. Cette distinction permet de repérer l'**événement raconté**, qui appartient **au passé**, et l'**analyse**, faite par le narrateur, qui appartient **au présent** de l'écriture. Ce regard *a posteriori* révèle ainsi la distance entre le personnage, qui vit les événements, et le narrateur, qui les interprète et qui analyse le personnage qu'il était.

c. Étudier les choix stratégiques et esthétiques de l'auteur

- Comment l'auteur choisit-il de **présenter les événements**, de **se mettre en scène** ?
- Quelles périodes de son existence privilégie-t-il ? Pourquoi ?
- Quels procédés d'écriture, quel ton, quel style choisit-il ? Pourquoi ?

2 Analyser un extrait de mémoires

▶ Les **mémoires**, comme les formes biographiques – l'autobiographie en particulier –, **revendiquent une écriture sincère.** Mais il ne faut pas oublier que tout témoignage est soumis aux aléas de la mémoire et comporte une **part irréductible de subjectivité.** La connaissance de la biographie de l'auteur est utile et permet de mieux comprendre la façon dont les événements sont relatés et commentés.

▶ **L'analyse de l'écriture et de ses enjeux**, reste, comme pour tout texte littéraire, essentielle. Il s'agit ainsi de :
- **dégager l'idée générale**, le thème du texte ;
- **repérer les indices personnels utilisés** : est-ce un écrit centré sur le « je » ou perçoit-on un élargissement ? Le narrateur-personnage est-il explicitement présent ? Quel est son statut : témoin, acteur ?
- **distinguer le récit du commentaire**, à l'aide des indices temporels (temps des verbes, locutions temporelles...) ;
- **analyser le récit** : quel en est l'objet ? Comment est-il traité ?
- **analyser le commentaire du narrateur** : porte-t-il un regard critique ? admiratif ? (Justifier précisément la réponse) ;
- s'interroger alors sur la **subjectivité du regard** ;
- **analyser les procédés d'écriture** en les reliant au thème du texte et aux enjeux du passage : quelles sont les motivations de l'écrivain-narrateur ?

Exercices

1 ★★ 30 min

a. Distinguez, dans le texte 1, les passages relevant du récit et ceux appartenant au commentaire. Étudiez l'évolution du portrait.

b. Dégagez l'organisation du portrait dans le texte 2. Montrez comment s'enchaînent description physique et notations morales, éléments objectifs et remarques subjectives.

c. Comparez les textes 1 et 2. Quelles sont les différences de ton et de style ? Que révèlent-elles sur les motivations des auteurs, les enjeux du portrait ?

d. Recherchez le tableau intitulé *Portrait de Michel Leiris*, peint par Francis Bacon (1976). Comment le tableau rend-il compte des caractéristiques énoncées par Leiris ?

Texte 1

J'arrive enfin ; je vois Mme de Warens. Cette époque de ma vie a décidé de mon caractère ; je ne puis me résoudre à la passer légèrement. J'étais au milieu de ma seizième année. Sans être ce qu'on appelle un beau garçon, j'étais bien pris dans ma petite taille ; j'avais un joli pied, la jambe fine, l'air dégagé, la physionomie animée, la bouche mignonne, les sourcils et les cheveux noirs, les yeux petits et même enfoncés, mais qui lançaient avec force le feu dont mon sang était embrasé. Malheureusement je ne savais rien de tout cela, et de ma vie il ne m'est arrivé de songer à ma figure que lorsqu'il n'était plus temps d'en tirer parti. Ainsi j'avais avec la timidité de mon âge celle d'un naturel très aimant, toujours troublé par la crainte de déplaire. D'ailleurs, quoique j'eusse l'esprit assez orné, n'ayant jamais vu le monde, je manquais totalement de manières, et mes connaissances, loin d'y suppléer, ne servaient qu'à m'intimider davantage, en me faisant sentir combien j'en manquais.

Jean-Jacques Rousseau, *Les Confessions*, Livre II, 1782.

Rousseau

Texte 2

Je viens d'avoir trente-quatre ans, la moitié de la vie. Au physique, je suis de taille moyenne, plutôt petit. J'ai des cheveux châtains coupés court afin d'éviter qu'ils ondulent, par crainte aussi que ne se développe une calvitie menaçante. Autant que je puisse en juger, les traits caractéristiques de ma physionomie sont : une nuque très droite, tombant verticalement comme une muraille ou une falaise, marque classique (si l'on en croit les astrologues) des personnes nées sous le signe du Taureau ; un front développé, plutôt bossué, aux veines temporales exagérément noueuses et saillantes. Cette ampleur de front est en rapport (selon le dire des astrologues) avec le signe du Bélier ; et en effet je suis né un 20 avril, donc aux confins de ces deux signes : le Bélier et le Taureau. Mes yeux sont bruns, avec le bord des paupières habituellement enflammé ; mon teint est coloré ; j'ai honte d'une fâcheuse tendance aux rougeurs et à la peau luisante. Mes mains sont maigres, assez velues, avec des veines très dessinées ; mes deux majeurs, incurvés vers le bout, doivent dénoter quelque chose d'assez faible ou fuyant dans mon caractère.

Ma tête est plutôt grosse pour mon corps ; j'ai les jambes un peu courtes par rapport à mon torse, les épaules trop étroites relativement aux hanches. Je marche le haut du corps incliné en avant ; j'ai tendance, lorsque je suis assis, à me tenir le dos voûté ; ma poitrine n'est pas très large et je n'ai guère de muscles. J'aime à me vêtir avec le maximum d'élégance ; pourtant, à cause des défauts que je viens de relever dans ma structure et de mes moyens qui, sans que je puisse me dire pauvre, sont plutôt limités, je me juge d'ordinaire profondément inélégant ; j'ai horreur de me voir à l'improviste dans une glace car, faute de m'y être préparé, je me trouve à chaque fois d'une laideur humiliante.

Michel Leiris, *L'Âge d'homme*, © Éditions Gallimard, 1939.

2 ★★ 20 min Étudiez le caractère prophétique du passage. Quel rôle Chateaubriand se donne-t-il ?

Grâce à l'exorbitance de mes années, mon monument est achevé. Ce m'est un grand soulagement ; je sentais quelqu'un qui me poussait : le patron de la barque sur laquelle ma place est retenue m'avertissait qu'il ne me restait qu'un moment pour monter à bord. Si j'avais été le maître de Rome, je dirais, comme Sylla, que je finis mes Mémoires la veille même de ma mort ; mais je ne conclurai pas mon récit par ces mots comme il conclut le sien : « J'ai vu en songe un de mes enfants qui me montrait Metella, sa mère, et m'exhortait à venir jouir du repos dans le sein de la félicité maternelle ». Si j'eusse été Sylla, la gloire ne m'aurait jamais pu donner le repos et la félicité.

Des orages nouveaux se formeront ; on croit pressentir des calamités qui l'emporteront sur les afflictions dont nous avons été accablés ; déjà, pour retourner au champ de bataille, on songe à rebander ses vieilles blessures. Cependant, je ne pense pas que des malheurs prochains éclatent : peuples et rois sont également recrus ; des catastrophes imprévues ne fondront pas sur la France : ce qui me suivra ne sera que l'effet de la transformation générale. On touchera sans doute à des stations pénibles ; le monde ne saurait changer de face sans qu'il y ait douleur. Mais encore, un coup, ce ne seront point des révolutions à part ; ce sera la grande révolution allant à son terme. Les scènes de demain ne me regardent plus ; elles appellent d'autres peintres : à vous, messieurs.

En traçant ces derniers mots, ce 16 novembre 1841, ma fenêtre, qui donne à l'ouest sur les jardins des Missions étrangères, est ouverte : il est six heures du matin ; j'aperçois la lune pâle et élargie ; elle s'abaisse sur la flèche des Invalides à peine révélée par le premier rayon doré de l'Orient : on dirait que l'ancien monde finit, et que le nouveau commence. Je vois les reflets d'une aurore dont je ne verrai pas se lever le soleil. Il ne me reste qu'à m'asseoir au bord de ma fosse ; après quoi je descendrai hardiment, le crucifix à la main, dans l'éternité.

F. R. de CHATEAUBRIAND, *Mémoires d'outre-tombe*, 1848-1850.

3 ★★ 15 min Ceci constitue l'incipit des *Mémoires d'Hadrien*. Quel portrait fait-il de lui-même ? En quoi la peinture de ce « moi » est-elle aussi peinture de la condition humaine ?

Relisez la présentation de l'œuvre dans la partie Cours et réfléchissez au titre du parcours associé : « Soi-même comme un autre ».

Mon cher Marc,

Je suis descendu ce matin chez mon médecin Hermogène, qui vient de rentrer à la Villa après un assez long voyage en Asie. L'examen devait se faire à jeun : nous avions pris rendez-vous pour les premières heures de la matinée. Je me suis couché sur un lit après m'être dépouillé de mon manteau et de ma tunique. Je t'épargne des détails qui te seraient aussi désagréables qu'à moi-même, et la description du corps d'un homme qui avance en âge et s'apprête à mourir d'une hydropisie du cœur. Disons seulement que j'ai toussé, respiré, et retenu mon souffle selon les indications d'Hermogène, alarmé malgré lui par les progrès si rapides du mal, et prêt à en rejeter le blâme sur le jeune Iollas qui m'a soigné en son absence. Il est difficile de rester empereur en présence d'un médecin, et difficile aussi de garder sa qualité d'homme. L'œil du praticien ne voyait en moi qu'un monceau d'humeurs, triste amalgame de lymphe et de sang. Ce matin, l'idée m'est venue pour la première fois que mon corps, ce fidèle compagnon, cet ami plus sûr, mieux connu de moi que mon âme, n'est qu'un monstre sournois qui finira par dévorer son maître. Paix...

Marguerite YOURCENAR, *Mémoires d'Hadrien*, © Éditions Gallimard, 1951.

Buste de l'empereur romain Hadrien

Les formes théâtrales et leur évolution

Cours

1 L'évolution des genres théâtraux

▶ **Au XVIIe siècle, le théâtre baroque** (dont Corneille est un des principaux représentants avec les tragi-comédies) cède peu à peu la place au **théâtre classique**. Inspiré de l'Antiquité, ce dernier vise un idéal d'harmonie, d'équilibre, de sobriété. Les règles des trois unités, ainsi que celles de vraisemblance et de bienséance en découlent. Deux grands genres sont ainsi clairement différenciés : **la tragédie et la comédie**.
La **tragédie** appartient au genre noble, elle est écrite en alexandrins et composée de cinq actes. Elle met en scène un **héros tragique** qui est déchiré entre raison et passion, devoir et amour, ou un personnage qui, dominé par sa passion, dans une situation de crise ou de conflit, marqué par le sceau de la fatalité, finit dans la déchéance ou dans la mort (*Phèdre* de Racine).
La **comédie** est au contraire un genre considéré comme mineur, en prose et en trois actes. Les situations mises en scène relèvent de la sphère domestique ou privée, et le dénouement est heureux. **Molière** entreprend cependant de renouveler le genre en lui donnant ses lettres de noblesse et une portée plus forte : il s'agit de « corriger les mœurs par le rire » et d'offrir au spectateur le miroir critique de sa société. Ainsi, la comédie *Tartuffe* est écrite en alexandrins, compte cinq actes, et met en scène l'hypocrisie religieuse.

▶ Au **XVIIIe siècle**, le mouvement philosophique des Lumières donne naissance au **drame bourgeois** : ce dernier est écrit en prose et s'adapte davantage à un public issu de la bourgeoisie. Il a une fonction moralisatrice car, pour Diderot, il doit toucher le spectateur par sa dimension pathétique et élever son âme.
La **comédie** aussi évolue, devient plus complexe. Marivaux s'intéresse au langage amoureux, aux relations humaines dans une dimension sentimentale et psychologique (*Le Jeu de l'amour et du hasard*). Beaumarchais s'attache à un théâtre riche en rebondissements ou coups de théâtre, devenant satirique et contestataire dans *Le Mariage de Figaro*.

▶ Le **drame romantique (ou théâtre romantique) du XIXe siècle** revendique la liberté dans l'art et refuse nombre de contraintes du théâtre classique. Ainsi, Victor Hugo (notamment dans la préface de *Cromwell*) préconise le mélange des genres, l'abandon de la règle d'unité de temps et de lieu, valorise l'alliance du « sublime » et du « grotesque » pour montrer l'homme et la société dans leur totalité. Les pièces *Hernani* et *Ruy Blas* en sont des exemples. Le héros romantique est un personnage éclaté (dualité du personnage) et contradictoire, en quête de lui-même.

▶ Le **vaudeville**, genre populaire, est présent au XIXe siècle et se poursuit au début du XXe. Les deux auteurs les plus connus sont Feydeau et Labiche.

▶ Le **XXe et XXIe siècles** sont marqués par l'éclatement et la diversité des formes théâtrales. On peut malgré tout distinguer quelques tendances.
La **réécriture de tragédies antiques** constitue un premier fait marquant du début du XXe siècle. Dans un contexte politique et historique inquiétant, les dramaturges puisent leur inspiration dans les grands mythes du théâtre antique : Cocteau, dans *La Machine infernale* (1932), reprend le mythe d'Œdipe ; Giraudoux, dans *La Guerre de Troie n'aura pas lieu* (1935), révèle son inquiétude face à une seconde guerre mondiale qui se dessine.

▶ Un **théâtre engagé et politique** se révèle aussi à travers deux figures, celles de Sartre (*Les Mouches* – reprise du mythe d'Oreste ; *Les Mains sales*, mettant en scène la révolte et le meurtre politique) et celle de Camus (*Caligula* – liant l'empereur romain et la philosophie de l'absurde, et *Les Justes* s'inspirant d'un fait historique réel pour réfléchir sur l'acte terroriste).

▶ Le **Nouveau théâtre**, souvent appelé « théâtre de l'absurde », met en scène une conception souvent pessimiste de la condition humaine, où le comique révèle paradoxalement le tragique. Rejetant les codes habituels des personnages (stéréotypés), du discours (parole difficile, insignifiante, voire absurde) et de l'action (absence d'intrigue), il nous peint une humanité incapable de communiquer, sans espoir car évoluant dans un monde où tout dieu est absent et cherchant désespérément un sens à son existence. Deux noms émergent : Ionesco, qui privilégie dans ses pièces la tragédie du langage et l'absence de communication (*La Cantatrice chauve*) et Beckett (*En attendant Godot, Fin de partie, Oh les beaux jours*) qui révèle le néant de l'existence, en unissant tragique et comique.

Samuel Beckett

>> ▶ Le théâtre contemporain pousse encore davantage l'exploration de nouvelles formes avec une parole fragmentée, voire absente, des brouillages temporels, etc.
Il peut aussi peindre avec la société avec ironie (*Art*, de Yasmina Reza) ou en dénonçant sa violence (théâtre de Koltès).

2 Les composantes du texte théâtral

Le texte théâtral comprend un discours entre différents personnages et des didascalies (indications scéniques). Le lecteur se trouve face à un double énoncé : d'un côté celui attribué par l'auteur aux personnages (le discours, c'est-à-dire les paroles prononcées par les personnages), de l'autre celui pris en charge directement par l'auteur (les didascalies).

a. Les différentes formes de discours théâtral

Les formes de discours théâtral sont variées :
– le dialogue proprement dit, où l'on distingue la répartie (réplique brève), la tirade (longue réplique), la stichomythie (échange rapide de répliques très brèves), le polylogue, où différentes voix mènent un ou plusieurs dialogues dans le même temps, le faux dialogue où les personnages en réalité ne communiquent pas ;
– le monologue (un personnage parle seul sur scène) ;
– l'aparté, où, au milieu d'un dialogue, un personnage parle pour lui-même ou au public sans que l'autre personnage soit censé l'entendre.

Vers ou prose ?

Ce choix dépend des époques et du genre. Ainsi, au XVIIe siècle, l'alexandrin est réservé aux tragédies et aux comédies sérieuses (mais *Dom Juan* est en prose) ; au XIXe siècle, le drame romantique privilégie souvent la prose pour affirmer sa modernité.

b. La double énonciation

L'autre particularité du langage théâtral est que le discours d'un personnage s'adresse à la fois à un autre personnage et au public (il y a un double destinataire). La parole du personnage peut donc recouvrir un double sens : l'un pour le personnage, l'autre pour le public. C'est le cas en particulier du quiproquo, où seul le spectateur comprend la réalité de la situation de confusion dans laquelle sont plongés les personnages. De plus, derrière chaque parole, c'est le dramaturge qui en dernier lieu s'adresse à son public : le contenu comme l'objectif de son discours ne recoupent pas ceux du discours du personnage. Ainsi, lorsque, dans *Tartuffe*, le faux dévot s'adresse à Elmire, son discours a pour but de la séduire ; ce que Molière révèle, lui, au public, c'est l'hypocrisie du faux dévot.

Méthode

1 Analyser un monologue

▶ Pour l'étude d'un monologue, il convient toujours d'être attentif à certains points.
– À quel moment de l'**action** ce monologue prend-il place ? Il intervient souvent à un moment où le personnage se trouve face à un problème à résoudre (d'où la **dimension délibérative** du monologue) ou encore lorsqu'il est plongé dans une confusion intérieure extrême (d'où la **ponctuation expressive**).
– Quelles sont les **caractéristiques de l'énonciation** ? Bien entendu, le public semble être le destinataire privilégié du monologue, mais le monologue est d'abord un **dialogue de soi à soi** (emploi du « tu » pour se désigner soi-même). Il peut aussi s'adresser à un destinataire absent (usage de l'apostrophe).
– Quels sont ses enjeux ? Le monologue permet d'avoir **accès à l'intériorité du personnage**. Les émotions suscitées chez le spectateur sont donc à analyser. De plus, sa valeur délibérative implique des conséquences sur l'action à venir : quelle décision est prise ? Quels sont ses effets ? Enfin, dans le théâtre moderne, le monologue peut être le signe d'un **repli sur soi**, d'une **impossibilité à communiquer avec l'autre**.

2 Analyser le rôle des didascalies et leur évolution

a. Identifier leur objet

Les **didascalies** permettent au lecteur d'**accéder au langage paraverbal et non verbal**, elles peuvent **guider la mise en scène** et l'**interprétation du rôle** par le comédien. Elles donnent des indications sur les gestes, les déplacements, l'intonation, le décor, la lumière, etc.

b. Comprendre leur fonction et leur sens dans la signification globale de l'œuvre

À la différence du théâtre classique, le théâtre romantique puis moderne abonde en didascalies. Chez Ionesco et chez Beckett, elles ont une part irréductible du texte théâtral. Elles ne sont pas de simples indications scéniques, elles participent au sens de la pièce : elles viennent dire par leur abondance l'échec ou l'impuissance du langage verbal, ou confèrent au corps et à ce qu'il exprime une place nouvelle. Elles révèlent aussi combien le théâtre est à voir autant qu'à entendre, et bien plus qu'à lire.

3 Analyser la parole

Au théâtre, « **dire c'est faire** ». Dire, c'est moins dire quelque chose qu'agir sur l'autre. C'est pourquoi la situation de communication doit toujours être cernée : pourquoi tel personnage prend-il la parole ? Que veut-il obtenir de l'autre ?
De plus, les paroles elles-mêmes peuvent être directement des actions : malédiction, prière, ordre, serment...
Les **fonctions conative** (agir sur le destinataire du message) et **phatique** (assurer la communication) du langage sont essentielles au théâtre.

4 Analyser la relation maître-valet et son évolution

▶ Dans la comédie classique du XVIIe, et encore au XVIIIe siècle, le valet – personnage type - joue généralement le **rôle d'adjuvant** : il aide son maître dans la quête amoureuse de ce dernier. Le valet est rusé et mène l'action, mais son rôle reste socialement secondaire.
Analyser le titre est souvent alors intéressant : *Les Fourberies de Scapin*, titre d'une comédie de Molière, montre un valet caractérisé par ses « fourberies », c'est-à-dire ses ruses et tromperies. Le valet est essentiellement malin et débrouillard, et aidera son maître à surmonter les obstacles.

▶ Le XVIIIe siècle montre une évolution. *L'Île des esclaves* de Marivaux propose une société dans laquelle les maîtres et les valets échangent leur rôle. Ainsi, le maître prend conscience de son autorité violente, de son pouvoir excessif. **Analyser le dénouement** permet aussi de voir que les convenances sociales, un instant bouleversées, sont rétablies mais les personnages ont évolué dans leur attitude et leur sentiment.
Le Mariage de Figaro, de Beaumarchais, constitue un exemple particulièrement intéressant. Le titre nous montre que l'intrigue amoureuse n'est plus celle du maître, mais du valet.
Étudier le schéma actantiel montre aussi que, à la différence des comédies classiques, le valet n'est plus l'adjuvant du maitre : les deux personnages (et leur fonction) sont opposés.
L'**étude de leurs échanges** montre alors un conflit. Le **contexte historique** (la pièce est représentée quelques années avant la Révolution française) permet aussi de comprendre le discours de Figaro, son désir d'élévation sociale, sa critique des privilèges aristocratiques.

5 Étudier le tragique et son évolution

▶ Le héros tragique **dans l'Antiquité et le théâtre classique** est un être victime d'une malédiction divine (Œdipe) mais il lui reste une part de liberté. Il est donc **à la fois coupable et innocent**, et inspire au spectateur **horreur et pitié** (c'est le principe de la « catharsis » cher à Aristote). Il se caractérise aussi par l'*hubris* (la démesure) et le *furor* (ou fureur). Au centre du conflit, entre liberté et fatalité, le héros cornélien finit par vaincre tandis que le héros racinien ne peut que combattre vainement son destin, impuissant, soumis à sa passion.

> **À noter**
>
> Le mot « passion » renvoie, par son étymologie, à la souffrance. C'est donc un sentiment destructeur, contre lequel lutte vainement la raison. En ce sens, il se différencie de l'amour.

▶ Dans le **théâtre de l'absurde** du XXe siècle, **le tragique est lié à la condition humaine** : dans un monde sans dieu(x), l'homme cherche désespérément un sens à une existence dont la fin est inéluctablement la mort. Mais le tragique est souvent paradoxalement mis en scène et révélé par le comique. Il convient donc d'**étudier les liens entre tragique et comique.**

Exercices

1 ★★ 20 min **En vous aidant de la partie « Méthode » sur le tragique, montrez que le personnage de Phèdre est caractéristique de l'héroïne tragique.**

Phèdre vient d'avouer indirectement à Oenone les sentiments qu'elle éprouve pour Hippolyte, fils de son époux Thésée.

ŒNONE
Juste ciel ! tout mon sang dans mes veines se glace !
O désespoir ! o crime ! ô déplorable race !
Voyage infortuné ! Rivage malheureux,
Fallait-il approcher de tes bords dangereux !

PHÈDRE
Mon mal vient de plus loin. A peine au fils d'Egée
Sous ses lois de l'hymen je m'étais engagée,
Mon repos, mon bonheur semblait être affermi ;
Athènes me montra mon superbe ennemi :
Je le vis, je rougis, je pâlis à sa vue ;
Un trouble s'éleva dans mon âme éperdue ;
Mes yeux ne voyaient plus, je ne pouvais parler ;
Je sentis tout mon corps et transir et brûler ;
Je reconnus Vénus et ses feux redoutables,
D'un sang qu'elle poursuit, tourments inévitables.
Par des vœux assidus je crus les détourner :
Je lui bâtis un temple, et pris soin de l'orner ;
De victimes moi-même à toute heure entourée,
Je cherchais dans leurs flancs ma raison égarée :
D'un incurable amour remèdes impuissants !
En vain sur les autels ma main brûlait l'encens :
Quand ma bouche implorait le nom de la déesse,
J'adorais Hippolyte ; et, le voyant sans cesse,
Même au pied des autels que je faisais fumer,
J'offrais tout à ce dieu que je n'osais nommer.
Je l'évitais partout. O comble de misère !
Mes yeux le retrouvaient dans les traits de son père.
Contre moi-même enfin j'osai me révolter :
J'excitai mon courage à le persécuter.
Pour bannir l'ennemi dont j'étais idolâtre,
J'affectai les chagrins d'une injuste marâtre ;
Je pressai son exil ; et mes cris éternels
L'arrachèrent du sein et des bras paternels.
Je respirais, Œnone ; et, depuis son absence,
Mes jours moins agités coulaient dans l'innocence ;
Soumise à mon époux, et cachant mes ennuis,
De son fatal hymen je cultivais les fruits.
Vaines précautions ! Cruelle destinée !
Par mon époux lui-même à Trézène amenée,
J'ai revu l'ennemi que j'avais éloigné :
Ma blessure trop vive aussitôt a saigné.
Ce n'est plus une ardeur dans mes veines cachée :
C'est Vénus tout entière à sa proie attachée.
J'ai conçu pour mon crime une juste terreur :
J'ai pris la vie en haine et ma flamme en horreur ;
Je voulais en mourant prendre soin de ma gloire,
Et dérober au jour une flamme si noire :
Je n'ai pu soutenir tes larmes, tes combats :
Je t'ai tout avoué ; je ne m'en repens pas,
Pourvu que, de ma mort respectant les approches,
Tu ne m'affliges plus par d'injustes reproches,
Et que tes vains secours cessent de rappeler
Un reste de chaleur tout prêt à s'exhaler.

RACINE, *Phèdre*, Acte I, Scène 3, 1677.

2 ★★ 20 min

a. Analysez l'extrait suivant en vous appuyant sur le questionnaire pour l'analyse du monologue de la partie « Méthode ».

b. Vous montrerez ensuite la relation maître-valet ici présentée.

Figaro, se croyant trahi par sa fiancée Suzanne, laisse libre cours à son désespoir et sa colère.

FIGARO, *seul, se promenant dans l'obscurité, dit du ton le plus sombre.*

Non, monsieur le comte, vous ne l'aurez pas… vous ne l'aurez pas. Parce que vous êtes un grand seigneur, vous vous croyez un grand génie !… noblesse, fortune, un rang, des places, tout cela rend si fier ! Qu'avez-vous fait pour tant de biens ? vous vous êtes donné la peine de naître, et rien de plus : du reste, homme assez ordinaire ! tandis que moi, morbleu, perdu dans la foule obscure, il m'a fallu déployer plus de science et de calculs pour subsister seulement, qu'on n'en a mis depuis cent ans à gouverner toutes les Espagnes ; et vous voulez jouter !… On vient… c'est elle… ce n'est personne. — La nuit est noire en diable, et me voilà faisant le sot métier de mari, quoique je ne le sois qu'à moitié ! (*Il s'assied sur un banc.*) Est-il rien de plus bizarre que ma destinée ! Fils de je ne sais pas qui ; volé par des bandits ; élevé dans leurs mœurs, je m'en dégoûte et veux courir une carrière honnête ; et partout je suis repoussé ! J'apprends la chimie, la pharmacie, la chirurgie ; et tout le crédit d'un grand seigneur peut à peine me mettre à la main une lancette vétérinaire ! — Las d'attrister des bêtes malades, et pour faire un métier contraire, je me jette à corps perdu dans le théâtre : me fussé-je mis une pierre au cou ! Je broche une comédie dans les mœurs du sérail : auteur espagnol, je crois pouvoir y fronder Mahomet sans scrupule : à l'instant un envoyé… de je ne sais où se plaint que j'offense dans mes vers la Sublime Porte, la Perse, une partie de la presqu'île de l'Inde, toute l'Égypte, les royaumes de Barca, de Tripoli, de Tunis, d'Alger et de Maroc ; et voilà ma comédie flambée, pour plaire aux princes mahométans, dont pas un, je crois, ne sait lire, et qui nous meurtrissent l'omoplate, en nous disant : *Chiens de chrétiens !* — Ne pouvant avilir l'esprit, on se venge en le maltraitant. — Mes joues creusaient, mon terme était échu : je voyais de loin arriver l'affreux recors, la plume fichée dans sa perruque ; en frémissant je m'évertue. Il s'élève une question sur la nature des richesses ; et comme il n'est pas nécessaire de tenir les choses pour en raisonner, n'ayant pas un sou, j'écris sur la valeur de l'argent, et sur son produit net : aussitôt je vois, du fond d'un fiacre, baisser pour moi le pont d'un château-fort, à l'entrée duquel je laissai l'espérance et la liberté. (*Il se lève.*) Que je voudrais bien tenir un de ces puissants de quatre jours, si légers sur le mal qu'ils ordonnent, quand une bonne disgrâce a cuvé son orgueil ! Je lui dirais… que les sottises imprimées n'ont d'importance qu'aux lieux où l'on en gêne le cours ; que, sans la liberté de blâmer, il n'est point d'éloge flatteur ; et qu'il n'y a que les petits hommes qui redoutent les petits écrits. (*Il se rassied.*)

BEAUMARCHAIS, *Le Mariage de Figaro*, Acte V, Scène 3, Bordas, 2017.

La représentation théâtrale

Cours

Le texte théâtral est écrit pour être dit et représenté. Sa représentation est donc essentielle, et rares sont les textes théâtraux destinés à la lecture (les pièces de Musset, par exemple, réunies dans *Théâtre dans un fauteuil*, ont finalement été représentées).
La représentation est donc aussi une pratique artistique et sociale, dont les codes évoluent selon les époques, les cultures, les pays.

Mot clé

Mimesis : Aristote définit le théâtre, dans son ouvrage *Poétique* (IV av. J.-C.), comme une « imitation des hommes en action ».

1 Les éléments matériels de la représentation

▶ Le lieu théâtral : il peut être varié (théâtre fermé, en plein air, etc.) et sa nature même impose des contraintes. De même, l'espace scénique (notamment ses dimensions) est une composante essentielle pour les choix de mise en scène et pour le jeu des acteurs.

▶ La scène peut ainsi être clairement séparée du public (scène à l'italienne où la scène est face au public), ou au contraire les deux lieux peuvent se combiner, se mêler (par exemple, Ariane Mnouchkine, dans la mise en scène de *1793*, fait évoluer les acteurs au milieu du public).

▶ Le décor : il peut s'appuyer sur le texte même ou dépendre des options de lecture du metteur en scène. Ce dernier peut décider d'un décor réaliste (d'époque) ou à valeur plus symbolique.

▶ Les costumes : là encore, plusieurs possibilités s'offrent au metteur en scène, libre de choisir des costumes d'époque, d'introduire au contraire des décalages chronologiques, ou de privilégier une symbolique.

▶ Les objets et accessoires : leur présence sur la scène peut être liée au texte et à l'action même (ils ont alors une fonction actantielle, et peuvent être l'objet même de l'action – c'est le cas des chaises dans la pièce du même nom d'Eugène Ionesco – ou un adjuvant : par exemple, un personnage nommé Chérubin se cache derrière un fauteuil pour ne pas être vu du Comte dans *Le Mariage de Figaro*, de Beaumarchais).
L'accessoire peut aussi jouer un rôle plus symbolique par sa seule présence sur scène : ainsi, une statue pourrait rappeler, dans la tragédie, la présence et la puissance des dieux.

▶ La lumière et la bande-son : indiquées ou non dans le texte, elles sont un élément du langage scénique. Ainsi, dans *Rhinocéros* d'Ionesco, la bande-son peut introduire, sans que le spectateur les voie, la présence des rhinocéros.

2 La mise en scène

▶ Depuis la fin du XIXe siècle, le metteur en scène a une fonction essentielle dans le passage du texte à la représentation. Auparavant, c'étaient souvent les auteurs eux-mêmes qui dirigeaient les acteurs, ou bien ils déléguaient ce travail à un simple directeur de troupe. C'est le metteur en scène qui aujourd'hui orchestre tout : le choix des comédiens, leur jeu, ainsi que les options de représentation du texte, depuis la mise en espace jusqu'aux éléments visuels et sonores. Le nom du metteur en scène devient ainsi important, presqu'autant que celui de l'auteur. En outre, certains d'entre eux portent un idéal : par exemple, Antoine Vitez défend l'idée d'« un théâtre élitaire pour tous ».

Le Jeu de l'amour et du basard **de Marivaux, mise en scène de Catherine Hiegel, 2018.**

▶ Toute mise en scène est alors une lecture, une interprétation du texte. Elle peut s'efforcer, comme l'exigent parfois certains auteurs modernes, de respecter au mieux les didascalies introduites au côté du discours ou, comme c'est plus souvent le cas, opérer un véritable travail de création qui confère à la pièce un ensemble de significations qui ne correspondent pas nécessairement aux intentions de l'auteur. Un metteur en scène peut même parfois modifier le texte de l'auteur. Ainsi, chaque mise en scène différente d'une pièce en renouvelle l'approche. Anne >>

>> Ubersfeld, historienne du théâtre, n'hésite pas à affirmer : « L'une des caractéristiques les plus étonnantes du texte théâtral, la moins visible mais peut-être la plus importante, c'est son caractère incomplet. [...] Ce sera le travail du metteur en scène de donner des réponses. »

▶ Enfin, chaque représentation donnée d'une même mise en scène constitue, en elle-même, un moment particulier et ne ressemble ni à la précédente, ni à la suivante : le jeu des comédiens se modifie (en fonction d'éléments inhérents à leur personne même ou en fonction des réactions du public), l'ambiance de la salle varie selon les spectateurs qui la composent (tel effet perçu comme comique par le public un soir pourra très bien manquer sa cible le lendemain).

3 Le jeu du comédien

▶ L'improvisation, issue de la *commedia dell'arte*, constitue une pratique particulière : l'acteur improvise à partir d'un canevas et du type de personnage qu'il incarne.

▶ Le jeu d'acteur, en dehors de ce cas particulier, est lié à des conceptions différentes, voire opposées : ainsi, Diderot, au XVIIIe siècle, oppose dans son ouvrage *Paradoxe sur le comédien*, le comédien qui « joue d'âme » et celui qui joue « de raison ». Le premier est inconstant car il s'appuie sur les émotions ressenties, le second est privilégié car il s'appuie sur l'observation et fournit un jeu égal, maîtrisé. Au contraire, Constantin Stanislavki, metteur en scène de la fin du XIXe siècle, prône un jeu instinctif dans lequel l'acteur ressent les émotions du personnage qu'il incarne. Cette démarche influencera le jeu de l'*Actor Studio*.

Brecht, de son côté, prône la distanciation : le comédien, d'une certaine manière, « joue faux » afin de provoquer, par ce décalage, la réflexion du spectateur.

▶ Enfin, le jeu du comédien a considérablement évolué au fil des siècles : la déclamation et un jeu relativement statique, caractéristiques des tragédies classiques, a laissé la place à une démarche plus dynamique.

Méthode

Proposer une mise en scène d'un extrait de pièce de théâtre

Rédiger des propositions de mise en scène constitue un travail d'écriture possible. Pour préparer ce type d'exercice, on doit :

- **lire attentivement le texte** : à quel genre théâtral appartient-il ? Quel est le registre dominant ? Comporte-t-il des didascalies ? Sur quels éléments du langage paraverbal ou non verbal ? Le dialogue propose-t-il des pistes, des contraintes pouvant orienter la mise en scène (soyez attentif, par exemple, à la ponctuation) ? ;
- **réfléchir préalablement au sens que l'on veut donner à cette scène**, à l'effet que l'on veut produire sur le spectateur ;
- **organiser la recherche** en suivant les différents aspects du langage théâtral (ton, silence, cris, pleurs, rires, bruitage, décor, costume, âge des acteurs, accessoires, lumières, position et gestuelle...) ;
- **rédiger une copie, en exposant d'abord ses objectifs** : sens de la scène, effet à produire sur le spectateur ;
- puis en distinguant deux parties, l'une regroupant les indications sur le langage non verbal, l'autre regroupant les indications sur le langage paraverbal, en justifiant toujours ses choix par rapport au texte proposé ;
- conclure en faisant le bilan de la mise en scène proposée (ce qu'elle met en valeur, ce qu'elle risque de laisser de côté, les difficultés posées par certains choix).

À retenir

L'analyse du jeu d'un comédien doit être attentive au langage du corps - langage non verbal (déplacement, gestuelle, mimiques, etc.) et à la mise en voix du texte - langage verbal et paraverbal - (débit, rythme, intonation, silence, etc.).

Exercices

1 ★ 10 min **Observez attentivement les deux images. Quelles sont les différences dans l'apparence et le jeu des deux actrices ? Qu'en déduisez-vous sur les choix de mises en scène et de jeu d'acteurs ?**

Sarah Bernhardt dans le rôle de Phèdre en 1893.

***Phèdre*, mise en scène de Gilbert Ponte, 2010.**

2 ★★★ 30 min **Lisez attentivement l'extrait suivant. Puis, imaginez et écrivez les indications que, en tant que metteur en scène, vous donneriez aux deux comédiens pour les guider dans leur jeu.**

Le Comte veut écarter son valet Figaro en l'envoyant à Londres, ceci pour obtenir les faveurs de Suzanne, fiancée de Figaro. Mais ce dernier est informé des intentions de son maître. Se met alors en place un duel verbal.

[...]

Le Comte, *à part*. — Il veut venir à Londres ; elle n'a pas parlé.
Figaro, *à part*. — Il croit que je ne sais rien ; travaillons-le un peu dans son genre.
Le Comte. — Quel motif avait la comtesse pour me jouer un pareil tour ?
Figaro. — Ma foi, monseigneur, vous le savez mieux que moi.
Le Comte. - Je la préviens sur tout, et la comble de présents.
Figaro. — Vous lui donnez, mais vous êtes infidèle. Sait-on gré du superflu à qui nous prive du nécessaire ?
Le Comte. — ... Autrefois tu me disais tout.
Figaro. — Et maintenant je ne vous cache rien.
Le Comte. — Combien la comtesse t'a-t-elle donné pour cette belle association ?
Figaro. — Combien me donnâtes-vous pour la tirer des mains du docteur ? Tenez, monseigneur, n'humilions pas l'homme qui nous sert bien, crainte d'en faire un mauvais valet.
Le Comte. — Pourquoi faut-il qu'il y ait toujours du louche en ce que tu fais ?
Figaro. — C'est qu'on en voit partout quand on cherche des torts.
Le Comte. — Une réputation détestable !
Figaro. — Et si je vaux mieux qu'elle ? Y a-t-il beaucoup de seigneurs qui puissent en dire autant ?
Le Comte. — Cent fois je t'ai vu marcher à la fortune, et jamais aller droit.

FIGARO. — Comment voulez-vous ? La foule est là : chacun veut courir, on se presse, on pousse, on coudoie, on renverse ; arrive qui peut, le reste est écrasé. Aussi c'est fait ; pour moi, j'y renonce.
LE COMTE. — À la fortune ? *(À part.)* Voici du neuf.
FIGARO. *(À part.)* — À mon tour maintenant. *(Haut.)* Votre Excellence m'a gratifié de la conciergerie du château ; c'est un fort joli sort : à la vérité, je ne serai pas le courrier étrenné des nouvelles intéressantes ; mais, en revanche, heureux avec ma femme au fond de l'Andalousie...
LE COMTE. — Qui t'empêcherait de l'emmener à Londres ?
FIGARO. — Il faudrait la quitter si souvent, que j'aurais bientôt du mariage par-dessus la tête.
LE COMTE. — Avec du caractère et de l'esprit, tu pourrais un jour t'avancer dans les bureaux.
FIGARO. — De l'esprit pour s'avancer ? Monseigneur se rit du mien. Médiocre et rampant, et l'on arrive à tout.
LE COMTE. — ...Il ne faudrait qu'étudier un peu sous moi la politique.
FIGARO. — Je la sais.
LE COMTE. — Comme l'anglais : le fond de la langue !
FIGARO. — Oui, s'il y avait ici de quoi se vanter. Mais feindre d'ignorer ce qu'on sait, de savoir tout ce qu'on ignore ; d'entendre ce qu'on ne comprend pas, de ne point ouïr ce qu'on entend ; surtout de pouvoir au delà de ses forces ; avoir souvent pour grand secret de cacher qu'il n'y en a point ; s'enfermer pour tailler des plumes, et paraître profond quand on n'est, comme on dit, que vide et creux ; jouer bien ou mal un personnage ; répandre des espions et pensionner des traîtres ; amollir des cachets, intercepter des lettres, et tâcher d'ennoblir la pauvreté des moyens par l'importance des objets : voilà toute la politique, ou je meure !
LE COMTE. — Eh ! c'est l'intrigue que tu définis !
FIGARO. — La politique, l'intrigue, volontiers ; mais, comme je les crois un peu germaines, en fasse qui voudra ! *J'aime mieux ma mie, oh gai !* comme dit la chanson du bon roi.

[...]

BEAUMARCHAIS, *Le Mariage de Figaro*, Acte III, Scène 5, Bordas, 2017.

3 ★ 10 min Observez attentivement cette image de mise en scène pour *Oh les beaux jours*, de Beckett. Qu'en déduisez-vous sur le jeu de la comédienne ?

***Oh les beaux jours* de Samuel Beckett, mise en scène de Roger Blin, 1963.**

L'explication linéaire

Cours

▶ L'explication linéaire d'un texte constitue l'une des étapes du baccalauréat oral (voir chapitre 18).

▶ Elle porte sur un texte littéraire relativement court, environ une vingtaine de lignes continues.

▶ Elle consiste à suivre le déroulement du texte, en marquant les principales étapes. Elle se différencie en cela du commentaire littéraire (écrit du baccalauréat) qui, généralement, dégage des axes d'étude en déstructurant le texte.

Définition

Le mot « explication » est issu du latin *explicare* « déployer, déplier ». Au sens figuré, il s'agit donc de mettre à plat, de déplier, un texte replié, enroulé sur lui-même.

Méthode

1 Élaborer une explication linéaire

a. Lire attentivement le texte et le paratexte

▶ Il faut s'assurer que le texte est **bien compris.**

▶ Les **informations du paratexte** permettent de situer l'extrait dans une époque, dans un courant littéraire, dans l'œuvre de l'auteur et éclairent donc la lecture du texte.

b. Observer la disposition typographique du texte

Cela donne des indications sur le **genre du texte**, mais aussi sur **sa structure :** alinéa, construction en paragraphes ou strophes, espaces par exemple.

c. Dégager les caractéristiques principales de l'extrait

Il faut notamment se poser la question de ce qui fait l'**unité du passage :** scène d'aveu au théâtre, première rencontre dans un roman, monologue intérieur d'un personnage, portrait, etc.

d. Repérer la structure interne du passage

Il faut repérer **la structure interne du passage**, ainsi que les différentes étapes, la progression ou la dynamique du texte de manière précise, et dégager **l'idée principale de chaque étape** (cela peut consister à donner un titre). Le plan de l'extrait détermine le plan de l'analyse. On utilise donc la disposition en paragraphes par exemple, mais on doit aussi repérer les connecteurs logiques.

e. Analyser dans le détail les différentes étapes

▶ Il faut **repérer et analyser les procédés d'écriture** en suivant le déroulement du texte. On s'intéressera par exemple aux champs lexicaux, aux types de phrases, au rythme, aux sonorités, aux figures stylistiques, aux temps verbaux, au système d'énonciation ou de narration, etc.

▶ Il ne faut pas oublier les **instruments d'analyse** liés au **genre du texte :** écriture poétique, théâtrale, argumentative...

▶ Il ne faut pas non plus oublier **d'analyser et d'interpréter les repérages effectués :** c'est ce qui vous permet de dégager le sens et les enjeux du texte.

▶ Inversement, toute analyse ou interprétation doit être **justifiée par le texte.**

▶ Il faut veiller à ne pas simplement juxtaposer des remarques. Il s'agit en effet de montrer un mouvement, une dynamique, une évolution et de relier les analyses entre elles pour dégager le(s) sens du texte. Il est ainsi pertinent de **dégager un axe directeur d'étude** (voire une problématique) qui permettra d'assurer la cohésion de l'explication.

2 Réaliser l'explication linéaire à l'oral

La durée de l'exercice étant de 8 min (2 min sont auparavant consacrées à la lecture de l'extrait), toute l'attention doit se porter sur l'analyse du texte.

▶ **Brève phase introductive**, permettant de dégager les caractéristiques principales de l'extrait.

▶ **Présentation rapide de la structure** du texte et donc de la structure de l'étude (la première déterminant la seconde).

▶ **Étude linéaire du texte :** il faut entrer dans le détail du texte, mais sans le morceler ou l'émietter. L'objectif consiste à **allier remarques générales et analyses précises**, à suivre l'ordre du texte mais sans en être esclave.

▶ Ne pas oublier de **citer le texte** pour justifier une remarque.

▶ Utiliser régulièrement et de manière pertinente des **connecteurs logiques** pour montrer la progression de votre étude.

▶ **Phase conclusive** qui permet de synthétiser les remarques pour mettre en évidence ce qui fait l'intérêt du texte.

Attention

Ne pas relire le texte par « petits bouts » en pointant ponctuellement des procédés d'écriture. C'est l'écueil du morcellement.

Exercice

★★ 60 min **a.** Appliquez aux deux textes la méthode « Élaborer une explication linéaire » (environ 30 min par texte).

b. Entraînez-vous à l'oral sur le texte de votre choix (8 min).

Texte 1

Figaro, qui était contraint d'épouser Marceline, apprend brutalement qu'elle est sa mère, et que Bartholo est son père.

MARCELINE, *montrant Bartholo.* — Voilà ton père.
FIGARO, *désolé.* — O o oh ! aïe de moi !
MARCELINE. — Est-ce que la nature ne te l'a pas dit mille fois ?
FIGARO. — Jamais.
LE COMTE, *à part.* — Sa mère !
BRID'OISON. — C'est clair, i-il ne l'épousera pas.
BARTHOLO. — Ni moi non plus.
MARCELINE. — Ni vous ! Et votre fils ? Vous m'aviez juré...
BARTHOLO. — J'étais fou. Si pareils souvenirs engageaient, on serait tenu d'épouser tout le monde.
BRID'OISON. — E-et si l'on y regardait de si près, pè-ersonne n'épouserait personne.
BARTHOLO. — Des fautes si connues ! une jeunesse déplorable !
MARCELINE, *s'échauffant par degrés.* — Oui, déplorable, et plus qu'on ne croit ! Je n'entends pas nier mes fautes, ce jour les a trop bien prouvées ! mais qu'il est dur de les expier après trente ans d'une vie modeste ! J'étais née, moi, pour être sage, et je le suis devenue sitôt qu'on m'a permis d'user de ma raison. Mais dans l'âge des illusions, de l'inexpérience et des besoins, où les séducteurs nous assiègent, pendant que la misère nous poignarde, que peut opposer une enfant à tant d'ennemis rassemblés ? Tel nous juge ici sévèrement, qui, peut-être, en sa vie a perdu dix infortunées !
FIGARO. — Les plus coupables sont les moins généreux ; c'est la règle.
MARCELINE, *vivement.* — Hommes plus qu'ingrats, qui flétrissez par le mépris les jouets de vos passions, vos victimes ! c'est vous qu'il faut punir des erreurs de notre jeunesse ; vous et vos magistrats, si vains du droit de nous juger, et qui nous laissent enlever, par leur coupable négligence, tout honnête moyen de subsister. Est-il un seul état pour les malheureuses filles ? Elles avaient un droit naturel à toute la parure des femmes : on y laisse former mille ouvriers de l'autre sexe.
FIGARO, *en colère.* — Ils font broder jusqu'aux soldats !
MARCELINE, *exaltée.* — Dans les rangs même plus élevés, les femmes n'obtiennent de vous qu'une considération dérisoire ; leurrées de respects apparents, dans une servitude réelle ; traitées en mineures pour nos biens, punies en majeures pour nos fautes ! Ah ! sous tous les aspects, votre conduite avec nous fait horreur ou pitié !
FIGARO. — Elle a raison !
LE COMTE, *à part.* — Que trop raison !
BRID'OISON. — Elle a, mon-on Dieu, raison.

BEAUMARCHAIS, *Le Mariage de Figaro*, Acte IV, Scène 16, Bordas, 2017.

Texte 2

Quand le ciel bas et lourd pèse comme un couvercle
Sur l'esprit gémissant en proie aux longs ennuis,
Et que de l'horizon embrassant tout le cercle
Il nous verse un jour noir plus triste que les nuits ;

Quand la terre est changée en un cachot humide,
Où l'Espérance, comme une chauve-souris,
S'en va battant les murs de son aile timide
Et se cognant la tête à des plafonds pourris ;

Quand la pluie étalant ses immenses traînées
D'une vaste prison imite les barreaux,
Et qu'un peuple muet d'infâmes araignées
Vient tendre ses filets au fond de nos cerveaux,

Des cloches tout à coup sautent avec furie
Et lancent vers le ciel un affreux hurlement,
Ainsi que des esprits errants et sans patrie
Qui se mettent à geindre opiniâtrement.

- Et de longs corbillards, sans tambours ni musique,
Défilent lentement dans mon âme ; l'Espoir,
Vaincu, pleure, et l'Angoisse atroce, despotique,
Sur mon crâne incliné plante son drapeau noir.

BAUDELAIRE, « Spleen », *Les Fleurs du Mal*, 1857.

La lecture de l'image

Cours

▶ Dans le cadre de vos études en français, vous pouvez être amené(e) à analyser un document iconographique, quel que soit l'objet d'étude concerné. Il est donc nécessaire de posséder quelques bases d'analyse spécifiques.

▶ On distingue différents types d'image :
- l'image fixe : tableau, photographie, dessin, affiche, bande dessinée...
- l'image mobile : film (avec acteurs, dessin animé...).

▶ La lecture analytique de l'image se construit, comme pour un texte, de l'observation à l'interprétation. Ainsi, un questionnement précis, utilisant des instruments d'analyse adaptés, est utile pour l'étude de l'image.

Méthode

Élaborer une lecture analytique de l'image

a. Identifier la situation d'énonciation

Un peintre, un photographe, un dessinateur, **produisent un énoncé** (l'image), et **cherchent à atteindre un destinataire** (le lecteur, le spectateur...). Le **lieu** et le **moment** de production de l'image sont aussi à étudier (contexte historique, politique, courant pictural dominant...).

b. Observer l'image

▶ Quel est **son contenu** : abstrait ou figuratif ? Quelle est la **nature du sujet** (genre) : paysage, portrait, nature morte, sujet religieux, historique... ?

▶ A-t-elle **un titre** ? Intègre-t-elle **un texte** ? Si oui, quelle est **sa fonction** ?

▶ Quelle est **la technique utilisée** : dessin, gravure, collage, photographie... ?

▶ Quel est **le format choisi** (cadre) : rectangle, carré, rond, ovale ? Quelles sont **ses dimensions** ?

▶ Quel est **le point de vue** (la focalisation) **choisi** ? Quel est l'**angle choisi** : frontal (œil au niveau du sujet), plongée (œil au-dessus du sujet) ou contre-plongée ?

▶ **Étudier le cadrage :** quels sont les éléments représentés dans le champ (espace délimité par le cadre) ? Un hors-champ (espace n'apparaissant pas dans le champ) est-il suggéré ?

▶ **Étudier la profondeur de champ :** utilisation du premier plan, des plans intermédiaires, de l'arrière-plan. Comment l'**espace est-il suggéré** : succession de plans, utilisation des perspectives ?

▶ Quel est le **plan choisi :** plan général (panoramique), plan moyen (personnage en pied), plan rapproché, gros plan (cadre le visage) ?

▶ **Étudier la construction de l'image et la répartition des formes dans le cadre :** les lignes (horizontales, verticales, courbes, diagonales...) ; Y a-t-il des lignes de force ?

▶ **Étudier la lumière et les couleurs :**
- l'éclairage (intensité, provenance, contrastes, jeux d'ombre et de lumière) ;
- le choix du noir et blanc ou de la couleur, pourquoi ? ;
- l'étude des couleurs : chaudes, froides, primaires, secondaires, complémentaires ; examen de l'intensité de la couleur, des contrastes et de leurs valeurs symboliques.

c. Interpréter les repérages

▶ Comme pour un texte, les **repérages** doivent servir à une **interprétation de l'image.** Il faut donc aussi s'interroger sur les choix du peintre, du dessinateur, du photographe. **Dégager les enjeux de l'image**, c'est comprendre l'**effet recherché** par le producteur de l'image en analysant les procédés utilisés.

▶ Ainsi, plusieurs procédés développent des effets similaires : dans le portrait en pied d'un monarque, les éléments du décor, le choix de l'éclairage et des couleurs, l'utilisation de la profondeur de champ et des plans, la construction de l'image participent à la **célébration du personnage représenté.**

Exercices

1 ★★ 30 min

a. Analysez ce tableau en vous servant du questionnaire de la page précédente. Interrogez-vous sur le sens très précis du terme « vanité », utilisé dans le titre.

b. Faites des recherches sur le mouvement baroque. Vous pouvez aussi lire l'extrait d'*Hamlet* (pièce de Shakespeare) dans lequel le personnage prononce la célèbre phrase « To be or not to be » en regardant un crâne.

c. Vous mettrez ensuite en évidence l'enjeu du tableau, le but recherché par le peintre.

Simon Renard de Saint-André, *Vanité*, 1613-1677.

2 ★ 15 min **Picasso réalise ce tableau en 1937, à la demande du gouvernement de la République espagnole. Il « représente » la tragédie qui touche la ville basque de Guernica, bombardée par l'aviation allemande, au service de Franco. Vous montrerez comment Picasso témoigne, à travers ce tableau, de ce drame.**

Pablo Picasso, *Guernica*, 1937.

Pistes de travail

a. Vous pouvez rechercher d'autres tableaux :
- sur le thème de la vanité,
- sur le thème de la guerre,

et analyser les différences de traitement dans la représentation du thème.

b. Pensez, lorsque vous étudiez une œuvre littéraire, à vous intéresser aux couvertures choisies selon les éditions. C'est assez souvent révélateur des différentes perceptions de l'ouvrage.

c. En poésie, sont souvent associés poèmes et iconographies. Recherchez ainsi quelques exemples sur *Les Fleurs du Mal* de Baudelaire ou *Alcools* d'Apollinaire.

La lecture cursive

Cours

▶ La lecture cursive est une lecture personnelle que vous effectuez en dehors du temps scolaire, mais qui est en lien avec l'enseignement du français et les cours. Elle ne constitue pas une lecture facultative puisqu'elle peut faire l'objet d'une évaluation à l'oral du baccalauréat (voir chapitre 18).

▶ Comme l'œuvre concernée ne sera pas étudiée de manière détaillée en cours, vous devez garder une trace de cette lecture, vous devez en maîtriser le contenu, et être capable d'échanger sur cette œuvre au moment de l'entretien du bac.

▶ La lecture d'une œuvre intégrale doit être une lecture active :
- ne morcelez pas la lecture en l'étalant trop dans le temps : vous perdriez toute vision globale de l'œuvre ;
- annotez au fur et à mesure les passages importants ou qui vous marquent ;
- repérez, avec des systèmes de marque-pages, les passages-clés de l'œuvre : apparition d'un personnage, scène de rencontre, description d'un lieu essentiel, tournant dans l'œuvre, discours d'un personnage qui éclaire le projet de l'auteur, etc. ;
- soyez particulièrement attentif/ve au dénouement.

Méthode

Élaborer une fiche de lecture

Voici un exemple de fiche qui vous permet d'exploiter au mieux votre lecture.

Présentation de l'œuvre
- Titre
- Auteur
- Date d'écriture
- Date de publication (s'il y a un écart temporel avec la date de publication)

Contextes
- Biographie de l'auteur (les éléments essentiels + ceux éclairant l'œuvre lue)
- Contexte historique (en relation avec l'œuvre)
- Contexte littéraire (appartenance à un mouvement littéraire par exemple)

Caractéristiques de l'œuvre
(À adapter selon le genre de l'œuvre : poésie, roman, théâtre, argumentation)
- Genre (voire sous-genre)
- Nombre de chapitres/d'actes/de poèmes ou de sections
- Analyse de la structure
- Bref résumé
- Thèmes principaux de l'œuvre
- Personnages-clés et leurs fonctions
- Caractéristiques de l'écriture

Passages-clés
- Moments importants à retenir

Remarques sur le dénouement
- Quelques citations

Réception de l'œuvre
- Accueil par le public
- Accueil par la critique
- Adaptations au cinéma
- Inspiration pour d'autres œuvres (littéraires, picturales...)

Appréciation personnelle argumentée (étape importante – cf. oral)

Lien avec l'objet d'étude vu en cours

Exercices

1 ★ 15 min **Que révèlent les titres d'œuvres suivants sur le genre, la tonalité, le thème, le lieu, l'époque de la fiction, le type de personnage, etc. ?**

Les Lettres persanes – Meurtre au comité central – Poèmes saturniens – Ruy Blas – L'illusion comique – Mémoires d'Hadrien – Histoire de la folie à l'âge classique – Journal d'un curé de campagne

2 ★ 15 min **Répondez aux questions suivantes :**

a. *Les Liaisons dangereuses* sont un roman épistolaire. Qu'est-ce qu'un roman épistolaire ? Citez deux autres romans épistolaires.

b. *Les Regrets* sont un recueil poétique du XVe siècle. Citez un autre titre de recueil de cette époque.

c. *Manon Lescaut* est l'histoire d'une passion fatale. Citez deux autres romans de la passion fatale.

d. *Andromaque* est une tragédie. Citez deux autres tragédies du XVIIe siècle.

e. *Gargantua* est un roman humaniste. Citez deux autres œuvres humanistes.

f. *L'Espoir* de Malraux a pour thème la guerre d'Espagne. Citez un peintre ayant traité ce thème.

3 ★ 10 min **Attribuez à chacune des œuvres suivantes son auteur :**

– Œuvres : *Les Fleurs du mal, Les Regrets, Lucien Leuwen, Rhinocéros, Voyage au bout de la nuit, Les Lettres persanes, Aurélien, Le Neveu de Rameau.*
– Auteurs : Montesquieu, Céline, du Bellay, Ionesco, Diderot, Stendhal, Aragon, Baudelaire.

4 ★★ 15 min **À propos de la dernière œuvre littéraire que vous avez lue, appliquez-vous le questionnaire suivant. Ce sera un test de votre lecture. Pensez à argumenter, à être capable de justifier.**

– Quelle est la date de parution de l'œuvre (au minimum, le siècle) ?
– Quelles autres œuvres l'auteur a-t-il écrites ?
– Quel est le courant littéraire auquel appartient l'œuvre ?
– Quel est son genre ?
– Quel est son sujet ?
– Quels sont les noms des personnages principaux ?
– Quelle est la trame de l'histoire (les principales étapes) ?
– Quel en est le dénouement ?

5 ★★ 25 min

a. Cherchez la définition des courants littéraires suivants : l'humanisme, le baroque, la philosophie des Lumières, le romantisme, le réalisme, le surréalisme, le théâtre de l'absurde.

b. Qui sont les personnages littéraires suivants : Œdipe, Lancelot, Emma Bovary, Ulysse, le Cid, Carmen, Nana, Sganarelle, Monsieur Jourdain, Candide ?

c. Situez dans le temps les auteurs suivants (indiquez les siècles) et, si possible, associez-leur une œuvre au moins :

– Victor Hugo
– Montesquieu
– Chrétien de Troyes
– Voltaire
– Louis Aragon
– Jean Racine
– Pierre de Ronsard
– Denis Diderot
– Émile Zola
– Gustave Flaubert
– François Rabelais
– Honoré de Balzac
– Paul Verlaine
– Jean de La Fontaine
– Paul Éluard

L'oral au baccalauréat

Cours

▶ L'épreuve orale du bac comporte deux temps :
- une phase de préparation de 30 min ;
- une phase de passage de 20 min (décomposée elle-même en deux temps)

▶ L'examinateur s'appuie sur le descriptif d'activités que votre professeur(e) a fourni. Ce descriptif rend compte du travail et de toutes les activités menées avec vous pendant l'année de 1re.

Déroulement de l'épreuve

a. Accueil et préparation

L'examinateur vous accueille et vous indique :
- le texte et le passage du texte retenu, avec une éventuelle sélection du passage à expliquer si le texte dépasse le format d'une vingtaine de lignes de prose continue (cela peut donc être plus long pour un poème ou un extrait théâtral) ;
- la question de grammaire posée, qui ne peut concerner qu'un passage de l'extrait faisant l'objet de l'explication de texte (analyse syntaxique d'une courte phrase ou d'une partie de phrase).

Ces éléments vous sont indiqués par écrit. Vous avez ensuite un temps de préparation de 30 min.

b. Phase de passage : 20 min, en deux temps

▶ **Première partie de l'épreuve orale :** exposé sur un des textes du descriptif :
- vous faites une lecture à voix haute juste, pertinente et expressive du texte choisi par l'examinateur, après l'avoir situé brièvement dans l'œuvre ou le parcours associé. Cette partie est notée sur 2 points ;
- vous proposez une explication linéaire du passage choisi par l'examinateur. Cette partie est notée sur 8 points (voir chapitre 15 sur l'explication linéaire) ;
- vous répondez à la question de grammaire posée par l'examinateur au moment du tirage. Cette partie est notée sur 2 points.

▶ **Seconde partie de l'épreuve :** présentation de l'œuvre choisie par vous, parmi celles étudiées en classe ou parmi les lectures cursives obligatoires, et entretien avec l'examinateur (voir chapitre 17 sur la lecture cursive) :
- vous présentez brièvement l'œuvre que vous avez retenue et vous exposez les raisons de votre choix ;
- entretien : vous répondez aux questions de l'examinateur qui évaluera votre capacité à dialoguer, à nuancer et à étoffer votre réflexion, à défendre votre point de vue.

À noter

Le coefficient est de 5, quelle que soit la série.

Première partie de l'épreuve :
- durée : 12 minutes
- note sur 12 points

Seconde partie de l'épreuve :
- durée : 8 minutes
- note sur 8 points

Méthode

Bien se préparer à l'oral du bac

a. Les révisions pour l'oral

▶ **Planifier les révisions** bien à l'avance :
- faire peu de textes à la fois, pour éviter de les confondre ;
- à la fin d'une séquence ou d'un objet d'étude, revoir l'ensemble des textes, sans oublier les cours d'introduction, les bilans, les contrôles ou devoirs en relation avec la séquence ;
- prévoir une période finale pour revoir l'ensemble des textes et œuvres.

Conseil

Plus vous travaillez *de façon régulière et à long terme*, plus vous diminuez la tension du travail dans l'urgence, rarement efficace pour ce type d'épreuves.

▶ Se faire des **fiches** pour chaque texte étudié (ne marquer que l'essentiel, les points importants de l'analyse et les éléments que vous avez du mal à retenir).

▶ Lors des révisions des textes, **travaillez toujours avec le texte sous les yeux :** vous devez faire sans cesse le lien entre l'analyse et les références précises au texte. N'oubliez pas qu'au moment de l'oral, **vous devrez justifier vos remarques** par des repérages et des citations du texte, et ceci de façon rapide et efficace.

Conseil

Soignez particulièrement la ***lecture des textes poétiques***. Dans la versification classique, il est indispensable d'appliquer la règle du « e muet » final, de marquer les diérèses ou de mettre en relief les enjambements, pour ne donner que quelques exemples.

▶ Entraînez-vous à **lire à voix haute** les textes : votre lecture doit rendre compte de votre compréhension du passage. Veillez à adapter le rythme et le ton au registre de l'extrait ; sachez, par exemple, donner vie à une scène animée. Évitez de trébucher sur les noms propres ou les termes un peu complexes : les erreurs ponctuelles sont évidemment excusables, mais ne donnez pas l'impression à l'examinateur que vous découvrez un mot pour la première fois… Respectez aussi la ponctuation.

▶ Relisez **en diagonale** les œuvres intégrales étudiées et les œuvres complémentaires (les fiches de lecture constituent aussi une aide non négligeable).

▶ Pensez à la **lecture cursive** que vous présenterez à l'oral (selon l'objet d'étude) et préparez votre **argumentation.**

b. Conseils techniques

▶ **Préparez vos manuels et livres** en marquant par exemple avec des repères les pages concernées par les extraits : vous éviterez ainsi de vous déconcentrer le jour du bac.

▶ **Préparez vos textes** dans une pochette ou trieur, en les regroupant selon les séquences. Le but est toujours d'éviter une tension inutile dans les premières minutes de l'examen.

▶ N'oubliez pas de gommer toutes les annotations sur les textes qui doivent **être vierges.**

c. Le jour de l'oral

▶ **Apportez** votre montre, vos textes, vos manuels et vos œuvres complètes, ainsi que les papiers officiels nécessaires (descriptif d'activités, pièce d'identité et convocation). Pensez à éteindre votre téléphone. Ne laissez pas vos cours ou fiches de révision avec vos textes.

▶ **Gérez votre temps de préparation :** ces 30 minutes vous permettent de préparer l'explication linéaire et la question de grammaire. Ne rédigez pas, écrivez en prise de notes.

▶ Vous pouvez préparer la **lecture cursive** que vous présenterez :

– **La 1re partie** : lors de l'explication linéaire, pensez **à justifier** vos remarques par des références et citations du texte. N'oubliez pas **l'analyse stylistique**, essentielle dans l'étude d'un texte littéraire.

Ayez donc constamment le texte « à portée d'yeux ».

Ne bâclez pas la **conclusion**.

Votre **brouillon** (prise de notes) est une **aide ponctuelle.** Il ne doit pas être lu.

– **La 2e partie** : exprimez-vous clairement, en utilisant un **lexique précis**. Pensez à relier vos remarques lors de la présentation de la lecture cursive.

Soyez attentif/ve aux questions de l'examinateur et ne répondez pas par des bribes de phrases : **développez de manière autonome votre propos.** Votre connaissance des œuvres, des notions, votre culture littéraire acquises lors des cours sont alors essentiels.

Exercice

★★ **Voici un petit mémo pour votre préparation durant l'année. Cochez au fil des semaines ce que vous faites :**

- ☐ Je me prépare à l'oral en participant en classe.
- ☐ Je m'entraîne en effectuant les préparations données par le professeur.
- ☐ Je lis les œuvres étudiées ou proposées en complément sans me contenter de lire un vague résumé.
- ☐ Je relis avant chaque cours le cours précédent.
- ☐ Je vérifie le vocabulaire que je ne suis pas certain/e de connaître.
- ☐ Je relis chaque séquence terminée.
- ☐ Je prépare régulièrement des fiches de synthèse.
- ☐ Je m'entraîne avec des camarades à un jeu de questions/réponses.

Le commentaire de texte

Cours

▶ Le commentaire est l'un des deux sujets proposés à l'écrit du baccalauréat. Il porte sur un texte littéraire, en lien avec un des objets d'étude du programme de la classe de 1re.

Il s'agit de composer un devoir qui présente, de manière organisée, ce que vous avez retenu de sa lecture, et justifie par des analyses précises votre interprétation et vos jugements personnels. Le texte proposé pour le commentaire n'est pas extrait d'une des œuvres au programme.

À noter

L'épreuve écrite dure **4 heures** et vous donne le choix entre un commentaire ou une dissertation. La copie est notée sur 20. Le coefficient est de 5, quelle que soit la série.

Méthode

Élaborer et rédiger un commentaire

a. Mettre en rapport le texte étudié avec l'objet d'étude

Le texte que vous commentez trouve place dans un ensemble :
- il **correspond** d'abord à l'un des **objets d'étude du programme**, et cela doit immédiatement vous donner des pistes sur **son écriture et ses enjeux** ;
- enfin, le travail que vous avez effectué durant l'année vous aidera à **situer ce texte par rapport à un contexte culturel.**

b. Préparer le travail d'analyse

▶ Pour préparer le commentaire, on doit adopter des outils et des mécanismes similaires à ceux de la lecture analytique : **observez le texte, analysez-le, interprétez-le.**

▶ Il convient donc de **savoir questionner le texte** pour en fournir une interprétation.
- À quel genre appartient ce texte ? Quelles caractéristiques de ce genre présente-t-il ?
- Quelles formes de discours comporte-t-il ? Quels en sont les procédés d'écriture significatifs ?
- Quel(s) est (sont) son (ses) thème(s) ? Le traitement du thème vous semble-t-il original ou traditionnel ?
- Quel(s) en est (sont) le (les) registre(s) dominant(s) ? Quels éléments vous semblent représentatifs de ce registre ?

▶ Pour vos analyses, pensez toujours au système d'énonciation/de narration, aux champs lexicaux, aux figures de style, aux temps verbaux, aux connecteurs logiques et spatio-temporels, à la syntaxe (ponctuation, structure des phrases), etc.

▶ Ce questionnement doit permettre de formuler des **hypothèses sur le sens du texte, de dégager ses enjeux** (pourquoi a-t-il été écrit ? Quels sont ses objectifs ?), d'en comprendre la visée (quel effet cherche-t-il à produire chez le lecteur ?). Vous devez ainsi **dégager une problématique**, ou un **axe directeur d'étude** qui vous aidera à bâtir le plan et assurer une cohérence à votre étude.

c. Organiser le commentaire

- Le commentaire doit comporter une **introduction**, qui présente le texte et le situe dans l'histoire littéraire, un **développement structuré**, dans lequel on distingue différentes étapes, et une conclusion, qui fait le bilan de l'étude.
- **Quelques erreurs sont à éviter :** un commentaire ligne à ligne (cela montre que vous ne parvenez pas à analyser le texte dans son ensemble), l'absence totale de plan ou un commentaire qui se contente d'observer le texte.
- Le développement peut être organisé de différentes manières. Pensez à formuler la problématique littéraire posée par le texte ; cela permet souvent de **dégager un plan cohérent, qui présente les éléments de réponse à cette problématique.**

d. Rédiger le commentaire

La rédaction obéit aux **règles habituelles de l'expression écrite.** La difficulté est d'articuler analyse, citations du texte et interprétation.

À noter

Pensez à utiliser un **lexique précis**, à citer entre guillemets, à préciser vos **références** (numéros de ligne, de vers), à aérer la présentation (sautez des lignes entre les parties, faites des paragraphes avec alinéas).

FRANÇAIS

Exercices

1 ★★ 40 min **Appliquez à cet extrait le questionnement présent dans la partie « Méthode » puis proposez un plan détaillé.**

Vous pouvez vous aider de la Méthode sur l'analyse d'un monologue théâtral chapitre 13.

Dans une petite ville, les habitants ont atteint de « rhinocérite », maladie contagieuse et métaphore de la barbarie et du totalitarisme. Ils se transforment peu à peu en rhinocéros, et seul Bérenger n'est pas atteint. Voici son monologue, qui clôt la pièce.
(Lorsqu'il accroche les tableaux, on s'aperçoit que ceux-ci représentent un vieillard, une grosse femme, un autre homme. La laideur de ces portraits contraste avec les têtes des rhinocéros qui sont devenues très belles. Bérenger s'écarte pour contempler les tableaux.)

Je ne suis pas beau, je ne suis pas beau. *(Il décroche les tableaux, les jette par terre avec fureur, il va vers la glace.)* Ce sont eux qui sont beaux. J'ai eu tort ! Oh ! comme je voudrais être comme eux. Je n'ai pas de corne, hélas ! Que c'est laid, un front plat. Il m'en faudrait une ou deux, pour rehausser mes traits tombants. Ça viendra peut-être, et je n'aurai plus honte, je pourrai aller tous les retrouver. Mais ça ne pousse pas ! *(Il regarde les paumes de ses mains.)* Mes mains sont moites. Deviendront-elles rugueuses ? *(Il enlève son veston, défait sa chemise, contemple sa poitrine dans la glace.)* J'ai la peau flasque. Ah, ce corps trop blanc, et poilu ! Comme je voudrais avoir une peau dure et cette magnifique couleur d'un vert sombre, une nudité décente, sans poils, comme la leur ! *(Il écoute les barrissements.)* Leurs chants ont du charme, un peu âpre, mais un charme certain ! Si je pouvais faire comme eux. *(Il essaye de les imiter.)* Ahh, ahh, brr ! Non, ça n'est pas ça ! Essayons encore, plus fort ! Ahh, ahh, brr ! non, non, ce n'est pas ça, que c'est faible, comme cela manque de vigueur ! Je n'arrive pas à barrir. Je hurle seulement Ahh, ahh, brr ! Les hurlements ne sont pas des barrissements ! Comme j'ai mauvaise conscience, j'aurais dû les suivre à temps. Trop tard maintenant ! Hélas, je suis un monstre, je suis un monstre. Hélas, jamais je ne deviendrai rhinocéros, jamais, jamais ! Je ne peux plus changer. Je voudrais bien, je voudrais tellement, mais je ne peux pas. Je ne peux plus me voir. J'ai trop honte ! *(Il tourne le dos à la glace.)* Comme je suis laid ! Malheur à celui qui veut conserver son originalité ! *(Il a un brusque sursaut.)* Eh bien tant pis ! Je me défendrai contre tout le monde ! Ma carabine, ma carabine ! *(Il se retourne face au mur du fond où sont fixées les têtes des rhinocéros, tout en criant:)* Contre tout le monde, je me défendrai ! Je suis le dernier homme, je le resterai jusqu'au bout ! Je ne capitule pas !

RIDEAU

Eugène Ionesco, *Rhinocéros*, Acte III, scène finale, © Éditions Gallimard, 1959.

2 ★★ 40 min **Analysez le texte en appliquant le questionnement de la partie « Méthode » et proposez un plan détaillé.**

Relisez les caractéristiques de la modernité poétique dans le chapitre 6.

Nuit rhénane

Mon verre est plein d'un vin trembleur comme une flamme
Écoutez la chanson lente d'un batelier
Qui raconte avoir vu sous la lune sept femmes
Tordre leurs cheveux verts et longs jusqu'à leurs pieds

Debout chantez plus haut en dansant une ronde
Que je n'entende plus le chant du batelier
Et mettez près de moi toutes les filles blondes
Au regard immobile aux nattes repliées

Le Rhin le Rhin est ivre où les vignes se mirent
Tout l'or des nuits tombe en tremblant s'y refléter
La voix chante toujours à en râle-mourir[1]
Ces fées aux cheveux verts qui incantent[2] l'été

Mon verre s'est brisé comme un éclat de rire

Guillaume Apollinaire, « Rhénanes », *Alcools*, 1913.

1. Néologisme d'Apollinaire.
2. Enchantent.

20 LE BAC : ORAL ET ÉCRIT
La dissertation

Cours

▶ Les textes officiels définissent ainsi le sujet de dissertation au baccalauréat écrit : « La dissertation consiste à conduire une réflexion personnelle organisée sur une question littéraire portant sur l'une des œuvres et sur le parcours associé figurant dans le programme national limitatif. Pour développer son argumentation, le candidat s'appuie sur sa connaissance de l'œuvre et des textes étudiés dans le cadre de l'objet d'étude concerné, ainsi que sur ses lectures et sa culture personnelle. »

À noter

Comme pour le commentaire, l'épreuve dure **4 heures** et la copie est notée sur 20.

▶ Vous serez donc interrogé sur une œuvre (et son parcours associé) que vous aurez étudiée en cours, dans le cadre d'un des objets d'étude (roman, poésie, théâtre, ou argumentation).

▶ Il peut donc vous être demandé de soutenir, de réfuter, de discuter un point de vue ou d'explorer un thème, une notion.

▶ La dissertation est composée de trois étapes principales : introduction, développement, conclusion. Le développement est constitué de parties et celles-ci sont divisées en paragraphes.

Méthode

Élaborer une dissertation

a. Analyser le sujet

▶ **Repérer les éléments importants de l'intitulé** : le verbe, qui vous indique le travail à effectuer (« étayez », « réfutez », « discutez », « analysez »...), le domaine à étudier, la formulation de la consigne.

Par exemple, « vous montrerez en quoi... » invite à étayer la thèse, tandis que l'expression « dans quelle mesure... » vous demande de la discuter.

Une **question fermée** invite à **discuter** (plan dialectique). Une **question ouverte** invite à **explorer une notion** ou à **défendre un point de vue.**

▶ **Dégager la problématique**, c'est-à-dire la question à laquelle on vous demande de répondre. Elle détermine la suite de votre travail et est essentielle pour éviter le hors-sujet.

b. Rechercher les arguments ou les exemples

▶ Le sujet de la dissertation s'appuyant sur une **œuvre étudiée** et son **parcours associé**, cette recherche paraît plus facile. Cependant, il ne s'agit pas de reprendre de manière indistincte des connaissances. Votre recherche doit se faire en fonction du sujet, du problème qu'il soulève, **en vérifiant chaque fois la pertinence de vos références et de vos affirmations.**

▶ L'argument soutient votre affirmation, l'exemple vient l'illustrer. Ce dernier ne doit pas être simplement allusif, mais doit témoigner de votre connaissance de l'œuvre.

c. Bâtir le plan

▶ Il faut **se servir de la problématique comme point de départ.** Le développement est l'élaboration, étape par étape, de la réponse à la question initiale. **Chaque partie constitue donc un élément de réponse.**

▶ L'ordre des parties dépend du type de sujet. Pour **discuter une thèse**, le **plan** classique est : **thèse**, **antithèse**, **synthèse.** Le devoir prend donc souvent la forme d'un raisonnement concessif en trois étapes.

S'il s'agit d'**explorer une notion**, on mettra en évidence ses principales caractéristiques, en allant **du plus évident vers le plus complexe.**

d. Construire l'introduction et la conclusion

▶ Ces étapes, essentielles, doivent être particulièrement soignées :

- l'**introduction** amène le **sujet**, pose la **problématique** et annonce le **plan** ;
- la **conclusion** effectue le **bilan de l'étude** en **répondant à la problématique** ; cette réponse peut être nuancée.

e. Rédiger le devoir

▶ Être particulièrement attentif/ve à la **correction de la langue** (syntaxe et orthographe).
▶ Soigner le lien entre les remarques, les transitions entre les parties et entre les paragraphes : la réflexion doit apparaître comme un **enchaînement logique d'analyses** et non comme une juxtaposition de remarques.
▶ Prendre toujours le temps de **relire le travail.**
▶ Ne pas oublier que l'**expression**, l'**orthographe** sont aussi **évaluées.**

Exercices

1 ★★ 20 min **Analysez les sujets en vous appuyant sur la démarche indiquée dans la partie « Méthode ».**

Poésie

a. Victor Hugo écrit dans la préface des *Contemplations* : « Est-ce donc la vie d'un homme ? Oui, et la vie des autres hommes aussi [...] Ah ! insensé qui crois que je ne suis pas toi. »
En quoi cette affirmation se trouve-t-elle vérifiée dans l'œuvre étudiée ?

b. « Car j'ai de chaque chose extrait la quintessence, Tu m'as donné ta boue et j'en ai fait de l'or » écrit Baudelaire dans son recueil poétique *Les Fleurs du Mal*.
Vous expliquerez cette démarche poétique en vous appuyant sur votre connaissance de l'œuvre.

c. Pierre Brunel a intitulé *Apollinaire entre deux mondes* l'étude qu'il consacre à ce poète.
Dans quelle mesure cette expression vous semble-t-elle vérifiée dans le recueil *Alcools* ?

Littérature d'idées

a. Comment la démarche de Montaigne, dans les deux chapitres étudiés des *Essais*, invite-t-elle à un autre regard sur l'Ancien monde et le Nouveau ?

b. La fable peut se définir comme un court récit, en vers ou en prose, destiné à illustrer un précepte ou une morale. Cela vous semble-t-il rendre compte de votre lecture des *Fables* de La Fontaine ?

c. En quoi la technique du regard extérieur est-elle particulièrement efficace pour susciter la réflexion du lecteur dans les *Lettres persanes* de Montesquieu ?

Roman et récit

a. En quoi l'histoire de la princesse de Clèves, dans le roman de Mme de Lafayette, est-elle révélatrice de la société du XVIIe siècle et de ses valeurs morales ?

b. Le personnage de Julien Sorel est-il le héros d'un roman d'apprentissage ? Vous répondrez à cette question en vous appuyant sur votre étude du roman de Stendhal, *Le Rouge et le Noir*.

c. En quoi l'autobiographie fictive que constitue les *Mémoires d'Hadrien* permet-elle la connaissance de soi ?

Théâtre

a. Dans *Dionysos, Apologie pour le théâtre*, Pierre-Aime Touchard définit le théâtre comme le lieu de « la libération vertigineuse des sentiments ».
Dans quelle mesure cette affirmation vous paraît-elle rendre compte de la tragédie de Racine, *Phèdre*, que vous avez étudiée cette année ?

b. La comédie de Beaumarchais, *Le Mariage de Figaro*, est-elle révolutionnaire ?

c. Vous expliquerez ce propos de Beckett en vous appuyant sur la pièce *Oh les beaux jours* : « Rien n'est plus drôle que le malheur [...], c'est la chose la plus comique au monde ».

2 ★★ 40 min **Proposez un plan détaillé pour les sujets liés aux œuvres que vous avez étudiées.**

FRISE

HISTOIRE LITTÉRAIRE

Marie de France
Lais
Fin du XIIe siècle

Guillaume de Lorris
Le Roman de la Rose
1230

Guillaume de Machaut
Prise d'Alexandrie
1370

1000 | 1100 | 1200 | 1300 | 1400

ART GOTHIQUE

ART ROMAN

La Chanson de Roland
XIe siècle

Chrétien de Troyes
Lancelot
XIIe siècle

Rutebeuf
Les *Dits*
1260

Christine de Pisan
La Cité des Dames
1404-1405

Le Moyen Âge

- Le Moyen Âge invente le roman par l'épopée, qui mêle histoire et légendes. Le nom « roman » désigne, à l'origine, de la poésie versifiée écrite en langue romane, le français.
- *Érec* et *Énide* (1165), de Chrétien de Troyes, est le premier roman qui nous soit parvenu traitant du cycle du roi Arthur.
- Le récit *La Conquête de Constantinople* (1207) de Villehardouin est la première chronique historique française.
- Les chansons de geste sont des récits mettant en scène un homme héroïque. Elles vantent les prouesses martiales des guerriers.
- Le roman courtois (*Le Roman de la Rose*), versifié tout comme la chanson de geste, présente un homme amoureux séduisant une noble dame.
- La littérature médiévale est une littérature d'élite. Elle est diffusée oralement, ce qui explique sa forme versifiée, qui la rend plus agréable à entendre et plus facile à apprendre.

Charles d'Orléans
Rondeaux
XVe siècle

Pierre de Ronsard
Les Amours
1552

Joachim Du Bellay
Les Regrets
1558

Début des guerres de Religion
1562

Fin des guerres de Religion
1598

1500

RENAISSANCE

1600

François Villon
Le Testament
1461

Rabelais
Pantagruel
1532

Début de l'anglicanisme
1534

Marguerite de Navarre
Heptaméron
1559

Michel de Montaigne
Essais
1580-1588

Le XVIe siècle

- Des intellectuels (Guillaume Budé, Érasme) traduisent, commentent et diffusent les textes antiques, renouvelant les formes du récit.
- Les différentes formes du discours, théorisées par Aristote, renaissent en littérature : l'épidictique (l'éloge ou le blâme), le judiciaire (convaincre) et le délibératif (discours politique).
- Le roman satirique connaît un âge d'or durant la période humaniste avec *Pantagruel* (1532) et *Gargantua* (1534), de Rabelais.
- Avec les massacres de civils perpétrés durant les guerres de Religion (1562-1598) par les catholiques et les protestants, les poètes réagissent différemment, soit en s'engageant et en développant une poésie du combat (Agrippa d'Aubigné), soit en produisant des écrits théoriques sur la place de l'homme dans la société (La Boétie).
- Les *Essais* de Montaigne développent un discours sur soi et sur l'homme totalement nouveau, absent jusque-là en littérature.

FRISE

HISTOIRE LITTÉRAIRE

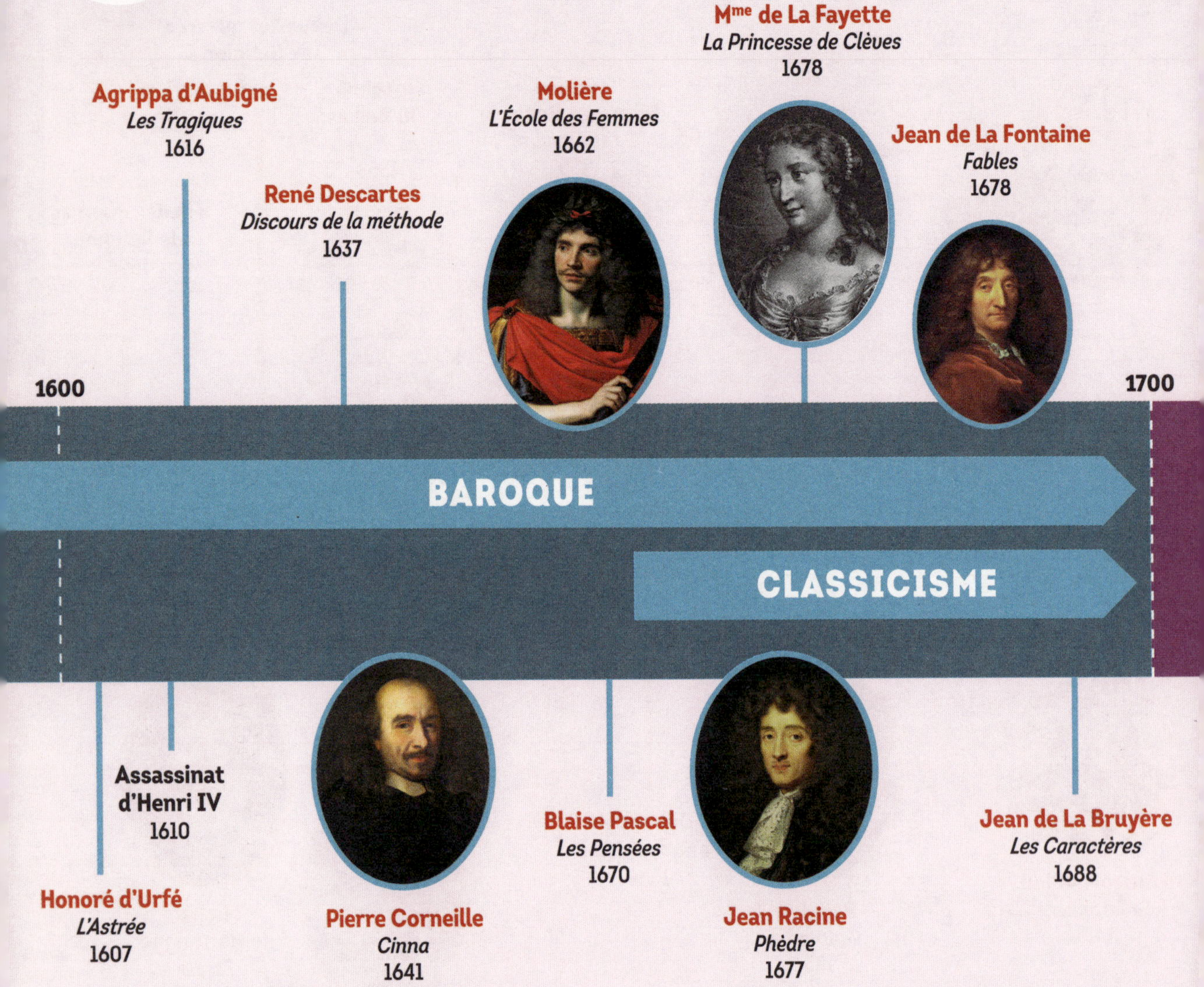

Le XVIIe siècle

- Le roman précieux, long récit sentimental où les personnages développent un comportement particulièrement raffiné, naît au XVIIe siècle avec *L'Astrée* d'Honoré d'Urfé.
- Avec *La Princesse de Clèves*, de Mme de La Fayette, apparaît le roman psychologique, centré sur les motivations intérieures des personnages, leurs hésitations et leurs sentiments complexes.
- Le théâtre baroque s'illustre dans la première moitié du XVIIe siècle, caractérisé par des intrigues enchâssées et un jeu fondé sur l'illusion.
- Durant le règne personnel de Louis XIV (1661-1715), le théâtre classique est à son apogée, représenté par Molière pour la comédie (*Le Misanthrope*), et par Racine pour la tragédie(*Phèdre*). Le théâtre classique, en 5 actes et respectant la bienséance, doit suivre la règle des 3 unités de lieu, de temps et d'intrigue.
- Molière développe en parallèle la Grande Comédie grâce à sa pièce *L'École des femmes*, avec un théâtre traitant de thèmes sérieux, souhaitant édifier le public par le rire.

Marivaux
La Double Inconstance
1723

Abbé Prévost
Histoire du Chevalier des Grieux et de Manon Lescaut
1731

Voltaire
L'Ingénu
1767

Denis Diderot
Jacques le Fataliste
1778

Début de la Révolution française
1789

1800

LES LUMIÈRES

Montesquieu
Lettres persanes
1721

Saint Simon
Les Mémoires
1739

Jean-Jacques Rousseau
Les Confessions
1765-1770

Beaumarchais
Le Mariage de Figaro
1784

Exécution de Louis XVI
1793

Le XVIIIe siècle

▶ Les romans épistolaires se multiplient au XVIIIe siècle, tantôt contestataires (*Lettres persanes,* de Montesquieu), tantôt libertins (*Les Liaisons dangereuses,* de Choderlos de Laclos).▶
Jacques le Fataliste (1778) de Diderot annonce le roman moderne, où l'intrigue est secondaire, pour mettre en valeur des récits annexes moraux et philosophiques.

▶ Le drame bourgeois naît au XVIIIe siècle comme un intermédiaire entre la tragédie et la comédie, avec des pièces telle que *Le Fils naturel* de Diderot.

▶ La comédie devient peu à peu le lieu de la contestation et de l'expression de nouvelles revendications révolutionnaires (*Le Mariage de Figaro* de Beaumarchais), qui peuvent être perçues comme une anticipation de la Révolution française.

▶ Les philosophes des Lumières, opposés à l'intolérance, s'engagent activement dans les différents débats de société en développant une littérature polémique à l'occasion de grandes affaires retentissantes, tel Voltaire et son *Traité de la tolérance* (1763) pour l'affaire Calas (1761).

FRISE

HISTOIRE LITTÉRAIRE

Mme de Staël
Corinne
1807

George Sand
Indiana
1832

Honoré de Balzac
Le Père Goriot
1835

Eugène Labiche
Un chapeau de paille d'Italie
1851

Victor Hugo
Les Contemplations
1856

1800

ROMANTISME

Alphonse de Lamartine
Les Méditations poétiques
1820

Stendhal
Le Rouge et le Noir
1830

Alfred de Musset
Les Caprices de Marianne
1833

Aloysius Bertrand
Gaspard de la nuit
1842

Chateaubriand
Mémoires d'Outre-tombe
1849

Gérard de Nerval
Les Chimères
1854

Le XIXe siècle

- Le XIXe siècle est l'ère du roman, qui domine dans tous les mouvements littéraires de ce siècle, excepté dans le Parnasse, mouvement poétique de l'art pour l'art.
- Le mouvement du romantisme se caractérise par une expression des sentiments dans les arts, en réaction à la doctrine de la raison professée par les philosophes des Lumières.
- Les romans historiques, récits ayant pour toile de fond des événements réels, se multiplient. Cela peut être le lieu de l'écriture de soi, tel que Chateaubriand dans ses *Mémoires d'Outre-tombe*.
- Le réalisme, mouvement exclusivement fondé sur le roman, se diffuse avec les œuvres de Balzac. Le roman réaliste représente la réalité sans filtres, en mettant en scène la société contemporaine et ses vices.
- Les naturalistes, tels que Zola, analysent leur société en menant une expérience scientifique et sociale au sein de leurs romans.

Gustave Flaubert
Madame Bovary
1857

Charles Baudelaire
Les Fleurs du Mal
1857

Paul Verlaine
Poèmes saturniens
1866

Jules Verne
Vingt mille lieues sous les mers
1869

Émile Zola
Germinal
1885

Guy de Maupassant
Bel-Ami
1885

Arthur Rimbaud
Illuminations
1886-1895

Alfred Jarry
Ubu Roi
1896

Georges Feydeau
Le dindon
1896

1900

NATURALISME / RÉALISME

SYMBOLISME / PARNASSE

- La poésie romantique se développe loin des contraintes formelles classiques, tout en enrichissant ses vers du vocabulaire courant. Les thèmes poétiques se renouvellent également, en mettant en scène des parias et des âmes seules.
- Aloysius Bertrand dans son *Gaspard de la nuit* (1842) crée le vers libre, en poursuivant le refus des contraintes formelles de la poésie.
- Les artistes veulent lier les arts entre eux, notamment la poésie, la peinture et la musique.
- Le symbolisme renouvelle la poésie par son approche et sa sensibilité à l'égard des objets à représenter. Le poète est désormais oracle qui révèle aux hommes les sens cachés.
- Le drame romantique, abandonnant les règles des unités de temps et de lieu, entre dans son âge d'or. Ses représentations font l'objet d'une lutte réelle entre les partisans du théâtre classique, et ceux du théâtre romantique (bataille d'Hernani, 1830).

FRISE HISTOIRE LITTÉRAIRE

1900

Marcel Proust
Du côté de chez Swann
1913

Guillaume Apollinaire
Alcools
1913

André Breton
Manifeste du surréalisme
1924

Paul Éluard
Capitale de la douleur
1926

Louis-Ferdinand Céline
Voyage au bout de la nuit
1932

Jean Giraudoux
La Guerre de Troie n'aura pas lieu
1935

Aimé Césaire
Cahier d'un retour au pays natal
1939

Francis Ponge
Le Parti pris des choses 1942

Albert Camus
L'Étranger
1942

Jean-Paul Sartre
Les Mouches
1943

Léopold Sédar Senghor
Chants d'ombre
1945

Primo Levi
Si c'est un homme
1947

SURRÉALISME

Le XXe siècle

- Le roman autobiographique se développe et évolue vers l'autofiction.
- Les auteurs du XXe siècle sont à la recherche d'un nouveau langage capable d'exprimer des sentiments nouveaux et des idées nouvelles.
- Le roman s'oriente vers l'absurde : les actions des personnages ne sont motivées par aucun fil logique (*L'Étranger* de Camus).
- Le mouvement du nouveau roman remet en cause la construction du roman en le menant vers une abstraction complète de l'intrigue et une absence de personnages.
- Les derniers nouveaux romanciers (*Enfance*, Sarraute) et certains romanciers contemporains (Modiano) s'intéressent à la biographie dans un roman sans personnages.
- En poésie, Apollinaire et Cendrars vont plus loin encore dans la contestation de la valeur formelle de la poésie, en supprimant la ponctuation de leurs recueils.

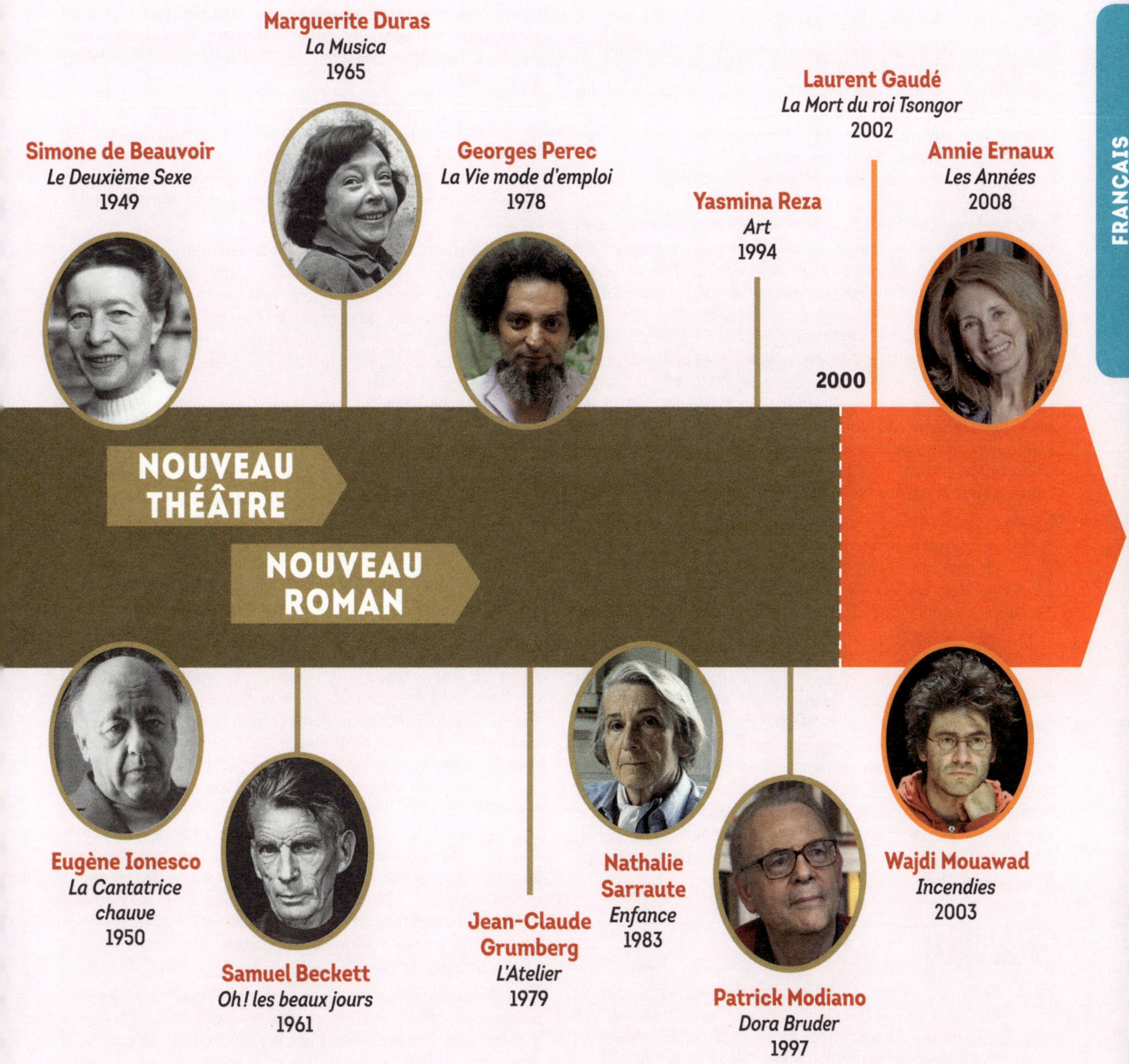

- Après le choc de la Première Guerre mondiale, les poètes retirent le sens de leurs poèmes.
- Le surréalisme renouvelle en profondeur les thèmes de la poésie, en cultivant l'insolite et en multipliant les comparaisons surprenantes.
- La poésie engagée se développe durant la Seconde Guerre mondiale, où les auteurs prolongent leur combat armé dans les mots (Aragon).
- La poésie sert de champ d'expression et de lutte contre le colonialisme français (Césaire).
- Au théâtre, les auteurs réécrivent les mythes antiques en leur insufflant une résonance avec les enjeux de société contemporains.
- Le théâtre devient le lieu de l'engagement politique ou philosophique des auteurs (*Les Mouches*, de Sartre).
- Le théâtre de l'absurde naît du choc des deux guerres mondiales. Les pièces mettent en scène l'absurdité de la vie humaine, avec des actions sans continuité ni intrigue.

1 page 11

1 **Texte 1.** Un fait (« les caractères uniformes en Perse »), suivi de sa cause (« parce que ») dont l'explication est introduite par les deux points. Au sein de cette explication il y a deux oppositions (l'une entre « tels qu'ils sont » et « tels qu'on les oblige à être » et l'autre entre le comportement uniforme inspiré par la crainte et la variété des comportements naturels). **Texte 2.** Une éventualité (la poursuite du travail du fabuliste par d'autres), suivie de sa cause, à valeur explicative (matière inépuisable), puis raisonnement concessif sur les choix faits (« certes [implicite] mais... »), avec un système de progression par addition (« outre que »), et un raisonnement depuis une condition. **Texte 3.** Un fait qui crée la polémique (l'irresponsabilité des rois qui font des dépenses excessives). Par opposition à ces monarques, présentation d'exemples positifs de simplicité et d'économie chez certains. Opposition entre le combat de Démosthène contre les dépenses inutiles et le point de vue de Théophraste (qui fait de la dépense fastueuse la simple conséquence de la richesse). Ajout d'un argument contre les dépenses excessives des rois (l'opinion du peuple qui voit cette dépense excessive comme le vol de ses propres richesses), suivi d'une relation explicative (cause), introduite par « car », avec laquelle Montaigne prend ses distances.

2 Montaigne se livre à une critique nuancée de la dépense excessive des rois pour leur gloire personnelle. Il commence par établir qu'il y a une irresponsabilité coupable des monarques et un manquement à leurs devoirs, mais note que les contre-exemples sont nombreux. Il donne ensuite les termes du débat, en s'appuyant sur deux points de vue contraires d'Anciens : celui de Démosthène qui combat les dépenses inutiles et frivoles au profit des investissements militaires et celui de Théophraste pour qui les fastes royaux sont simple conséquence de la richesse. Enfin, Montaigne relaie l'opinion du peuple qui interprète les dépenses royales comme un véritable vol à son encontre, mais en prenant ses distances, comme le révèle le verbe « présumer » : le peuple voudrait que le monarque soit à son service comme le sont les valets, qu'il offre l'abondance sans rien en retirer. Or, sous-entend Montaigne, il y a là erreur de raisonnement de l'opinion puisqu'un monarque n'est pas un valet.

2 page 13

1 **a.** **Texte 1** : concessive introduite par « quoique » ; causale introduite par « comme » ; concessive introduite par « quoique » ; consécutive introduite par « si... que ». **Texte 2** : concessive introduite par « bien que » ; deux conditionnelles ; finale introduite par « de sorte que » ; concessive introduite par « quoique » ; concessive « quelque peu que ». **b.** Afin que le roi s'en approchât également. Il s'agit d'une subordonnée de but.

3 page 15

1 Vers 1 et 2 : présent de vérité générale ; vers 3 : présent d'énonciation.

2 Le conditionnel exprime ici un irréel du présent, il a une valeur modale – voir programme de seconde – (« il faudrait ton courage ! » suggère que le poète ne l'a pas en réalité).

3 « entendra » : futur, postériorité par rapport au moment de l'énonciation, aspect non accompli et global ; « promenait », « traînait » : imparfait, antériorité, aspect accompli et sécant ; « était » : imparfait, antériorité, verbe d'état ; « n'aurais pas osé » : conditionnel passé, permet d'envisager une éventualité passée non réalisée. Les verbes « sonner » et « aimer » sont quant à eux au présent de l'infinitif (aucune valeur aspectuelle).

4 « descendit » : passé simple, aspect non accompli, global et semelfactif ; « eut donné » : passé antérieur, aspect accompli, et semelfactif ; « saisit » : passé simple, aspect non accompli, global et semelfactif ; « montrant » : participe présent ; « se tordaient » et « traînaient » : imparfait, aspect non accompli et sécant.

5 « Considérez » : impératif présent, valeur injonctive ; « j'avais travaillé, combattu, pensé, marché, lutté » : plus-que-parfait, aspect accompli ; « Expliquant » : participe présent ; « ignore » : présent gnomique ; « Éclairant » : participe présent ; « j'avais fait » : plus-que-parfait, aspect accompli ; « affrontant » : participe présent ; « pouvais » (2 fois) : imparfait, aspect non accompli, sécant ; « attendre » et « prévoir » : présent de l'infinitif ; « ploie » : présent, valeur de présent d'énonciation, aspect non accompli et global ; « appesantiriez » et « reprendriez » : conditionnel présent, valeur de futur dans le passé (concordance avec l'imparfait « pouvait » et « voyiez ») ; « voyiez » : imparfait, aspect non accompli, sécant ; « ai » : présent, valeur de présent d'énonciation, aspect non accompli et global.

4 page 17

1 Le poète se demande « qui donc nous sommes », « qui nous a » et « qui nous mène ». Il demande au « vautour fatalité » si celui-ci « tient la race humaine » et aux « cieux vermeils » si « l'âme sans fond tient aux étoiles sans nombre » et si « chaque rayon d'en haut est un fil de l'ombre liant l'homme aux soleils ». Il se demande si « en nos esprits, que l'ombre a pour repaires, nous allons voir rentrer les songes de nos pères ». Il demande aux « vivants » si « nous ne serions pas l'objet d'une dispute », si « l'un veut notre gloire », et « l'autre notre chute », et « combien » ils « sont là-haut ». *Remarque* : il convient ici de harder le pronom « nous » qui renvoie à la condition humaine, à laquelle appartient aussi, comme le poète, l'énonciateur de ces interrogatives indirectes. Ce serait différent (transformation en « ils ») si le « nous » désignait un groupe plus restreint, dont l'énonciateur serait exclu.

2 **a.** Nous pouvons nous demander sur quoi porte l'interrogation du poète dans l'extrait proposé. **b.** Il convient d'analyser à qui s'adresse successivement le « je » dans ce passage. **c.** Nous essaierons de voir comment on peut comprendre la formule « Mémoires d'une âme » . **d.** Nous verrons si l'on peut considérer « Réponse à un acte d'accusation » comme un poème révolutionnaire. **e.** Nous nous demanderons si les *Les Contemplations* sont un recueil entièrement élégiaque.

3 Questions directes : Comment le désarroi de Figaro s'exprime-t-il dans ce passage ? En quoi ce monologue a-t-il une valeur critique ? Dans quelle mesure peut-on y lire une révolte du valet contre la condition qui lui est faite ?
Questions indirectes : Nous nous demanderons tout d'abord comment le désarroi de Figaro s'exprime dans ce passage. Puis nous nous interrogerons sur le fait de savoir en quoi ce monologue a une valeur critique. Enfin, nous tenterons de comprendre dans quelle mesure on peut y lire une révolte du valet contre la condition qui lui est faite.

5 page 19

1 méconnaître – irresponsabilité – anormal – irréaliste – désinformer – maladroit – imparfait.

2 Attention au piège : dans une phrase affirmative au XVIIe siècle, « aucunement » (vers 5) n'a pas de valeur négative mais signifie « jusqu'à un certain point ».
« S'il n'y mettait seulement/ Que les gens du bas étage » : négation restrictive (si seuls les gens de basse condition étaient considérés comme des menteurs par le sage).
« Et même qui mentirait [...]/ Un vrai menteur ne serait » : négation totale avec ellipse de « pas » (celui qui mentirait à la manière d'Ésope ou d'Homère, c'est-à-dire en inventant des histoires fabuleuses, ne serait pas un vrai menteur).
« Comme eux ne ment pas qui veut » : négation totale (il ne suffit pas de le vouloir pour parvenir à mentir comme Ésope ou Homère, c'est-à-dire en inventant des fables).

3 La formule négative de la première phrase accompagnée d'une comparaison « n'ont jamais paru avec tant d'éclat que » signifie que les dernières années du règne de Henri II sont exceptionnelles, qu'elles n'ont jamais été égalées en éclat et en magnificence, ce qui est une façon de suggérer que le règne de Louis IV, durant lequel écrit madame de Lafayette est inférieur.

4 « Je ne sais » : négation totale, ellipse de « pas » ; « n'est aucunement barbare » : négation totale (n'est barbare d'aucune manière) ; « non par la voix commune » : négation portant sur le complément de manière (non pas en suivant l'opinion publique) ; « Je ne sais » : négation totale (je ne sais pas) ; si je me puis répondre qu'il ne s'en fasse : négation totale (si je puis être certain qu'à l'avenir il ne s'en fasse pas quelque autre) ; « plus de curiosité que nous n'avons de capacité » : négation explétive ; « nous n'étreignons que du vent » : négation restrictive (formule qui signifie que l'on ne réussit à se saisir de rien) ; « qui ne possédaient pas seulement cette île mais s'étaient étendus dans la terre » : négation restrictive (qui ne possédaient pas que cette île mais aussi...)

6 page 23

1 **a.** Le sonnet est irrégulier par la disposition et les variations des rimes dans les quatrains : ABBA/ B'AAB' (avec rime en [ieu] et non en [eu] au v.5) au lieu du schéma régulier : ABBA ABBA. **b.** Le mètre employé : alexandrins ; mots où le « e » doit être prononcé (voir ci-dessous).

c. Coupes et césures :

J'ai longtemps/ habité //sous de vas/tes portiques
Que les soleils/ marins// teignaient/ de mille feux,
Et que leurs grands piliers//, droits/ et majestueux,
Rendaient pareils/, le soir//, aux grot/tes basaltiques.

Les hou/les, en roulant// les ima/ges des cieux,
Mêlaient/ d'une façon //solennelle/ et mystique
Les tout-puissants/ accords// de leur ri/che musique
Aux couleurs/ du couchant //reflété/ par mes yeux.

C'est là que j'ai vécu// dans les voluptés/ calmes,
Au milieu de l'azur//, des va/gues, des splendeurs
Et des escla/ves nus,// tout imprégnés/ d'odeurs,

Qui me rafraîchissaient// le front /avec des palmes,
Et dont l'uni/que soin// était/ d'approfondir
Le secret/ douloureux// qui me faisait/ languir.

2 Hugo définit son livre comme « le livre d'un mort », comme s'il l'écrivait d'outre-tombe, comme une sorte de bilan de toute sa vie, et de tout ce qu'il a pensé et ressenti dans sa vie. C'est pourquoi il peut dire qu'il est « les mémoires d'une âme », comme s'il y avait recueilli tout ce qui a été enfoui au fond de lui au fil de toute une vie (ses questions, ses joies, ses peines). La suite de la préface donne un synonyme du mot « âme », pour Hugo il s'agit de la conscience. C'est aussi le livre de la « destinée » humaine, non pas seulement la sienne mais celle de tous les hommes, tendue entre deux énigmes : celle du berceau et celle du cercueil.

3 **a.** L'alchimie est une science occulte qui rêve à une possible transmutation des métaux, notamment la transformation des métaux vils, de peu de valeur, en or. C'est cette valeur d'alchimie que donne Baudelaire à sa poésie. **b.** Le « tu » peut désigner à la fois le lecteur et le monde. **c.** Dans « Une charogne », l'écriture poétique opère la transformation d'un cadavre immonde en objet esthétique.

7 page 27

1 Ce poème s'inscrit dans une modernité poétique, tant par son écriture (vers libre, inscription de chiffres) que par les références au train et aux gares.

2 **a.** Expérience visuelle de sa forme, et de couleur ; expérience pratique de sa fermeture et de son ouverture ; entrée dans l'intériorité de l'huître qui vient relancer les sensations et les sens (vue, odorat, goût) ; surprise de la « petite forme » qui « perle » (qui renvoie à la perle que peut contenir une huître). **b.** Un rapport d'analogie pourrait être établi entre l'huître et le poème : petite forme (« grosseur d'un galet moyen », « formule »), close (« monde clos »), parfois hermétique (la difficulté à ouvrir l'huître pourrait convoquer le rapport du lecteur au poème) qui comprend en elle « tout un monde ». Enfin, le « gosier » fonctionne comme référence au « boire » et au « manger » mais aussi au dire.

3 **b.** Il s'agit d'un poème en vers libres, hétérométriques (qui n'ont pas la même mesure), où les rimes ne sont pas systématiquement présentes ; les six derniers vers sont tous de deux syllabes et par leur disposition semblent représenter typographiquement le mouvement des feuilles comme l'écoulement de la vie. On notera aussi que comme dans tout le recueil la ponctuation a été blanchie. **c.** Le poète établit une relation de proximité avec l'automne « que j'aime tes rumeurs ». L'automne constitue sa saison mentale, teintée de mélancolie face au temps qui passe et face au sentiment de la perte de toutes choses. Ce thème traditionnel est renouvelé par l'écriture poétique qui dans sa disposition typographique même dit le mouvement de l'automne vers la disparition, l'effacement de ce qui a été (l'été, bien nommé).

4 Il s'agit d'un poème en vers libres, qui adopte une disposition originale du vers sur l'espace de la page rompant avec l'alignement à gauche, et avec tout alignement, les majuscules systématiques en début de vers. Le blanc typographique devient pleinement un élément du poème.

8 page 31

1 L'extrait témoigne d'un émerveillement pour ce Nouveau monde, considéré à égalité de « l'Ancien monde » (« non moins grand, plein et membru »). Il s'agit d'un monde neuf, encore « enfant ». Il n'y a pas chez Montaigne une volonté

FRANÇAIS

d'infériorisation, il reconnaît au contraire la valeur d'un monde qui sait être proche de la nature, et dont les habitants n'ont rien à envier aux Européens au plan de l'usage de la raison (« clarté », « pertinence »). Il pronostique ainsi la vigueur de ce monde jeune alors que l'Europe vieillit et agonisera bientôt (pessimisme lié aussi aux temps terribles des guerres de religion). Mais, Montaigne exprime aussi une crainte : que la civilisation européenne vienne contaminer ce Nouveau monde, le corrompre et le ruiner.

2 **a.** Montaigne craint que le « commerce » c'est-à-dire le contact avec la civilisation européenne, ici française, ne soit néfaste aux Indiens (« corruptions », « ruine »). Il pense ainsi que le « désir de nouveauté » qui a fait venir les Indiens en France est un piège et une illusion trompeuse. **b.** Charles IX ne témoigne d'aucune curiosité pour les Indiens ; il ne les rencontre pas au sens vrai du mot ; il exhibe seulement à leurs yeux le faste de la civilisation française et ne s'intéresse qu'à ce qu'ils peuvent y admirer. Un seul monde existe pour lui : le sien. **c.** Les Indiens s'étonnent que des adultes obéissent à un enfant (le roi Charles IX a alors 12 ans) et qu'il y ait autant d'inégalités de richesse entre les hommes d'un même peuple sans que la pauvreté ne pousse à la révolte. Le lecteur contemporain de Montaigne est lui-même étonné de ce renversement de point de vue qui le conduit à regarder son propre monde depuis les yeux et le jugement des Indiens.

9 page 35

1 Par les allusions mythologiques le texte se présente comme une parodie de la guerre de Troie : guerre entre Grecs et Troyens pour Hélène (deux coqs, une poule). Le titre suggère immédiatement l'idée de la rivalité et du combat : il n'y a qu'un coq dans une basse-cour. Il annonce donc le sujet de la fable : la guerre. Le registre dominant est l'épique, ou du moins une parodie du style épique, et donc par la parodie, la fable est également comique. Le récit sans dialogue est suivi de quatre vers qui explicitent la moralité. L'histoire tient en peu de mots : la guerre entre deux coqs est allumée par l'apparition d'une poule que chacun d'eux veut séduire. L'un l'emporte, l'autre se désole, et prépare sa vengeance. Il n'en a pas le temps. Le vainqueur par orgueil, pour proclamer sa victoire, monte sur un toit et est emporté par un vautour et le vaincu prend sa place. Le récit, resserré autour de quatre personnages (les deux coqs rivaux, la poule, symbole de la belle Hélène, et le vautour, symbole du destin), enchaîne rapidement les étapes avec une alternance d'imparfaits et de passés simples qui mettent en valeur les rebondissements de l'action. La variation métrique (alexandrin et octosyllabe) tout comme la variété des schémas métriques (rimes plates, croisées, embrassées alternent) contribue au dynamisme de la fable avec des effets de ralentissement et d'accélération. La moralité rappelle la toute-puissance du destin (ou du hasard) qui se joue des hommes au moment même où tout semble leur réussir. Rappelant la vanité de toute chose, et notamment de la gloire guerrière, La Fontaine invite les hommes (et peut-être le roi lui-même, Louis XIV multipliant les guerres) à se méfier « du gain de la bataille » qui peut se retourner contre le vainqueur lorsqu'il se croit tout-puissant. Il y a là une leçon de prudence et de modestie. La fable invite ainsi à réfléchir aux illusions de la puissance dont se bercent les hommes.

2 C'est la moralité du *Petit Chaperon rouge*. Elle invite les jeunes filles à se méfier des « loups » c'est-à-dire des hommes, et notamment de ceux qui feignent la douceur pour mieux les approcher et les séduire.

3 Ces deux vers révèlent le pouvoir des fables. Il faut plaire et distraire pour être écouté des hommes et pour les instruire.

10 page 38

1 **a.** Cette lettre a pour sujet le roi Louis XIV et le pape. **b.** Différents indices montrent que Rica découvre un univers qu'il ne connait pas, que son regard est donc distancié. Ainsi, la façon dont le roi gouverne son peuple et se procure de l'argent relève pour lui de la magie (déflation, monnaie papier, thaumaturgie – miracle de la guérison par simple apposition des mains). Rica met donc au jour le fait que le pouvoir de Louis XIV ne s'appuie que sur la capacité à produire des illusions. La religion catholique relève pour lui, elle aussi, de la magie : dogme de la trinité catholique (« trois ne font qu'un », un même Dieu en trois personnes : le Père, le Fils, le Saint Esprit), mystère de l'eucharistie (le pain est le corps du Christ et le vin le sang du Christ).

2 **a.** La religion. **b.** **Texte 1** : dénonciation des persécutions pour des motifs religieux, ici les jansénistes. **Texte 2** : athéisme, et indépendance entre foi et morale. **Texte 3** : dénonciation de l'intolérance religieuse (persécution des protestants), conception de l'homme comme une « machine », défendue par Gordon (alors que pour la religion catholique l'homme est d'abord une « âme »). Ces trois textes manifestent un rapport critique à la religion et une liberté de pensée et de croyance (ou de non-croyance). **c.** **Texte 1** : conte philosophique, passage de dialogue entre deux personnages, qui permet de diffuser les idées des Lumières par le biais de la fiction. **Texte 2** : dialogue philosophique, qui permet de diffuser les idées par le biais de la parole en débat. **Texte 3** : article de l'*Encyclopédie*, qui est une œuvre de vulgarisation des connaissances (ici historiques et sociales) et de leur examen.

11 page 42

1 **a.** Les deux personnages sont décrits de manière méliorative (hyperboles, procédés d'insistance notamment), le caractère exceptionnel de leur beauté est souligné à plusieurs reprises. **b.** Le passage alterne les jeux de regard entre la princesse et le duc de Nemours. Chacun est surpris par l'autre (cf. lexique), dans cette idéalisation des personnages. Mais la Cour constitue aussi un autre regard, jouant le rôle du spectateur conquis par le couple qui se forme sous ses yeux. **c.** Ce topos de la première rencontre, dans un bal de surcroît, annonce un coup de foudre.

2 Cet extrait du roman de Stendhal permet une découverte des personnages à travers le point de vue interne de Madame de Rênal. Ce point de vue révèle au lecteur autant le personnage vu que celui qui voit. Julien apparaît comme un « jeune paysan », un « enfant », « pâle », « qui venait de pleurer ». Sont ainsi mises en valeur des caractéristiques à la fois sociales, physiques (avec des détails que l'on peut relever) et morales (modestie, fragilité, jeunesse). Le second paragraphe accentue encore cette image par le rapprochement qui est établi entre Julien et « une jeune fille déguisée », « une pauvre créature ». Ce jugement de Madame de Rênal renvoie aux sentiments qu'elle éprouve face au jeune homme : surprise, pitié, attendrissement. Ils dessinent ainsi les contours du personnage féminin : maternité, sensibilité, humanité, et un certain naturel.

3 Julien Sorel ne cherche pas à échapper à la sentence, il le déclare clairement. Il reconnaît sa condamnation comme juste :

« Mon crime est atroce, et il fut prémédité. » Mais il accuse les jurés de partialité : ces derniers ne cherchent pas de circonstance atténuante (la jeunesse de Julien), car ils ne punissent pas un criminel qui a tiré sur sa maîtresse, mais celui qui a cherché à progresser dans la société. On remarque le passage du « moi » à « cette classe de jeunes gens... ». Le message se fait donc politique : les jurés sont des « bourgeois indignés » dont l'objectif est d'empêcher toute personne du peuple ou du monde paysan de s'élever.

12 page 46

1 a. Première phrase de l'extrait : récit ; deuxième phrase : discours ; récit (plus précisément portrait) pour le reste du texte, avec de brefs passages au discours (« Sans être ce qu'on appelle un beau garçon » ; « et de ma vie il ne m'est arrivé de songer à ma figure que lorsqu'il n'était plus temps d'en tirer parti »). Le portrait est d'abord physique (« petite taille », « un joli pied », « la jambe fine », etc.) mais la description des yeux permet le passage au portrait psychologique (« qui lançaient avec force le feu dont mon sang était embrasé »). **b.** Le portrait, d'abord physique, focalise sur différentes parties du corps (« une nuque très droite » « un front développé, plutôt bossué ») et évolue ensuite en une interprétation psychologique de chaque partie écrite (astrologie par exemple : « selon le dire des astrologues »). Les éléments apparemment objectifs (« mes deux majeurs incurvés vers le bout ») donnent lieu à des remarques subjectives (« doivent dénoter... caractère ») comme si l'extérieur révélait l'intérieur. **c.** L'autoportrait de Rousseau enfant est plutôt flatteur (lexique mélioratif), à la différence de celui de Leiris qui semble une auto-dépréciation (« laideur humiliante ») et dans lequel la formulation est essentiellement négative. La démarche et la motivation des auteurs sont différentes : l'évocation d'un passé nostalgique pour Rousseau lui permet de développer des thèmes récurrents dans son autobiographie : difficulté à évoluer en société, candeur de l'enfant. En revanche, l'autoportrait de Leiris concerne l'homme, et la démarche semble être, après le constat négatif, la recherche d'une thérapie par l'écriture. **d.** Le tableau présente un visage déformé de l'écrivain, effectivement peu flatteur, qui reprend sous une forme hyperbolique les éléments présents dans le texte (front, veines...). Ce brouillage de la physionomie, cette peinture d'un visage tourmenté renvoient aussi à l'intériorité déjà présente dans le portrait fait par l'écrivain, comme si le peintre Francis Bacon voulait peindre l'intériorité de Leiris en faisant son portrait.

2 Chateaubriand utilise le futur et dresse l'image du monde à venir : « Des orages nouveaux se formeront... ». Il se pose en peintre d'une époque (cf. le rôle des mémoires), en témoin d'un monde appelé à disparaître en même temps que lui. Il reporte donc la tâche sur de nouveaux écrivains pour décrire un nouveau monde (« à vous messieurs »).

3 L'auteure fait l'éloge de l'empereur Hadrien à travers une autobiographie fictive, sous la forme d'une longue lettre à son petit-fils adoptif, Marc-Aurèle. Le personnage relate une visite chez son médecin. Apparaît alors à nos yeux un homme malade, proche de la mort (« mon corps [...] monstre sournois qui finira par dévorer son maître »). La modestie, la simplicité et le souci de l'autre (« je t'épargne des détails... ») caractérisent l'empereur. Comme ce dernier l'explique, il n'est plus que « un homme qui avance en âge », il n'est plus empereur puisqu'il s'est « dépouillé » de ses attributs. Il le souligne lui-même : « Il est difficile de rester empereur en présence d'un médecin ». Ainsi, malgré son statut supérieur, il souffre, il avance inéluctablement vers la mort, comme tout homme.

13 page 51

1 Cette tirade de Phèdre place son amour pour Hippolyte sous le double signe de la culpabilité et de la malédiction. Champs lexicaux de l'amour et de la haine de soi, de la honte, se mêlent. On relèvera aussi le lexique du destin, de la fatalité. Tous les efforts de Phèdre (exil, pour vaincre cette passion sont restés sans effet : « Vaines précautions ! Cruelle destinée ! »). En effet, Phèdre se présente comme une victime irresponsable car victime de la malédiction divine : les références à Vénus, aux dieux qui se vengent à travers elle de sa famille le prouvent. Enfin la force destructrice de cette passion renvoient à la « furor », caractéristique de l'héroïne tragique.

2 a. Figaro, caché dans l'obscurité, se croyant trahi par sa fiancée, attend de surprendre Suzanne et le Comte. Il laisse donc libre cours à ses sentiments dans ce monologue, qui révèle une colère mêlée de désespoir. La ponctuation expressive met en évidence la force et la confusion des sentiments qui l'assaillent. Le ressentiment personnel envers le Comte qui veut lui prendre sa fiancée s'associe à une dénonciation des privilèges des aristocrates, ces derniers se croyant en tout supérieurs. Figaro interpelle donc un destinataire absent, le Comte, comme si ce dernier était en face de lui. Dans le contexte historique de la pièce, un valet ne pourrait ainsi parler à son maître : la forme du monologue est donc indispensable. Les premières lignes prennent donc une dimension politique, contestation de la monarchie et d'une société fondée sur le privilège de la naissance. Puis, le monologue devient plus mélancolique (mais sans oublier l'ironie) dans ce récit de vie qui est l'exemple de l'inégalité et l'injustice sociales (non reconnaissance du mérite), d'une société autoritaire (cf. la censure). **b.** Nous avons ici un exemple de la révolte du valet contre son maître, pour des raisons personnelles mais qui s'élargit en un pamphlet contre une classe sociale imbue de son pouvoir. Figaro, initialement dévoué à son maître car ayant confiance en lui, se sent trahi, à la fois en tant qu'individu et qu'être social. Son discours devient donc politique : nous sommes à la veille de la Révolution française.

14 page 54

1 Première image - Le costume que porte Sarah Bernhardt est fait de longs voiles clairs superposés, pour traduire une forme d'évanescence du personnage. La pose, la gestuelle, sont à l'image de la déclamation, emphatiques. Deuxième image – Le costume est ici plus sombre et plus sobre, la posture indique aussi un jeu plus énergique. Ces éléments révèlent l'évolution du jeu de l'acteur théâtral, plus porté vers une forme de naturel.

2 Pistes de travail : regrouper les indications selon leur catégorie (gestuelle, déplacements, intonations...) et selon les personnages. Repérer et travailler sur les apartés. Comprendre que, dans cette scène, les deux personnages dissimulent ce qu'ils savent et cherchent à comprendre ou deviner ce que sait l'autre. C'est donc un jeu de « cache-cache » verbal où le personnage interprète ce que l'autre vient de dire et change de jeu en conséquence.

3 Dans cette pièce de Beckett, le personnage de Winnie, incarné par Madeleine Renaud, reste durant toute la représentation partiellement enterrée dans un amas qui grandit d'un acte à l'autre. Le jeu de l'acteur concernera donc davantage le mouvement des bras (dans le premier acte) et les objets dont elle peut s'emparer autour d'elle (un parapluie, un sac à main), les mimiques et la parole.

15 page 57

a. Texte 1. Les premiers échanges, brefs, révèlent la réaction de surprise des différents personnages, essentiellement la déception. La réplique de Bartholo « Ni moi non plus » fait évoluer la scène vers un discours féministe, celui de Marceline. La didascalie « *s'échauffant par degrés* » montre la colère qui saisit Marceline. L'attitude de Bartholo est révélatrice d'un comportement sexiste plus général, d'une domination des hommes, ces derniers considérant les femmes comme des objets. On notera, pour justifier ces analyses, la généralisation du discours : le « je » devient « nous » ou « les femmes », et l'accusation initialement destinée à Bartholo s'adresse, au-delà des personnages présents, à tous les hommes : « vous ». Le passage des temps du passé au présent de vérité générale participe de ce mouvement. Le discours se fait oratoire et convaincant (« traitées en mineures pour nos biens, traitées en majeures pour nos fautes »). Il s'agit là encore de dénoncer des inégalités, celles entre les hommes et les femmes, au-delà des classes sociales. Cette diatribe remporte l'adhésion de tous, comme le montrent les dernières répliques.
Texte 2. Une première observation du poème nous permet de repérer cinq strophes, les trois premières marquées par l'anaphore de « Quand », (annonçant les subordonnées temporelles) et la dernière isolée par un tiret. Les trois premiers quatrains évoquent les circonstances génératrices du *spleen* (« le ciel », « la terre », « la pluie »), le quatrième marque la crise violente qui frappe le « je » conduisant, dans le cinquième, à un anéantissement proche de la mort. Le poème est donc construit selon un processus d'aggravation qui souligne un emprisonnement progressif. L'étude du lexique (pesanteur, animaux, obscurité, mort...) permet de repérer les caractéristiques de ce *spleen*, accentuées par les sonorités (gutturales et dentales). L'aggravation cauchemardesque montre que le *spleen* touche à la fois le corps, l'esprit et l'âme : c'est aussi la victoire de l'angoisse, dont la dernière strophe nous donne une image morbide.

16 page 59

1 a. Ce tableau est une nature morte qui a pour titre *Vanité*. Ce terme renvoie ici à la fugacité de l'existence, à la fragilité de la vie, à l'aspect illusoire des divertissements face à la réalité de la mort. Au centre du tableau, le crâne, symbole de la mort, est entouré d'éléments symboliques : plaisirs de la vie et divertissements – le savoir et l'écriture (livre, lunettes, papier et encrier) ; la richesse (les pièces). Cependant, ceux-ci sont dominés par d'autres symboles montrant la fragilité de l'existence : le papillon auprès de fleurs qui se fanent, qui renvoie à la vie éphémère ; le sablier, qui marque la fuite du temps, le livre (contraste des couleurs et lumière), lui-même ouvert à la page « Le tombeau des plaisirs » ; et surtout le crâne (lumière) évoquant le squelette, la décomposition du corps, le tombeau et le cimetière (caractère concret de la mort terrestre).
c. Il s'agit pour le peintre, à travers ce tableau, de rappeler à l'homme sa condition mortelle et la vanité (le caractère vain) des divertissements.

2 Ce tableau ne met en scène aucun soldat ou aucun bombardier. L'accent est donc mis sur la douleur et la souffrance des personnages, dans un univers noir et blanc. L'absence de perspective classique tord les corps, disproportionnés, et amplifie la souffrance. Les personnages humains, des femmes et des enfants, sont les victimes du massacre (enfant mort dans les bras de sa mère, femme s'échappant d'une maison en flammes...). On peut distinguer d'autres personnages comme, la statue du soldat brisée au premier plan, épée dérisoire, arme d'une autre époque ; le cheval et le taureau, que certains ont interprété comme le symbole du fascisme (le cheval) s'emparant de l'Espagne (le taureau).

17 page 61

1 Les *Lettres persanes* : roman épistolaire et exotisme. *Meurtre au comité central* : roman policier et thème politique. Science-fiction et qualité du héros. *Poèmes saturniens* : recueil poétique et tonalité mélancolique. *Ruy Blas* : Nom du héros espagnol. *L'illusion comique* : comédie et genre baroque. *Mémoires d'Hadrien* : autobiographie fictive, roman historique et nom du narrateur. *Histoire de la folie à l'âge classique* : essai sur la folie. *Journal d'un curé de campagne* : autobiographie fictive, profession du narrateur.

2 a. Le roman épistolaire se compose d'une succession de lettres qui servent de véhicule à la narration. *Les Lettres persanes, La Nouvelle Héloïse*. **b.** *Sonnets pour Hélène* **c.** *Carmen, Les Liaisons dangereuses*. **d.** *Phèdre, Bérénice*. **e.** *Essais, Le Prince*. **f.** Picasso (voir chapitre 16).

3 *Les Fleurs du mal* (Baudelaire), *Les Regrets* (Du Bellay), *Lucien Leuwen* (Stendhal), *Rhinocéros* (Ionesco), *Voyage au bout de la nuit* (Céline), *Les Lettres persanes* (Montesquieu), *Aurélien* (Aragon), *Le Neveu de Rameau* (Diderot).

5 a. Une fois vos recherches effectuées, retenez les principales caractéristiques de chacun, sachez les situer de manière chronologique, et mémorisez quelques œuvres importantes pour chaque courant ou mouvement littéraire.
b. Œdipe : héros mythologique (victime de la malédiction divine, tue son père, épouse sa mère). Lancelot : chevalier de la Table ronde. Emma Bovary : héroïne de Flaubert, confond vie réelle et vie rêvée. Ulysse : héros de l'*Odyssée* d'Homère. Le Cid : héros cornélien, amant de Chimène. Carmen : héroïne de Mérimée, figure de la femme fatale. Nana : héroïne de Zola, prostituée. Sganarelle : valet dans les comédies de Molière (*Dom Juan*). Monsieur Jourdain : personnage de bourgeois ridicule dans *Le Bourgeois gentilhomme* de Molière. Candide : héros naïf du conte de Voltaire.
c. XIIe : Chrétien de Troyes (ex. *Lancelot ou le Chevalier de la charrette, Yvain ou le Chevalier au lion*). XVIe : Pierre de Ronsard (ex. *Les Amours*), François Rabelais (ex. *Pantagruel, Gargantua)*. XVIIe : Jean Racine (ex. *Andromaque, Britannicus, Phèdre*), Jean de La Fontaine (ex. *Fables*). XVIIIe : Montesquieu (ex. *Lettres persanes*), Voltaire (ex. *Candide ou l'Optimisme, L'Ingénu*), Diderot (ex. *Jacques le Fataliste et son maître)*. XIXe : Victor Hugo (ex. *Les Misérables*), Émile Zola (ex. *Nana, Germinal*), Gustave Flaubert (ex. *Madame Bovary, L'Éducation sentimentale*), Honoré de Balzac (ex. *La Peau de chagrin*), Paul Verlaine (ex. *Poèmes saturniens*). XXe : Paul Éluard (ex. *Capitale de la douleur)*, Louis Aragon (ex. *Aurélien*).

19 page 65

1 Lorsque Bérenger prononce ce monologue, nous sommes à la fin de la pièce. Le personnage est le dernier homme : il n'a pas été touché par la rhinocérite. Première étape : une grande partie de sa parole déplore son absence de métamorphose (cf. exclamations et registre de la plainte). Le paradoxe vient de l'inversion des valeurs : le laid devient beau, l'animal devient la référence, et Bérenger exprime aussi la volonté de ressembler au plus grand nombre. Deuxième étape : il convient aussi de s'interroger sur ce que symbolise le rhinocéros : la corne évoque l'attaque, le danger, la violence ; les caractéristiques physiques qui définissent le rhinocéros évoquent aussi la dureté, la bestialité que semble regretter Bérenger qui ne parvient pas à devenir rhinocéros. Troisième étape : mais le dernier mouvement du texte marque une rupture ; la plainte disparaît pour laisser place à la révolte, à l'affirmation de l'humanité. Bérenger, dernier homme, symbolise ainsi l'ultime résistance face à la violence, au Mal.

2 En 1901, Apollinaire, précepteur en Allemagne, est fasciné par les légendes rhénanes. Ce poème fait partie d'un ensemble qui, dans *Alcools*, unit les poèmes de cette inspiration. Première étape : le poète met en place un cadre (la nuit, peut-être dans un cabaret, le « je » boit un verre et entend un chant). Les paroles de ce chant renvoient aux récits légendaires des Ondines, femmes enchanteresses et dangereuses (caractéristiques négatives). Deuxième étape : le poète cherche à échapper à cette parole envoûtante en convoquant des images positives (la ronde comme cercle de protection, les caractéristiques opposées des « filles ») et rassurantes. Dans la troisième étape, les repères se troublent, comme le montrent les répétitions soulignant l'ivresse (peut-être réelle mais surtout poétique) qui saisit le poète, le monde qui l'entoure, dans un jeu de reflet (vers 9-10) des images et aussi des sonorités, des éléments naturels (eau, terre, ciel). La voix envoûtante est là. Le dernier vers (homophonie avec « verre ») marque l'éclatement, dans une image étrange et suggestive.

20 page 67

1 **Poésie a.** L'expression « En quoi cette affirmation se trouve-t-elle vérifiées dans l'ouvre étudiée ? » demande d'étayer, de soutenir, de justifier le point de vue exprimé dans la citation. Cette dernière affirme que faire le récit de la vie d'un homme est en fait l'histoire de tous les hommes. Le « je » du poète est ainsi semblable au « toi » du lecteur. Ainsi, il faut montrer que le lyrisme (appliqué au recueil), s'il est expression des sentiments personnels, est aussi l'expression de sentiments universels.
b. Cette opération d'alchimie constitue le projet poétique de Baudelaire. Les verbes de la consigne demandent donc de justifier, par une étude précise du recueil, comment le poète extrait les « fleurs » du « mal », fait du laid un objet poétique et donc le transforme en beau.
c. L'expression « Dans quelle mesure... » vous invite à nuancer ou discuter ce point de vue, en deux ou trois parties. Il s'agit de montrer la tension entre mythe et réel, tradition et modernité dans ce recueil d'Apollinaire.
Littérature d'idées a. « Comment » oriente la réponse vers l'étude des procédés (écriture, registre, point de vue, démarche argumentative...).
b. La thèse exprimée doit être défendue, justifiée, mais aussi dépassée : les *Fables* de La Fontaine sont des récits particulièrement inventifs, et elles invitent aussi à une réflexion, elles ne sont pas seulement une leçon.
c. Il s'agit dans ce sujet de démontrer l'efficacité du regard extérieur : « en quoi... ». Transformation de l'interrogation en affirmation pour dégager la thèse à défendre.
Roman et récit a. Il s'agit de justifier l'idée que le récit de la princesse de Clèves est porteur des valeurs du siècle classique (importance de la vertu et de la raison contre les sentiments notamment).
b. La question fermée invite à discuter, à peser le pour et le contre de la thèse exprimée (rappel : pour trouver la thèse, transformer la question en affirmation). Il faut aussi s'interroger sur les notions de « héros » et de « roman d'apprentissage ».
c. Il s'agit de justifier le fait qu'une autobiographie (même fictive) parce qu'elle révèle et analyse les sentiments du « je » personnage, permet aussi au lecteur de mieux se connaître.
Théâtre a. « Dans quelle mesure... » demande à discuter, nuancer la thèse exprimée ; à rapprocher de la notion d'*hubris* et de *furor*, caractéristiques de la tragédie antique et classique.
b. Question fermée, donc raisonnement dialectique (il s'agit de discuter) : montrer les ancrages traditionnels de la pièce, pour ensuite montrer son aspect novateur, voire révolutionnaire, dans la dramaturgie et dans le discours.
c. « Expliquez » invite à justifier. La difficulté vient du paradoxe exprimé par Beckett. Il s'agit donc de montrer comment tragique et comique peuvent s'unir, et comment paradoxalement le comique peut révéler le tragique.

1 L'Europe face aux révolutions

Cours

1 La Révolution française et l'Empire : une nouvelle conception de la nation

a. L'affirmation de la nation (1789-1792)

▶ En 1789, les Français mettent fin à la monarchie absolue et à la société d'Ancien Régime en considérant que les sujets sont des citoyens. Dès lors, l'ensemble des citoyens (la **nation**) est la seule source de l'autorité politique. On parle de **souveraineté nationale**. Elle se fonde sur des principes proclamés dans la *Déclaration des Droits de l'Homme et du Citoyen* (respect des libertés fondamentales, **égalité devant la loi**...). La monarchie absolue est remplacée par une **monarchie constitutionnelle** qui fait de **Louis XVI** un roi qui tient son pouvoir de la nation.

▶ Les femmes s'engagent également dans cette volonté de bâtir une **France nouvelle**. Elles participent de manière active aux événements révolutionnaires. Par ailleurs, elles revendiquent les mêmes **droits politiques que les hommes**. C'est par exemple le cas d'Olympe de Gouges, de Charlotte Corday ou encore de **Manon Roland**.

Citation

« La volonté générale s'est prononcée contre [la noblesse], la constitution est faite. La nation s'ensevelirait sous ses ruines, s'il était quelque puissance capable de renverser cette constitution qu'elle veut maintenir. Vous-même, Sire, en acceptant cette constitution, vous avez lié votre sort au sien [...]. »

Madame Roland, *Mémoires*, tome 2, 1793

b. Une nation en armes (1792-1799)

▶ La première rupture avec la monarchie intervient dès 1791 lorsqu'en juin, Louis XVI et la famille royale tentent de fuir à l'étranger. Cela est vécu comme une trahison. La journée du **10 août 1792** est l'aboutissement politique de cette perte de confiance de la nation envers le roi, puisqu'il est déchu de tous ses pouvoirs par les députés et emprisonné. Très rapidement, le 21 septembre 1792, la **république** est proclamée, c'est-à-dire un régime politique dans lequel le pouvoir n'est pas dans les mains d'un monarque.

▶ De manière concomitante, les révolutionnaires déclarent la **guerre à l'Autriche**. Une contre-offensive est alors organisée par la quasi-totalité des monarchies européennes. Les défaites se succèdent et contribuent également à la fin de la monarchie en France. Cela précipite le procès du roi. Louis XVI est reconnu coupable de conspiration contre la France et la Révolution. Il est **guillotiné** le 21 janvier **1793**. Avec le soutien du peuple (les « **sans-culottes** »), se met alors en place la **Terreur** pour sauver la république des menaces contre-révolutionnaires à la fois extérieures et intérieures.

Citation

« Louis n'est point un accusé. Vous n'êtes point des juges. Vous n'êtes, vous ne pouvez être que des hommes d'État, et les représentants de la nation. [...] Je prononce à regret cette fatale vérité... mais Louis doit mourir, parce qu'il faut que la patrie vive. »

Robespierre à la tribune de la Convention [Assemblée nationale] le 3 décembre 1792

c. La nation française à la conquête de l'Europe (1799-1815)

▶ Arrivé au pouvoir en France en 1799 par un coup d'État, Napoléon Bonaparte prolonge les guerres révolutionnaires en réalisant la conquête de territoires. En **1804**, sacré empereur des Français sous le nom de Napoléon Ier, il fonde ainsi un **empire** en Europe dont l'un des objectifs est la **diffusion d'idées nouvelles** comme l'égalité devant la loi par le ***Code civil***. Ce code napoléonien est notamment introduit en Hollande, dans les royaumes italiens et allemands ou sur le territoire polonais.

▶ Dans un premier temps, la **Grande Armée napoléonienne** est accueillie en libératrice. Mais, très vite, ces troupes deviennent une armée d'occupation. Des peuples européens, comme les Espagnols en 1808, se soulèvent contre cette domination française en contradiction avec l'idée de nation portée par la Révolution.

▶ Alors que la France affirmait le **droit des peuples** à disposer d'eux-mêmes, elle est devenue une **puissance oppressive**. Cela précipite la chute du Premier empire et l'exil de Napoléon Ier.

Citation

« Les Romains donnaient leurs lois à leurs alliés ; pourquoi la France ne ferait-elle pas adopter les siennes en Hollande [...]. Cela resserre les liens des nations d'avoir les mêmes lois civiles [...] »

Lettre de Napoléon Ier à son frère Louis, roi de Hollande, le 13 novembre 1807

2 L'Europe entre restauration et révolution (1814-1848)

a. La restauration de l'Europe des princes (1814-1815)

▶ La carte de l'Europe est redessinée par les puissances victorieuses de Napoléon Ier lors du congrès de Vienne. L'Autriche, avec son chancelier Metternich, anime les négociations avec l'Angleterre, la Prusse et la Russie. L'objectif principal est de clore la Révolution française en rétablissant un ordre monarchique européen toujours au détriment du droit des peuples. De plus, sans tenir compte des souhaits des populations, les frontières des États européens sont redessinées.

▶ Dans ce nouveau cadre diplomatique, la France est ramenée à ses frontières de 1789, perdant le bénéfice des conquêtes de la période révolutionnaire. D'un point de vue politique, une monarchie est remise en place. Mais il s'agit d'une monarchie constitutionnelle car elle octroie une charte qui encadre le pouvoir royal. Toutefois de nombreuses libertés sont limitées par Louis XVIII, puis surtout par Charles X, d'autant qu'ils gardent le titre de « roi de France ».

Citation

« Il n'existe en Europe qu'une seule affaire, c'est la Révolution. [...] L'intérieur de tous les pays européens est travaillé par une fièvre ardente. [...] C'est la guerre à mort entre les anciens et les nouveaux principes, entre l'ancien et le nouvel ordre social. »

Metternich, Mémoires publiées en 1884

b. Les aspirations des peuples dans les années 1820

▶ Mais les idées révolutionnaires ont fait leur chemin. À l'échelle européenne, cela se traduit par un double mouvement de la part de peuples. Il y a, d'une part, un mouvement libéral qui réclame davantage de libertés politiques et civiles et qui s'oppose aux régimes monarchiques autoritaires. Il y a d'autre part, un mouvement national, qui correspond à la lutte d'un peuple pour se libérer d'une domination étrangère.

▶ Cela débouche sur l'affirmation des nationalismes. On peut ici évoquer la guerre d'indépendance grecque face à la domination ottomane, dont l'un des symboles est le massacre de Chios en 1822. Les habitants de cette île se révoltent contre les Turcs musulmans, mais ces derniers brisent le mouvement. La Grèce obtient toutefois son indépendance en 1829. Plus généralement, les peuples européens affirment leur droit à disposer d'eux-mêmes.

Citation

« La nation grecque prend le ciel et la terre à témoin que, malgré la domination affreuse des Turcs, elle existe encore. Elle s'est trouvée dans la nécessité absolue de prendre les armes pour conserver son existence. »

Aléxandros Maurokordátos,
président du Congrès [Assemblée nationale grecque],
le 15 janvier 1822

c. L'Europe en révolution(s) : 1830 et 1848

▶ En 1830, une première série de révolutions touche l'Europe. Mais seuls les Belges, qui se révoltent contre la Hollande, gagnent leur indépendance. Les autres contestations sont écrasées par l'Autriche, la Prusse et la Russie. Quant à la France, la révolution dite des « Trois Glorieuses » (27, 28 et 29 juillet) permet l'instauration de la monarchie de Juillet avec une nouvelle charte plus libérale que la précédente. Ainsi, Louis-Philippe est titré « roi des Français » et adopte le drapeau tricolore.

Citation

« Le régime légal est [...] interrompu, celui de la force est commencé. Dans la situation où nous sommes placés, l'obéissance cesse d'être un devoir. [...] Aujourd'hui donc, des ministres criminels ont violé la légalité. Nous sommes dispensés d'obéir. »

Adolphe Thiers, Protestation des 44 journalistes,
le 26 juillet 1830

▶ En 1848, une seconde série de révolutions appelée le « printemps des peuples » déstabilise l'ordre européen établi. En France, la monarchie de Juillet est remplacée par la Deuxième république. En Europe, des peuples se soulèvent afin d'obtenir l'unité et l'indépendance nationales. Ces patriotes sont par exemple très actifs en Italie, dans les régions occupées par l'Autriche. Mais c'est un échec, puisque l'équilibre général du Congrès de Vienne reste inchangé.

HISTOIRE

Méthode

Savoir lire, comprendre et apprécier un document iconographique

Pour la compréhension d'un événement ou d'une époque historique, les images n'ont pas qu'un rôle esthétique. Elles peuvent donner du sens. Ce sont des documents historiques qui doivent être étudiés avec la même rigueur méthodologique qu'un texte.

DELACROIX Eugène, *La Liberté guidant le peuple*, 1830, peinture à l'huile, 260 x 325 cm, Musée du Louvre, Paris.

a. Identifier et présenter un document iconographique

▶ **Nature et sujet.** Il s'agit d'une peinture à l'huile de grande dimension représentant une scène d'insurrection et de barricades.

▶ **Auteur, date de réalisation et, si possible, destinataires.** Eugène Delacroix (1798-1863) est un peintre français. Il est considéré comme chef de file du courant romantique (exaltation des sentiments face à la raison en s'inspirant de l'actualité politique et sociale). Réalisé en 1830, il a été présenté au public dès 1831 lors d'une exposition artistique à Paris (le Salon).

▶ **Contexte de réalisation.** Cette représentation est un hommage aux combattants qui ont mis fin au règne de Charles X quelques mois plus tôt lors de la révolution des « Trois glorieuses » (27, 28 et 29 juillet 1830).

b. Décrire et analyser l'image

▶ **Composition générale (les différents plans, ce qui est mis en valeur, comment...).** On peut parler d'une composition en pyramide, centrée sur une figure féminine, en partie dénudée. Elle est entourée et suivie par de nombreux combattants armés. Au premier plan, des corps gisent au sol et témoignent de la violence de cette révolution. A l'arrière-plan, dans la fumée, les tours de la cathédrale Notre-Dame-de-Paris nous permettent de localiser la scène dans la capitale.

▶ **Signification des principaux éléments représentés.** La femme porte un bonnet phrygien et un drapeau tricolore : on peut y voir sans aucun doute un rappel des événements révolutionnaires de 1789. Cette « Marianne » est donc le symbole allégorique du peuple français et de son aspiration à la liberté. A sa droite, un ouvrier (en chemise blanche) et un bourgeois (en redingote noire) incarnent l'union de la nation dans ce combat. A sa gauche, un jeune garçon (portant un béret) témoigne de la participation de toutes les catégories du peuple à ce mouvement révolutionnaire.

c. Expliquer le sens général de l'image, l'objectif et les intentions de l'auteur

▶ **S'aider du titre, de la légende mais aussi et surtout de ses connaissances sur la situation historique évoquée.** Cette peinture historique est une représentation de la révolte des Parisiens à la suite des mesures liberticides (censure de la presse, restriction du droit de vote, dissolution de la Chambre des députés) prises par le roi Charles X. De manière idéalisée, Eugène Delacroix apporte ici son soutien aux idées libérales de cette insurrection populaire.

Exercices

SORRIEU Frédéric, *La République universelle, démocratique et sociale - Le Pacte*, 1848, lithographie gouachée, 31 x 45 cm, Musée Carnavalet, Paris.

1 ★ 10 min Étape 1. Identifier et présenter un document iconographique.

a. Quel est le sujet représenté ici ? Quel est son support artistique ?

b. Par qui et quand a-t-il été réalisé ?

c. D'après vos connaissances, que se passe-t-il en France et en Europe au moment de sa réalisation ?

2 ★★ 15 min Étape 2. Décrire et analysez l'image.

a. Quel pays est en tête de ce défilé ? Quels éléments témoignent de son histoire révolutionnaire ?

b. Au premier plan, quels sont les peuples qui participent à ce défilé ? En quoi évoquent-ils les mouvements libéraux et nationaux ?

c. Comment la diversité sociale des révolutionnaires européens est-elle représentée ? Quel mot indique l'idéal qui doit les unir quel que soit leur pays d'origine ?

d. Qui domine toute la scène en arrière-plan ? Que fait-il ?

3 ★★★ 15 min Étape 3. Expliquer le sens général de l'image, l'objectif et les intentions de l'auteur.

a. Que faut-il comprendre par « République universelle » ?

b. Que faut-il comprendre par « République démocratique » ?

c. Que faut-il comprendre par « République sociale » ?

d. Quel message veut faire passer ainsi l'artiste ?

SYNTHÈSE

L'EUROPE FACE AUX RÉVOLUTIONS

1 La Révolution française et l'Empire : une nouvelle conception de la nation (1789-1815)

Mise en place d'une monarchie constitutionnelle (1789-1792)

- Nation souveraine qui s'affirme
- Bases politiques d'une France nouvelle (*Déclaration des Droits de l'Homme et du Citoyen*)

Première république (1792-1799)

- Nation fragile et divisée
- Menaces contre-révolutionnaires extérieures et intérieures

Napoléon Bonaparte au pouvoir (1799-1815)

- Nation encadrée par un régime autoritaire
- Contradictions dans la volonté d'exporter la Révolution en Europe

2 L'Europe entre restauration et révolution (1815-1848)

Congrès de Vienne (1814-1815)

- Restauration de l'ordre monarchique
- Diffusion des idées révolutionnaires : affirmation des libertés et des nations

Révolutions de 1830 : des insurrections à la portée limitée

- Monarchie de Juillet en France
- Indépendance de la Belgique

Révolutions de 1848 : « le printemps des peuples »

- Deuxième république en France
- Émergence de nations (Allemagne, Italie)

je me teste !

1 Qui possède la souveraineté nationale ?

- ▢ **a.** L'ensemble des citoyens comme seule source de l'autorité politique.
- ▢ **b.** Le roi en tant que représentant de la nation.
- ▢ **c.** Le président de la République en tant que représentant élu de la nation.

2 Qu'est-ce qu'une monarchie constitutionnelle ?

- ▢ **a.** Une monarchie où le roi a tous les pouvoirs.
- ▢ **b.** Une monarchie où les pouvoirs du roi sont limités.
- ▢ **c.** Une monarchie absolue de droit divin.

3 Qu'affirme la *Déclaration des Droits de l'Homme et du Citoyen* de 1789 ?

- ▢ **a.** Que les hommes sont libres.
- ▢ **b.** Que les hommes sont égaux en droits.
- ▢ **c.** Que les hommes sont libres et égaux en droits.

4 Comment peut-on définir une république ?

- ▢ **a.** Un mode de gouvernement dans lequel le pouvoir est exercé par le peuple.
- ▢ **b.** Un régime politique dans lequel le pouvoir n'est pas dans les mains d'un monarque.
- ▢ **c.** Un régime politique dans lequel des élections sont organisées.

5 Comment se nomme le texte juridique mis en place par Napoléon Bonaparte en 1804 qui rend les citoyens égaux devant la loi ?

- ▢ **a.** La *Charte constitutionnelle.*
- ▢ **b.** Le *Code civil.*
- ▢ **c.** La *Déclaration des Droits de l'Homme et du Citoyen.*

6 Quel est l'objectif principal du Congrès de Vienne de 1814-1815 ?

- ▢ **a.** La mise en place d'une coalition européenne pour maintenir Napoléon Ier au pouvoir.
- ▢ **b.** La poursuite de la Révolution française à l'échelle européenne.
- ▢ **c.** Le rétablissement d'un ordre monarchique ancien en Europe.

7 Qu'est-ce qu'un mouvement libéral au XIXe siècle ?

- ▢ **a.** Un mouvement qui souhaite l'établissement d'une république.
- ▢ **b.** Un mouvement qui réclame l'indépendance pour son peuple.
- ▢ **c.** Un mouvement qui cherche à limiter le pouvoir des princes.

8 Qu'est-ce qu'un mouvement national au XIXe siècle ?

- ▢ **a.** Un mouvement dans lequel chaque nation est à égalité de droits avec les autres.
- ▢ **b.** Un mouvement en faveur de la mise en place d'un État-nation pour chaque peuple.
- ▢ **c.** Un mouvement dans lequel une nation se libère d'un régime autoritaire.

9 Quel surnom a-t-on donné à la révolution de 1830 en France ?

- ▢ **a.** Les « Trois glorieuses ».
- ▢ **b.** Les « Trente glorieuses ».
- ▢ **c.** La « Glorieuse révolution ».

10 Qu'est-ce que le « printemps des peuples » ?

- ▢ **a.** L'ensemble des révolutions qui touchent l'Europe à la suite de la Révolution française.
- ▢ **b.** L'ensemble des révolutions qui touchent l'Europe en 1830.
- ▢ **c.** L'ensemble des révolutions qui touchent l'Europe en 1848.

11 Par quoi est remplacée en France la monarchie de Juillet en 1848 ?

- ▢ **a.** La Deuxième république.
- ▢ **b.** Le Second empire.
- ▢ **c.** La Troisième république.

HISTOIRE

Réponses !

1 : a - **2** : b - **3** : c - **4** : b - **5** : b - **6** : c - **7** : c - **8** : b - **9** : a - **10** : c - **11** : a

2 La France dans l'Europe des nationalités

Cours

1 Deuxième République et Second Empire : la difficile entrée dans l'âge démocratique

a. Les grandes avancées démocratiques de la IIe République

▶ Proclamée en février 1848 par Alphonse de Lamartine, la IIe République institue le suffrage universel pour tous les citoyens de sexe masculin de plus de 21 ans (les femmes restent exclues du droit de vote), rétablit la liberté de la presse, supprime la peine de mort pour raison politique, affirme le droit du travail et abolit définitivement l'esclavage dans les colonies, sous l'influence de Victor Schœlcher. La journée de travail est réduite et des ateliers nationaux sont créés pour occuper les ouvriers sans emploi.

b. L'échec du projet républicain conduit à la proclamation du Second Empire

▶ Ces mesures déplaisent aux possédants. Lors des élections législatives, les républicains modérés et conservateurs, majoritaires, forment le parti de l'Ordre. La dissolution des ateliers nationaux entraîne la révolte des ouvriers parisiens au mois de juin 1848. La répression se solde par des milliers de morts et de déportations.

▶ Le 10 décembre 1848, Louis-Napoléon Bonaparte, candidat du parti de l'Ordre, est élu président de la République. Le suffrage universel est réduit par une loi de mai 1850 qui pose des conditions excluant 30% des citoyens du corps électoral, essentiellement des ouvriers. Louis-Napoléon Bonaparte, élu pour quatre ans, ne peut pas se représenter immédiatement car la Constitution l'interdit. Le « prince-président », bénéficiant du soutien de l'armée, provoque, le 2 décembre 1851, un coup d'État.

c. Un pouvoir autoritaire et personnel

▶ Le Second Empire est proclamé le 2 décembre 1852. Le président, dont le mandat est de dix ans, est responsable uniquement devant le pays qu'il peut consulter par plébiscite. Détenteur du pouvoir exécutif, il contrôle le pouvoir législatif. Napoléon III, qui bénéficie du soutien de l'armée, de l'Église et de la bourgeoisie, exerce un pouvoir personnel. Le suffrage masculin est maintenu mais seuls les candidats partisans du régime peuvent apposer des affiches et distribuer des bulletins de vote à leurs noms.

▶ La liberté de la presse est suspendue. Les détracteurs du régime sont emprisonnés ou condamnés à l'exil, comme c'est le cas pour Edgard Quinet ou Victor Hugo, qui dénonce le Second Empire dans *Les Châtiments*. Face aux progrès des républicains, Napoléon III accorde le droit de grève aux ouvriers (1864), libéralise la presse et autorise les réunions publiques. Mais, le Second Empire est emporté par sa défaite face à la Prusse (1870).

Biographie

George Sand, pseudonyme d'Amantine Aurore Lucile Dupin (1804-1876) :
Dès 1837, elle écrit des articles à tendance socialiste et défend le droit à l'insurrection lors de la Révolution de 1848. Elle adopte un costume masculin mais se présente comme non-féministe. Elle prend la défense des prisonniers politiques exilés par Napoléon III.

2 Industrialisation et accélération des transformations économiques et sociales

a. Modernisation et expansion économique

▶ La France s'industrialise rapidement dans la seconde moitié du XIXe siècle. L'usage des machines à vapeur s'intensifie, la production de matériel ferroviaire et la construction de ponts provoquent un développement rapide de l'industrie métallurgique. La mécanisation touche fortement l'industrie de transformation, notamment le textile.

▶ La mobilisation d'importants capitaux est indispensable pour permettre la création de grandes entreprises. À côté des banques traditionnelles apparaissent des banques d'affaires comme celle créée par les frères Pereire : ils lancent des sociétés et peuvent verser à leurs actionnaires des dividendes considérables. De grandes banques de dépôt, comme le Crédit Lyonnais, tissent un réseau bancaire national et régional et fournissent des capitaux aux entreprises.

▶ Le préfet Haussmann modernise Paris. Il assainit et aère la capitale grâce au percement de larges avenues et de grandes places rayonnantes facilitant la circulation. Des logements vétustes sont remplacés par des immeubles à étages dont l'esthétique uniforme donne naissance au « style haussmannien ». Ces chantiers, en offrant de nombreux emplois, accélèrent l'exode rural. L'agriculture demeure néanmoins le secteur économique employant le plus de main-d'œuvre. Grâce au développement des moyens de transport, les paysans peuvent facilement commercialiser leurs marchandises.

>>

Mots-clés

- **Coup d'État :** prise du pouvoir par la force.
- **Plébiscite :** consultation directe du peuple appelé à répondre par oui ou par non à une mesure prise par un chef d'État.
- **Prolétaire :** personne qui n'a comme ressource que la rémunération qu'il tire de sa force de travail.
- ***Risorgimento* :** « renaissance » ou « résurrection » de la grandeur italienne.

b. La question du sort des ouvriers

▶ Un nouveau type d'ouvrier, le **prolétaire**, employé dans les usines des grandes villes, se trouve dans une totale dépendance du patronat. Ses conditions de travail sont particulièrement pénibles (journées de travail longues et épuisantes, salaires bas, absence de protection face aux accidents, chômage non indemnisé) et son milieu de vie très **insalubre**. Les ouvriers tentent d'améliorer leur sort en recourant souvent à la **grève**, autorisée sous conditions en 1864.

3 La France et la construction de nouveaux États nationaux en Europe

▶ Les patriotes italiens souhaitent unifier leur pays. Ils confient la réalisation du ***Risorgimento*** au roi de **Piémont-Sardaigne**, Victor-Emmanuel II, et à son ministre, Cavour, à la tête d'un État libéral en voie d'industrialisation. Pour mener à bien ce projet, il faut libérer le nord de l'Italie de la tutelle de l'Autriche.

a. Le rôle de l'alliance française dans l'unité italienne

▶ En juillet 1858, lors de l'entrevue de Plombières, Cavour s'assure le soutien de Napoléon III, qui aidera militairement le Piémont en échange de la **cession de Nice et de la Savoie** et à condition que le pouvoir temporel du pape sur Rome et ses environs soit préservé. Cavour déclenche la **guerre d'indépendance** en avril 1859. Les **Franco-Piémontais** remportent les victoires de **Magenta et de Solferino**. Le Piémont reçoit la Lombardie.

▶ Des révoltes en Italie centrale aboutissent au rattachement de plusieurs duchés au Piémont. Garibaldi (patriote italien soutenu par Cavour) lance l'expédition des Mille : les « **Chemises rouges** » débarquent en Sicile et la conquièrent. Napoléon autorise les troupes piémontaises à passer à travers les États du Pape pour empêcher Garibaldi de marcher sur Rome.

▶ Le roi Victor-Emmanuel II, reçu triomphalement à Naples par Garibaldi, est proclamé roi d'Italie en avril 1861. L'Autriche cède la Vénétie en 1866 à la France qui la rétrocède à l'Italie. Mais, en 1867, Napoléon III stoppe Garibaldi qui veut conquérir les États pontificaux. Victor-Emmanuel II doit attendre la **défaite de Napoléon à Sedan en 1870** pour pouvoir enfin faire de Rome la capitale de l'Italie.

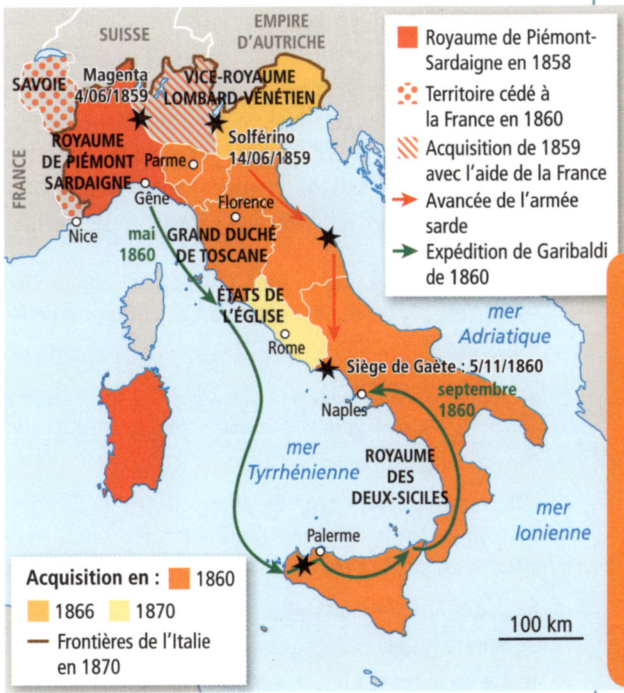

L'unification de la nation italienne (1859-1870)

b. La naissance de l'Allemagne construite sur la défaite militaire de la France

▶ En 1815, le territoire allemand est très fragmenté. **Otto von Bismarck**, chancelier de Prusse, étend peu à peu la domination de son pays grâce à des annexions. Après avoir battu les Autrichiens lors de la bataille de Sadowa (1866), il reconstitue une vaste **Confédération d'Allemagne du Nord**. Mais, pour unir la totalité des Allemands, il parvient à les engager, contre un **ennemi commun** : Napoléon III.

▶ Napoléon III déclare la guerre à la Prusse en **juillet 1870**. Les États du Sud de l'Allemagne se solidarisent avec les Prussiens. Après avoir essuyé plusieurs défaites, l'empereur des Français **capitule** à Sedan (2 septembre 1870). C'est **la fin du Second Empire**. Par le traité de Francfort, la France vaincue doit céder **l'Alsace et le nord de la Lorraine** aux Allemands. Le 18 janvier 1871, l'Empire allemand (***Reich***) est proclamé dans la galerie des Glaces de Versailles et le roi de Prusse devient *kaiser*.

Méthode

Répondre à une question problématisée

« Quelles sont les grandes transformations économiques et sociales de la France durant le Second Empire ? »

a. Analyser le sujet

▶ Repérer les **mots-clés** : « *grandes transformations économiques* ET *sociales* », « *quelles* », « *la France* », « *Second Empire* ».

▶ Cerner, à partir de ces mots et dates-clés, les **contours du sujet** (contexte géographique et historique, bornes chronologiques, thématiques à aborder) :

– *Grandes transformations économiques* ET *sociales* : insister sur les phénomènes majeurs qui concernent le domaine économique (en évoquant les évolutions vers un enrichissement ou un appauvrissement) et aussi le domaine social (en renvoyant aux classes sociales). Si des interactions existent, les mettre en relief.

– *Quelles* : bien définir les phénomènes marquant un changement, en utilisant un lexique le plus précis possible (industrialisation – mécanisation – bourgeoisie – ouvriers – paysans – exode rural).

– *La France* : se limiter à cet exemple national, si des comparaisons sont possibles avec d'autres pays, elles seront réservées à la conclusion.

– *Second Empire* : se concentrer sur la période 1852 - 1870, même si un rappel des évolutions de la première moitié du XIXe siècle est ponctuellement envisageable. Éventuellement, présenter rapidement cette période.

b. Cerner les limites chronologiques et spatiales du sujet

▶ *Durant la période allant de 1852 à 1870 et qui correspond au Second Empire marqué par le règne autoritaire de Napoléon III, soucieux du développement de son pays, la France connaît des transformations économiques et sociales importantes.*

c. Élaborer le plan

▶ Réfléchir au meilleur **type de plan** pour traiter le sujet (chronologique, thématique ou chrono-thématique) : dans la mesure où les bornes chronologiques du sujet sont bien définies et que l'on attend la mise en valeur et l'explication des phénomènes, un **plan thématique** semble le plus adéquat.

d. Rédiger l'introduction au brouillon

▶ **Reprendre les idées** dégagées grâce à l'analyse des mots-clés relevés, en les organisant.

▶ **Mettre en avant** ce qu'il faut traiter :

L'industrialisation entamée au début du XIXe siècle s'accélère de façon rapide, grâce à une mécanisation des manufactures et de l'agriculture. Cette évolution, rendue possible grâce à la naissance d'un puissant secteur bancaire, permet l'enrichissement d'une bourgeoisie qui soutient le régime politique en place. Les villes accueillent de plus en plus d'ouvriers et se transforment, provoquant un fort exode rural.

▶ **Annoncer le plan :**

Nous verrons d'abord comment la France a poursuivi son industrialisation durant le Second Empire, puis de quelles façons ce phénomène a modifié de façon accélérée la société. Enfin, nous montrerons comment le monde rural a été affecté par toutes ces transformations économiques et sociales.

Exercices

1 ★★ 15 min **Analyser le sujet et élaborer un plan.**

Question problématisée n° 1 : Comment a évolué le suffrage en France entre 1848 et 1870 ?

a. Prenez connaissance de la question problématisée n°1 et notez les réflexions que vous inspirent ses mots et dates-clés, dans l'ordre suivant : « suffrage » – « en France entre 1848 et 1870 » – « comment » – « a évolué »

b. En vous appuyant sur votre analyse du sujet, notez au brouillon les bases d'un plan vous permettant de fournir une réponse construite à la question problématisée n° 1.

Mobilisez vos connaissances en termes de dates, d'informations essentielles et de mots-clés. Ne rédigez pas. N'oubliez pas de mentionner les différents régimes politiques qui devront être évoqués dans votre développement.

2 ★★ 20 min Analyser un sujet et élaborer l'introduction.

Question problématisée n° 2 : Quel rôle la France a-t-elle joué dans l'unification italienne ?

a. Prenez connaissance de la question problématisée n° 2 et réfléchissez à son intitulé en suivant les conseils ci-dessous.

À chaque fois, notez au brouillon vos idées. À partir du brouillon, dégagez les grandes lignes de votre future introduction.
- déterminez les bornes chronologiques du sujet ;
- rappelez le contexte (géographie politique de l'Italie) et présentez les acteurs politiques de l'époque (États et personnages impliqués) ;
- expliquez pourquoi la France avait un intérêt à se mêler des affaires italiennes.

b. En vous appuyant sur l'analyse du sujet que vous venez d'effectuer, choisissez le type de plan vous permettant de traiter au mieux la question problématisée. Justifiez votre choix en mobilisant vos connaissances.

c. Concevez le corps de la réponse à la question problématisée.
Pour cela, mobilisez vos connaissances pour décrire le rôle joué par la France dans le processus d'unification de la nation italienne : reliez les informations données ci-dessous pour les faire correspondre aux quatre dates proposées.

Si vous avez opté pour un plan chronologique, vos idées seront énoncées selon l'ordre de succession des dates dans le temps.

HISTOIRE

Rôles de la France dans le processus d'unification italienne	Dates des interventions de la France dans le processus d'unification italienne
Napoléon III stoppe la finalisation de l'unification de l'Italie afin de protéger le pouvoir du pape sur Rome et ses environs. •	• 1859
L'implication militaire de la France dans la guerre d'indépendance italienne et aux deux grandes victoires de Magenta et de Solferino •	• 1866
Victor-Emmanuel II attend la chute du Second Empire pour pouvoir incorporer les États pontificaux à la nation italienne, au grand dam du pape. •	• 1867
La France joue un rôle d'intermédiaire entre l'Autriche et le royaume de Piémont-Sardaigne en lui rétrocédant la Vénétie, qui lui avait été cédée par l'Autriche après sa défaite de Sadowa face à la Prusse. •	• 1870

SYNTHÈSE

LA FRANCE DANS L'EUROPE DES NATIONALITÉS

1 Deuxième République et Second Empire : la difficile entrée dans l'âge démocratique

IIe République (1848)

- De grandes réformes démocratiques (février – avril 1848)
- Création du Parti de l'Ordre (républicain) contre les réformes ouvrières
- Mouvement insurrectionnel ouvrier (juin 1848)
- Louis-Napoléon Bonaparte est élu Président de la République (10 décembre 1848)
- **Coup d'État** (décembre 1851)
- **Second Empire** (1852) (pouvoir autoritaire de Napoléon III)

2 Industrialisation et accélération des transformations économiques et sociales

Modernisation et expansion économique sous le Second Empire

- Développement des industries métallurgique et textile
- Hausse de l'emploi et exode rural
- Chantiers de modernisation de Paris par Haussmann
- Ouvriers prolétaires (conditions de vie et de travail insalubres)

3 La France et la construction de nouveaux États nationaux en Europe

La politique extérieure du Second Empire

En Italie

– Appui diplomatique accordé au royaume de Piémont-Sardaigne lors de l'entrevue de Plombières (juillet 1848)
– Guerre d'indépendance : victoires de Magenta et Solférino (juin 1859)
– Obtention de la Savoie et de Nice, cédés par le royaume de Piémont-Sardaigne (1860)
– Soutien au pape

En Allemagne

– Déclaration de guerre à la Prusse (19 juillet 1870) : le chancelier Bismarck mobilise les États allemands du sud
– Défaite militaire de Sedan (1er septembre 1870) et chute du Second Empire
– L'Alsace et une partie de la Lorraine cédées à la Prusse
– Unification de l'Empire allemand proclamé à Versailles (18 janvier 1871)

je me teste !

1 Quelle est la forme du suffrage mis en place par le gouvernement de la IIe République ?
- ▢ **a.** Le suffrage censitaire.
- ▢ **b.** Le suffrage universel masculin pour les hommes de plus de 21 ans.
- ▢ **c.** Le suffrage universel.

2 Qui a fait adopter l'abolition de l'esclavage dans les colonies françaises en 1848 ?
- ▢ **a.** Victor Schœlcher.
- ▢ **b.** Louis-Napoléon Bonaparte.
- ▢ **c.** Victor Hugo.

3 Quelle mesure sociale sera supprimée en juin 1848, suscitant une révolte des ouvriers ?
- ▢ **a.** L'indemnisation du chômage.
- ▢ **b.** Le remboursement des frais médicaux.
- ▢ **c.** La création d'ateliers nationaux.

4 Le 10 décembre 1848, Louis-Napoléon Bonaparte devient :
- ▢ **a.** Président de la République.
- ▢ **b.** Empereur des Français.
- ▢ **c.** Chef du Corps Législatif.

5 Le Coup d'État renversant la IIe République a lieu :
- ▢ **a.** Le 2 décembre 1850.
- ▢ **b.** Le 2 décembre 1851.
- ▢ **c.** Le 2 décembre 1852.

6 En 1864, quel droit la loi Ollivier autorise-t-elle ?
- ▢ **a.** Le droit au travail.
- ▢ **b.** Le droit à la santé.
- ▢ **c.** Le droit de grève.

7 Qu'est-ce qu'un plébiscite ?
- ▢ **a.** Vote direct du corps électoral par oui ou par non sur une mesure du pouvoir.
- ▢ **b.** Vote qui n'est valable que si le résultat est obtenu à au moins 75% des voix.
- ▢ **c.** Les votes blancs sont transformés en votes en faveur du pouvoir.

8 Quel recueil de poèmes, écrit par Victor Hugo, dénonce le régime de Napoléon III ?
- ▢ **a.** *La Légende des Siècles.*
- ▢ **b.** *Les Châtiments.*
- ▢ **c.** *Les Misérables.*

9 Ce préfet, nommé par Napoléon III, a complètement remodelé Paris :
- ▢ **a.** Pereire.
- ▢ **b.** Quinet.
- ▢ **c.** Haussmann.

10 Cet État enclenche le processus d'unification de l'Italie :
- ▢ **a.** Les États pontificaux.
- ▢ **b.** La Lombardie-Vénétie.
- ▢ **c.** Le royaume de Piémont-Sardaigne.

11 Cette victoire n'a pas été remportée par Napoléon III, mais par Napoléon Ier :
- ▢ **a.** Magenta.
- ▢ **b.** Rivoli.
- ▢ **c.** Solferino.

12 C'est le patriote italien se lance dans une expédition hâtant l'unification italienne :
- ▢ **a.** Garibaldi.
- ▢ **b.** Orsini.
- ▢ **c.** Verdi.

13 En quelle année la guerre entre la France et la Prusse éclate-t-elle ?
- ▢ **a.** 1866.
- ▢ **b.** 1870.
- ▢ **c.** 1871.

14 La France cède à la Prusse...
- ▢ **a.** Le Nord et le territoire de Belfort.
- ▢ **b.** L'Alsace et une partie de la Lorraine.
- ▢ **c.** La Savoie et Nice.

15 Où l'Empire allemand est-il proclamé ?
- ▢ **a.** Dans la galerie des Glaces à Versailles.
- ▢ **b.** Dans la salle du conseil municipal de Paris.
- ▢ **c.** Au château de Charlottenbourg à Berlin.

Réponses !

1 : b - **2** : a - **3** : c - **4** : a - **5** : b - **6** : c - **7** : a - **8** : b - **9** : c - **10** : c - **11** : b - **12** : a - **13** : b - **14** : b - **15** : a

HISTOIRE

3 La Troisième République avant 1914

Cours

1 La mise en œuvre du projet républicain

▶ La République est proclamée le 4 septembre 1870 alors que la guerre contre la Prusse se poursuit. Refusant la défaite, le peuple de Paris se soulève en mars 1871 et élit une Commune révolutionnaire. De petits artisans et ouvriers, dont des femmes comme Louise Michel, luttent pour leurs droits. Cette République démocratique et sociale est écrasée en mai 1871 par les troupes d'Adolphe Thiers, nouveau chef de l'État. Il s'agit d'organiser la IIIe République : des lois constitutionnelles sont adoptées en 1875.

Biographie

Louise Michel (1830-1905) : Institutrice républicaine qui fut l'une des figures de proue de la Commune, à la fois ambulancière et combattante sur les barricades en 1848. Elle incite les Communards à affirmer leurs droits et libertés. Lors de l'écrasement de l'insurrection, elle est arrêtée et déportée en Nouvelle-Calédonie.

▶ Les républicains modérés deviennent majoritaires à la Chambre des députés (1876), au Sénat et à la présidence de la République (1879) : la IIIe République se stabilise. Pour unir les Français autour des valeurs républicaines, il faut renforcer la démocratie. En 1881, la liberté de presse et de réunion est rétablie. En 1882, les conseils municipaux peuvent élire le maire. Les syndicats sont autorisés en 1884. Mais le droit de vote n'est pas accordé aux femmes, malgré le combat de quelques féministes, comme Hubertine Auclert.

▶ Des symboles hérités de la Révolution française sont mis en valeur : la *Marseillaise* devient l'hymne national (1879), le 14 juillet devient fête nationale (1880). Des bustes et statues de Marianne apparaissent dans les mairies et sur les places publiques. En juin 1885, les funérailles de Victor Hugo sont suivies par plus de deux millions de personnes jusqu'au Panthéon. La République rend ainsi hommage au défenseur de sa devise (Liberté, Égalité, Fraternité).

▶ La laïcisation de l'enseignement permet de réduire l'influence de l'Église. Seule l'école peut former des citoyens attachés à la République. L'école devient obligatoire, gratuite et laïque (lois Ferry, 1881 et 1882). Les crucifix disparaissent des salles de classe, le catéchisme des programmes. L'extension du service militaire obligatoire (1899 et 1905) est aussi destinée à renforcer le sentiment républicain.

▶ L'affaire Dreyfus divise la République. Les antidreyfusards n'acceptent aucune remise en cause de l'armée qui a condamné le capitaine d'état-major Dreyfus à la déportation à vie, en 1894, accusé d'être un espion juif au profit de l'Allemagne ; ils se proclament nationalistes et font preuve d'antisémitisme. Derrière l'écrivain Émile Zola, des professeurs, instituteurs, avocats, médecins, luttent pour le triomphe de la justice et la vérité : ces dreyfusards créent, en 1898, la « Ligue des droits de l'Homme » et parviennent à faire réviser le procès de Dreyfus, gracié en 1906.

▶ Les républicains radicaux, très anticléricaux, sont au pouvoir en 1902. En 1905, la loi de séparation des Églises et de l'État est adoptée. Elle proclame la liberté de conscience et garantit le libre exercice des cultes, le gouvernement n'en rétribuant plus aucun.

Mots-clés

- **Anticlérical :** qui est opposé au clergé.
- **Nationalistes (les) :** qui font passer leur attachement à la France avant toute autre idée.

2 Permanences et mutations de la société française jusqu'en 1914

▶ La France souhaite apparaître comme une grande puissance industrielle à l'échelle mondiale grâce à deux expositions universelles organisées à Paris. Ces manifestations, attirant un très large public, constituent de véritables vitrines à la gloire des nations participantes. En 1889, l'architecture métallique est à l'honneur avec le Palais des Machines et la tour Eiffel. En 1900, c'est le palais de l'Électricité qui est le « clou » de l'exposition.

▶ Toutefois, l'économie du pays repose encore massivement sur l'agriculture. En 1900, 60 % des Français sont des ruraux, 58 % des actifs sont des paysans qui sont, soit ouvriers agricoles, soit exploitants. Des entrepreneurs agricoles détenant des capitaux s'imposent de plus en plus face aux exploitations familiales, grâce à l'utilisation d'un outillage moderne, mobilisant moins de main-d'œuvre (batteuses mécaniques, tracteurs...). Les ouvriers agricoles, privés de travail, vont s'installer en ville : cet exode rural dépeuple peu à peu les campagnes.

▶ De nombreux immigrés (Italiens, Espagnols), pauvres et peu qualifiés, s'installent en France pour travailler dans les mines, les usines textiles ou l'industrie lourde (Belges), dans le bâtiment, les transports ou comme ouvriers agricoles. Entre 1851 et 1881, leur nombre passe de 400 000 à 1 million. De 1881 à 1911, on compte environ 150 000 étrangers supplémentaires. Leur présence suscite parfois des manifestations d'hostilité dans la population.

>>

▶ De grandes cités ouvrières créées par des entreprises concentrent les travailleurs dans les « pays noirs », où l'on trouve des gisements de charbon et de minerais de fer. La commune du Creusot, dédiée à la sidérurgie, se développe sous l'impulsion de la famille Schneider : les ouvriers (environ 14 000 vers 1900) y sont très encadrés. Ils utilisent les logements, les écoles et infrastructures construits par le patron, confronté, en 1899, à une grève générale réclamant une augmentation des salaires. Les luttes sociales menées par les ouvriers sont inspirées par l'idéologie socialiste. Le 1er mai 1891, une manifestation réclamant les 8 heures de travail par jour est réprimée dans le sang lors d'une fusillade de la troupe contre les ouvriers, à Fourmies (Nord).

▶ La forte présence dans les usines de machines-outils permet de moins recourir à la force physique du travailleur. Aussi, l'embauche des femmes dans les manufactures augmente, notamment dans le secteur du textile. Bien moins payées que les hommes, elles ne bénéficient pas de congés maternité et sont souvent mal considérées car elles s'occupent moins de leur foyer et de leurs enfants.

3 Métropoles et colonies

▶ Au XIXe siècle, la France se lance à la conquête de territoires coloniaux en Afrique et en Asie afin de marquer sa puissance. Cela génère des rivalités avec l'Angleterre (incident de Fachoda au Soudan, 1898) et l'Allemagne (crises du Maroc, 1905 et 1911).

Infos

La crise de Fachoda (1898) : En 1898, 20 000 soldats britanniques remontant le Nil rencontrent l'expédition française menée par le commandant Marchand dans la zone de Fachoda et exigent une évacuation des lieux. L'incident diplomatique manque de déclencher une guerre entre la France et le Royaume-Uni.

▶ La possession de colonies représente un débouché pour les produits industriels de la métropole, ainsi qu'une source d'approvisionnement en matières premières. Militaires, banques et entreprises en quête de nouveaux profits, scientifiques, explorateurs, missionnaires évangélisateurs et colonialistes convaincus d'une supériorité de l'« homme blanc » participent à cette occupation de terres lointaines.

▶ Les conquêtes se font parfois dans une très grande violence, comme pour l'Algérie, à partir de 1830, quand une expédition militaire ordonnée par le roi Charles X s'empare d'Alger puis du territoire environnant. En 1848, l'Algérie est annexée à la République française et divisée en trois départements (Alger, Oran, Constantine).

▶ Mais la domination coloniale divise les républicains. En 1885, un vif débat oppose Jules Ferry et Georges Clemenceau à l'Assemblée nationale. Le premier, qui a engagé la conquête du Tonkin, est critiqué par le second, qui explique que la politique coloniale de la France coûte

L'empire colonial français à la veille de 1914

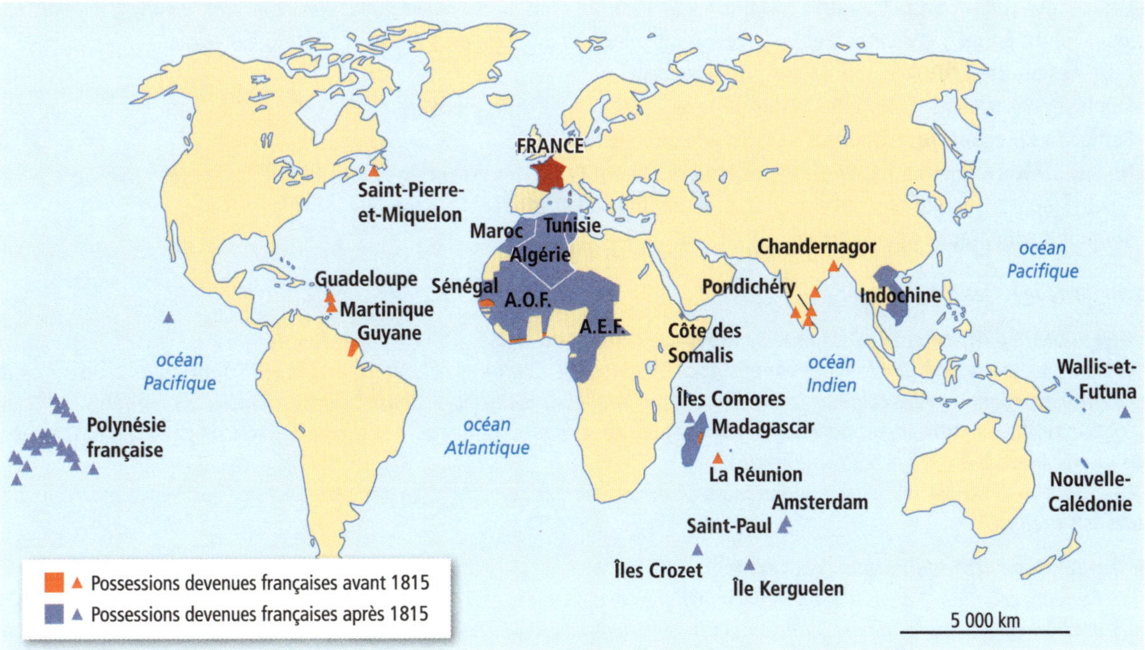

plus qu'elle ne rapporte et qu'elle ne sert que les intérêts de financiers soucieux de s'enrichir. Clemenceau s'oppose à l'idée que des « races supérieures » devraient civiliser des « races inférieures ».

▶ D'une manière générale, dans tout l'empire français, les populations colonisées sont asservies. Les Français nés en Europe ne sont pas considérés au même titre que les indigènes. Ces derniers vivent dans des quartiers séparés, comme à Saigon (Indochine), et sont juridiquement inégaux. Des lois constituant le code de l'indigénat, d'abord mis en place en Algérie, sont étendues à toutes les colonies en 1881. En contradiction avec le principe de la séparation des pouvoirs, les administrateurs coloniaux peuvent rendre la justice et appliquer des sanctions dont ni la forme ni la durée ne sont précisées.

Infos

Avec un empire de plus de 10 millions de km² peuplé par près de 50 millions d'habitants, la France est le deuxième empire colonial du monde à la veille de la Première Guerre mondiale.

Méthode

Rédiger le développement de la réponse à la question problématisée

« Quels furent les motivations et les effets de la politique d'expansion coloniale menée par la France entre 1830 et 1914 ? »

a. Le développement

Le **développement** est divisé en plusieurs parties. Avant de se lancer dans la rédaction, il faut définir le plan au brouillon. Chaque partie doit présenter une grande idée, argumentée à l'aide d'exemples précis (fait(s), date(s), localisation, acteur(s)).

▶ **Suivre le plan** du brouillon : la structure de ce plan doit être bien visible.

▶ Introduire chaque partie par la **présentation du thème** (plutôt que de mettre un titre) et terminer chaque partie par une **phrase de transition** annonçant la suivante.

▶ Utiliser des **connecteurs logiques** tels que : *tout d'abord, dans un premier temps, parce que, car, en effet, de plus, par ailleurs, mais, ensuite, cependant, enfin*... Cela rend la lecture du texte plus fluide et lui donne du sens.

▶ Faire des **phrases courtes** et **précises** pour être clair.

▶ Employer des notions historiques et des mots de vocabulaire acquis en cours.

▶ Rédiger au **présent**, parfois au passé, mais jamais au futur.

▶ Ne pas utiliser la première personne du singulier : le but étant de **relater des faits** et non de donner son propre point de vue. Il faut être le plus objectif possible, prendre du recul et être critique lorsque cela est possible.

▶ Soigner l'orthographe et la syntaxe.

Exemple d'idées clés à développer :

I. Une volonté d'affirmer la puissance de la France dans le monde

– Concurrence entre puissances européennes dans la conquête d'empires coloniaux – recherche d'un accroissement de la puissance économique – les colonies fournissent des débouchés industriels et fournissent des matières premières.

– Frictions entre puissances européennes en rivalité pour la conquête coloniale – l'incident de Fachoda (1898) a failli causer une guerre entre la France et le Royaume-Uni.

– La France se taille un immense empire colonial – possède des territoires en Afrique, en Asie – présence maritime sur plusieurs océans.

II. Des fondements idéologiques contestés

– La conquête coloniale est aussi due à des scientifiques explorateurs et à des missionnaires évangélisateurs – certains sont convaincus du droit de l'« homme blanc » à dominer le monde en raison de sa « supériorité ».

– Les théories racialistes divisent les républicains – Clemenceau dénonce la fausseté de l'existence de « races supérieures ».

– Clemenceau dénonce la conquête du Tonkin car elle coûterait plus cher à la France qu'elle ne lui rapporterait d'argent – le sort des indigènes provoque l'indignation de certains.

III. Des populations indigènes durement dominées
– Grande violence de la conquête militaire – exemple de l'Algérie – appropriation des territoires conquis sous une forme administrative.
– Asservissement des populations colonisées – inégalité de traitement entre Européens d'origine et indigènes des colonies – ségrégation spatiale entre ces deux populations dans les villes coloniales.
– Code de l'indigénat étendu à toutes les colonies en 1881 – les administrateurs coloniaux se voient attribuer de très larges pouvoirs pour contrôler les populations indigènes.

b. La conclusion

La **conclusion** est la partie terminale de votre travail. Elle ne doit pas être négligée car elle influence le correcteur, de façon positive ou négative, dans son évaluation. Elle doit être préparée d'abord au brouillon. Il faut penser à intégrer divers éléments :

▶ Un **bilan-synthèse** de l'argumentation, donnant une réponse à la question problématisée, sans répéter tout ce qui a été dit auparavant.
Exemple : Pour conclure, on peut dire que les causes ayant mené la France à mener une politique d'expansion coloniale ont été multiples, mais que toutes ont entraîné des effets souvent problématiques à plus ou moins long terme : l'image d'un pays à la pointe de la défense des droits de l'Homme qui était celle de la France a été durablement ternie tandis que pour les populations dominées, exposées à diverses formes de violences et d'exploitation, la colonisation a représenté immédiatement un énorme traumatisme.

▶ Une **description des conséquences** de ce dont vous avez parlé, si vous les connaissez.
Exemple : En se lançant dans des conquêtes coloniales, la France a cherché à conserver son prestige de grande puissance mais a couru le risque d'entrer en guerre avec d'autres nations européennes. L'asservissement des populations indigènes qu'elle a pratiqué contrevient aux principes fondamentaux de la République, notamment au principe d'égalité.

▶ Une **ouverture** : replacer le sujet dans un contexte plus large, en changeant de point de vue.
Exemple : La France a perdu son empire colonial dans la seconde moitié du XXème siècle. Les populations indigènes, inspirées notamment par les principes républicains, ont lutté pour être reconnues à égalité avec les colons, ce qui fit naître en elles un désir d'indépendance.

HISTOIRE

Exercices

1 ★★ 20 min **Rédiger le développement d'une réponse à une question problématisée.**

Voici un plan chrono-thématique qui peut permettre de répondre à la question problématisée suivante : Comment la IIIe République est-elle parvenue à unir tous les Français ?

I. Démocratiser la République
II. Mettre en avant des symboles hérités de 1789
III. Former des citoyens à l'école

a. Rédigez le corps de chacune de ces parties.

> Donnez à chaque fois des faits précis associés à des dates ; utilisez les notions historiques et un lexique historique adaptés.

2 ★★ 10 min **Rédiger la conclusion (10 lignes environ) de la réponse à la même question problématisée.**

a. Synthétisez l'action de la IIIe République en faveur de l'union des Français, en soulignant quels moyens d'action elle a mis en œuvre.

b. Ouvrez sur l'avenir, en expliquant qu'à partir de 1894 des divisions ont déchiré la société française (précisez lesquelles). Vous pouvez aussi ouvrir sur la situation présente, en décrivant quelle est la persistance de l'héritage que les Français ont reçu de la IIIe République.

c. Citez un élément démocratique que la IIIe République n'a pas mis en œuvre, pour souligner les limites de ses efforts pour construire une culture républicaine partagée par l'ensemble de la population.

> Si vous en avez connaissance, vous pouvez expliquer à quel moment cet élément démocratique fut mis en place en France.

SYNTHÈSE

LA IIIe RÉPUBLIQUE AVANT 1914

1 La mise en œuvre du projet républicain

Développer une culture républicaine

Un renforcement de la démocratie
- Liberté de la presse (1881)
- Les conseils municipaux élisent les maires (1882)
- Autorisation des syndicats (1884)

Mise en valeur de symboles hérités de la Révolution française
- La *Marseillaise* (1879)
- Le 14 juillet, fête nationale (1880)
- Popularisation de la figure de Marianne

Une laïcisation del'enseignement et de l'État
- L'école publique devient laïque (loi Ferry de 1882)
- La séparation des Églises et de l'État est affirmée (loi de 1905)

2 Permanences et mutations de la société française jusqu'en 1914

Caractéristiques de la société française (1870-1914)

- Un monde rural toujours dominant, une agriculture toujours prospère
- Un pays industrialisé qui se donne à voir lors d'expositions universelles (1889, 1900)
- Un monde ouvrier concentré en partie dans des cités-ouvrières, engagé dans des luttes sociales

3 Métropoles et colonies

La colonisation

Des rivalités entre États
La possession des territoires d'Afrique et d'Asie tendent les relations entre États européens (ex : Fachoda, 1898)

Les acteurs d'une conquête souvent violente
Militaires, capitalistes, scientifiques, missionnaires, colonialistes animés par des théories racialistes

Des débats opposant :
- Des colonialistes comme Jules Ferry.
- Des anticolonialistes comme Georges Clemenceau

Un traitement inégal des populations
Les indigènes ne bénéficient pas du même statut juridique que les Français nés en France (code de l'indigénat, 1881)

je me teste !

1 Les lois constitutionnelles mettant en place la IIIe République datent de :
- ▢ **a.** 1870.
- ▢ **b.** 1875.
- ▢ **c.** 1879.

2 Quelle mesure démocratique n'a pas été adoptée par la IIIe République ?
- ▢ **a.** Liberté de la presse.
- ▢ **b.** Droit de vote accordé aux femmes.
- ▢ **c.** Autorisation des syndicats.

3 Quel grand écrivain français bénéficie de funérailles nationales en 1885 ?
- ▢ **a.** Victor Hugo.
- ▢ **b.** Émile Zola.
- ▢ **c.** George Sand.

4 Quel processus consiste à réduire l'influence de l'Église dans certains domaines ?
- ▢ **a.** Industrialisation.
- ▢ **b.** Prolétarisation.
- ▢ **c.** Laïcisation.

5 Ils défendent l'innocence du capitaine Dreyfus :
- ▢ **a.** Dreyfusards.
- ▢ **b.** Antidreyfusards.
- ▢ **c.** Nationalistes.

6 La loi de 1905 sur la séparation des Églises et de l'État prévoit :
- ▢ **a.** L'interdiction des religions dans l'espace public.
- ▢ **b.** La liberté de conscience.
- ▢ **c.** L'impossibilité des catholiques à devenir fonctionnaires.

7 Lors de quelle exposition universelle l'électricité est-elle mise à l'honneur ?
- ▢ **a.** 1878.
- ▢ **b.** 1889.
- ▢ **c.** 1900.

8 En 1900, la population française compte :
- ▢ **a.** 50 % de ruraux.
- ▢ **b.** 60 % de ruraux.
- ▢ **c.** 70 % de ruraux.

9 Les travailleurs immigrant en France entre 1850 et 1914 sont majoritairement :
- ▢ **a.** Algériens, Marocains et Tunisiens.
- ▢ **b.** Polonais, Roumains et Bulgares.
- ▢ **c.** Belges, Italiens et Espagnols.

10 Quelle famille d'industriels a développé Le Creusot ?
- ▢ **a.** Schneider.
- ▢ **b.** Krupp.
- ▢ **c.** de Wendel.

11 Une fusillade a eu lieu dans cette ville, le 1er mai 1891, pour mettre fin à une manifestation d'ouvriers :
- ▢ **a.** Le Creusot.
- ▢ **b.** Paris.
- ▢ **c.** Fourmies.

12 En 1898, dans la zone de Fachoda (Soudan) une rivalité coloniale oppose :
- ▢ **a.** La France et l'Angleterre.
- ▢ **b.** La France et l'Allemagne.
- ▢ **c.** La France et la Belgique.

13 La conquête de l'Algérie par la France a commencé en :
- ▢ **a.** 1810.
- ▢ **b.** 1830.
- ▢ **c.** 1870.

14 Le code de l'indigénat prévoit de traiter les indigènes :
- ▢ **a.** De façon juridiquement égale aux Français nés en France.
- ▢ **b.** En leur accordant certains privilèges.
- ▢ **c.** En les soumettant aux autorités françaises.

Réponses

1 : b - **2** : b - **3** : a - **4** : c - **5** : a - **6** : b - **7** : c - **8** : b - **9** : c - **10** : a - **11** : c - **12** : a - **13** : b - **14** : c

Cours

1 Un conflit d'une ampleur inédite

a. D'un attentat politique à une guerre mondiale

▶ Le 28 juin 1914, l'assassinat de l'héritier du trône d'Autriche-Hongrie, l'archiduc François-Ferdinand, par un jeune nationaliste serbe, déclenche un mécanisme conduisant à la guerre le 1er août. Les ambitions territoriales des nations et les jeux d'alliances embrasent l'Europe : la Triple-Entente (Royaume-Uni, France, Russie) affronte les Empires centraux (Allemagne, Autriche-Hongrie).

Le conflit se mondialise progressivement, puisqu'Empire ottoman (1914) et Bulgarie (1915) rallient les Empires centraux, tandis que Japon (1914), Italie (1915), Roumanie et Portugal (1916), puis Chine et États-Unis (1917) rejoignent l'Entente. Parallèlement, les populations colonisées d'Asie et d'Afrique sont mobilisées, notamment au sein des armées françaises et britanniques.

b. L'Europe, cœur des combats

▶ À l'Ouest, après la guerre de mouvement jusqu'en 1915, le front se stabilise en une longue guerre de position et d'usure (tranchées) jusqu'en 1917 et l'entrée en guerre des États-Unis. À l'Est, le front est mobile jusqu'en 1917, lorsque la Russie, emportée dans l'élan révolutionnaire communiste d'octobre, se retire du conflit. À la périphérie, les opérations se multiplient (guerre sous-marine dans l'Atlantique, offensives au Proche-Orient).

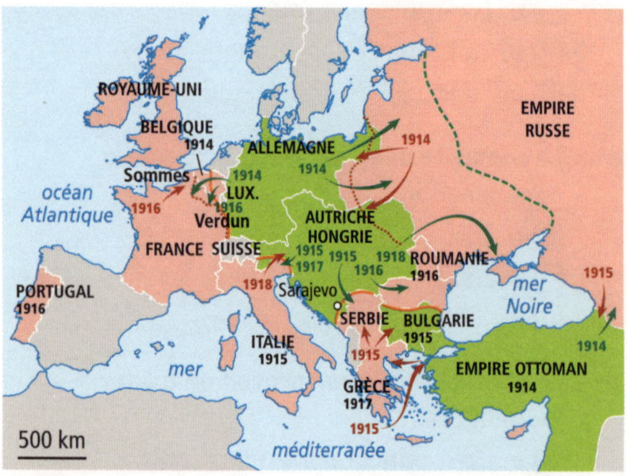

Les forces en présence

- Puissances de l'Entente et leurs alliés
- Puissances centrales et leurs alliés
- Territoires neutres
- 1915 Date d'entrée en guerre

Les étapes du conflit

- Front fin 1914
- Front en novembre 1918
- Avancée allemande en Russie (mars 1918)
- 1916 Principales offensives alliées
- 1916 Principales offensives des puissances centrales

L'Europe en guerre

c. Une violence extrême

▶ L'armement industriel, sans cesse plus perfectionné, expose les soldats à une puissance de feu effroyable, dont la dureté est aggravée par l'âpreté des conditions de vie dans les tranchées, malgré le développement de liens de camaraderie. De grandes offensives, comme celles de la Somme et de Verdun (1916) ou du Chemin des Dames (1917), en France, tentent d'inverser le rapport de force mais s'avèrent peu efficaces. Durement vécues par les troupes, elles nourrissent découragement et révolte : en France, des mutineries sont réprimées en 1917. Les populations civiles ne sont pas épargnées, victimes de violences diverses dans les zones occupées, voire de massacres : dans l'Empire ottoman, l'état-major organise le génocide des Arméniens (1915-1916), jugés rétifs à l'union nationale turque depuis la fin du XIXe siècle et suspectés de sympathie pour l'ennemi.

2 Les sociétés dans la guerre totale

a. Une mobilisation sans précédent

▶ L'engagement volontaire (1,5 millions d'hommes au Royaume-Uni) et la conscription rassemblent environ 60 millions de combattants sur toute la durée du conflit. Ainsi, tout Européen est concerné par la guerre (hommes civils, femmes et enfants). Le moral des troupes et de l'arrière est alors encadré (censure, « bourrage de crâne », diabolisation de l'ennemi), afin d'entretenir le dévouement patriotique et la solidarité combattante. Les historiens débattent ainsi pour évaluer la part de consentement et de contrainte des esprits mobilisés dans l'effort de guerre.

b. Une guerre totale

▶ Les moyens déployés sont sans précédent et engagent toutes les sphères de la société, dont les efforts sont coordonnés par les États : sciences et techniques (armement, gaz, médecine), économie (planification, emprunts, industries d'armement), politique (« Unions sacrées » des principaux partis politiques). Le combat se situe donc aussi à l'arrière, où les agriculteurs et agricultrices œuvrent pour le ravitaillement des soldats qu'améliorent des associations de charité, tandis que les usines emploient de nombreuses femmes (« munitionnettes »). Les conditions de vie se dégradent et deviennent particulièrement éprouvantes, conduisant à un mouvement de grèves en 1917, pour une meilleure reconnaissance des travailleurs.

c. Une brutalisation des sociétés

▶ L'expérience combattante (« boucherie » des offensives, conditions de vie des tranchées), l'omniprésence du front >>

>> à l'arrière (presse, lettres de poilus, retours de mutilés, annonces de décès, jeux guerriers) et les violences d'occupation (réquisitions, arrestations, viols, massacres) font émerger une véritable culture de guerre : psychologies et comportements, imprégnés par la guerre, sont animés par ses fins.

3 Sortir de la guerre : la paix des vainqueurs

a. La fin des combats

▶ Le conflit s'achève lentement par la victoire de l'Entente et de ses alliés. Les Empires centraux tombent : de septembre à novembre 1918 sont signés les armistices avec l'Empire ottoman, la Bulgarie, l'Autriche-Hongrie, puis, le 11 novembre 1918, avec l'Allemagne, à Rethondes. Certains conflits frontaliers prolongent néanmoins les combats : guerres russo-polonaise et gréco-turque de 1920 à 1921.

b. L'organisation de la paix

▶ Largement inspirés des « 14 points » énoncés par le président américain Thomas W. Wilson le 8 janvier 1918, les traités de paix, dont le traité de Versailles (1919), bouleversent la carte de l'Europe : disparition des Empires multinationaux (Empire ottoman, Autriche-Hongrie) et accession à plusieurs revendications nationales (restitution de l'Alsace et de la Moselle à la France, naissance de la Tchécoslovaquie, de la Hongrie, de la Yougoslavie, de la Pologne et des États baltes). À Versailles, l'Allemagne est jugée responsable du conflit : réarmement limité, frais de réparation, occupation de la Rhénanie. Pour éviter tout nouveau conflit mondial, la Société des Nations (SDN) voit le jour à Genève le 10 janvier 1920, défendant le libre commerce et la négociation ouverte entre les nations afin d'assurer la sécurité collective.

c. Des sociétés traumatisées

▶ Avec 15 à 20 millions de morts (dont 9 à 10 millions de soldats), des destructions colossales et une désorganisation des sociétés, le bilan est lourd et le traumatisme profond, particulièrement en Europe. La reconstruction doit être matérielle, mais aussi morale. Cimetières, monuments aux morts, témoignages et cérémonies nourrissent des mémoires contrastées de la Grande Guerre, entre glorification du sacrifice patriotique (flamme du soldat inconnu en 1920 à Paris), bellicisme revanchard (mouvements nationalistes allemands humiliés par le traité de Versailles) et pacifisme intégral (espérant avoir traversé la « Der des ders »).

L'Europe au sortir des traités de paix

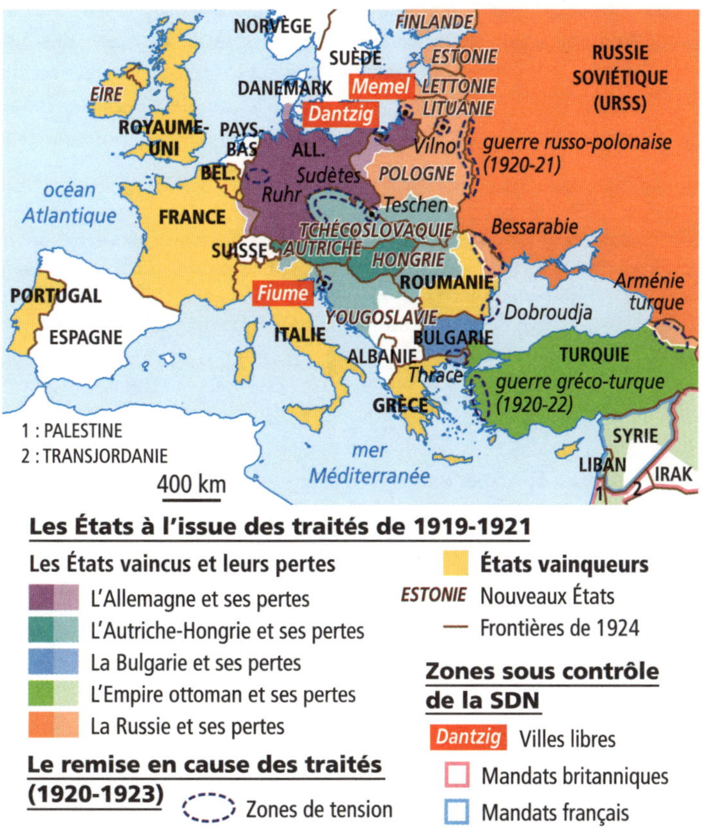

Méthode

Porter un regard critique sur les documents

En histoire, la critique des documents consiste à **en évaluer la portée et les limites pour la compréhension du passé**, à partir d'un examen rationnel et argumenté, appuyé sur des connaissances. Il ne saurait donc être question de les soumettre à des jugements de valeurs et opinions personnelles.

Sujet : Le cas des témoignages sur l'expérience du front durant la Grande Guerre.

▶ Les **témoignages** constituent une catégorie de sources de premier ordre, particulièrement depuis le XIXe siècle, avec la diffusion de la maîtrise de l'écrit, puis les enregistrements audiovisuels. Mais tout témoignage requiert au moins deux précautions critiques :

– **subjectif et partiel**, voire falsifié, intentionnellement ou par les déformations de la mémoire, il doit être confronté à d'autres documents pour éviter une généralisation abusive des faits qu'il rapporte ;

– **formulé *a posteriori***, il faut analyser le contexte dans lequel il est produit pour apprécier la distance qui le sépare des faits.

Doc. 1

Des fusants* sortent du ciel, des explosifs sortent de la terre. C'est un effroyable rideau qui nous sépare du monde, nous sépare du passé et de l'avenir. (...)

On trébuche, on se retient les uns aux autres, dans de grands flots de fumée. (...) J'ai entrevu des faces étranges qui poussaient des espèces de cris, qu'on apercevait sans les entendre dans l'anéantissement du vacarme. Un brasier avec d'immenses et furieuses masses rouges et noires tombait autour de moi, creusant la terre, l'ôtant de dessous mes pieds, et me jetant de côté comme un jouet rebondissant. Je me rappelle avoir enjambé un cadavre qui brûlait, tout noir, avec une nappe de sang vermeil qui grésillait sur lui, et je me souviens aussi que les pans de la capote** qui se déplaçait près de moi avaient pris feu et laissaient un sillon de fumée.

Henri Barbusse, *Le Feu*, 1916, Flammarion, 1992.

* Obus. ** Manteau.

▶ Paru pendant la guerre, l'ouvrage de Barbusse témoigne publiquement de son expérience du front. Cet extrait veut traduire l'horreur, le chaos infernal du front, où les armes modernes déchaînent les éléments : « des fusants sortent du ciel, des explosifs sortent de la terre », le « feu », les « flots de fumée » habitent le texte. L'impression ainsi rendue est irréelle et, en plus des faits tangibles, renseigne sur le vécu personnel du combattant qu'est Barbusse durant la guerre de position.

Doc. 2

« Dans le secteur voisin, on a retrouvé de nos camarades dont le nez avait été coupé et dont les yeux avaient été crevés avec ces baïonnettes à scie. Puis on leur avait rempli de sciure la bouche et le nez et on les avait ainsi étouffés (...). À vrai dire, la baïonnette a perdu de son importance. Il est maintenant de mode chez certains d'aller à l'assaut simplement avec des grenades et une pelle. La pelle bien aiguisée est une arme plus commode et beaucoup plus utile ; (...) spécialement si l'on frappe obliquement entre les épaules et le cou, on peut facilement trancher jusqu'à la poitrine. »

Erich-Maria Remarque, *À l'ouest rien de nouveau*, © 1929, 2009, Éditions Stock pour la traduction française.

▶ Proche du premier (violence des combats, présence de la mort), ce témoignage apporte d'autres éléments. L'auteur est allemand, ce qui indique une similitude des expériences combattantes des deux côtés de la ligne de front. Le texte insiste sur la violence, qui s'accompagne d'une déshumanisation de l'ennemi et la brutalisation des combattants. Rédigé plus de dix ans après la guerre, il témoigne de la persistance du traumatisme chez son auteur, et informe donc sur la portée du conflit durant la période de l'entre-deux-guerres.

Doc. 3

« Avant-hier – et cela a duré deux jours (...) – Français et Allemands se sont serré la main ; incroyable, je vous dis ! Pas moi, j'en aurais eu regret.

Voilà comment cela est arrivé (...). Ils nous demandent de nous rendre « pour la frime ». (...) Ils sortent alors de leurs tranchées, sans armes, rien du tout, officier en tête ; nous en faisons autant et cela a été une visite d'une tranchée à l'autre, échange de cigares, cigarettes, et à cent mètres, d'autres se tiraient dessus (...). »

Lettre de Gervais Morillon à ses parents, le 14 décembre 1914, censurée, extraite de *Paroles de poilus*, Librio-Radio France, D.R., 1998.

▶ Lettre privée de 1914, ce document retranscrit une situation vécue presque immédiatement. Le contexte de sa production et celui des faits relatés se confondent donc. L'arrière est directement informé par les soldats, mais sous le contrôle d'une hiérarchie qui censure. La scène contraste fortement avec celles des documents 1 et 2, car elle évoque une brève fraternisation avec l'ennemi. Cette lettre pose ainsi la question de la représentativité des témoignages : l'expérience marginale de l'aveu du témoin (« incroyable ») ne peut être généralisée, mais vient nuancer la profondeur de la brutalisation des combattants dès 1914.

Exercice

★★ 20 min **Observer le document suivant et répondre aux questions.**

Un ancien combattant allemand peint la Grande Guerre.

Otto Dix, ***La guerre***, tempéra sur bois, 1929-1932, Galerie Neue Meister, Dresde.

a. Pourquoi ce document peut-il être considéré comme un témoignage ?

b. Quelle est la structure générale de l'œuvre ?

c. Quelle vision de la Grande Guerre Otto Dix propose-t-il ici ?

d. Dans quelle mesure peut-on rapprocher ce document des témoignages proposés dans la partie Méthode ?

LA PREMIÈRE GUERRE MONDIALE

1 Un conflit d'une ampleur inédite

- Alliances et rivalités nationales en Europe (Triple-Entente et Empire centraux)
- \+ Attentat nationaliste de Sarajevo (28 juin 1914)
- \+ Mobilisation des colonies (Asie et Afrique œuvrent pour l'Entente)
- \+ Entrée en guerre des États-Unis (1917)

→ **Guerre mondiale**

2 La société dans la guerre totale

Guerre totale

- « Unions sacrées » des principaux partis politiques
- \+ Mobilisation des sociétés civiles
- \+ Armées de masse (conscription)
- \+ Armement industriel

3 Sortir de la guerre

- Renforcement des sentiments patriotiques et des revendications nationales
- \+ Culture de guerre (expérience du front directe et indirecte + occupation)
- \+ Importance du bilan humain (15 à 20 millions de morts)
- \+ Traumatisme collectif

→ **Paix contrastée**

Responsabilisation de l'Allemagne	Reconnaissance de nations nouvelles
Démantèlement des Empires	SDN (1920) et pacifisme

je me teste !

1 **L'Empire ottoman s'engage aux côtés :**
- ☐ **a.** Des pays de l'Entente.
- ☐ **b.** Des Empires centraux.

2 **Les territoires coloniaux sont :**
- ☐ **a.** Mobilisés au service de leurs métropoles.
- ☐ **b.** Généralement étrangers au conflit.
- ☐ **c.** Des terrains majeurs d'affrontements militaires.

3 **L'« arrière » désigne :**
- ☐ **a.** L'espace des tranchées, au contact de la ligne de front.
- ☐ **b.** Le camp adverse, au-delà du front.
- ☐ **c.** Tous les territoires civils situés derrière le front.

4 **Relever les événements se déroulant durant l'année 1917 :**
- ☐ **a.** La Russie quitte le conflit.
- ☐ **b.** L'Italie entre en guerre.
- ☐ **c.** Bataille de Verdun.
- ☐ **d.** Répression des mutineries dans l'armée française.
- ☐ **e.** Les États-Unis entrent en guerre.

5 **À partir de 1915, les Arméniens sont :**
- ☐ **a.** Entrés en guerre.
- ☐ **b.** Expulsés de l'Empire ottoman.
- ☐ **c.** Victimes d'un génocide.
- ☐ **d.** Auteurs d'un génocide.

6 **Relever la définition la plus appropriée de « guerre totale » :**
- ☐ **a.** Guerre mobilisant tous les moyens défensifs et offensifs des armées.
- ☐ **b.** Guerre mobilisant toutes les dimensions de la société engagée.
- ☐ **c.** Guerre dont l'intention est la destruction totale de l'adversaire.

7 **Le 11 novembre 1918 est le jour de :**
- ☐ **a.** L'arrêt des combats.
- ☐ **b.** La capitulation des Empires centraux.
- ☐ **c.** La paix sur le front de l'Ouest.

8 **Qui énonce les « 14 points » préparant la paix ?**
- ☐ **a.** Georges Clemenceau.
- ☐ **b.** Thomas Woodrow Wilson.
- ☐ **c.** Lloyd George.

9 **Le traité de Versailles est signé en :**
- ☐ **a.** 1918.
- ☐ **b.** 1919.
- ☐ **c.** 1920.
- ☐ **d.** 1921.

10 **Relever les dispositions du traité de Versailles :**
- ☐ **a.** Occupation de la Rhénanie.
- ☐ **b.** Administration du territoire allemand par les vainqueurs.
- ☐ **c.** Réarmement limité de l'Allemagne.
- ☐ **d.** Restitution de l'Alsace et de la Moselle à la France.
- ☐ **e.** Financement des réparations de guerre.

11 **Les traités de paix... :**
- ☐ **a.** Rétablissent la situation antérieure au conflit.
- ☐ **b.** Réduisent le nombre d'États-nation en Europe.
- ☐ **c.** Démembrent les puissances vaincues.

12 **SDN signifie :**
- ☐ **a.** Société des nations.
- ☐ **b.** Société de négociation.
- ☐ **c.** Société pour la défense des nations.

13 **Quelles sont les missions de la SDN ?**
- ☐ **a.** Assurer la sécurité collective.
- ☐ **b.** Intervenir militairement pour imposer la paix.
- ☐ **c.** Favoriser la négociation internationale.
- ☐ **d.** Œuvrer au développement du commerce.

HISTOIRE

Réponses !

1 : b - **2** : a - **3** : c - **4** : a, d, e - **5** : c - **6** : b - **7** : a - **8** : b - **9** : b - **10** : a, c, d, e - **11** : c - **12** : a - **13** : a, c, d

Urbanisation et métropolisation dans le monde

Cours

1 La généralisation de l'urbanisation

▶ L'urbanisation connaît une croissance rapide. Le taux d'urbanisation dans le monde était de 30 % en 1950, il est de 55 % en 2016. En moyenne le taux de croissance de la population urbaine est de 2 % par an depuis 2010.

▶ Deux facteurs principaux expliquent la croissance de la population urbaine. D'une part, l'exode rural, c'est-à-dire l'installation des ruraux dans les villes. D'autre part, l'accroissement naturel de la population des villes.

2 La transition urbaine

La croissance du nombre de citadins indique le passage d'une société rurale à une société urbaine, c'est la transition urbaine. Aujourd'hui, la transition urbaine mondiale est en cours. En 2007, pour la première fois le nombre de citadins atteint la moitié de la population mondiale. Cependant, si la part des ruraux diminue, leur nombre continue d'augmenter. Selon l'ONU, le nombre de ruraux devrait commencer à baisser à partir de 2030.

3 Une urbanisation inégale dans le monde

▶ Certains pays ont achevé leur transition urbaine tandis que d'autres sont en cours. Les taux d'urbanisation sont très contrastés à l'échelle planétaire. L'Europe, le continent américain, le Moyen Orient et l'Océanie ont la majorité de leur population vivant en ville. Dans la plupart de ces pays, le taux d'urbanisation est supérieur à 75 % et il ne progresse quasiment plus.

▶ L'Afrique et la plus grande partie de l'Asie ont encore une population majoritairement rurale. Ces régions les moins urbanisées sont celles qui ont les taux de croissance de la population urbaine les plus élevés. Par exemple, dans les pays en développement le taux de croissance atteint 2,5 % par an, jusqu'à 4 % dans les pays les moins avancés (PMA).

4 Une métropolisation croissante

▶ Les villes ont un rôle primordial dans le fonctionnement des territoires. Elles concentrent les hommes et les activités. Elles sont également des carrefours de communication, c'est-à-dire qu'elles se situent à la rencontre des grands axes de transport et mettent les territoires en relation.

À savoir

Il existe un classement du rayonnement des métropoles dans le monde (*Global power city index*). La hiérarchie repose sur 70 indicateurs. En 2017, les cinq premières métropoles sont Londres, New York, Tokyo, Paris et Singapour.

▶ Certaines villes disposent de fonctions urbaines traditionnelles (services) et de fonctions stratégiques (siège des grandes entreprises, laboratoires de recherche, institutions nationales ou internationales, centres culturels, etc.). Ces villes exercent alors un rayonnement particulier, elles sont des métropoles.

▶ La métropole peut avoir un rayonnement régional, national voire international. Plus le rayonnement est grand, plus elle dispose de fonctions stratégiques rares. Les métropoles avec le rayonnement le plus important sont des villes mondiales.

5 Le renforcement des métropoles

▶ Les métropoles attirent et concentrent les activités et les populations, c'est le processus de métropolisation. Aujourd'hui, 40 % de la population urbaine du monde vit dans une ville de plus d'un million d'habitants dont 20 % dans une ville de plus de 5 millions.

▶ La métropolisation contribue à l'augmentation des très grandes villes. Les agglomérations de plus de 10 millions d'habitants sont des mégapoles. En 1950, il existait deux mégapoles (New-York et Tokyo), elles sont une trentaine en 2017.

Méthode

Lire et analyser une carte

▶ **Présenter la carte**

Repérer :
- le **territoire** représenté et son **échelle** (planisphère, continent, État, région, etc.) ;
- la **nature de la carte** (carte analytique, carte par anamorphose, carte de synthèse, etc.) ;
- le **titre** qui donne le sujet de la carte ;

À savoir

La carte par anamorphose représente les territoires en fonction de l'importance du phénomène présenté et non en fonction d'une échelle. Par exemple plus le pays est peuplé plus sa surface est importante.

– l'ancienneté des données cartographiées et leur **source** (origine des données) ;
– éventuellement l'**auteur** et les **destinataires.**

Lire la légende

Relever :
– la **nature des données** : quantitative (ex. taux de chômage ou produit intérieur brut – PIB) ou qualitative (aéroport, mégalopole) ;
– les **figurés** utilisés (figuré ponctuel, de surface ou linéaire) ;
– l'**organisation** de la légende.

Observer le contenu de la carte

Pour cela, partir **du plus général au plus précis.** Par exemple pour une carte des densités de population d'un État. Relever l'inégale répartition des densités à l'échelle du territoire, puis localiser les zones de fortes et de faibles densités.

Expliquer la carte

Il faut utiliser les connaissances pour éclairer le contenu de la carte. Tout d'abord, il nécessaire de **définir les données** présentées. Par exemple, pour une carte de l'indice de développement humain (IDH) il est indispensable de définir cet indicateur. Ensuite, il faut apporter des **éléments pour comprendre les localisations.** Par exemple, la faible connexion de l'Afrique au réseau internet s'explique par le faible niveau de développement et de richesse de ce continent.

GÉOGRAPHIE

Exercice

★★ 25 min

a. Présentez la carte.

b. Lisez la légende et précisez les parties de la légende.

c. Observez la carte. Indiquez la répartition de l'urbanisation, des métropoles et des mégalopoles.

Les mégalopoles sont de vastes régions urbaines qui s'étendent sur plusieurs centaines de kilomètres, composées de plusieurs métropoles et peuplées de plusieurs dizaines de millions d'habitants.

d. Expliquez la carte. Pourquoi l'urbanisation est-elle plus faible en Afrique et en Asie ? Pourquoi les métropoles de plus de 10 millions d'habitants sont-elles les plus nombreuses en Asie ? Comment expliquer la forte croissance des métropoles en Asie et en Afrique et la faible croissance en Europe et au Japon ?

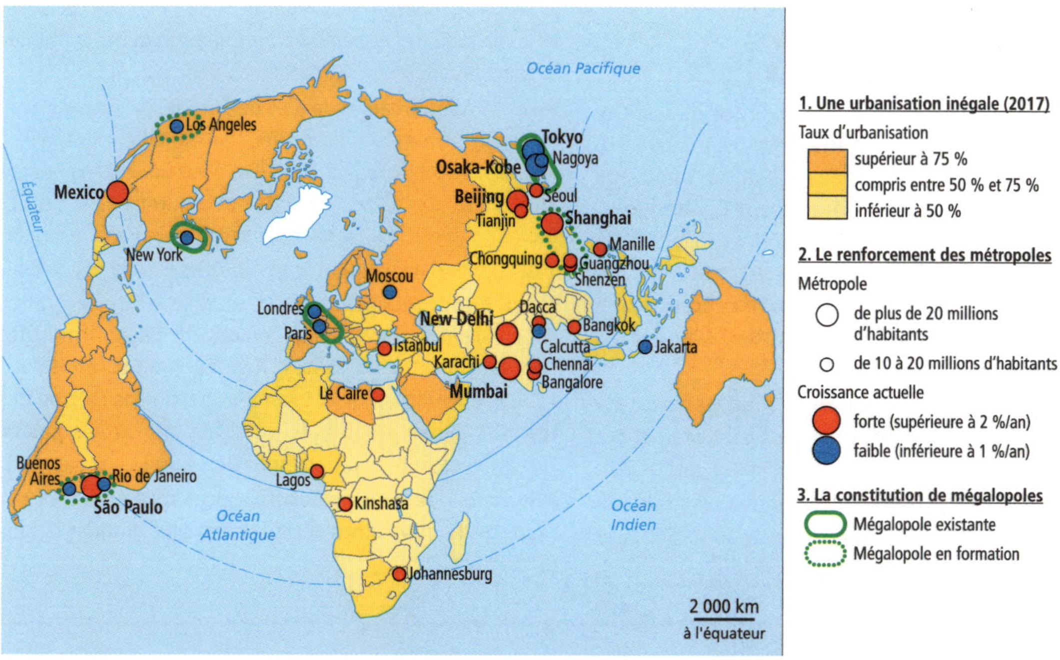

L'inégale métropolisation du territoire français

Cours

1 Paris domine le réseau urbain français

▶ En France, seule la métropole parisienne peut être considérée comme une métropole de rang mondial : une ville mondiale.

▶ Paris est la ville primatiale du réseau urbain français, c'est-à-dire qu'elle domine le réseau urbain. Dans le cas de Paris, il s'agit de macrocéphalie urbaine, c'est-à-dire de la large domination d'une seule et très grande métropole sur les autres villes.

▶ Si, dans les années 1960 et 1970, il a été question de réduire le poids de Paris pour équilibrer le territoire français, cette politique est révolue et Paris renforce son rayonnement pour faire face à la concurrence des autres métropoles mondiales. Le projet du Grand Paris répond à cet objectif.

À savoir

Le Grand Paris est un vaste projet visant à aménager l'agglomération parisienne pour lui permettre de relever les défis du XXIe siècle. Cela comprend des infrastructures de transports, des espaces verts, des services, des zones d'activités.

2 L'exceptionnelle concentration des pouvoirs et des activités dans la métropole parisienne

▶ L'aire urbaine de Paris, ce qui correspond à la ville centre, aux banlieues et à la couronne périurbaine, regroupe 18 % de la population française en 2017, soit 12,1 millions d'habitants. La métropole est également la plus riche, elle assure 29 % du PIB de la France, 4 % du PIB de l'UE. Dans l'agglomération, la part des emplois tertiaires est très élevée. Ceci étant lié à la très forte concentration des activités de commandement (politique, financier, économique, culturel).

▶ La métropole concentre les pouvoirs politiques nationaux (Élysée, Matignon, Assemblée nationale, Sénat, etc.) et des institutions internationales (siège de l'Unesco, de l'OCDE).

▶ Paris concentre les pouvoirs culturels en accueillant des équipements sportifs et culturels de niveau national et international, les sièges des principaux médias.

La Défense, premier quartier des affaires européen.

▶ La métropole a un pouvoir économique important grâce aux sièges sociaux de grandes firmes transnationales (FTN), à la présence de la bourse de Paris, d'industries de pointe et de haute technologie (technopôle de Saclay) et du quartier des affaires de la Défense qui est le premier quartier des affaires européen.

3 Le développement des métropoles régionales

▶ Avec l'affirmation des régions et de l'Europe, certaines villes de province accueillent des fonctions métropolitaines avec un rayonnement européen ou national.

▶ Les 13 aires urbaines de plus de 500 000 habitants (Lyon, Toulouse, Strasbourg, Bordeaux, Nantes, Lille, Montpellier, Rennes, Grenoble, Toulon, Marseille, Nice, Rouen) regroupent 20 % de la population française et assurent 22 % du PIB français. Ces métropoles ne rivalisent pas avec Paris, mais elles structurent et dynamisent le territoire à l'échelle régionale.

▶ Les métropoles de l'ouest et du sud de la France connaissent un dynamisme important. Elles attirent les populations et les activités. Rennes, Nantes, Bordeaux, Toulouse, Montpellier et Lyon font partie des métropoles les plus dynamiques avec un solde migratoire positif (les arrivées de populations sont supérieures aux départs).

▶ Toutefois, les métropoles françaises sont en retrait par rapport à leurs voisines européennes, plus grandes et plus puissantes.

Méthode

Réaliser un schéma en géographie

a. Le schéma en géographie

▶ Pour l'exercice du **schéma**, les consignes et les données servant à l'élaboration de cette production sont fournies.

▶ Il ne faut pas confondre schéma et croquis. Ce sont deux types de **productions graphiques** différents.

▶ Le schéma ne cherche pas la précision des localisations, **aucun fond de carte ne sera fourni.** En revanche, il doit présenter les structures, les dynamiques, l'organisation d'un territoire.

▶ Le schéma sert à montrer sa capacité à **localiser** et identifier des espaces géographiques et à **synthétiser** des informations.

b. Construction d'un schéma

▶ Un schéma comporte une **légende** plus ou moins détaillée, un **titre** et une **nomenclature** (ensemble des noms de villes, cours d'eau, d'espaces maritimes...).

▶ À la différence du croquis, vous devez réaliser vous-même les contours de l'espace concerné, en les simplifiant.

▶ **Sélectionner** les informations les plus importantes. Le nombre d'informations est volontairement limité, rarement plus de 10, car un trop grand nombre d'informations peut réduire la lisibilité du schéma.

▶ **Classer** les informations dans deux ou trois thèmes, qui formeront les parties de la légende.

▶ **Dessiner** dans la légende pour chaque information un figuré. Le figuré doit être adapté à l'information qui va être cartographiée. Par exemple la dimension et l'intensité des couleurs doivent être proportionnelles à l'importance du phénomène étudié.

▶ **Placer** les figurés sur votre schéma en soignant la réalisation. Il est préférable de commencer par les figurés de surface puis ajouter les figurés ponctuels et linéaires.

▶ Pour réaliser un schéma, il faut se familiariser avec les **contours de l'espace** à représenter. Durant l'année, il est indispensable d'apprendre à tracer les principaux espaces étudiés en utilisant des formes géométriques simples, tout en conservant l'allure générale du territoire représenté.

▶ Un schéma réussi doit être **lisible et esthétique** (choix des couleurs, soin). Il doit être **démonstratif**, c'est-à-dire répondre au sujet et à la problématique.

À savoir

En fonction de l'information à cartographier, il faudra choisir parmi trois types de figurés :

- **de surface**, pour représenter l'intensité et l'extension d'un phénomène ;
- **ponctuels**, pour représenter la localisation d'un phénomène ;
- **linéaire**, pour indiquer des limites, des réseaux, des flux, des dynamiques.

GÉOGRAPHIE

Exercice

★ 20 min **À partir du cours, réalisez un schéma sur le sujet : « La métropolisation du territoire français ».**

a. Tracez sur une feuille les contours de la France en vous inspirant d'une carte trouvée sur internet ou dans un manuel.

b. Relevez dans le cours les informations et organiser la légende.

c. Réalisez le schéma.

d. Compléter la nomenclature.

e. Dans la légende vous devez faire figurer la domination de Paris et les métropoles régionales.

SYNTHÈSE

LA MÉTROPOLISATION

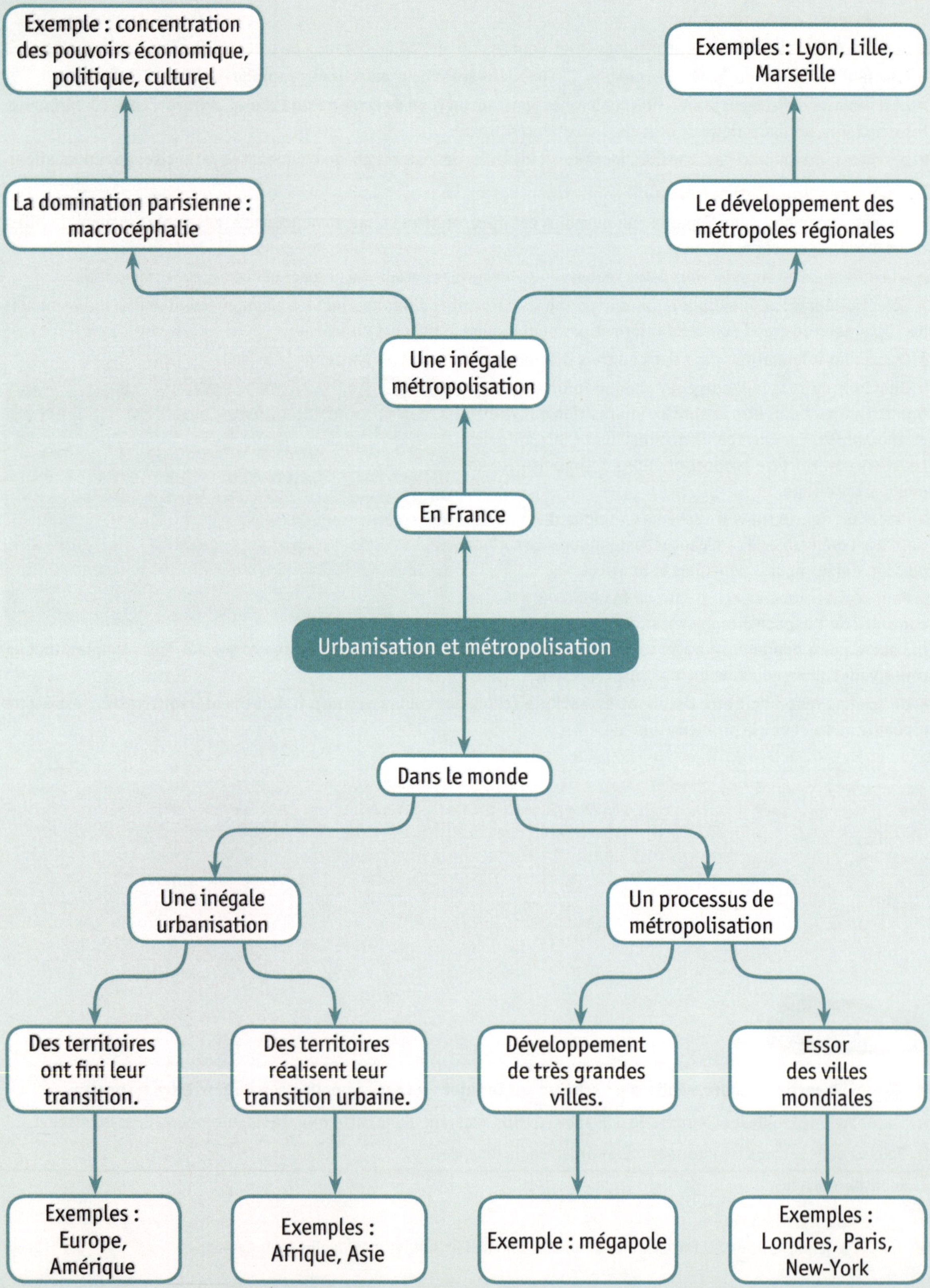

je me teste !

1 **Quelle est la part des urbains dans le monde en 2016 ?**
- ▢ **a.** 30 %.
- ▢ **b.** 50 %.
- ▢ **c.** 55 %.

2 **Quelle métropole dispose du rayonnement mondial le plus important selon le classement Global power city index ?**
- ▢ **a.** Londres.
- ▢ **b.** New York.
- ▢ **c.** Tokyo.

3 **Quel continent a achevé sa transition urbaine ?**
- ▢ **a.** L'Asie.
- ▢ **b.** L'Afrique.
- ▢ **c.** L'Europe.

4 **Lequel de ces continents n'a pas achevé sa transition urbaine ?**
- ▢ **a.** L'Océanie.
- ▢ **b.** L'Afrique.
- ▢ **c.** L'Amérique.

5 **Une ville de plus de 10 millions d'habitants est :**
- ▢ **a.** une mégapole.
- ▢ **b.** une mégalopole.
- ▢ **c.** une métropole.

6 **Qu'est-ce qu'une ville mondiale ?**
- ▢ **a.** Une ville peuplée de diverses origines.
- ▢ **b.** Une ville jumelée avec des villes du monde entier.
- ▢ **c.** Une ville qui a un rayonnement planétaire.

7 **Le quartier des affaires des métropoles concentre des activités :**
- ▢ **a.** industrielles.
- ▢ **b.** de services supérieurs.
- ▢ **c.** commerciales et culturelles.

8 **Un territoire urbain composé d'une ville centre, de sa banlieue et d'une couronne périurbaine est :**
- ▢ **a.** une métropole.
- ▢ **b.** une aire urbaine.
- ▢ **c.** une région urbaine.

9 **Combien y avait-il de mégapole en 1950 ?**
- ▢ **a.** 2.
- ▢ **b.** 10.
- ▢ **c.** 30.

10 **Quelle part de la population française l'aire urbaine de Paris regroupe-t-elle ?**
- ▢ **a.** 10 %.
- ▢ **b.** 18 %.
- ▢ **c.** 25 %.

11 **Comment s'appelle le projet qui doit moderniser l'agglomération parisienne ?**
- ▢ **a.** Le Grand défi.
- ▢ **b.** Le Grand Paris.
- ▢ **c.** Paris 2024.

12 **Lequel de ces lieux symbolise le pouvoir culturel de Paris ?**
- ▢ **a.** Le technopôle de Saclay.
- ▢ **b.** L'Opéra de Paris.
- ▢ **c.** La bourse de Paris.

13 **Lequel de ces lieux symbolise le pouvoir économique de Paris ?**
- ▢ **a.** La Défense.
- ▢ **b.** Le stade de France.
- ▢ **c.** Le palais de l'Élysée.

14 **Lequel de ces lieux symbolise le pouvoir politique de Paris ?**
- ▢ **a.** L'assemblée nationale.
- ▢ **b.** Le musée du Louvres.
- ▢ **c.** La tour Eiffel.

15 **Laquelle de ces métropoles régionales a le solde migratoire le plus élevé ?**
- ▢ **a.** Montpellier.
- ▢ **b.** Marseille.
- ▢ **c.** Nice.

Réponses !

1 : c - **2** : a - **3** : c - **4** : b - **5** : a - **6** : c - **7** : b - **8** : b - **9** : a - **10** : b - **11** : b - **12** : b - **13** : 7 - **14** : a - **15** : a

GÉOGRAPHIE

3

UNE DIVERSIFICATION DES ESPACES ET DES ACTEURS DE LA PRODUCTION

Diversité et recomposition des espaces productifs dans le monde

Cours

À savoir

L'agriculture regroupe un ensemble d'activités produisant des plantes et des animaux. C'est un secteur très important car il permet de fournir l'essentiel de l'alimentation humaine et de nombreux produits utilisés par les industries, par exemple le coton. La moitié de la population active mondiale travaille dans ce secteur.

Un espace productif est un espace aménagé et mis en valeur sur lequel se sont développées des activités économiques.

1 Diversité et recomposition des espaces productifs agricoles

▶ Les espaces agricoles sont extrêmement variés dans le monde. On peut distinguer deux modèles dominants : l'agriculture traditionnelle et l'agriculture productiviste.

▶ Dans les espaces agricoles traditionnels les méthodes ont peu évolué, les produits chimiques et les machines sont rares et les rendements faibles. Ce sont de petites exploitations produisant des cultures destinées le plus souvent à l'autoconsommation (agriculture vivrière). Cette agriculture est largement pratiquée en Afrique, en Amérique du Sud et en Asie.

▶ L'agriculture productiviste veut produire beaucoup en peu de temps et sur des espaces réduits. Pour cela les agriculteurs fournissent une forte intensité de travail, utilisent des produits chimiques et des machines. Les rendements sont élevés et les productions sont largement commercialisées. C'est le cas des espaces agricoles des pays développés, du Brésil, de l'Asie du Sud-est.

2 Recomposition des espaces productifs industriels

▶ L'industrie est un moteur de l'activité économique en termes de richesse créée et d'emplois. Elle exerce un effet d'entraînement pour les autres activités.

▶ L'industrie regroupe des activités extrêmement variées allant de la production automobile, à la chimie, en passant par le textile, l'agroalimentaire, la métallurgie, les technologies de pointe, etc.

▶ Les espaces productifs industriels sont nés avec l'industrialisation dès le milieu du XIXᵉ siècle. Les usines sont alors installées à proximité des gisements de matières premières (ex : les pays noirs en Europe) ou proches des foyers de consommation.

▶ Aujourd'hui, dans le cadre de la mondialisation et des transformations technologiques, les industries ont d'autres logiques d'implantation. On assiste à une littoralisation des espaces industriels. Pour profiter de l'arrivée des composants et des possibilités d'exportation, les usines s'installent sur les littoraux dans des zones franches ou dans des zones industrialo portuaires (ZIP).

▶ Les industries participent également à la métropolisation. Elles dépendent de l'innovation et s'implantent dans les technopôles. Ces territoires qui regroupent des universités, des laboratoires et des entreprises sont installés en périphérie des métropoles.

La ZIP du port d'Amsterdam.

3 L'importance des espaces productifs tertiaires

▶ Les services sont les plus nombreux là où les entreprises et la population sont importantes. Les métropoles concentrent l'essentiel des espaces productifs tertiaires.

▶ Les activités les plus prestigieuses (sièges sociaux des grandes entreprises, grandes banques, bourses, compagnie d'assurance, cabinet d'audit, etc.) s'installent dans l'hypercentre des métropoles, dans les quartiers des affaires (Central Business District, CBD).

▶ Les activités touristiques s'implantent en fonction des atouts d'un territoire. Le patrimoine culturel, l'ensoleillement, la présence de la mer ou de la montagne favorisent le développement de sites touristiques.

>>

>> 4 L'exemple de Singapour : l'articulation de la finance, de la production et des flux

▶ Singapour est un archipel à l'extrême sud de la péninsule malaise. C'est une cité-État de 5,7 millions d'habitants (2017). Cet ancien comptoir britannique devenu indépendant en 1965 a connu un développement spectaculaire depuis un demi-siècle.

▶ Trois secteurs économiques assurent 75 % du PIB : les activités financières et les services aux entreprises, l'industrie manufacturière et la construction, et les activités de commerce, logistique et communication.

▶ Singapour est l'une des quatre premières places financières internationales. Les activités de production à Singapour sont également importantes. Ces dernières années, la production monte en gamme et les activités d'assemblage nécessitant une main-d'œuvre peu qualifiée laissent place à des activités de haute technologie.

▶ Le port de Singapour est le 2e plus important port pour le transport de conteneurs au monde, derrière Shanghai. Ces installations permettent à Singapour d'exporter ses productions et d'être un hub qui redistribue les marchandises principalement en direction de l'Asie.

Méthode

Élaborer l'introduction d'une réponse à une question problématisée

▶ La réponse à une question problématisée commence toujours par **un paragraphe d'introduction** d'une dizaine de lignes. Il présente le **sens du sujet** et **l'idée générale** (ou idée-directrice) qu'il va falloir justifier par la suite grâce à des arguments. Cette idée directrice doit être sous forme interrogative, c'est la **problématique**.

▶ Avant de rédiger l'introduction, lire attentivement l'énoncé et le recopier sur son brouillon. Entourer les **mots-clés**, les **limites** du sujet et les **mots de liaison**. En géographie, déterminer les **limites spatiales** du sujet, le monde, la France, la Chine, etc. Il s'agit d'**éviter le hors sujet**.

▶ Donner du sens aux **mots de liaisons** (et, dans) qui peuvent être essentiels pour le traitement de la question.

▶ Une fois cette opération réalisée, **définir les mots-clés** du sujet au brouillon. Mettre les termes en relation.

▶ Rédiger l'introduction au brouillon. Pour cela, utiliser le travail préparatoire fait précédemment.

▶ Commencer l'introduction par une phase qui doit annoncer le sujet et qui justifie le fait de s'interroger sur un tel sujet. C'est la **phrase d'accroche**. En géographie, on peut utiliser des données statistiques, un exemple géographique, un fait d'actualité.

▶ Ensuite, rédiger la **définition des termes du sujet** en montrant les enjeux du sujet et son intérêt. C'est la partie la plus longue de l'introduction. Éviter de proposer une série de définitions.

▶ À la fin de cette étape, préciser la problématique, qui peut être la **reprise du sujet**.

▶ Enfin, il est important d'**annoncer le plan**, de la façon la plus habile possible.

À savoir

La réponse à une question problématisée doit permettre au candidat de montrer qu'il a acquis des capacités d'analyse, qu'il maîtrise des connaissances, qu'il sait les sélectionner et les organiser de manière à répondre à une question de cours.

GÉOGRAPHIE

Exercice

★ 20 min **En vous aidant du cours, rédigez l'introduction du sujet : « Comment la mondialisation recompose-t-elle les espaces productifs dans le monde ?**

a. Lisez attentivement le sujet et le recopier sur le brouillon.
b. Entourez les mots-clés, les connecteurs et les limites du sujet.
c. Définissez les différents termes au brouillon.
d. Rédigez l'introduction à l'aide de l'étape précédente.

L'étape de l'analyse du sujet au brouillon est fondamentale pour la suite de l'exercice. Il ne faut absolument pas se précipiter et commencer à rédiger sans avoir réfléchi au sujet. Pour une évaluation de 1 heure vous pouvez y consacrer au moins 5 minutes.

L'internationalisation des systèmes productifs

À savoir

Il existe environ 83 000 firmes transnationales aujourd'hui, ayant 810 000 filiales étrangères, et employant 70 millions de salariés.

Cours

1 La décomposition internationale des processus productifs (DIPP)

▶ Le temps où une entreprise réalisait l'intégralité des tâches de production sur un site où la matière première était extraite est révolu. La réalisation d'un produit s'organise dans des chaînes de valeur ajoutée. C'est-à-dire que le processus de production fait intervenir un ensemble d'entreprises pour passer de la matière première au produit final.

▶ Les entreprises, pour augmenter leur efficacité et leur rentabilité, vont rechercher les territoires les plus favorables à la production. Elles utilisent alors la nouvelle division internationale du travail (NDIT), qui consiste à sélectionner les territoires en fonction des avantages qu'ils offrent.

▶ Par exemple, elles vont installer les activités de recherche et de conception dans un territoire qui offre une main-d'œuvre qualifiée. Les matières premières proviennent des territoires producteurs, elles sont transformées en composants par des pays qui maîtrisent les procédés technologiques. L'assemblage du produit est effectué dans des usines installées là où la main-d'œuvre est peu coûteuse. La commercialisation, les services après ventes sont implantés dans des métropoles qui bénéficient de bonnes infrastructures de communication et de services performants.

2 Des processus productifs à l'origine de flux

▶ La DIPP est possible grâce aux progrès des réseaux de transports et de communications et à la diffusion du modèle libéral dans le monde.

▶ La production d'un bien peut-être décomposée en plusieurs segments réalisés sur des territoires éloignés parfois de plusieurs milliers de kilomètres.

▶ Ces processus productifs sont à l'origine de flux extrêmement variés et importants. Ce sont des flux invisibles (informations, capitaux) et des flux matériels (matières premières, composants, produits finis) qui se déroulent entre le siège de l'entreprise, ses filiales, ses fournisseurs, ses sous-traitants et ses clients.

▶ Aujourd'hui, les flux les plus importants relient les trois principales aires de puissances de la planète : l'Europe, l'Amérique du Nord et l'Asie Orientale.

3 Les acteurs des processus de production

▶ Les firmes transnationales (FTN) jouent un rôle majeur. Les FTN sont des entreprises ayant au moins une filiale à l'étranger. Elles sont au cœur de l'organisation des chaînes de valeur ajoutée.

▶ Les FTN utilisent la mondialisation à leur profit, elles mettent les territoires en concurrence pour accueillir leurs activités. Pour cela, elles exploitent les disparités de niveau de développement et de réglementation entre les États pour profiter des avantages comparatifs. Elles contribuent à relocaliser les activités sur des territoires plus compétitifs.

▶ Les acteurs publics, les États, les autorités régionales, les métropoles jouent également un rôle dans l'attractivité d'un territoire.

▶ En effet, ces acteurs peuvent, par leurs choix politiques, favoriser l'implantation des entreprises. En construisant des infrastructures (port, aéroport), en développant la recherche (université, technopôle), en ayant une politique fiscale attractive (impôts réduits, zone franche).

▶ Les acteurs publics vont renforcer les atouts d'un territoire pour le rendre attractif.

4 La Silicon Valley : un espace productif intégré à l'échelle mondiale

▶ La Silicon Valley est un pôle d'industries de pointe situé au sud de la baie de San Francisco en Californie (États-Unis). Ce technopôle doit son succès à son incroyable capacité d'innovation. Historiquement orientée vers l'informatiques et les semi-conducteurs, l'activité se développe actuellement dans les domaines des nanotechnologies, de l'intelligence artificielle, de la biotechnologie et des énergies renouvelables.

▶ Plus de 11 000 entreprises de haute technologie sont installées dans la Silicon Valley. Avec quelques-unes des FTN les plus riches et les plus innovantes de la planète : (Apple, Google, HP, Intel, Yahoo, Adobe, etc.), ces firmes représentent 20 % de l'activité mondiale des technologies de l'information (Internet, médias).

▶ Dans la décomposition internationale des processus productifs (DIPP), la Silicon Valley assure les fonctions de recherche et d'innovation. La production est sous-traitée ailleurs, dans des territoires ou la main d'œuvre est moins coûteuse (Mexique et Asie).

▶ Par exemple, la firme Apple emploie, dans son siège de Cupertino, dans la Silicon Valley, 12 000 salariés qui assurent la préproduction (création, design) et la postproduction (marketing, publicité). L'essentiel des produits de la marque sont assemblés par des sous-traitants en Asie avec des composants fabriqués par plusieurs fournisseurs dans le monde.

Méthode

Réaliser un croquis géographique

Le croquis est la **réponse cartographique** à une problématique autour de quelques grandes idées avec une localisation des phénomènes étudiés.

À savoir

Un croquis réussi doit être lisible et esthétique. Il doit être démonstratif, c'est-à-dire répondre au sujet et à la problématique. Il doit être précis, notamment pour les localisations. Le croquis doit comprendre un titre et une nomenclature, c'est-à-dire les noms des éléments présents (villes, fleuves, États, etc.) et ceux qui permettent de situer les phénomènes représentés (mer, océans, etc.).

a. Comprendre le sujet

- L'exercice du croquis comprend **un titre**, **un texte** qui présente une situation géographique et **un fond de carte.**
- Il faut lire attentivement le sujet et le texte pour identifier les **limites géographiques** et la **nature du sujet.**
- Au brouillon, relever les informations importantes et leur localisation.

b. Réaliser la légende

- À partir de la liste d'informations relevées au brouillon, Il faut les **classer** dans deux ou trois thèmes, qui formeront les parties de la légende.
- Le nombre d'informations est volontairement limité, rarement plus d'une dizaine, car un trop grand nombre d'informations peut réduire la lisibilité de la production graphique. Pour chaque idée de la légende, il faut choisir **un figuré.**

c. Réalisation graphique

- Il est préférable de commencer par les figurés de surface puis ajouter les figurés ponctuels et linéaires.
- Pour réaliser graphiquement le croquis, il est impératif d'utiliser **un matériel adapté.** Sont à proscrire : crayon à papier, les feutres épais fluo. Les crayons de couleur sont indispensables pour réaliser les surfaces colorées. Les feutres fins servent pour les hachures, la nomenclature (noms de lieux), les figurés linéaires et ponctuels.

GÉOGRAPHIE

Exercice

★★ 25 min **À partir du texte proposé, réalisez un croquis sur le sujet : « La production de l'IPhone ».**

a. Lisez attentivement le texte et relever au brouillon les informations qui permettent de traiter le sujet.

b. Construisez la légende.

c. Réalisez le croquis.

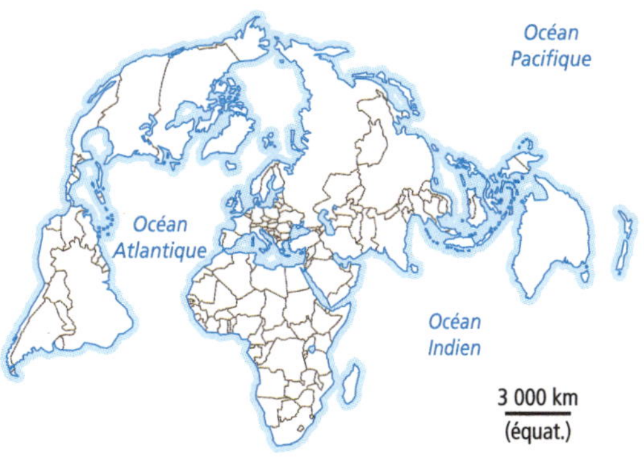

La production de l'iPhone

Apple est créée en 1976, dans la Silicon Valley, près de San Francisco en Californie. En 2007, l'entreprise spécialisée dans la commercialisation d'ordinateurs personnels et de logiciels informatiques, lance un téléphone tactile connecté l'iPhone. Ce produit connaît un succès planétaire. En 2018, il s'est vendu à plus d'un milliard d'exemplaire. Conçus à Cupertino au siège de la FTN, les composants sont produits aux États-Unis, en Europe et surtout en Asie (Japon, Corée du Sud, Chine, Taiwan). Le téléphone est assemblé par l'entreprise taïwanaise Foxconn à Longhua en Chine. La production est ensuite expédiée par avion.

Pour distribuer l'iPhone, la FTN dispose de 506 magasins installés essentiellement dans les pays développés (Amérique du Nord, Europe, Japon Australie) et dans des pays émergents (Chine, Brésil, Mexique...). Les flux générés par la production et la distribution de l'iPhone sont très importants et très variés (capitaux, données, composants, matières premières, produits finis, etc.).

Recomposition des espaces productifs français

Cours

1 Les espaces productifs agricoles

▶ Le secteur agricole emploie que 3 % de la population active française et assure 3,5 % du PIB, mais il occupe 54 % de la superficie du territoire métropolitain.

▶ Les exploitations agricoles se sont modernisées, leur nombre a fortement baissé, passant en 30 ans de 1 million à 450 000. Elles se sont également spécialisées dans certaines productions, améliorant la productivité et le rendement.

▶ Les espaces agricoles de grandes cultures céréalières (Bassin parisien), d'élevage hors-sol (Bretagne), de cultures maraîchères et arboriculture (Méditerranée) et de viticulture (Champagne, Bordelais, Bourgogne) sont bien intégrés aux marchés européens et mondiaux.

▶ Les régions de polyculture associant élevage et céréales, notamment en zone de montagne, connaissent davantage de difficultés

2 De profondes mutations en cours

Dans leur majorité, les espaces agricoles ont développé une agriculture productiviste en liaison avec les industries agroalimentaires. Ce modèle agricole est aujourd'hui remis en cause du fait des atteintes à l'environnement et des difficultés rencontrées par les agriculteurs. Une agriculture plus durable se développe en limitant les produits chimiques et en privilégiant la qualité à la quantité (ex : agriculture biologique).

3 Les espaces productifs industriels

▶ L'industrie emploie 14 % de la population active (20 % avec la construction et les travaux publics) et réalise 20 %, du PIB français. Traditionnellement, la ligne Le Havre-Marseille opposait une France industrielle à l'est à une France rurale à l'ouest. Aujourd'hui, les espaces industriels sont présents sur l'ensemble du territoire français.

▶ Les espaces industriels traditionnels du nord et de l'est (textile, métallurgie, sidérurgie) sont en reconversion. Avec la concurrence étrangère, les usines ferment et sont délocalisées à l'étranger.

4 Une nouvelle géographie industrielle

Pour résister à la concurrence, les industries misent sur l'innovation. Les espaces industriels se développent à la périphérie des métropoles et participent à la métropolisation du territoire. Les technopôles constituent ces nouveaux espaces industriels. Ils se développent dans des régions au cadre de vie agréable comme dans le Sud ou l'Ouest du territoire (ex : Aerospace Valley à Toulouse).

5 Les espaces productifs de services

Le secteur tertiaire emploie 75 % de la population active et réalise 76 % de la richesse nationale. Les espaces de services sont le plus souvent implantés dans les espaces urbains. Les métropoles concentrent le tertiaire supérieur installé dans les quartiers des affaires, comme celui de la Défense à Paris ou La Part-Dieu à Lyon.

6 Une diversité des espaces de services

Les espaces de services sont également implantés hors des métropoles. C'est le cas des services qui nécessitent des aménagements importants et de l'espace. Les aéroports, les parcs d'attraction, les zones commerciales, les entrepôts se trouvent en périphérie des villes. Les espaces touristiques sont implantés sur une grande partie du territoire. Les plus importants se trouvent dans la région parisienne (tourisme culturel), sur les littoraux méditerranéen et atlantique (tourisme balnéaire) et dans les Alpes ou les Pyrénées (tourisme hivernal).

Méthode

Analyser un texte en géographie

a. Lire le document et analyser la consigne

▶ Le document est au cœur de la réponse. Il faut donc consacrer du temps à sa lecture. L'analyse de la **consigne** est primordiale : il s'agit de déterminer en fonction de quelle problématique il faut étudier le document. Sans cette étape, l'analyse risque d'être hors-sujet, ou d'oublier des aspects importants.

▶ Pour traiter la consigne, il faut **relever les mots-clé**, identifier la problématique et les éléments de construction de l'analyse qui sont proposés.

▶ Au brouillon, **présenter le document**, sa nature, l'auteur, la date, et le thème ; repérer les informations du document qui apportent une réponse à la problématique posée par la consigne ; compléter ces informations par des connaissances personnelles (définitions, explications, etc.).

b. Rédiger la réponse

▶ Deux erreurs sont à éviter, répondre à la consigne en oubliant le document proposé et étudier le document sans répondre explicitement à la consigne.

▶ Le **plan**, esquissé au brouillon, permet de répondre à la problématique. Les différentes parties doivent donc correspondre aux différentes pistes d'analyse suggérées par la consigne.

▶ Faire une **courte introduction** pour présenter le ou les documents et la consigne. Il est possible d'indiquer son plan.

▶ Rédiger le **développement** à l'aide du plan esquissé au brouillon. Utiliser à la fois les connaissances et les documents (citer le texte en utilisant des guillemets pour les citations).

▶ Rédiger une courte **conclusion** pour répondre à la problématique.

▶ Il faut éviter d'écrire « le texte parle », « montre », « dit », etc. Préférez : « l'auteur avance, déclare, souligne, explique, etc. »

À noter

La qualité de l'expression écrite est primordiale. Il faut privilégier les phrases courtes et simples, utiliser des connecteurs logiques, choisir les termes adaptés à l'idée et rédiger l'ensemble de la réponse en bannissant les tirets et les abréviations.

GÉOGRAPHIE

Exercice

★★ 45 min **Après avoir lu le document, identifiez les acteurs et les principaux facteurs qui interviennent dans la localisation des activités économiques en France.**

Samsung va implanter en France un centre de recherche sur l'intelligence artificielle

Le groupe Samsung va implanter en France un important centre de recherche mondial dédié à l'intelligence artificielle (IA), a annoncé son directeur général Young Sohn à Emmanuel Macron, a-t-on appris auprès de l'Élysée, mercredi 28 mars. Le nouveau laboratoire de Samsung, le troisième plus grand du groupe après ceux de Corée et des États-Unis, comptera à terme plus d'une centaine de chercheurs installés à Paris ou sur le plateau de Saclay[1], précise l'Élysée. Il sera dirigé par Luc Julia, chercheur français inventeur de l'assistant vocal Siri chez Apple et depuis passé chez Samsung. Jusqu'ici, le groupe sud-coréen ne disposait en France que d'un petit centre de recherche d'une quinzaine de personnes.

De son côté, le japonais Fujitsu a lui aussi décidé d'implanter en France son centre européen de recherche en IA, en agrandissant son petit centre actuel et en relocalisant dans l'Hexagone ses chercheurs installés ailleurs en Europe, a ajouté l'Élysée. Il travaillera en partenariat avec le centre de l'Inria (Institut national de recherche en informatique et en automatique) de Saclay.

Ces deux annonces marquent un succès des efforts de Paris pour attirer en France des chercheurs en intelligence artificielle, domaine pour lequel Emmanuel Macron doit dévoiler jeudi un plan ambitieux de développement, sur fond de concurrence et d'investissements colossaux en la matière de la Chine et des États-Unis.

Le Monde.fr, AFP, 28.03.2018.

1. Le plateau de Saclay est le site du plus grand technopôle de France au sud de Paris.

ESPACES ET ACTEURS DE PRODUCTION

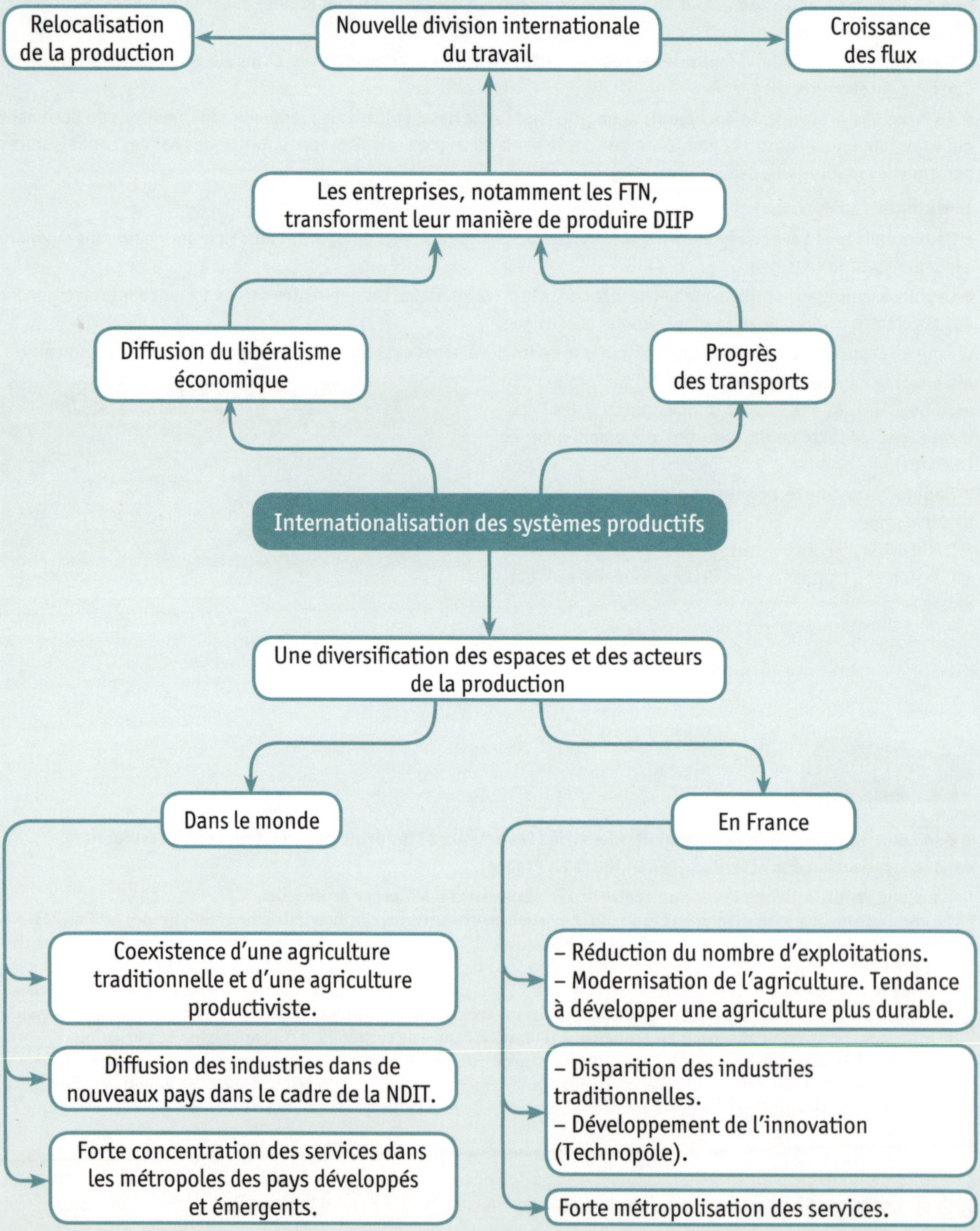

je me teste !

1 **Une agriculture avec une forte intensité de travail et utilisant des produits chimiques est :**
- ▢ **a.** une agriculture traditionnelle.
- ▢ **b.** une agriculture vivrière.
- ▢ **c.** une agriculture productiviste.

2 **L'agriculture produisant des cultures destinées à l'autoconsommation est :**
- ▢ **a.** Une agriculture biologique.
- ▢ **b.** Une agriculture vivrière.
- ▢ **c.** Une agriculture productiviste.

3 **Les services se concentrent dans :**
- ▢ **a.** les espaces urbains.
- ▢ **b.** les espaces périurbains.
- ▢ **c.** les espaces ruraux.

4 **Que signifie l'acronyme NDIT ?**
- ▢ **a.** Nouvelle direction internationale du travail.
- ▢ **b.** Nouvelle division intérieure du travail.
- ▢ **c.** Nouvelle division internationale du travail.

5 **Un territoire qui regroupe des universités, des laboratoires et des entreprises de haute technologie s'appelle :**
- ▢ **a.** un technopôle.
- ▢ **b.** un technocentre.
- ▢ **c.** un campus.

6 **Dans le cadre de la DIPP, les activités industrielles d'assemblage se déroulent dans les pays avec :**
- ▢ **a.** une main-d'œuvre hautement qualifiée.
- ▢ **b.** une main-d'œuvre bon marché.
- ▢ **c.** une faible industrie.

7 **Une FTN est une entreprise :**
- ▢ **a.** spécialisée dans la haute technologie.
- ▢ **b.** de petite taille.
- ▢ **c.** avec une partie de ses activités à l'étranger.

8 **Comment appelle-t-on les flux de capitaux, de données, d'informations ?**
- ▢ **a.** Les flux matériels.
- ▢ **b.** Les flux invisibles.
- ▢ **c.** Les flux migratoires.

9 **Quelle partie de la France est aujourd'hui en reconversion industrielle ?**
- ▢ **a.** Le nord et l'est.
- ▢ **b.** Le sud et l'ouest.
- ▢ **c.** La région parisienne.

10 **En France, dans quel secteur économique la part de la population active est-elle la plus élevée ?**
- ▢ **a.** Le secteur primaire.
- ▢ **b.** Le secteur secondaire.
- ▢ **c.** Le secteur tertiaire.

11 **Quelle est la part des actifs qui travaillent dans le secteur agricole en France ?**
- ▢ **a.** 3 %.
- ▢ **b.** 13 %.
- ▢ **c.** 30 %.

12 **Quel type d'agriculture rencontre le plus de difficultés en France ?**
- ▢ **a.** La polyculture.
- ▢ **b.** La viticulture.
- ▢ **c.** La céréaliculture.

13 **Quelle est la part des actifs qui travaillent dans le secteur des services en France ?**
- ▢ **a.** 55 %.
- ▢ **b.** 65 %.
- ▢ **c.** 75 %.

14 **Quelle catégorie de service s'installent dans les quartiers des affaires ?**
- ▢ **a.** Les services de proximité.
- ▢ **b.** Les services de commandement.
- ▢ **c.** Les services de logistiques.

Réponses !

1 : c - **2** : b - **3** : a - **4** : c - **5** : a - **6** : b - **7** : c - **8** : b - **9** : a - **10** : c - **11** : a - **12** : a - **13** : c - **14** : a - **15** : b

Diversité et recomposition des espaces ruraux dans le monde

Cours

À savoir

Entre 2000 et 2030, la surface des zones urbaines devrait tripler (route, surface construite, zone d'activités), ce qui pourrait engendrer une réduction des surfaces cultivée de 2 %.

1 Des espaces ruraux sous l'influence des villes

▶ Les espaces ruraux subissent l'influence de plus en plus importante des villes. L'urbanisation et l'étalement urbain se font au détriment des espaces ruraux. L'essentiel du grignotage de ces espaces a lieu en Asie et en Afrique, en raison d'une urbanisation importante.

▶ La limite entre la ville et les espaces ruraux est de plus en plus floue. Un phénomène de périurbanisation se produit autour des villes, principalement dans les pays développés et de plus en plus dans les pays en développement. C'est un processus par lequel les espaces ruraux en périphérie des villes accueillent de plus en plus d'habitants. Dans les pays développés, ce sont des citadins qui quittent les pôles urbains. Dans les pays en développement, ce sont également des ruraux qui se rapprochent des villes.

2 Un déclin démographique des espaces ruraux ?

▶ Aujourd'hui encore, 45 % des habitants de la planète sont des ruraux. Ils étaient 90 %, il y a un siècle. La population rurale est très faible dans les pays développés, souvent comprise entre 20 % et 30 %.

▶ En Asie et en Afrique, les ruraux peuvent représenter plus de 70% de la population dans certains pays. Cependant, progressivement l'exode rural et l'urbanisation réduisent la part des ruraux dans la population totale. Toutefois, le nombre de ruraux n'a pas commencé à diminuer, il continue même de croître.

3 Des espaces marqués par la présence de l'agriculture

▶ Si les espaces ruraux ne se limitent pas à l'agriculture, ce secteur est particulièrement présent et important sur ces territoires.

▶ Néanmoins, on assiste dans les espaces ruraux à une réduction des populations travaillant dans l'agriculture. Entre 1950 et 2010, dans les pays développés, la part des actifs travaillant dans l'agriculture est passée de 35 % à 4 % ; dans les pays en développement, de 81 % à 48 %.

4 Des espaces ruraux en déclin

Beaucoup de jeunes quittent les campagnes pour la ville. On assiste à un vieillissement des espaces ruraux, particulièrement marqué dans les pays développés. Certains espaces ruraux d'Europe ou des États-Unis sont touchés par des phénomènes de désertification et d'abandon.

5 Des espaces ruraux de plus en plus multifonctionnels

▶ Le monde rural ne se confond plus avec le monde agricole. Aujourd'hui, les espaces ruraux, des pays développés principalement, accueillent des populations et des activités sans rapport avec l'agriculture. Des néoruraux viennent s'installer afin de trouver un logement moins cher et une meilleure qualité de vie.

▶ Ces installations sont possibles grâce à l'essor des réseaux de transport et de communication qui permettent de s'éloigner de la ville sans se couper de ses services et de ses emplois.

Les industries se développent hors des villes, notamment dans l'agroalimentaire. Elles transforment sur place les productions à destination des centres urbains.

▶ Les espaces ruraux deviennent des espaces récréatifs pour les citadins (parcs d'attraction, parcs naturels) et des espaces touristiques en développant des infrastructures d'accueil et de loisirs.

>>

6 Le cas de l'Inde

- La population de l'Inde s'élève à 1,2 milliard d'habitants, dont 70 % de ruraux, soit 850 millions de personnes. Un quart des ruraux du monde vit en Inde. La densité de population dans les espaces ruraux indiens est très forte. Elle s'élève en moyenne à 280 habitants par km². Elle peut atteindre plus de 850 habitants par km² dans les régions de terres labourables.
- L'agriculture reste la principale activité économique dans les espaces ruraux en Inde. La moitié de la population active travaille dans l'agriculture.
- L'Inde a connu une importante modernisation de son agriculture du début des années 1960 aux années 1990, la révolution verte. Les espaces ruraux qui ont le mieux réussi à profiter de la modernisation agricole sont au nord-ouest et sur la côte ouest du pays (Panjab, Uttar Pradesh). Cependant, de nombreuses régions sont moins concernées par la modernisation des pratiques agricoles, notamment le centre de l'Inde semi-aride avec peu de périmètres irrigués.

À savoir

La révolution verte en Inde est mise en place à partir de 1965, à la suite d'une grave crise agricole qui a provoqué d'importante famine. Il s'agit de diffuser dans les campagnes un ensemble d'innovations techniques pour augmenter les productions : nouvelles variétés de riz, développement de l'irrigation, utilisation des traitements et des engrais.

Méthode

Élaborer le plan détaillé et la conclusion de la réponse à une question problématisée

- Il est indispensable de **faire un plan** avant de se lancer dans la rédaction de la réponse. Le plan est le cheminement qui permet de répondre de manière cohérente à la problématique.
- **Rassembler** en deux ou trois thèmes majeurs les idées et connaissances fondamentales au traitement de la question.
- Au brouillon, **numéroter les parties** (I, II, III) et leur donner des titres explicites.
- Dans chaque partie, **préciser les arguments** en indiquant l'idée et les exemples qui serviront à étayer la démonstration.
- Il faut **développer les exemples**, ne pas se contenter de mettre quelques mots entre parenthèses.
- Utiliser le plan durant la rédaction de la réponse.
- La conclusion doit comporter deux éléments : une **réponse à la problématique** soulevée dans l'introduction et une **ouverture** évoquant les continuités possibles de la problématique.

Exercice

★★ 20 min **En vous aidant du cours, faites le plan détaillé du sujet suivant : « Les espaces ruraux dans le monde sont-ils en déclin ? »**

a. Lisez attentivement le sujet et le recopiez sur le brouillon.

b. Entourez les mots-clés, les connecteurs et les limites du sujet.

c. Définissez les différents termes au brouillon et notez toutes les idées que vous avez sur le sujet.

d. Regroupez les idées par thème et réalisez un plan détaillé en donnant des titres à vos parties et en précisant le contenu des sous parties (idée et exemples).

Transformations et dynamisme des espaces ruraux français

Cours

1 Des espaces ruraux de moins en moins agricoles

▶ Les espaces ruraux ne s'identifient plus à l'agriculture, bien que 54 % du territoire français soit encore utilisé pour les productions agricoles.

▶ En effet, la population active agricole est aujourd'hui extrêmement minoritaire (3 %) même dans les communes rurales les plus éloignées des zones urbaines. Néanmoins, l'agriculture marque par sa présence les paysages ruraux français et continue de donner aux régions une forte identité : bocage breton ou normand, champs ouverts du bassin parisien, alpages des zones de montagne, etc.

2 L'essor de nouvelles activités

▶ Une économie résidentielle se développe. Elle est destinée à satisfaire les besoins des populations locales permanentes et saisonnières. Elle regroupe un ensemble de services (commerces, transport, santé, entretien, gardiennage, etc.) qui sont financés par les revenus des actifs, des retraités et des touristes.

▶ Les activités récréatives et touristiques s'implantent dans des espaces ruraux attractifs ou proches des villes : Normandie, Sologne, Lubéron, Périgord, etc. Les littoraux et les montagnes sont particulièrement recherchés et attirent l'essentiel des touristes. Il existe aujourd'hui plus de 3 millions de résidences secondaires en France.

3 L'importance du périurbain

▶ Les espaces ruraux français connaissent depuis le milieu des années 1970 une renaissance. La population a cessé de diminuer. Depuis le début du XXIe siècle, on assiste à une augmentation de la population dans les communes rurales françaises (+1,3 % par an).

▶ Les espaces ruraux deviennent le lieu de résidence de nouvelles populations, les néoruraux, qui s'éloignent des centres-villes par choix (meilleures conditions de vie) ou par obligation (coût des logements).

▶ La périurbanisation se fait sentir sur des territoires de plus en plus vastes autour des pôles urbains, entre 10 et 30 km autour d'une ville moyenne, 40 et 50 km pour une métropole régionale et jusqu'à 100 km pour Paris. Le dernier recensement (2018) indique un ralentissement du phénomène de périurbanisation en France.

4 Un inégal dynamisme des espaces ruraux français

▶ Les espaces ruraux les plus isolés couvrent un tiers du territoire métropolitain. Ces territoires sont ceux qui sont les plus éloignés des villes, dans des régions où les axes de communication et de transport sont les moins denses. Ils souffrent de l'enclavement. Ces espaces sont qualifiés d'hyper-ruraux.

▶ Ces espaces ruraux cumulent les difficultés, vieillissement de la population, faibles densités humaines souvent inférieures à 25 habitants par km², fermetures des services publics (école, gare, poste, etc.) et des commerces.

▶ Cependant, certains espaces ruraux connaissent un dynamisme démographie et économique. Autour de toutes les grandes villes françaises se développent des espaces ruraux sous forte influence de la ville. Les espaces ruraux périurbains sont les plus dynamiques, car ils profitent des retombées urbaines, liées à la déconcentration des activités et des populations urbaines.

▶ Les espaces ruraux à économie touristique tirent profit de la fréquentation, pendant une partie de l'année, de populations extérieures. Ils sont présents dans les Alpes (vallée de la Tarentaise), dans les Pyrénées, sur le littoral aquitain ou celui de la côte d'Azur.

Méthode

Analyser une photographie en géographie

▶ **Présenter et localiser la photographie**

Préciser :
- l'objet de la photo ;
- le territoire présenté par la photo (situation dans le pays ou le continent) ;
- le type de photographie (au sol, aérienne oblique, aérienne verticale) ;
- la date et l'auteur s'ils sont proposés.

▶ **Prendre connaissance** de la consigne, pour comprendre la manière dont la photo doit être exploitée.

▶ **Observer et prélever** les informations qui permettent de traiter la consigne. Relever dans la photo des éléments précis en utilisant les différents plans (1er plan, arrière plan, etc.) ou ensembles.

▶ **Expliquer** les informations prélevées en fournissant des éléments du cours et des connaissances. Dégager l'intérêt du phénomène abordé et mettre en évidence les limites de la photo.

Exercice

★★ 30 min **Après avoir présenté le document, vous indiquerez les activités présentes dans cet espace rural, puis vous préciserez si ce territoire vous semble dynamique ou en déclin.**

a. Identifiez les mots-clés de la consigne

b. Observez le document et relevez sur le document les informations qui permettent de traiter la consigne.

c. Réalisez un plan détaillé sous forme de tableau.

Center Parcs de Verneuil-sur-Avre (Eure), un parc d'attraction dans un milieu rural

SYNTHÈSE

LES ESPACES RURAUX

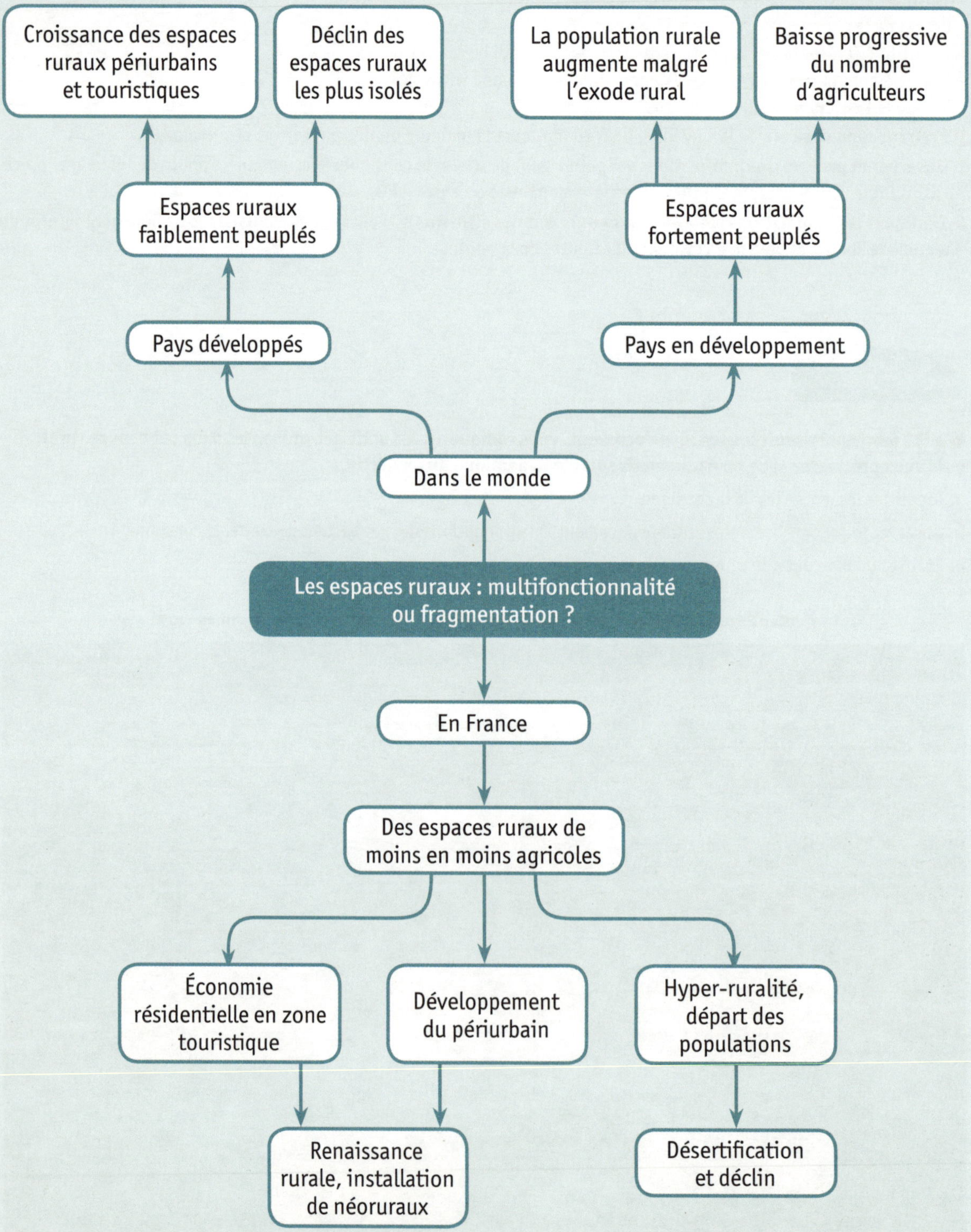

je me teste !

1 **Quelle est la part des ruraux dans la population mondiale ?**
- ▢ **a.** 45 %.
- ▢ **b.** 50 %.
- ▢ **c.** 60 %.

2 **La part des ruraux est la plus faible :**
- ▢ **a.** en Europe.
- ▢ **b.** en Asie.
- ▢ **c.** en Afrique.

3 **La part des ruraux est la plus élevée :**
- ▢ **a.** en Europe.
- ▢ **b.** en Amérique.
- ▢ **c.** en Afrique.

4 **Comment évolue la superficie des espaces ruraux dans le monde ?**
- ▢ **a.** Elle baisse.
- ▢ **b.** Elle reste stable.
- ▢ **c.** Elle augmente.

5 **Qui sont les néoruraux ?**
- ▢ **a.** Des jeunes ruraux.
- ▢ **b.** Des vieux ruraux.
- ▢ **c.** De nouveaux habitants des espaces ruraux.

6 **Quelle activité domine dans les espaces ruraux des pays en voie de développement ?**
- ▢ **a.** L'activité agricole.
- ▢ **b.** L'activité touristique.
- ▢ **c.** L'activité industrielle.

7 **La part des ruraux dans la population mondiale :**
- ▢ **a.** baisse.
- ▢ **b.** reste stable.
- ▢ **c.** augmente.

8 **Où l'exode rural est-il le plus important ?**
- ▢ **a.** En Europe.
- ▢ **b.** En Amérique du Nord.
- ▢ **c.** En Afrique.

9 **Comment s'appelle le processus par lequel progressivement les espaces ruraux se vident de leur population ?**
- ▢ **a.** Périurbanisation.
- ▢ **b.** Désertification.
- ▢ **c.** Revitalisation.

10 **Le nombre de ruraux dans le monde :**
- ▢ **a.** baisse.
- ▢ **b.** reste stable.
- ▢ **c.** augmente.

11 **Quelle activité est de moins en moins pratiquée par les habitants des espaces ruraux français ?**
- ▢ **a.** L'agriculture.
- ▢ **b.** L'activité touristique.
- ▢ **c.** L'économie résidentielle.

12 **Quels sont les espaces ruraux les plus dynamiques en France ?**
- ▢ **a.** Les espaces ruraux agricoles.
- ▢ **b.** Les espaces ruraux périurbains.
- ▢ **c.** Les espaces ruraux isolés.

13 **Quelle est la part du territoire français consacré à l'agriculture ?**
- ▢ **a.** 34 %.
- ▢ **b.** 44 %.
- ▢ **c.** 54 %.

14 **Quelle part du territoire français représentent les espaces ruraux les plus isolés ?**
- ▢ **a.** Un quart.
- ▢ **b.** Un tiers.
- ▢ **c.** La moitié.

15 **Comment sont désignés en France les espaces ruraux les plus isolés et en déclin ?**
- ▢ **a.** Hyper-ruraux.
- ▢ **b.** Périurbains.
- ▢ **c.** Néoruraux.

Réponses !

1 : a - **2** : a - **3** : c - **4** : a - **5** : c - **6** : a - **7** : a - **8** : c - **9** : b - **10** : c - **11** : a - **12** : b - **13** : c - **14** : b - **15** : a

Les effets spatiaux du développement de la Chine

Cours

1 Le développement rapide et inégal de la Chine

▶ Depuis 40 ans, la Chine connaît une croissance économique extrêmement rapide. En moyenne, le taux de croissance du produit intérieur brut (PIB) est de 10 % par an depuis la fin des années 1990.

À savoir

En 1978, la Chine communiste s'ouvre au capitalisme pour devenir une économie socialiste de marché. Cette ouverture a été voulue par le dirigeant chinois Deng Xiaoping, qui constatait le retard économique de son pays par rapport aux pays développés (Amérique du Nord, Europe de l'ouest et Japon).

▶ Le PIB chinois est passé de 305 milliards de dollars en 1980 à 12 725 milliards de dollars en 2017. La Chine est depuis 2010 la 2e économie mondiale, détrônant le Japon qui occupait cette place depuis 1968.

2 Une forte intégration à la mondialisation

▶ Le développement de la Chine correspond à l'ouverture du pays au monde. Pour accélérer l'industrialisation, les autorités ont favorisé les investissements étrangers dans le pays. Des zones économiques spéciales (ZES) sont créées sur le littoral pour accueillir les entreprises étrangères qui souhaitent développer leur activité en Chine.

▶ Les investissements directs étrangers, quasiment inexistants en 1980, pèsent 168 milliards de dollars en 2017. La Chine devient en 20 ans l'atelier de la planète. Elle met en valeur sa main-d'œuvre nombreuse, disciplinée et bon marché pour assembler les produits industriels.

▶ La Chine a détrôné les États-Unis comme première puissance commerciale en 2013.

3 Un développement inégal de la Chine

▶ La Chine littorale est le centre du territoire chinois. En effet, elle concentre l'essentielle des richesses de la population et l'ensemble des pouvoirs. Cette situation résulte de l'insertion de la Chine dans la mondialisation et de la nécessaire maritimisation de l'économie chinoise. Deux pôles dominent le littoral : la province du Guangdong (Hong Kong) et Shanghai.

▶ La Chine de l'Ouest est constituée des provinces les plus à l'ouest du territoire chinois. Elle est à l'écart du centre et très éloignée du littoral. La Chine de l'Ouest est une marge peu intégrée à la mondialisation et au reste du pays.

▶ La Chine intérieure est dans une situation intermédiaire, elle constitue une périphérie dominée, marquée par l'importance de la ruralité et de l'activité agricole.

4 La métropolisation en Chine

▶ Chaque année, la population des villes progresse de 20 millions de personnes supplémentaires. L'exode rural est le principal moteur de l'urbanisation de la Chine.

▶ L'urbanisation s'accompagne d'un phénomène de métropolisation. Ce sont les villes les plus importantes qui connaissent la plus forte croissance.

▶ Selon un rapport de l'organisation de coopération et de développement économiques (OCDE) de 2015, la Chine compte 15 villes de plus de 10 millions d'habitants (mégapoles), dont l'aire urbaine de Shanghai, qui regroupe 34 millions d'habitants, et celle de Pékin avec 24 millions d'habitants.

5 La littoralisation de la Chine

▶ La littoralisation est liée à la politique d'ouverture aux échanges mondiaux initiée à partir de 1978 par les autorités chinoises. Le littoral chinois entre Shanghai et Hong Kong constitue une véritable façade maritime, avec une succession de villes et de ports très importants. Sept des dix premiers ports mondiaux se trouvent en Chine.

6 Les difficultés des campagnes chinoises

▶ Les villes s'enrichissent plus vite que les campagnes. En moyenne, les campagnes ont des revenus trois fois inférieurs aux villes. Les 800 millions d'habitants des campagnes chinoises souffrent de conditions de vie plus difficiles.

▶ En 30 ans, la Chine a connu le plus important exode rural de l'histoire. Il semble aujourd'hui que ce mouvement se soit un peu ralenti, mais il n'est pas achevé.

Méthode

Analyser un tableau statistique en géographie

Un tableau statistique présente des données qui permettent de recueillir une ou plusieurs informations sur un phénomène. Ces données peuvent être d'ordre démographique, économique, politique, social, etc. En géographie, l'analyse du tableau permet d'entrevoir les différences qui existent entre différents territoires.

▶ **Présenter le tableau statistique :** le ou les territoires étudiés, la nature de la ou des données, l'unité employée (valeur absolue ou valeur relative, pourcentage), la date, les sources.

▶ **Prendre connaissance de la consigne**, pour comprendre la manière dont le tableau doit être exploité.

▶ Il s'agit de déterminer en fonction de quelle **problématique** il faut étudier le tableau statistique. Sans cette étape, l'analyse risque d'être hors-sujet ou d'oublier des aspects importants.

▶ Pour cela, il faut définir les **mots-clés**, identifier la question qui est posée et les éléments de plans proposés par l'analyse.

▶ **Observer et prélever les informations** qui permettent de traiter la consigne. Dans le cas d'une période, noter l'évolution générale des séries de données (augmentation, baisse, stabilité). Pour un tableau avec plusieurs territoires, comparer les territoires proposés et tenter de les regrouper.

▶ **Expliquer** les informations prélevés en fournissant des éléments du cours et des connaissances. Dégager l'intérêt du phénomène abordé et mettre en évidence les limites des données.

GÉOGRAPHIE

Exercice

★★★ 55 min **Après avoir présenté le document, vous indiquerez ce qui distingue les différentes parties de la Chine.**

a. Identifiez les mots-clés de la consigne

b. Observez le document et relevez sur le document les informations qui permettent de traiter la consigne.

c. Réalisez un plan détaillé.

d. Rédigez l'analyse à l'aide du plan.

Les disparités régionales chinoises en 2015

	Ouest	Intérieur	Littoral
Superficie (km²)	5 400 000 56 %	2 900 000 30 %	1 300 000 14 %
Population (hab.)	45 900 000 11 %	603 400 000 44 %	613 100 000 45 %
Densité (hab/km²)	27	208	472
Produit intérieur brut (milliards de yuans)	5 510 8 %	23 485 34 %	39 400 58 %
Investissements des entreprises étrangères (milliards de dollars)	84 2 %	596 16 %	3 117 82 %
Exportations (milliards de dollars)	66 3 %	309 13 %	1 968 84 %

Source : *Annuaire statistique de la Chine*, 2015, Pékin, Bureau des statistiques nationales.

La question environnementale en Chine

Cours

1 L'importance des dégradations environnementales en Chine

▶ La très forte croissance économique s'est accompagnée d'une augmentation très importante de la pollution et des atteintes à l'environnement.

▶ La pollution de l'air est particulièrement élevée. Par exemple, les émissions de CO_2, l'un des gaz à effet de serre responsable du réchauffement climatique, ont été multipliées par 5 entre 1980 et 2014. La Chine est devenue en quelques années le plus gros pollueur de la planète.

▶ Le développement d'une agriculture productiviste provoque le manque d'eau, la pollution des sols par les produits chimiques et l'érosion liée à la déforestation.

▶ L'industrie, en plus de ses rejets dans l'atmosphère, est responsable d'une croissance très forte des déchets et de la pollution des eaux et des sols.

▶ La Chine fait face à une crise environnementale majeure qui touche quasiment tout le territoire et tous les écosystèmes.

À savoir

Régulièrement, les villes chinoises sont confrontées à des nuages de smog extrêmement denses et nocifs. Le phénomène est lié à l'utilisation croissante du charbon et à l'augmentation rapide du trafic routier.

2 Les effets des dégradations environnementales

▶ Les dégradations environnementales ont des conséquences humaines lourdes. Selon une étude de l'université de Berkeley, en Chine, la pollution de l'air provoque 1,6 million de décès prématurés chaque année.

▶ Les dégradations environnementales ont des conséquences économiques importantes. Les autorités chinoises ont calculé que la dégradation de l'environnement a coûté 145 milliards d'euros au pays en 2008, soit 3,9 % du produit intérieur brut.

▶ Les dégradations environnementales ont des conséquences spatiales. Par exemple, depuis les années 1950, les activités humaines et le changement climatiques sont à l'origine de la désertification de 129 000 km² de terre.

3 Changer le modèle de développement

▶ Face à la pression de la population et au coût pour la société les autorités chinoises centrales et provinciales tentent d'introduire un développement plus respectueux de l'environnement et plus durable.

▶ Depuis 2012, le gouvernement chinois durci la réglementation en matière de pollution. Par exemple, il a fermé d'autorité de nombreuses centrales électriques trop vieilles ou trop polluantes.

▶ La Chine a signé et ratifié l'accord de Paris en 2015 et s'est engagée à réduire sa production de gaz à effet de serre.

Embouteillages dans la ville de Beijing.

4 Le développement des énergies renouvelable

▶ La Chine a décidé de développer les énergies renouvelables pour réduire son empreinte écologique et amorcer sa transition énergétique. En 2017, le pays a produit 40 % des nouvelles capacités d'énergie renouvelable dans le monde.

▶ L'effort est particulièrement important pour l'énergie solaire. La Chine installe en un mois autant de panneaux solaires que la France en un an. Elle est d'ailleurs le premier fabricant mondial de panneaux photovoltaïques.

▶ En 2018, les énergies renouvelables représentent de l'ordre d'un quart de la production électrique chinoise. L'essentiel de la production provient des barrages hydroélectriques. L'éolien et le solaire représentent 7 %.

5 Un bilan mitigé

Malgré le progrès des énergies renouvelables, les énergies fossiles restent très utilisées et continuent de progresser, notamment le charbon, qui représente 95 % des énergies fossiles utilisées pour la production d'électricité.

Méthode

Rédiger une réponse à une question problématisée

Une fois que l'analyse du sujet et le plan détaillé sont réalisés, il faut rédiger la réponse.

▶ **Rédiger au brouillon** l'intégralité de l'introduction et de la conclusion. Ces deux parties doivent être correctement rédigées. Ne pas attendre d'avoir terminé le devoir pour rédiger rapidement la conclusion.

▶ **Utiliser le plan réalisé** pour la rédaction. Les titres des parties ne doivent pas apparaître sur la copie. Ils sont transformés en phrases de façon à indiquer au correcteur l'idée générale de la partie.

▶ Chaque partie du développement est constituée d'un **paragraphe.** Il permet de développer de façon ordonnée et logique la démonstration.

▶ Chaque paragraphe comprend une **idée générale** et entre deux et quatre **arguments.** Les arguments sont composés d'une idée, d'explications et d'exemples. Il est nécessaire de détailler les exemples en rédigeant au moins une ou deux phrases qui donnent des indications précises : lieux, faits, chiffres, etc.

▶ Au moment de la rédaction, il faut privilégier les phrases courtes et simples. Utiliser des **connecteurs logiques** et choisir des termes précis adaptés à l'idée.

▶ Il est indispensable de **rédiger l'ensemble de la réponse** en bannissant les tirets et les abréviations. Il faut éviter la multiplication des parenthèses, chaque aspect de la réponse est développé.

▶ **Présenter proprement le devoir.** Sauter une à deux lignes entre l'introduction, le développement et la conclusion, et entre chacune des grandes parties.

▶ **Soigner la présentation** avec une écriture lisible, en évitant les ratures et les renvois par des astérisques.

▶ Consacrer un temps à la **relecture du travail**, pour éviter les fautes d'orthographe, de conjugaison et de syntaxe.

Important

Il existe différents types de connecteurs logiques. Ils permettent de structurer le développement et l'argumentation. Ils peuvent être utilisés au début du paragraphe (tout d'abord, ensuite, enfin) ou dans un paragraphe pour nuancer, ajouter, compléter, illustrer (de plus, cependant, ainsi, en effet, etc.).

À savoir

La réponse à une question problématisée a pour objectif d'évaluer les capacités du candidat à mobiliser des connaissances fondamentales (repères spatiaux, notions, vocabulaires, etc.) et à rédiger des réponses construites et argumentées, montrant une maîtrise correcte de la langue.

GÉOGRAPHIE

Exercice

★★★ 60 min **Quelles difficultés environnementales la Chine rencontre-t-elle et comment essaie-t-elle d'y faire face ?**

Pour faire la réponse à une question problématisée, utilisez la méthode du chapitre 3 pour faire l'introduction, celle du chapitre 6 pour le plan détaillé, et celle du chapitre 9 pour la rédaction.

La défiance envers l'information et la science

Cours

1 La défiance vis-à-vis de la science

▶ Depuis plusieurs années, on assiste à une remise en cause croissante des propos et des travaux des scientifiques. Le scientifique est une personne chargée par ses fonctions d'apporter à la société des connaissances sur les phénomènes qui nous entourent. Pour cela, le scientifique utilise une méthode rigoureuse qui consiste à émettre une hypothèse pour comprendre un phénomène, puis à chercher, par ses expériences, à la vérifier ou à l'infirmer.

▶ Il y a toujours eu une contestation des innovations car jugées sans intérêt ou dangereuses. En revanche, il existe aujourd'hui une remise en cause, voire un rejet, des travaux et des données scientifiques par une partie de l'opinion publique.

▶ Ce phénomène est largement lié à la libéralisation des médias et notamment des médias numériques (réseaux sociaux, blogs, sites de vidéo en ligne...). Les discours très minoritaires de défiance trouvent avec ces médias une très forte amplification. Le discours du scientifique se retrouve au même rang que les « opinions » d'internautes.

▶ Un grand nombre de controverses scientifiques porte sur des sujets de santé (vaccins, médicaments, ondes électromagnétiques...). Le plus souvent, il y a un très important décalage entre le risque, sa perception et le danger réel. Cette attitude consiste à surestimer les faibles probabilités et à accorder beaucoup d'importance à ce qui fait peur. Le chercheur doit, par ses travaux, informer rigoureusement l'opinion publique, en fournissant des données vérifiées et précises. Aux citoyens ensuite, dans le débat politique, de décider en autorisant ou en interdisant telle ou telle pratique.

▶ Il faut intégrer le fait que la recherche scientifique n'est pas figée et la connaissance progresse. Ce qui pouvait être accepté il y a quelques décennies n'est plus tolérable en raison de notre meilleure connaissance du risque. C'est le cas de l'amiante utilisée pour protéger les bâtiments, aujourd'hui interdite en raison de ses effets sur la santé.

2 La défiance vis-à-vis des journalistes

▶ Le métier de journaliste consiste à délivrer une information après avoir vérifié et croisé les sources. La remise en cause des médias et du travail des journalistes est déjà ancienne. Ainsi, durant la Première Guerre mondiale, les poilus ont créé des journaux dans les tranchées pour contourner « le bourrage de crâne » organisé par les autorités. Toutefois, ce phénomène s'amplifie avec l'apparition des médias numériques.

À savoir

« Bourrage de crâne » : Cette expression née à la fin du XIXe siècle est popularisée par les soldats au cours de la Première Guerre mondiale. Elle est utilisée pour décrire la propagande et les fausses informations diffusées dans la presse.

▶ Les journalistes sont accusés d'être au service d'intérêts supérieurs (pouvoir politique, entreprises...). Ils sont suspectés de couvrir les événements sans objectivité, de façon à manipuler l'opinion publique.

▶ Internet devient un instrument pour critiquer les médias traditionnels. Les sites et les forums se développent pour mettre en garde contre la « manipulation » de l'information par les médias dominants. Ils contrôlent le travail des journalistes et surveillent les élites politiques, économiques, culturelles.

▶ Internet est également un moyen de contourner les médias traditionnels. Le réseau favorise l'essor de sites d'information indépendants. Il permet de devenir soi-même un média (médias sociaux). Il permet l'existence de lanceur d'alerte comme dans le cas des Wikileaks.

3 Diffusion de fausses nouvelles et de vérités alternatives

▶ L'infox est une information « mensongère ou délibérément biaisée », servant, par exemple, « à défavoriser un parti politique, à entacher la réputation d'une personnalité ou d'une entreprise, ou à contrer une vérité scientifique établie » (*Journal Officiel*, 4 octobre 2018).

À savoir

L'expression anglaise *fake news*, qui signifie « fausse nouvelle » est remplacée en français par le terme « infox », forgé à partir des mots « information » et « intoxication ».

▶ Depuis le début des années 2010, les infox se multiplient sur les médias. Elles sont le fait de stratégies de communication politique et d'influences très perfectionnées, soit organisées par des sites de propagande au service d'intérêts étrangers ou de grandes firmes, soit par les conseillers en communication de certains hommes politiques (Ex. : D. Trump) ou soit par des internautes mal intentionnés.

▶ Les infox sont accusées de déstabiliser des institutions, par exemple, avec les soupçons d'ingérence de la Russie dans la présidentielle américaine. Les élites s'inquiètent du manque de discernement de certaines populations prêtes à croire aux infox, qui finalement les confortent dans leurs opinions.

Méthode

Comprendre une information

a. Identifier une information

▶ Une information est **un fait** présenté à un public. Pour être une information, il faut qu'elle ait **un intérêt** pour le public (contraire d'une anecdote), qu'elle soit fondée sur **un fait** (contraire d'un avis) et qu'elle soit **vérifiée** (contraire d'une rumeur).

b. Connaître l'origine de l'information

▶ Il existe **différentes sources** d'information :
– La **source primaire** correspond à un élément direct (témoin, une vidéo, une photographie, un document écrit...).
– La **source secondaire** correspond à une origine indirecte (article d'un média, dépêche d'une agence de presse, récit fait par une personne qui n'a pas assisté à l'événement...).

▶ Plus la source est directe et clairement mentionnée, plus l'information est fiable. Cependant, quel que soit l'origine de l'information, il faut varier les sources et les recouper.

Exercice

★ 5 min **Identifier deux informations.**

Lire attentivement les deux informations et, en utilisant les éléments de la méthode, indiquer celle qui semble la plus crédible et celle qui peut être considérée comme une infox.

Doc. 1

Incendie à Notre-Dame de Paris, la toiture ravagée par les flammes

Un incendie impressionnant était en cours lundi en fin de journée à Notre-Dame de Paris, « potentiellement lié » aux travaux de rénovation de l'édifice, a-t-on appris auprès des pompiers.
Selon un journaliste de l'AFP sur place, d'immenses flammes dévoraient une partie de la toiture du bâtiment, dégageant une épaisse fumée aux teintes jaunâtres.
Le feu, dont la gravité restait encore à déterminer, a pris dans les combles de la cathédrale, monument historique le plus visité d'Europe, ont indiqué les pompiers. Selon le porte-parole de Notre-Dame, l'incendie se serait déclaré aux alentours de 18 h 50. (...)

AFP.com, 15 avril 2019

Doc. 2

Capture d'un compte Twitter suite à l'incendie de Notre Dame de Paris le 15 avril 2019.

Suivre

Des sources parlent de 2 départs de feu à #NotreDame : au niveau de la flèche et à l'opposé.

Si cette information était confirmée, la thèse de l'accident, avancée comme une quasi certitude par nombre de médias dès le début alors que personne n'en sait rien, deviendrait bancale…

13:35 - 15 avr. 2019

1524 Retweets **2 037** J'aime

Nouvelles formes de solidarités et d'engagements

Cours

1 Nouvelles formes de solidarités et d'engagement sur Internet

▶ Grâce à Internet, il est plus facile de s'engager, de se mobiliser pour une cause. En quelques recherches, il est possible de participer à un événement, de financer un projet ou de proposer son aide pour une action précise.

▶ Depuis le début des années 2000, les sites dédiés à la solidarité et à l'engagement se sont multipliés. Ils sont créés par des Organisations Non Gouvernementales (ONG) déjà anciennes qui souhaitent élargir leur audience, comme Médecins Sans Frontières ou Greenpeace, ou par des sites spécifiques qui permettent de s'engager en mettant en lien les ONG et les particuliers, ou les populations en difficultés et les internautes. Par exemple, le site *Jeveuxaider.com* aide les particuliers qui souhaitent être bénévoles à trouver l'association de leur choix.

▶ Internet permet un engagement et une solidarité plus personnalisés. Il suffit de rechercher le type d'engagement, la cause, le lieu...

▶ Il est par exemple possible de devenir bénévole sans bouger de chez soi. Le site *beTobe.org* propose la mise en relation entre des bénévoles et des organisations à but non lucratif afin de favoriser les collaborations en ligne. Ainsi, en fonction des besoins exprimés par les bénéficiaires, les bénévoles produisent, via Internet, des affiches, du contenu multimédia, des conseils juridique ou financier.

▶ Il est également possible d'aider des individus à développer une activité économique par l'intermédiaire de prêts solidaires et de microcrédits. Par exemple, le site Babyloan.fr est le premier site européen de microcrédit en ligne. Depuis sa création en 2008, la plateforme a permis de prêter 21 millions d'euros sans taux d'intérêt pour aider des micro-entrepreneurs à développer une activité.

Mot-clé

Le **bénévolat** est le fait de participer volontairement à une activité sans être rémunéré. Le plus souvent le bénévole agit dans le cadre d'une association. On compte aujourd'hui en France environ 880 000 associations déclarées et 14 millions de bénévoles.

2 Les nouvelles modalités de mobilisation et d'implications politiques : l'exemple des pétitions

▶ Internet change la participation à la vie politique. Les citoyens utilisent Internet pour se mobiliser et faire évoluer les lois. Le site *Change.org*, fondé en 2007 par un Américain, a lancé près d'un million de pétitions dans 196 pays.

▶ En France, une pétition « écrite » qui recueille 500 000 signatures permet de saisir le Conseil économique, social et environnemental (CESE), qui donne alors un avis au gouvernement. Les pétitions en ligne n'ont aucune valeur juridique mais elles peuvent, comme un sondage, mobiliser les élus.

▶ À l'échelle de l'Union européenne (UE), le droit de pétition est en vigueur depuis le traité de Maastricht (1992). Il permet aux citoyens européens et à ceux qui résident dans l'Union européenne de s'adresser au Parlement de l'UE pour demander que des mesures soient prises. Depuis 2012, l'initiative citoyenne européenne permet de demander à la Commission européenne de légiférer sur un sujet, quand un million de citoyens européens se sont mobilisés.

3 Les nouveaux dispositifs pour l'engagement civique

▶ L'engagement civique contribue à l'intégration des jeunes dans la collectivité. Il renforce le sentiment d'appartenance à la société. Créé en 2010, le Service civique offre la possibilité aux jeunes de 16 à 25 ans de s'engager dans une mission d'intérêt général. Le Service national universel (SNU), en cours d'expérimentation, proposera aux jeunes Français, filles et garçons de 16 ans, une formation d'une durée d'un mois maximum et comportant une période d'hébergement collectif.

Méthode

Faire une recherche documentaire sur Internet

a. Réfléchir à la nature de la recherche

▶ Il ne faut pas se précipiter, il est nécessaire de prendre un petit moment avec une feuille de papier et un crayon, et de **formuler clairement les besoins**, ce qui permet d'affiner la requête et d'obtenir des résultats plus pertinents. Pour cela, il est utile de se poser des questions : Qu'est-ce que je cherche exactement ? Pour quoi faire ?

b. Commencer la recherche

▶ Sur Internet, il faut, pour accéder aux ressources, utiliser des moteurs de recherche. Il existe différents **moteurs de recherche** plus ou moins rapides, plus ou moins commerciaux. Pour réduire les résultats et avoir les résultats les plus pertinents, il faut utiliser des **mots-clés.** Par exemple, pour une recherche sur le bénévolat, préciser avant ce terme l'objet de la recherche (définition, organisme, statut juridique...)

c. Trier les résultats

▶ Une fois les résultats proposés, il faut **faire le tri et hiérarchiser les sites** selon leur valeur et non selon leur ordre dans la page de résultat. Il ne faut pas se précipiter sur les premiers résultats qui peuvent être des liens commerciaux. Les résultats ne se valent pas tous. Il est important de privilégier les **sites officiels** (administration, organismes reconnus) que l'on reconnaît à leur extension (« .fr » ; « .org »), des médias, des encyclopédies... Il faut penser à ouvrir les résultats qui sont des « .pdf » ou des diaporamas « .ppt » qui peuvent être des contenus plus riches.

d. Utiliser les résultats

▶ Une fois les informations trouvées, n'oubliez pas d'utiliser les guillemets quand vous les intégrez à un travail et de **citer la source.** Que ce soit un exposé ou un dossier il faut une « sitographie » à la fin qui récapitule les sites utilisés ou les pages consultées.

Pour faire une **sitographie** il faut préciser :
- l'auteur du site ou le nom du site ;
- la date de l'article et la date de consultation ;
- l'adresse (URL).

Exemple pour une recherche sur définition bénévolat :
- www.associations.gouv.fr. Ministère de l'éducation nationale et de la jeunesse. Consulté le 20 avril 2019. Le bénévole dans les associations. https://www.associations.gouv.fr/75-le-benevole-association.html

Exercice

★★ 30 min **À partir des conseils de méthode, effectuer une recherche documentaire sur Internet sur le Service Civique.**

Complétez le tableau avec les éléments trouvés durant votre recherche et précisez les sites utilisés :

Axe de recherche	Informations trouvées	Sitographie
Origine du Service Civique		
Objectifs du Service Civique		
Conditions pour faire un Service Civique		
Durée d'un Service Civique		
Bilan du Service Civique		

EMC

HISTOIRE

1 Page 85

1 **a.** Le sujet de ce document est un défilé de divers peuples. Son support est une petite lithographie.

b. Son auteur est le graveur français Frédéric Sorrieu (1807-1887). Elle date de 1848.

c. Au même moment, c'est le « printemps des peuples », un mouvement révolutionnaire à l'échelle européenne avec également des répercussions en France puisque la Monarchie de Juillet est remplacée par la IIe République.

2 **a.** C'est pourquoi la France est en tête et à la tête de ce mouvement. On retrouve d'ailleurs des allusions à la Révolution française de 1789 avec, à gauche de la lithographie, une statue de Marianne, un drapeau tricolore et, au second plan, un arbre de la Liberté.

b. Les Allemands et les Italiens, identifiables à leur drapeau, mènent ce défilé. Ce mouvement révolutionnaire est un mouvement libéral qui réclame davantage de libertés aux rois et aux princes qui les gouvernent d'où les débris des monarchies au premier plan. Ce mouvement révolutionnaire est aussi un mouvement national dont témoigne la présence de nombreux drapeaux.

c. La diversité sociale de ces révolutionnaires se retrouve dans les différentes catégories sociales représentées : des pauvres et des riches, des hommes et des femmes, de tous les âges. C'est un idéal de fraternité qui doit les unir.

d. Le Christ domine toute cette scène ; il bénit ce défilé.

3 **a.** Une République universelle est une république qui concerne tout le monde sans distinction. Cette union dans le combat révolutionnaire signifie que tous les hommes sont frères et unis par les mêmes objectifs. Une République universelle se rattache donc à la notion de fraternité.

b. Une République démocratique considère que le pouvoir émane du peuple et qu'il est souverain dans son gouvernement. Elle se rattache donc à la notion de liberté.

c. Une République sociale n'accorde pas uniquement des droits politiques et civils à ses citoyens. Elle favorise leur bien-être en accordant des droits sociaux. Elle se rattache donc à la notion d'égalité.

d. Avec ce document, Frédéric Sorrieu tient à montrer que chaque nation européenne doit être souveraine et que chaque peuple est libre de disposer de lui-même mais toujours sous la protection divine.

2 Page 90

1 **a.** Le sujet aborde la question du suffrage, donc des modalités du vote, ici dans le domaine politique. Il convient d'évoquer cette question uniquement dans le cadre du territoire français et dans une période chronologique qui va de la proclamation de la IIe République à la chute du Second Empire. L'accent devra être mis sur la nature des changements qui ont affecté les modalités du vote durant ces deux régimes, en les comparant éventuellement avec ce que l'on sait de ces modalités durant les périodes antérieures et postérieures.

b. Le plan devra nécessairement s'appuyer sur un déroulement chronologique clair puisqu'il s'agit d'étudier une évolution. Les dates charnières et les mots-clefs sont (ici en italique) :
- *1848* avec l'avènement du *suffrage universel masculin* pour les hommes âgés de plus de 21 ans. Le droit de vote est donc largement élargi puisqu'il succède au *suffrage censitaire* en vigueur durant la monarchie de Juillet, mais les *femmes* en restent exclues. Mais en 1850, des conditions restreignent l'universalité du suffrage masculin. La population peut exercer son droit de vote lors des élections législatives et des élections présidentielles. Cette période correspond au régime de la *IIe République*.
– *1852* à *1870* avec le rétablissement du suffrage universel masculin sans condition autre que l'âge et la mise en place en parallèle de la pratique du *plébiscite*. Cette pratique, qui permet au chef de l'État de proposer à la population de confirmer ou de rejeter ses décisions, est un instrument de pouvoir pour affirmer le régime impérial. Napoléon III y recourt régulièrement tout au long du *Second Empire*. Les élections portant sur des candidats offrent un choix limité aux citoyens, ce qui limite de fait la liberté du suffrage.

2 **a.** On peut borner chronologiquement le sujet entre 1848 et 1870. L'Italie est fragmentée entre plusieurs États indépendants, plusieurs situés au nord étant contrôlés par l'Autriche (la Lombardie-Vénétie étant même annexée par l'Autriche). Les principaux acteurs de l'indépendance sont, d'une part, ceux qui sont à la tête du royaume de Piémont-Sardaigne à savoir le roi Victor-Emmanuel II et le président du Conseil Cavour, et d'autre part Napoléon III, d'abord président de la République puis, à partir de 1852, empereur des Français. La France monnaye son soutien au Royaume de Piémont-Sardaigne : Napoléon III réclame, lors d'une entrevue diplomatique à Plombières, la cession de la Savoie et de Nice contre sa participation militaire à la guerre d'indépendance imminente.

b. Le plan chronologique semble le plus adéquat pour répondre à la question problématisée n°2 car il s'agit de montrer qu'au fil des étapes de l'unification italienne, le rôle de la France n'a pas toujours été le même. Une manière d'opter pour ce choix est de mobiliser ses connaissances sous forme de faits associés à des dates : l'ordre des informations à fournir sera donné par la succession des dates dans le temps.

c. 1859 correspond à l'implication militaire de la France dans la guerre d'indépendance italienne et aux deux grandes victoires de Magenta et de Solferino. En 1866, la France joue un rôle d'intermédiaire entre l'Autriche et le royaume de Piémont-Sardaigne en lui rétrocédant la Vénétie, qui lui avait été cédée par l'Autriche après sa défaite de Sadowa face à la Prusse. En 1867, Napoléon III met un frein à la finalisation de l'unification de l'Italie afin de protéger le pouvoir du pape sur Rome et ses environs : Garibaldi et ses « Chemises rouges » font leur jonction à Naples avec Victor-Emmanuel II, qui devra attendre 1870 et la chute du Second Empire pour pouvoir incorporer les États pontificaux à la nation italienne, au grand dam du pape.

3 Page 97

1 **I. Démocratiser la République**
La IIIe République se stabilise en **1879**. Pour unir les Français autour des valeurs républicaines, les promoteurs du régime décident de renforcer la **démocratie**. En **1881**, ils rétablissent la liberté de presse et de réunion, qui n'existait plus sous le

Second Empire. En **1882**, les conseils municipaux peuvent élire le maire, ce qui n'était pas non plus le cas sous le Second Empire. Ils autorisent l'existence de syndicats en **1884**, ce qui est une avancée supplémentaire pour les droits des ouvriers, en plus de l'autorisation de faire grève qui avait été accordée par Napoléon III en 1864.

II. Mettre en avant des symboles hérités de 1789

Pour montrer qu'elle est en continuité avec les idéaux de la Révolution française, la IIIe République met en valeur certains symboles qui datent de cette époque : la *Marseillaise* devient l'**hymne** national (**1879**), le 14 juillet devient fête nationale (**1880**). Des bustes et statues de Marianne apparaissent dans les mairies et sur les places publiques. En juin 1885, lors des funérailles de Victor Hugo, le Panthéon est remis à l'honneur : la dépouille de l'écrivain, suivie par plus de deux millions de personnes, y est placée afin de rendre hommage à celui qui a farouchement défendu les valeurs républicaines, que l'on retrouve dans la **devise** : Liberté, Égalité, Fraternité.

III. Former des citoyens à l'école

La **laïcisation** de l'enseignement permet de réduire l'influence de l'Église. Seule l'école peut former des citoyens attachés à la République. L'école devient obligatoire et gratuite (aucun élève ne peut échapper à la scolarisation) mais aussi laïque grâce aux lois impulsées par le ministre de l'Instruction Publique, Jules Ferry, en **1881** et en **1882**). Les crucifix disparaissent des salles de classe, le catéchisme des programmes. Mais le jeudi est un jour libre, durant lequel les parents peuvent emmener leur enfant au catéchisme. L'Église accepte mal cette situation, et les relations entre elle et les républicains **anticléricaux** sont tendues. L'extension du service militaire obligatoire (1899 et 1905) est aussi destinée à renforcer le sentiment républicain.

2 Ainsi donc, la IIIe République s'est efforcée d'unir les Français en leur offrant davantage de démocratie, en faisant vivre les valeurs républicaines grâce à des symboles forts hérités de la Révolution française et en formant les jeunes générations afin qu'elles soient très attachées au régime. Certes, à partir de 1894, l'affaire Dreyfus déchire profondément la société française : mais les dreyfusards qui, poussés par l'idéal d'égalité, voulaient faire triompher la justice et le droit, ont finalement obtenu la grâce du capitaine d'état-major juif en 1906, ce qui allait dans le sens d'une affirmation des idéaux de la République. La loi de séparation des Églises et de l'État de 1905 a certes opposé catholiques et républicains, mais elle poursuivait l'œuvre de laïcisation entamée avec Jules Ferry. Aujourd'hui, la société française, formée aux valeurs républicaines à l'école, continue à faire appel aux symboles républicains officialisés par la IIIe République, mais elle bénéficie d'une démocratie plus large, le droit de vote, refusé aux femmes par ce régime, ayant été accordé en 1944.

4 Page 103

a. Œuvre d'art, ce document ne peut être cantonné au statut de témoignage. Mais Otto Dix a combattu durant la Grande Guerre et ce travail résulte de son expérience combattante. Ne portant sur aucun événement précis, ce triptyque, intitulé *La guerre*, peut témoigner des représentations de son auteur et du traumatisme qui l'habite encore autour de 1930.

b. Comme les triptyques religieux médiévaux, le tableau est principalement structuré en trois volets : un grand tableau central, cœur du sujet, et deux volets latéraux, qui le mettent en perspective. Une lecture chronologique peut en être faite : à gauche, les soldats partent au combat ; au centre, la bataille fait rage ; à droite, après l'affrontement, un soldat indemne secoure un blessé parmi les morts. Mais le décor chaotique est toujours présent, et l'on peut proposer une lecture cyclique du tableau, les survivants repartant au front. En outre, un quatrième panneau soutient l'ensemble et figure les corps alignés de soldats morts au combat, que surplombe un linceul.

c. La vision d'Otto Dix exprime son dégoût pour une guerre chaotique, visible dans la confusion et la désolation du paysage central, où les hommes sont déshumanisés (vivants masqués et morts déchiquetés), après avoir massivement et anonymement rejoint le front (personnages de dos sur le panneau de gauche). Au ciel et sous terre, la mort les enveloppe et règne sur la scène. À droite, les survivants auraient pu manifester une forme d'espoir humaniste chez Otto Dix, mais sont noyés dans les flammes, peinent à se mouvoir et leur lividité souligne la marque indélébile de la déshumanisation. Le personnage de droite représente d'ailleurs Otto Dix lui-même, s'extirpant des décombres en traînant le poids d'un camarade de combat, signifiant que, vers 1930, le traumatisme est toujours vivant.

d. Alors qu'elle partage peu de points communs avec le doc. 3, l'œuvre d'Otto Dix, comme le témoignage de H. Barbusse (doc. 1), exprime une impression personnelle générale, à distance de la simple recension des faits, dont se dégagent des idées proches (confusion des éléments, omniprésence de la mort, déshumanisation). Mais, composée par un Allemand, bien après la guerre, et exprimant un traumatisme profond, la peinture est à rapprocher du texte d'E.-M. Remarque (doc. 2), certes plus descriptif et concret, mais peut-être animé d'une intention voisine.

GÉOGRAPHIE

1 Page 107

a. La carte est un planisphère centré sur pôle nord. C'est une carte de synthèse qui aborde l'urbanisation et la métropolisation en présentant le taux d'urbanisation par État, les principales métropoles et les mégalopoles. Les données sont récentes (2017) mais la source n'est pas précisée.

b. La légende se décompose en trois parties. La première partie présente les taux d'urbanisation selon trois classes : inférieur à 50 %, compris entre 50 % et 75 % et supérieur à 75 %. La deuxième aborde les métropoles ayant plus de 20 millions d'habitants et celles ayant entre 10 et 20 millions d'habitants et leur croissance forte (supérieure à 2 %) ou faible (inférieure à 1 %). La dernière partie est consacrée aux mégalopoles existantes et celles en cours de formation.

c. L'urbanisation des États est inégale à l'échelle du monde. L'Amérique, l'Europe, le Moyen-Orient et l'Océanie ont des taux d'urbanisation élevés, supérieurs à 75 %. On peut nuancer en Europe car l'urbanisation est plus faible à l'Est qu'à l'Ouest. En Asie et en Afrique, le taux d'urbanisation est moyen (compris entre 50 % et 75 %) dans de nombreux États et faible (inférieur à 50 % dans la plupart). Il y a des métropoles sur tous les continents mais c'est le continent asiatique qui compte le plus grand nombre de métropole ayant plus de 10 millions d'habitants. En Europe et en Afrique, leur nombre est plus limité et il n'y a aucune ville de plus de 20 millions d'habitants. Les mégalopoles sont présentes en Amérique, en Europe et en Asie. Il n'y en a pas en Afrique. L'Europe compte une mégalopole, l'Amérique 3 et l'Asie 2 si on prend en compte celles qui sont en formation.

d. L'urbanisation est plus faible en Afrique et en Asie car la transition urbaine est plus récente et ce phénomène est en cours. Alors qu'il est achevé sur les autres continents. Les métropoles de plus de 10 millions d'habitants sont les plus nombreuses en Asie car cette région du monde est la plus peuplée avec 4,4 milliards d'habitants, soit 60 % de la population mondiale. Les villes sont très attractives et attirent de nombreux habitants. La forte croissance des métropoles en Asie et en Afrique s'explique grâce à la transition urbaine qui est en cours et la croissance démographique. En effet, l'exode rural est important et le solde naturel, c'est-à-dire la différence entre la natalité et la mortalité élevé. En Europe et au Japon, la transition urbaine est achevée. Il n'y a plus d'exode rural et la croissance démographique est faible voire négative dans le cas du Japon.

2 Page 109

La métropolisation du territoire français

1. La domination de Paris

- Ville mondiale de plus de 12 millions d'habitants
- Projet du Grand Paris pour renforcer le rayonnement
- Concentration des pouvoirs politique, économique et culturel

2. Les métropoles régionales

- Métropole régionale de plus de 500 000 habitants
- Métropole très dynamique avec un solde migratoire très positif

3 Page 113

Le constructeur allemand Daimler a annoncé en mars 2019, que la voiture Smart ne serait plus construite en France mais que sa production serait délocalisée en Chine à partir de 2022. Cette stratégie est possible dans le cadre de la mondialisation. En effet, la mondialisation est un processus qui met en relation les territoires en favorisant les flux de toute nature. Les espaces productifs qui sont spécialisés dans une activité économique se transforment et s'adaptent à une économie mondialisée. Comment la mondialisation recompose-t-elle les espaces productifs dans le monde ? Tout d'abord, il est intéressant de constater que les espaces productifs sont de plus en plus ouverts sur le monde et renforcent la littoralisation. Ensuite, ils sont également de plus en plus concentrés dans les métropoles et participent à la métropolisation. Enfin, les espaces productifs se recomposent dans le cadre d'une nouvelle division internationale du travail.

4 Page 115

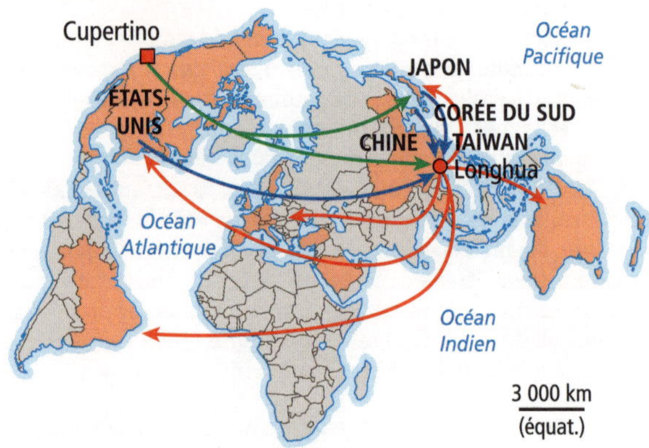

La production de l'iPhone

1. Une production mondiale

- Siège d'Apple (conception, marketing,recherche)
- JAPON État où sont implantés des fournisseurs de composants
- Assemblage de l'iPhone

2. Une distribution mondiale

- Territoire où l'iPhone est distribué
- États disposant d'Apple store

3. Des flux mondiaux

- Flux de capitaux et de données vers les sous-traitants
- Flux de composants
- Flux de produits finis

5 Page 117

Analyse de la consigne. Le sujet proposé par la consigne consiste à s'intéresser à la localisation des activités économiques en France. Deux pistes de travail sont proposées : identifier les acteurs qui participent à la localisation des activités et présenter les facteurs explicatifs. Ces deux axes vont servir pour construire le plan de la réponse.

Éléments de rédaction. Le document est un extrait d'un article publié sur le site du journal *Le Monde* en mars 2018. Il rapporte

la décision prise par les entreprises Samsung et Fujitsu d'installer en France des centres de recherche. À partir de ce document, est-il possible d'identifier les acteurs et les facteurs qui contribuent à la localisation des activités économiques en France ?
L'article présente trois types d'acteurs différents. Tout d'abord, des entreprises de taille mondiale, des firmes transnationales (FTN) sud-coréenne et japonaise : Samsung et Fujitsu. Elles ont décidé d'installer en France des centres de recherche spécialisés dans l'intelligence artificielle (IA). Ensuite, selon l'article, cette décision est liée à l'action de l'État français, qui souhaite attirer des entreprises innovantes sur son territoire. En effet, pour Samsung, la décision a été annoncée par « son directeur général Young Sohn à Emmanuel Macron ». Enfin, l'Inria (Institut national de recherche en informatique et en automatique) est un laboratoire de recherche public, qui joue un rôle dans le choix de l'entreprise Fujitsu de s'implanter en France, puisqu'ils travailleront « en partenariat ».
Si les acteurs sont importants, quels sont les facteurs qui contribuent à localiser les activités économiques ? D'une part, pour ces deux exemples d'implantation, il semble que les facteurs politiques aient joué. Effectivement, la France mène une politique volontariste pour développer le secteur de l'IA et souhaite investir dans ce domaine : « Emmanuel Macron doit dévoiler jeudi un plan ambitieux de développement ». D'autre part, le territoire français dispose d'atouts recherchés par les FTN. L'existence de laboratoire de recherche comme l'Inria et de territoire de l'innovation comme le technopôle de Saclay, qui accueillera une partie de ces nouvelles activités, sont des éléments qui renforcent l'attractivité de la France.
Dans le cadre de la mondialisation, les entreprises mettent les territoires en concurrence pour accueillir leurs activités. Les acteurs publics jouent un rôle primordial pour accroître l'attractivité d'un territoire. Le plan du gouvernement en faveur de l'IA cherche à placer la France à la pointe de l'innovation pour attirer les entreprises et rester compétitive.

6 Page 121

I. Des espaces ruraux menacés par le développement des villes...

a. Un essor des villes au détriment des campagnes

b. L'importance de l'exode rural en particulier en Afrique et en Asie.

c. Des espaces ruraux qui se désertifient dans les pays développés

II. ...Mais des espaces ruraux qui restent très importants et qui se recomposent

a. Les espaces ruraux occupent la majeure partie de la surface terrestre et regroupe 45 % de la population mondiale.

b. Les espaces ruraux restent essentiels pour l'agriculture et se modernisent comme en Inde.

c. Les Espaces ruraux sont de plus en plus multifonctionnels et gagnent des habitants dans certains pays.

7 Page 123

a. Les mots-clés de l'énoncé sont « activités », « territoire dynamique ou en déclin ».

b. La consigne nous oriente vers une analyse en deux temps : tout d'abord identifier les activités économiques présentes sur ce territoire rural. Ensuite, en déduire si le territoire est dynamique ou en difficultés.

c. Plan :

Parties de la réponse	Éléments du document	Connaissances
Activités économiques présentes	– Au 1er plan, un parc d'attraction (Center parc) composé d'importants bâtiments, d'une piscine, de lacs, d'espaces boisés, d'un golf – À l'arrière-plan, des cultures de céréales avec un habitat dispersé, des exploitations agricoles isolées.	– Activité récréative et touristique assez importante destinée aux urbains. – Une activité agricole relativement peu peuplante
Un territoire dynamique ou en déclin	— Un espace rural plutôt dynamique, car des activités économiques variées. — Proximité de l'agglomération parisienne. — Bien que les densités de population sur la photographie paraissent faibles	— Un espace rural marqué par l'influence de la ville. — Center parc permet la création d'emplois directs et indirects. cet aménagement permet une « renaissance rurale » et le développement d'une économie touristique.

8 Page 127

La Chine est devenue en quelques décennies l'une des premières puissances économiques du monde, se classant au 2e rang des PIB mondiaux depuis 2010. Cependant, le territoire chinois est marqué par d'importantes disparités. Le document, est un tableau statistique qui compare les trois ensembles régionaux de la Chine (Ouest, intérieur, et littoral) selon six données différentes. À partir de ces éléments, quelles différences peut-on observer entre ces trois ensembles ? L'analyse portera successivement sur les trois ensembles régionaux.

La Chine de l'Ouest, est la partie la plus étendue du territoire chinois. Elle représente 56 % de la superficie de la Chine. Cependant, c'est la région la moins peuplée, environ 146 millions d'habitants, soit 11 % de la population totale. Les densités de population sont très faibles, inférieures à 30 habitants par km². Cette partie de la Chine comprend des territoires assez contraignants : montagnes de l'Himalaya, plateaux du Tibet, région sèche du désert de Gobi, etc. Elle est peuplée de minorités ethniques non Han (non chinoises), comme les Ouïgours, les Tibétains, etc. Cette région contribue peu au dynamisme économique de la Chine. Elle réalise 8 % du PIB, 3 % des exportations et attire 2 % des investissements directs étrangers (IDE). En effet, ces territoires restent très ruraux avec une agriculture extensive d'élevage, peu industrialisés et à l'écart des grands axes mondiaux. Ils sont en marge de la mondialisation.

La Chine de l'intérieur est moins vaste, 30 % de la superficie mais plus peuplée (environ 44 % de la population). La densité de 208 habitants par km² est élevée. Elle représente deux fois la moyenne nationale. Elle produit un tiers du PIB chinois. C'est une région où l'agriculture domine et où certaines industries se développent autour de centres urbains comme Chongqing. Les IDE sont modestes (16 % du total) mais ont tendance à croître. Les entreprises étrangères sont attirées par une main-d'œuvre moins chère que sur le littoral. D'ailleurs, la part des exportations de la Chine intérieure reste faible 13 %. Cette région est une périphérie dominée par les provinces du littoral.

La Chine Littoral est la région la plus petite (14 % de sa superficie). Cependant, c'est la région la plus peuplée (45 % de la population) et avec les plus fortes densités humaines (472 hab/km²). Elle constitue le centre de la Chine car elle concentre les activités économiques et assure 58 % du PIB. Les IDE se dirigent massivement vers les provinces littoral (82 % du total). Cela s'explique par leur ouverture sur le monde et par l'importance du marché de consommation. 84 % des exportations chinoises sont faites depuis la Chine littoral, les industries y sont très importantes et leur production est dirigée vers le marché extérieur. Le document permet de constater que la Chine est marquée par d'importantes disparités, selon un gradient est-ouest. Les provinces de l'Est étant bien plus dynamiques et riches que celles de l'Est.

9 Page 129

Introduction. Depuis 40 ans, la Chine connaît une croissance économique extrêmement rapide. Le produit intérieur brut est passé de 305 milliards de dollars en 1980 à 12 725 milliards de dollars en 2017. Ce développement économique s'est accompagné d'une dégradation très marquée de l'environnement. Quels problèmes environnementaux la Chine rencontre-t-elle et comment essaie-t-elle d'y faire face ? Après avoir présenté les dégradations de l'environnement, nous verrons les mesures mises en place et leur efficacité.

Développement. La Chine connaît une dégradation très importante de son environnement. Tout d'abord, la pollution de l'air est particulièrement élevée. Par exemple les émissions de CO_2, l'un des gaz à effet de serre (GES) responsable du réchauffement climatique, ont été multipliées par 5 entre 1980 et 2014. La Chine est devenue en quelques années le plus gros émetteur de GES au monde, environ 25 % des émissions. Très fréquemment, les villes chinoises sont confrontées à des nuages de smog extrêmement denses et nocifs. Le phénomène est lié à l'utilisation croissante du charbon et à l'augmentation rapide du trafic routier. Ensuite, les activités économiques détériorent et épuisent le territoire. Par exemple, le manque d'eau lié au développement de l'irrigation, la pollution des sols par les produits chimiques, la déforestation. L'industrie, outre ses rejets dans l'atmosphère, est responsable d'une croissance très forte des déchets et de la pollution des eaux et des sols. Enfin, ces atteintes à l'environnement ont des conséquences importantes pour la société chinoise. Effectivement, les effets sur la santé de la population sont lourds. Selon une étude de l'université de Berkeley, en Chine, la pollution de l'air provoque 1,6 million de décès prématurés chaque année. D'un point de vue économique, l'impact est important. Les autorités chinoises ont calculé que la dégradation de l'environnement a coûté 145 milliards d'euros au pays en 2008, soit 3,9 % du produit intérieur brut. La Chine fait face à une crise environnementale majeure qui touche quasiment tout le territoire et tous les écosystèmes et qui provoque une réaction des autorités.

Face à la pression de la population et au coût pour la société, les autorités chinoises tentent de changer de modèle de développement pour un développement plus respectueux de l'environnement et plus durable. Dans un premier temps, les autorités durcissent la réglementation et prennent des engagements. Depuis 2012, le gouvernement chinois a fermé d'autorité de nombreuses centrales électriques au charbon trop vieilles ou trop polluantes. La Chine a signé et ratifié l'accord de Paris en 2015 et s'est engagée à réduire sa production de gaz à effet de serre. Dans le 13e plan quinquennal (2016-2020), sur treize objectifs principaux, dix points sont consacrés à l'environnement et au développement durable. Dans un second temps, la Chine a décidé de développer les énergies renouvelables pour réduire son empreinte écologique et amorcer sa transition énergétique. En 2017, le pays a produit 40 % des nouvelles capacités d'énergie renouvelable dans le monde. L'effort est particulièrement important pour l'énergie solaire. En effet, la Chine installe en un mois autant de panneaux solaires que la France en 1 an. Elle est d'ailleurs le 1er fabricant mondial de panneaux photovoltaïques. En 2018, les énergies renouvelables représentent environ un quart de la production électrique chinoise. Cependant, malgré le progrès des énergies renouvelables, la consommation des énergies fossiles continue de progresser, notamment le charbon, qui représente 95 % des énergies fossiles utilisées pour la production d'électricité.

Conclusion. Le développement extrêmement rapide de la Chine a provoqué une crise environnementale majeure dans le pays. Les autorités semblent avoir compris l'enjeu mais les mesures prises n'ont pas encore réussi à ce jour à réduire significativement la pollution et les atteintes à l'environnement.

EMC

1 Page 131

Les deux documents portent sur la même information : l'incendie de Notre-Dame de Paris le 15 avril 2019. Dans le document 1, l'auteur de l'article (non cité) révèle à 4 reprises ses sources (deux fois « les pompiers », un « journaliste de l'AFP sur place » et le « porte-parole de Notre-Dame »). Ce sont ici des sources primaires, qui sont des témoins directs de l'événement. L'article est prudent sur l'origine de l'incendie. Cette information semble tout à fait crédible. Dans le document 2, l'auteur du tweet évoque un doute sur l'origine de l'incendie, il remet en cause la version de l'incendie. Pour autant, il ne cite pas ses sources avec précisions « des sources ». Le message sous-entend, que l'origine de l'incendie pourrait être volontaire car ayant « 2 départs de feu » donc criminel. L'absence de source fiable permet de dire que ce tweet s'apparente à une infox.

2 Page 133

Axe de recherche	Informations trouvées	Sitographie
Origine Service Civique	« Le service civique est un dispositif (...) créé par la loi du 10 mars 20101 par Martin Hirsch ».	Wikipédia.org, *Service civique*, avril 2019. https://fr.wikipedia.org/wiki/Service_civique
Objectifs du Service Civique	- « mobiliser la jeunesse face à l'ampleur de nos défis sociaux et environnementaux. » - « proposer aux jeunes de 16 à 25 ans un nouveau cadre d'engagement, dans lequel ils pourront mûrir, gagner en confiance en eux, en compétence, et prendre le temps de réfléchir à leur propre avenir, tant citoyen que professionnel. »	Service civique.gouv.fr, Ministère de l'éducation nationale et de la jeunesse, *Le Service Civique depuis 2010*, avril 2019. https://www.service-civique.gouv.fr/page/le-service-civique-depuis-2010
Conditions pour faire un Service Civique	Le Service Civique est ouvert à tous les jeunes entre 16 et 25 ans et élargi à 30 ans pour les jeunes en situation de handicap.	Service civique.gouv.fr, Ministère de l'éducation nationale et de la jeunesse, *Les conditions pour m'engager*, avril 2019. https://www.service-civique.gouv.fr/page/le-service-civique-depuis-2010
Durée d'un Service Civique	« Le Service Civique est un engagement volontaire de 6 à 12 mois pour l'accomplissement d'une mission d'intérêt général. »	Service civique.gouv.fr, Ministère de l'éducation nationale et de la jeunesse, *Les conditions pour m'engager*, avril 2019. https://www.service-civique.gouv.fr/page/le-service-civique-depuis-2010
Bilan du Service Civique	« Le service civique se porte comme un charme. Nous sommes passés de 123.000 volontaires en 2017 à 140.000 en 2018, soit une hausse de 14%. En trois ans, le nombre a quasiment été multiplié par trois. »	Lejdd.fr, Le journal du Dimanche, Marie Quenet, *Le service civique se porte comme un charme*, avril 2019. https://www.lejdd.fr/Societe/le-service-civique-se-porte-comme-un-charme-3859913

Les éléments chimiques

Cours

L'apparition de l'Univers actuellement connu résulte du ***big bang***, phénomène datant d'environ 12,8 milliards d'années. Une énorme quantité d'énergie a alors été produite. Une partie de cette énergie s'est transformée en particules microscopiques. Le regroupement de ces particules a formé les atomes les plus simples.

1 L'origine des différents éléments chimiques

▶ Les premiers atomes créés à la suite du *big bang* étaient les plus simples. L'**hydrogène**, par exemple, ne possède qu'un proton et un seul électron. Il représente 90 % des éléments constituant l'Univers. L'**hélium**, quant à lui, a deux protons et deux électrons. Ces deux éléments représentent à eux seuls 99 % de la matière dans l'Univers.

▶ Dans les étoiles, les noyaux atomiques **fusionnent** par **réactions nucléaires** pour former des noyaux de plus en plus gros, produisant ainsi les quelque 3 300 nucléides connus. Parmi ces noyaux, 252 sont stables : ils ont une longue durée de vie, car ils ne sont quasiment pas radioactifs.

▶ Souvent, à la fin de leur vie, les étoiles explosent en libérant tous les éléments chimiques qu'elle a forgés. Ceux-ci se retrouvent alors dans tous les astres, dont les planètes, et se répartissent en différentes proportions. La Terre est par exemple constituée essentiellement d'oxygène, d'hydrogène, de fer, de silicium, de magnésium ; les êtres vivants, eux, sont formés principalement de carbone, d'hydrogène, d'oxygène et d'azote.

Définition

Un **nucléide** est un ensemble d'atomes dont le noyau possède le même nombre de protons et le même nombre de neutrons.

2 La radioactivité

▶ Les noyaux atomiques sont formés de protons et de neutrons. Certains sont instables en raison d'un nombre excessif de protons et de neutrons. Ils se stabilisent en libérant de l'énergie : c'est le phénomène de **radioactivité**.

▶ La désintégration d'un noyau individuel se produisant de façon aléatoire, la disparition de l'ensemble des noyaux suit une **loi moyenne de désintégration** (Doc. 1).

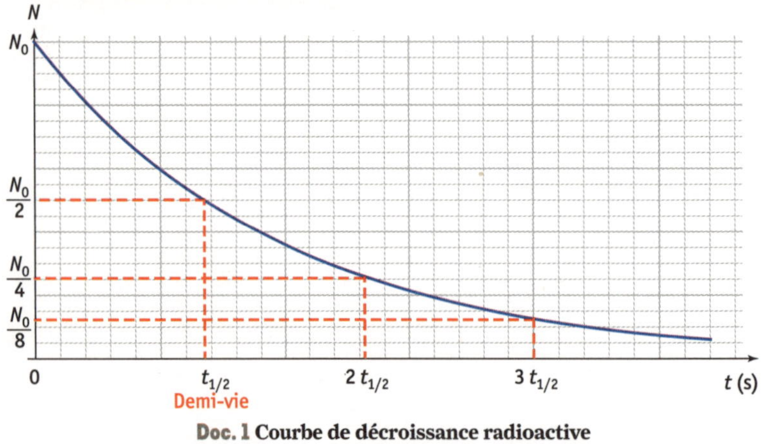

Doc. 1 Courbe de décroissance radioactive

À savoir

Expression de la **demi-vie** :

$$N = \frac{N_0}{2^n}$$

N_0 est le nombre initial de noyaux.
N est le nombre de noyaux restants au bout de n demi-vies.

▶ La courbe de décroissance radioactive montre que la durée de disparition par désintégration de la moitié des noyaux initialement présents dans un **échantillon** est toujours la même pour un noyau considéré. Cette durée s'appelle la **demi-vie**. Elle se note $t_{1/2}$ et peut être de l'ordre de la nanoseconde aux milliards d'années.

▶ La demi-vie est spécifique à l'élément radioactif considéré. Par exemple, le carbone 14 a une demi-vie de 5 730 ans.

Biographie

Le physicien français Antoine Henri **Becquerel** (1852-1908) a découvert la radioactivité en 1896. Il a partagé le prix Nobel de physique en 1903 avec Pierre et Marie Curie. Le becquerel (Bq) est l'unité d'activité radioactive, c'est-à-dire le nombre de désintégrations par seconde.

Méthode

Différencier une réaction nucléaire d'une réaction chimique

Les réactions chimiques et nucléaires sont représentées par des équations.

▶ **Relever** les nombres de masse A de chaque noyau.
- Si deux petits noyaux produisent un gros noyau, il s'agit d'une **fusion**.
- Si un gros noyau se désintègre en petits noyaux, il s'agit d'une **fission**.
- Si la formule traduit une réorganisation des atomes sans modification du noyau, c'est une **réaction chimique**.

Rappel

Symbole représentant un noyau atomique :

$${}^{A}_{Z}X$$

X est le symbole chimique de l'élément.
Z est le numéro atomique de l'élément et aussi son nombre de protons.
A est le nombre de masse de l'élément et aussi son nombre de nucléons.

▶ **Indiquer** pour chaque équation de réaction si elle correspond à une réaction chimique, une réaction nucléaire de fusion ou une réaction nucléaire de fission.

${}^{241}_{94}\text{Pu} + {}^{1}_{0}\text{n} \rightarrow {}^{141}_{55}\text{Cs} + {}^{98}_{39}\text{Y} + 3{}^{1}_{0}\text{n}$	Pu est le plus gros noyau ($A = 241$). Cs et Y sont plus petits. Il s'agit donc d'une réaction nucléaire de fission.
${}^{3}_{2}\text{He} + {}^{3}_{2}\text{He} \rightarrow {}^{4}_{2}\text{He} + 2{}^{1}_{1}\text{H}$	Deux petits noyaux produisent un noyau plus lourd ($A = 4$). Il s'agit donc d'une réaction nucléaire de fusion.
$\text{C} + \frac{1}{2}\text{O}_2 \rightarrow \text{CO}$	Les noyaux ne sont pas modifiés. Il s'agit d'une réaction chimique.

Les réactions nucléaires n'impliquent que le noyau atomique, alors que les réactions chimiques interviennent au niveau des électrons. Les symboles utilisés se ressemblent, mais ne désignent pas les mêmes constituants de l'atome.

Exercices

1 ★ 15 min **Utiliser un tableur pour représenter des abondances d'éléments chimiques**

Le tableau ci-après donne l'abondance de quelques éléments chimiques dans l'Univers et sur Terre.

Symbole	O	Mg	Fe	Si	S	Al	H	He	C
Proportion dans l'Univers (%)	0,1	0,01	0	0,01	0	0	90	9	0,06
Proportion sur Terre (%)	48,8	16,5	14,3	13,8	3,7	1,6	0,2	0	0,02

a. Représenter ces données sous la forme de deux diagrammes circulaires.

b. Comparer ces diagrammes. Les proportions des éléments dans l'Univers et sur Terre sont-elles en accord avec l'histoire de l'apparition de ces éléments ?

2 ★★ 15 min **Utiliser la demi-vie en médecine**

Une scintigraphie est un examen médical au cours duquel une petite dose de produit radioactif est injectée à un patient. Dans le cas d'une visualisation de la glande thyroïde, on injecte de l'iode 123 de symbole ${}^{123}_{53}\text{I}$ et de demi-vie $t_{1/2} = 13{,}2$ h. À l'injection, le patient reçoit une dose correspondant à $N_0 = 1{,}0 \times 10^{12}$ noyaux, dont seulement 25 % se fixent sur cette glande.

a. Quelles sont les valeurs Z et A de l'iode 123 ?

b. Soit N_0 le nombre de noyaux d'iode 123 injectés au patient et n le nombre de demi-vies, donner l'expression littérale du nombre de noyaux N encore présents chez le patient au bout de n demi-vies.

c. Calculer N pour 20 demi-vies, puis pour 40 demi-vies. Conclure.

d. Les radiologues estiment que la dose injectée n'a plus d'effets lorsqu'il ne reste que 0,78 % des noyaux initialement présents. Estimer la durée nécessaire en heures puis en jours pour atteindre ce nombre de noyaux.

e. Quelles conditions sur l'isotope choisi faut-il respecter afin que cet examen ne présente que peu de danger ?

Des édifices ordonnés : les cristaux

Cours

La matière à l'état solide présente à l'échelle macroscopique des formes et des volumes propres. Un solide est globalement compact et ne montre pas de mouvement apparent de ses constituants. À l'échelle microscopique, les propriétés physiques des solides – masse volumique, dureté, élasticité, malléabilité – s'expliquent par leur structure et par les interactions entre ses constituants.

1 L'état cristallin

▶ En asséchant de l'eau de mer dans un marais salant, il apparaît des grains solides de sel. Une fois purifiés, ces grains se présentent sous la forme de cristaux blancs. Une fois ces cristaux de sel réduits en poudre, il est possible d'étudier aux rayons X leur structure cristalline.

▶ La plus petite structure d'un cristal s'appelle la maille cristalline. Elle a généralement des formes simples, comme des cubes, des prismes à base hexagonale ou différents types de parallélépipèdes.

▶ La maille cristalline du sel est constituée d'un empilement régulier d'ions sodium (Na^+) et d'ions chlorure (Cl^-). Comme le cristal contient autant d'ions sodium que d'ions chlorure, sa formule chimique est une formule statistique, qui indique le même nombre de chaque ion : NaCl.

▶ Dans la maille, les ions forment un ensemble compact (Doc. 1). Ils restent liés entre eux par attractions électrostatiques : les ions de charges opposées s'attirent. Pour des questions pratiques, la maille est souvent représentée en modèle éclaté (Doc. 2).

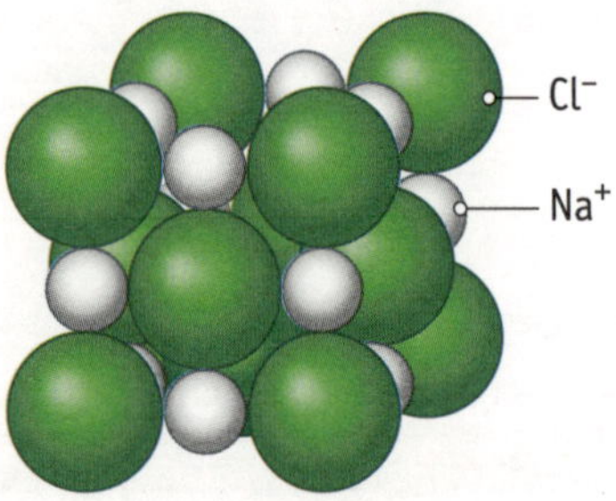

Doc. 1 Maille élémentaire du chlorure de sodium en modèle compact

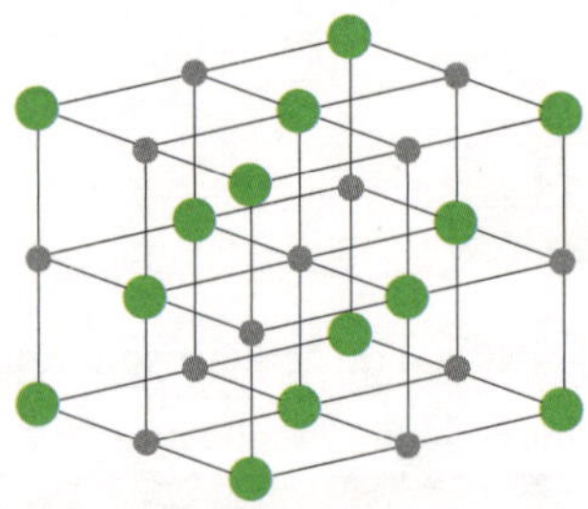

Doc. 2 Maille élémentaire du chlorure de sodium en modèle éclaté

▶ L'arête du cube a est un paramètre de maille. Sa dimension est de l'ordre de la centaine de picomètres (pico = 10^{-12}).

▶ La masse volumique ρ est une caractéristique physique des matériaux. C'est le quotient de la masse m (en kg) d'un corps par son volume V (en m^3) selon la formule suivante :

$$\rho = \frac{m}{V} \text{ (en kg}\cdot\text{m}^{-3}\text{)}$$

▶ La masse volumique d'un corps est constante, quelle que soit l'échelle considérée.

2 La structure des composés cristallins

▶ Les structures cristallines sont composées d'atomes, d'ions ou de molécules répartis de façon géométrique, en fonction des interactions entre leurs constituants.

▶ Un composé peut cristalliser selon différents types de structure. Par exemple, il existe trois types de structure cubique :
- cubique simple, avec une entité à chaque sommet du cube (Doc. 3) ;
- cubique centrée, avec une entité à chaque sommet et au centre du cube (Doc. 4) ;
- cubique faces centrées, avec une entité à chaque sommet et au centre de chaque face du cube (Doc. 5).

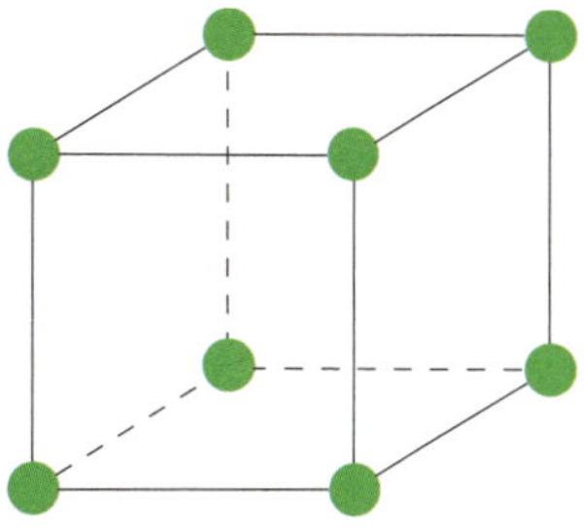

Doc. 3 Maille cubique simple

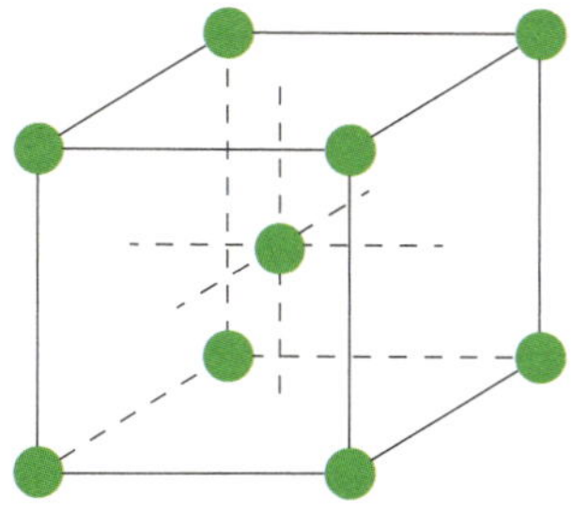

Doc. 4 Maille cubique centrée

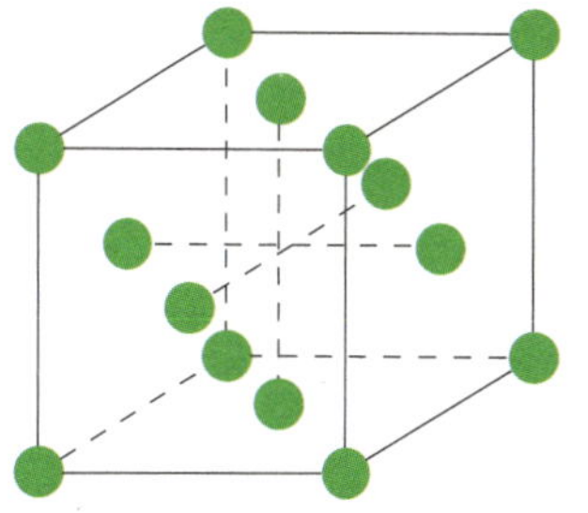

Doc. 5 Maille cubique faces centrées

▶ Les minéraux se caractérisent par leur composition chimique et leur organisation cristalline. L'or et le diamant sont purs, car ils sont constitués chacun d'un seul type d'atome (or et carbone). La calcite $CaCO_3$ en revanche est un minéral composé de trois types d'atomes (calcium, carbone et oxygène).

▶ Certaines roches sont formées par l'association de cristaux d'un même minéral, comme la quartzite, constituée uniquement de quartz. D'autres contiennent plusieurs minéraux, comme le granit composé de proportions variées de quartz, de feldspaths et de micas.

▶ Des structures cristallines comme l'aragonite, une variété de carbonate de calcium, existent dans les organismes biologiques et entrent dans la composition de leurs coquilles.

3 Les solides non cristallins

▶ Les solides non cristallins sont dits amorphes, ce qui signifie « sans forme ». Aucun ordre géométrique n'existe à l'échelle de quelques mailles.

▶ Le verre est un solide amorphe formé par le refroidissement rapide de silice SiO_2 (Doc. 6). Le refroidissement est si rapide que la maille n'a pas le temps de s'ordonner.

▶ Si le refroidissement est suffisamment lent, la silice cristallise sous la forme de quartz, un solide de structure hexagonale (Doc. 7).

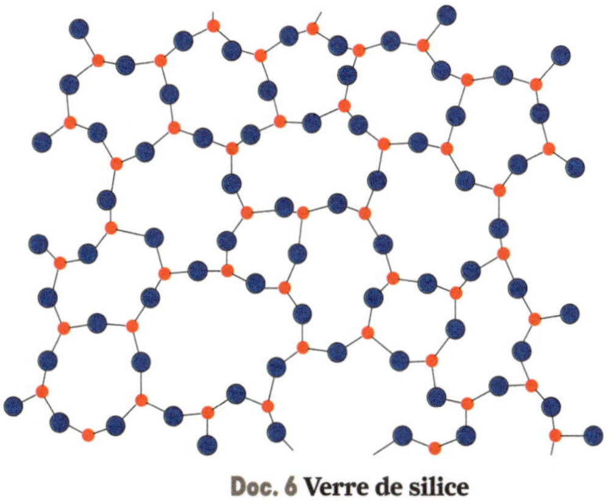

Doc. 6 Verre de silice

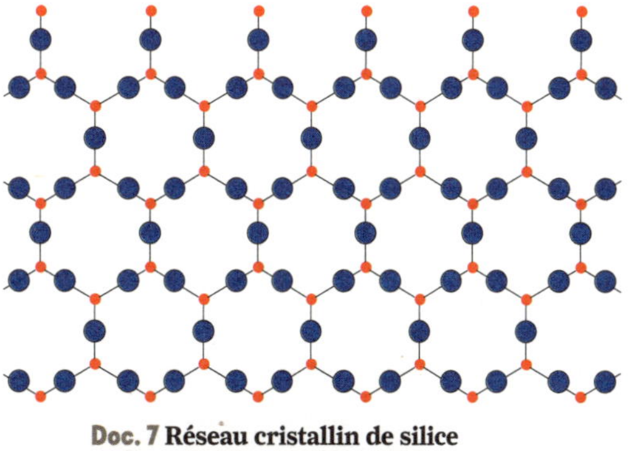

Doc. 7 Réseau cristallin de silice

À savoir

Quelques propriétés macroscopiques et microscopiques des cristaux :
- **Compacité ou taux de remplissage :** taux d'occupation d'une maille cristalline.
- **Couleur :** aspect d'un minéral dû à sa capacité d'absorber certaines longueurs d'onde.
- **Dureté :** capacité à résister à la pénétration et au rayement.
- **Forme cristalline :** forme géométrique des cristaux.
- **Masse volumique :** rapport entre la masse et le volume d'un minéral.
- **Malléabilité :** qualité d'un matériau à pouvoir être changé de forme.
- **Multiplicité :** nombre d'entités présentes dans une maille cristalline.
- **Transparence :** propriété de ne pas absorber la lumière.

Méthode

Déterminer la compacité et la masse volumique du chlorure de sodium

Des mesures aux rayons X ont permis d'obtenir les rayons des ions au sein du cristal de chlorure de sodium :

$R(Na^+) = 97$ pm et $R(Cl^-) = 181$ pm.

Rappel

1 pm = 1×10^{-12} m

▶ **Déterminer** le paramètre de maille a (en m).

– L'arête du cube est formée de deux ions chlorure et d'un ion sodium. Pour le calcul, on considère que les ions se touchent. La moitié de chaque ion chlorure et la totalité de l'ion sodium occupent l'arête.

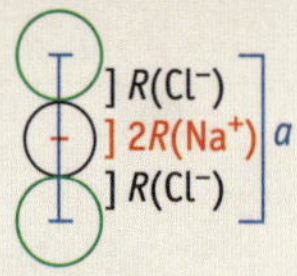

– En suivant une arête ion après ion, on a donc :

$a = R(Cl^-) + 2\,R(Na^+) + R(Cl^-) = 2\,R(Cl^-) + 2\,R(Na^+) = (97 \times 2) + (181 \times 2) = \mathbf{556\ pm}.$

Le paramètre de maille a vaut donc 556×10^{-12} m.

▶ **Déterminer** la multiplicité de la maille cristalline, c'est-à-dire le nombre d'atomes présents par maille. Les mailles cristallines étant accolées les unes aux autres, les entités peuvent être partagées entre différentes mailles.

– Chaque entité située à un sommet est partagée entre 8 mailles voisines et compte donc pour $\frac{1}{8}$. Chaque entité située au milieu d'une arête est partagée entre 4 mailles voisines et compte donc pour $\frac{1}{4}$. Chaque entité située au milieu d'une face est partagée entre 4 mailles et compte donc pour $\frac{1}{2}$. L'atome central appartient entièrement à la maille et compte pour 1.

– Nombre d'ions Na^+ dans une maille :

$$N(Na^+) = 12 \times \frac{1}{4} + 1 = \mathbf{4}.$$

– Nombre d'ions Cl^- dans une maille :

$$N(Cl^-) = 8 \times \frac{1}{8} + 6 \times \frac{1}{2} = \mathbf{4}.$$

La maille de chlorure de sodium contient 8 atomes.

Rappel

Le volume d'une sphère de rayon R est égal à : $V = \frac{4}{3}\pi R^3$

▶ **Calculer** la compacité C, soit le taux d'occupation de la maille. Elle correspond au volume occupé par les entités divisé par le volume de la maille :

$$C = \frac{V_{\text{entités}}}{V_{\text{maille}}} = \frac{N(Na^+) \cdot V(Na^+) + N(Cl^-) \cdot V(Cl^-)}{a^3} = \frac{N(Na^+) \cdot \frac{4}{3}\pi \cdot R(Na^+)^3 + N(Cl^-) \cdot \frac{4}{3}\pi \cdot R(Cl^-)^3}{a^3}$$

Application numérique :

$$C = \frac{4 \times \frac{4}{3}\pi \cdot (97 \times 10^{-12})^3 + 4 \times \frac{4}{3}\pi \cdot (181 \times 10^{-12})^3}{(556 \times 10^{-12})^3} = 0{,}67 = \mathbf{67\ \%}.$$

Case du tableau périodique des éléments

Seulement 67 % de la maille est occupée, ce qui laisse des espaces entre les ions.

▶ **Calculer** la masse volumique de la maille en $kg \cdot m^{-3}$:

$$\rho = \frac{m}{V}$$

– La masse de chaque ion présent dans la maille peut être obtenue en utilisant le tableau périodique des éléments et le nombre d'Avogadro : $N_A = 6{,}02 \times 10^{23}\ mol^{-1}$.

Dans le tableau sont données les masses molaires de chaque atome : $M(Na) = 23{,}1\ g \cdot mol^{-1}$ et $M(Cl) = 35{,}5\ g \cdot mol^{-1}$.

La masse de chaque ion est donnée par la relation : $m = \frac{M}{N_A}$.

$$\rho = \frac{m}{V} = \frac{N(Na^+) \cdot \frac{M(Na^+)}{N_A} + N(Cl^-) \cdot \frac{M(Cl^-)}{N_A}}{a^3} = \frac{N(Na^+) \cdot M(Na^+) + N(Cl^-) \cdot M(Cl^-)}{N_A \cdot a^3}$$

Application numérique :

$$\rho = \frac{4 \times 23{,}1 \times 10^{-3} + 4 \times 35{,}5 \times 10^{-3}}{6{,}02 \times 10^{23} \times (556 \times 10^{-12})^3} = \mathbf{2{,}26 \times 10^3\ kg \cdot m^{-3}}.$$

On retrouve la masse volumique du sel à l'échelle macroscopique. Elle est de 2,26 tonnes par mètre cube.

Exercices

1 ★ 5 min Représenter une maille du chlorure de césium en modèle éclaté et en perspective cavalière

Le chlorure de césium est un composé cristallisant sous la forme d'un système cubique centré. L'ion césium Cs^+ est situé au centre de la maille, tandis que les ions chlorure Cl^- sont situés aux sommets du cube.

2 ★★ 10 min Structure cristalline dans le monde du vivant

La photographie ci-dessous est celle d'une bactérie magnétotactique, appelée spirille, obtenue en microscopie électronique. Des cristaux de magnétite apparaissent en sombre dans l'image A et sont agrandis dans l'image B.

a. Quels types de figures géométriques forment les cristaux visibles dans cet organisme ?

b. Combien de cristaux peut-on aligner sur 1 mm ?

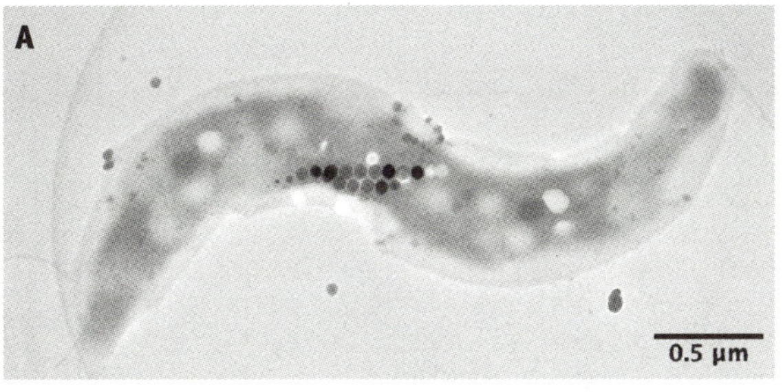

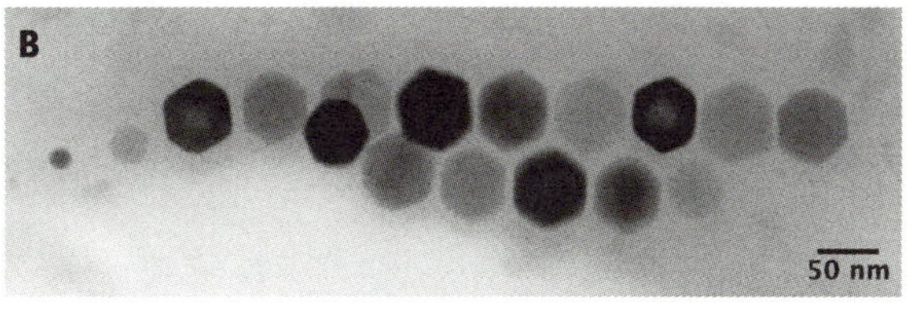

3 ★★★ 30 min Compacité et masse volumique du cuivre

Le cuivre est un élément chimique métallique de symbole Cu. Il est reconnaissable à sa couleur orangée caractéristique. À l'échelle microscopique, il cristallise suivant une structure cubique faces centrées.

Les mesures aux rayons X ont montré que le rayon de l'atome de cuivre a pour valeur $R = 128$ pm. Le tableau périodique indique qu'il possède une masse molaire de $63{,}5\ g \cdot mol^{-1}$.

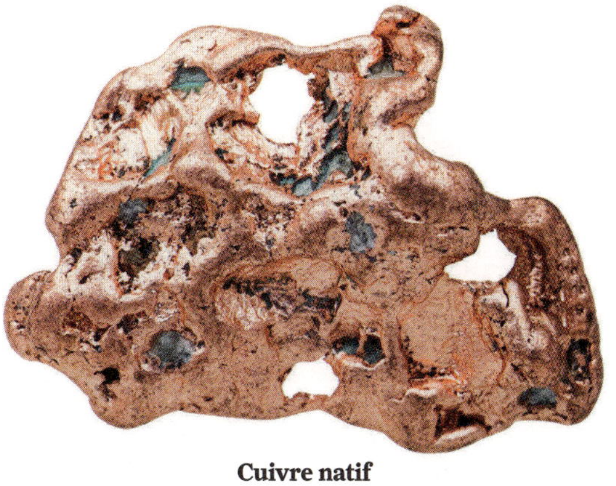

Cuivre natif

Donnée : Nombre d'Avogadro : $N_A = 6{,}02 \times 10^{23}\ mol^{-1}$.

a. Représenter la maille cristalline d'un cristal de cuivre.

b. Déterminer son paramètre de maille a.

c. Calculer sa compacité.

d. Déterminer sa masse volumique.

e. Comparer la valeur trouvée avec la valeur théorique de $8{,}90 \times 10^3\ kg \cdot m^{-3}$, en utilisant la relation :

$$e = \frac{|\text{Valeur calculée} - \text{Valeur théorique}|}{\text{Valeur théorique}}$$

Cette valeur sera exprimée en pourcents.

ENSEIGNEMENT SCIENTIFIQUE

Une structure complexe : la cellule vivante

Cours

Si aujourd'hui la théorie cellulaire est acquise par l'ensemble de la communauté scientifique, cela n'a pas toujours été le cas. Comme pour toute théorie, des débats ont eu lieu entre les partisans et les opposants. Les progrès techniques ont permis d'étayer cette théorie cellulaire.

1 La cellule, une structure microscopique

▶ Dès l'Antiquité, Aristote pense que les animaux et les plantes sont formés d'une multitude d'éléments basiques qui se répètent. Mais aucun outil technique ne permet alors de les observer.

▶ En 1665, le scientifique anglais Robert Hooke (1635-1703) observe, à l'aide d'un microscope optique très simple, des cavités géométriques dans le liège qu'il qualifie de « cellules », du latin *cellula*, petite chambre.

▶ L'observation de structures semblables dans de très nombreux organismes a conduit à énoncer le concept de cellule et à élaborer la théorie cellulaire. Cette théorie repose sur trois principes élémentaires :

- tout organisme vivant est composé d'une ou plusieurs cellules ;
- la cellule est l'unité de structure et de fonction du vivant ;
- toute cellule provient d'une autre cellule, par division cellulaire.

▶ Aujourd'hui, les progrès techniques permettent d'obtenir des grossissements jusqu'à 2 000 fois avec le microscope optique et jusqu'à 5 millions de fois grâce au microscope électronique à transmission.

À savoir

En 1898, le Néerlandais Martinus Willem Beijerinck découvre une nouvelle forme encore inconnue du « vivant » : un virus qui infecte les plants de tabac. S'ouvre alors un champ nouveau de la biologie. Composé d'une enveloppe protéique appelée capside et d'un génome, les virus ne sont pas organisés en cellules. Cela contrevient aux deux premiers principes de la théorie cellulaire. De plus, les virus ne peuvent pas se diviser seuls : ils doivent, pour cela, infecter une cellule. Le troisième principe de la théorie cellulaire n'est donc pas respecté. Toutes ces raisons font que la plupart des scientifiques considèrent aujourd'hui que les virus ne sont pas des êtres vivants.

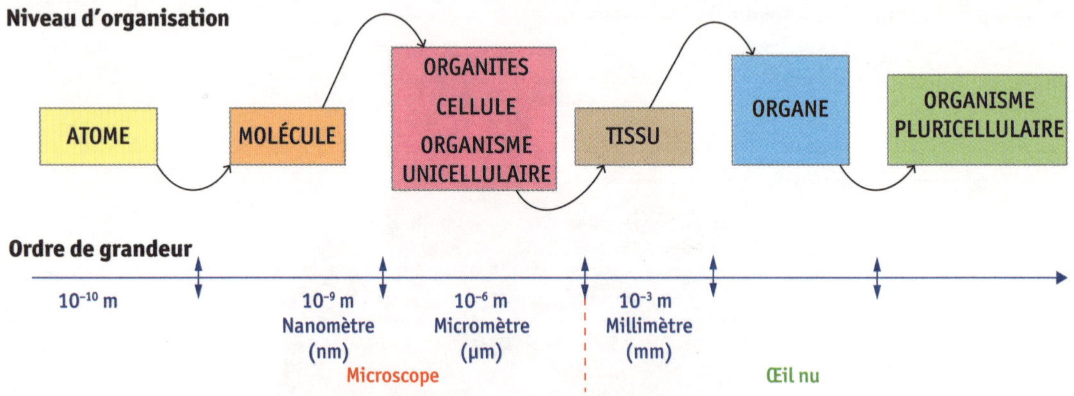

Doc. 1 Les différents niveaux d'organisation du vivant

2 La cellule, un milieu réactionnel

▶ La cellule est un milieu fermé dans lequel se déroulent de nombreuses réactions chimiques. La membrane plasmique constitue une barrière composée de phospholipides, de cholestérol et de diverses protéines. Un phospholipide présente une partie hydrophile et une partie hydrophobe. Comme les régions hydrophiles se lient aux molécules d'eau du milieu, les parties hydrophobes se retrouvent face à face, ce qui forme une double couche lipidique (Doc. 2). Cette bicouche isole ainsi le milieu intérieur de la cellule du milieu extérieur.

Les molécules lipophiles, comme la testostérone, peuvent traverser directement la membrane. Les molécules hydrophiles, comme le glucose, passent au travers de canaux formés par des protéines enchâssées dans la membrane (Doc. 2).

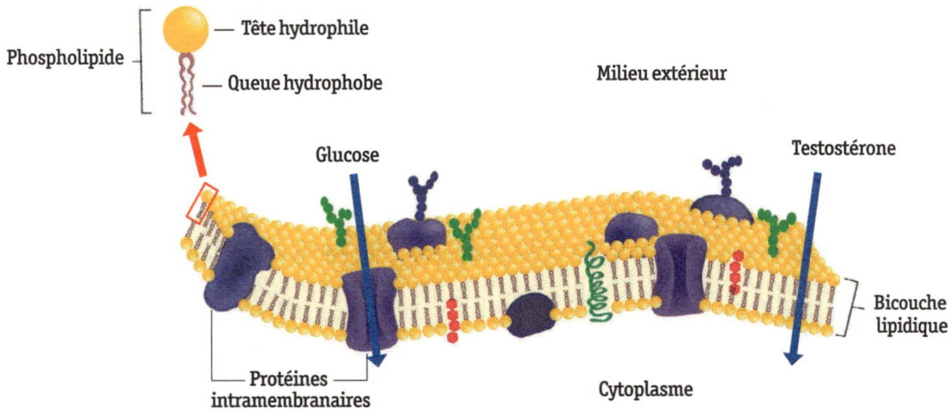

Doc. 2 Constitution de la membrane plasmique et passage de quelques molécules

Méthode

Mettre en évidence des échanges à travers une membrane

Les échanges à travers la membrane plasmique peuvent être mis en évidence en étudiant la forme des cellules placées dans diverses solutions. Pour cela, on place des hématies (globules rouges) dans trois tubes à essai contenant diverses concentrations de chlorure de sodium (NaCl), puis on observe les hématies au microscope optique.

	Tube 1 : eau distillée	Tube 2 : solution de NaCl à 0,9 %	Tube 3 : solution de NaCl à 1,5 %
Observation	Cellules volumineuses et cellules éclatées	Cellules de taille normale	Cellules de petite taille d'aspect crénelé
Interprétation	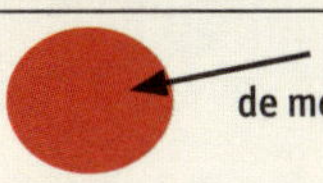 Entrée de molécules d'eau	Aucun échange 	 Sortie de molécules d'eau

- Dans le tube 1, l'augmentation de volume des hématies s'explique par le fait que les cellules ont absorbé de l'eau. Elles sont dites en turgescence.
- Dans le tube 2, les hématies gardent leur taille normale.
- Dans le tube 3, les hématies diminuent de volume, car elles perdent de l'eau. Elles prennent alors un aspect crénelé : on dit qu'elles sont plasmolysées.

Exercices

1 ★ 5 min **Classer dans l'ordre de taille croissant les constituants du vivant suivants :**

molécule cellule organite tissu atome

Les relier avec leurs unités :

mm nm µm pm

2 ★ 10 min **La théorie de la génération spontanée**

En 1859, le Français Félix-Archimède Pouchet porta à ébullition, à 100 °C, une solution composée d'eau et de paille afin de la stériliser, puis il ferma hermétiquement le récipient. Après quelques jours, Pouchet observa que des bactéries (bacilles du foin, *Bacillus subtilis*) avaient envahi ces solutions et en conclut qu'elles s'étaient formées spontanément.

a. Quel principe de la théorie cellulaire l'observation de Pouchet contredit-elle ?

b. L'observation de la solution au microscope montre des formes de résistance de la bactérie, appelées spores. Disposant d'une épaisse paroi, ces spores sont des formes de cellules résistant à des conditions environnementales stressantes. Grâce à cette information, montrer que l'on peut néanmoins valider le principe de la théorie cellulaire.

Le rayonnement solaire

Cours

La vie sur Terre et certaines activités humaines ont pu se développer grâce à une source d'énergie essentielle, le Soleil.

1 Origine du rayonnement solaire

▶ La plupart des corps, ainsi que les étoiles comme le Soleil émettent des ondes électromagnétiques. Ces astres perdent de l'énergie par rayonnement.

▶ Des réactions de fusion nucléaire se déroulent au sein du Soleil (voir chap. 1). L'énergie dégagée par ces réactions conserve l'astre à une température qui atteint environ 15 millions de degrés Celsius en son centre. Ces températures, ainsi que les fortes pressions qui règnent au cœur de l'astre, permettent d'entretenir les réactions de fusion.

▶ Albert Einstein a montré au début du XXe siècle que la matière pouvait être assimilée à de l'énergie selon sa célèbre relation d'équivalence masse-énergie :

$$E = m \cdot c^2$$

avec E l'énergie en joules (J), m la masse en kg de matière considérée, et c la célérité de la lumière dans le vide. Celle-ci a pour valeur exacte 299 792 458 $m \cdot s^{-1}$, soit environ $3{,}00 \times 10^8\ m \cdot s^{-1}$. C'est une constante universelle.

▶ Du fait de la relation d'Einstein, les réactions de fusion dans le Soleil s'accompagnent d'une diminution Δm de la masse solaire au cours du temps sous la forme de pertes ΔE d'énergie :

$$\Delta m = \frac{\Delta E}{c^2}$$

2 Lois du rayonnement

▶ La loi de Planck donne l'intensité lumineuse en fonction de la longueur d'onde (en m) du spectre du corps noir (un corps absorbant toute l'énergie électromagnétique reçue, puis réémettant de la lumière), et ce pour différentes températures (Doc. 1).

▶ Le spectre de la lumière émise par la surface du Soleil peut être modélisé selon cette loi. Il dépend uniquement de la température de surface de l'étoile.

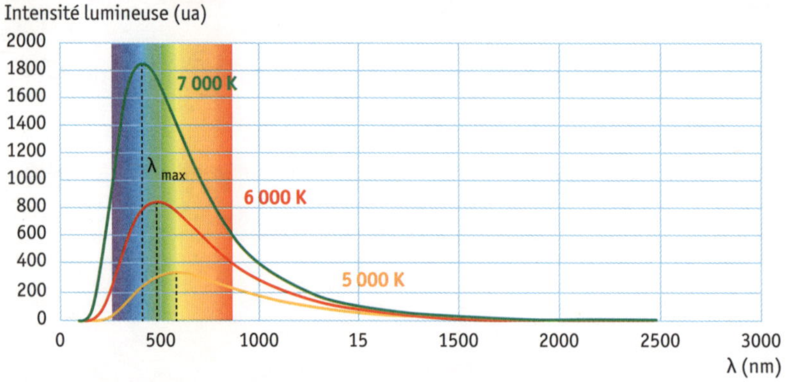

Doc. 1 Spectres correspondant à différentes températures de surface.

Rappel

Conversion des degrés Celsius en degrés kelvin : $T\,(K) = t\,(°C) + 273{,}15$

▶ Le spectre est caractérisé par les propriétés suivantes :

– selon la loi de Wien, la température T est inversement proportionnelle à la longueur d'onde d'émission maximale λ_{max} :

$$T = \frac{2{,}90 \times 10^{-3}}{\lambda_{max}}$$

avec une constante égale à $2{,}90 \times 10^{-3}$ K · m, T en K et λ en m.

– selon la loi de Stefan, la puissance lumineuse P émise par unité de surface ou puissance surfacique P_S (en $W \cdot m^{-2}$) est proportionnelle à la puissance quatrième de la température T (en K) :

$$P_S = \frac{P}{S} = \sigma \cdot T^4$$

avec la constante de Stefan σ égale à $5{,}67 \times 10^{-8}\ W \cdot m^{-2} \cdot K^{-4}$ et P la puissance émise (en W) par la surface de la source d'aire S (en m^2).

Méthode

Calculer la masse perdue par le Soleil chaque seconde

Le Soleil émet une puissance radiative de $3,86 \times 10^{26}$ W.

Quelle masse de matière (en tonnes) le Soleil perd-il chaque seconde ?

▶ La relation dans laquelle figure une masse est la relation d'Einstein. Elle évoque une énergie perdue, alors que la consigne fournit une puissance. Il faut donc calculer cette énergie.

▶ **Donner** l'expression littérale reliant énergie et puissance : $\Delta E = P \cdot \Delta t$.

▶ **Effectuer** l'application numérique en tenant compte des unités et des chiffres significatifs :

$$\Delta E = 3,86 \times 10^{26} \times 1 = 3,86 \times 10^{26}\ \text{J}$$

▶ **Calculer** la masse perdue par le Soleil chaque seconde.

Expression littérale :

$$\Delta m = \frac{\Delta E}{c^2}$$

Application numérique :

$$\Delta m = \frac{3,86 \times 10^{26}}{\left(3,00 \times 10^{8}\right)^2} = 4,29 \times 10^{9}\ \text{kg, soit 4,29 millions de tonnes.}$$

Remarque

La valeur 1 dans l'équation ci-contre est une valeur théorique et non une valeur mesurée.
Sa précision est infinie.

Exercices

1 ★★ 15 min **Équivalence masse-énergie**

Le Soleil possède une masse m de $1,99 \times 10^{30}$ kg et rayonne avec une puissance radiative de $3,86 \times 10^{26}$ W. Sa durée de vie est estimée à 10 milliards d'années. Quelle fraction de sa masse est susceptible d'être convertie en énergie d'ici la fin de sa vie, en supposant que cette consommation se déroule au même rythme qu'aujourd'hui ?

2 ★★★ 15 min **Utilisation des lois du rayonnement**

Rigel est une étoile bleutée de la constellation d'Orion. La courbe ci-après est obtenue en réalisant son spectre d'intensité lumineuse.

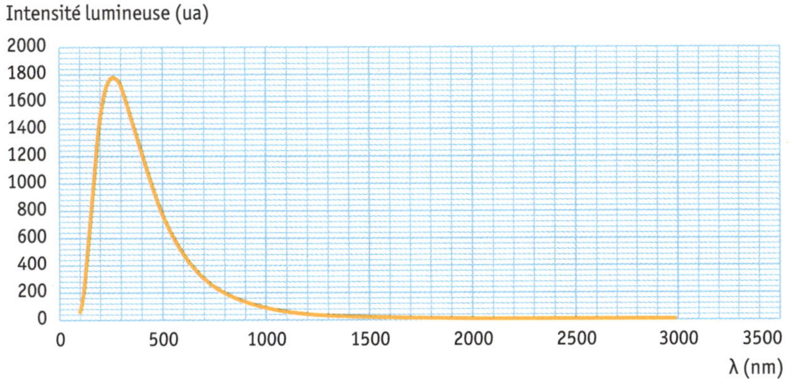

Spectre lumineux de Rigel

a. Déterminer la longueur d'onde approximative au maximum de cette courbe.

b. En déduire la température de surface de Rigel en K.

c. Déterminer la puissance surfacique émise par Rigel.

d. En estimant son diamètre à environ 70 fois celui du Soleil, déterminer la puissance lumineuse émise par Rigel.

Données : diamètre du Soleil : $D = 1,40 \times 10^{6}$ km ; constante de Stefan : $\sigma = 5,67 \times 10^{-8}$ unités SI ; aire de la surface d'une sphère de rayon R : $S = 4\pi \cdot R^2$.

Le bilan radiatif terrestre

Cours

La proportion de la puissance totale émise par le Soleil et atteignant la Terre dépend de la distance qui sépare les deux astres. Sur chaque élément de surface perpendiculaire aux rayons solaire, la puissance surfacique reçue hors atmosphère est la constante solaire $C = 1\,366\ \text{W}\cdot\text{m}^{-2}$.

1 Puissances reçues, diffusées et absorbées

▶ Une fraction de la puissance reçue par la Terre est renvoyée vers l'espace. Le reste est absorbé par l'atmosphère, les continents et les océans.

L'albédo est défini comme le quotient de la puissance diffusée par la puissance incidente :

$$A = \frac{P_{\text{réfléchie}}}{P_{\text{incidente}}}$$

L'albédo terrestre moyen est d'environ 30 % (Doc. 1).

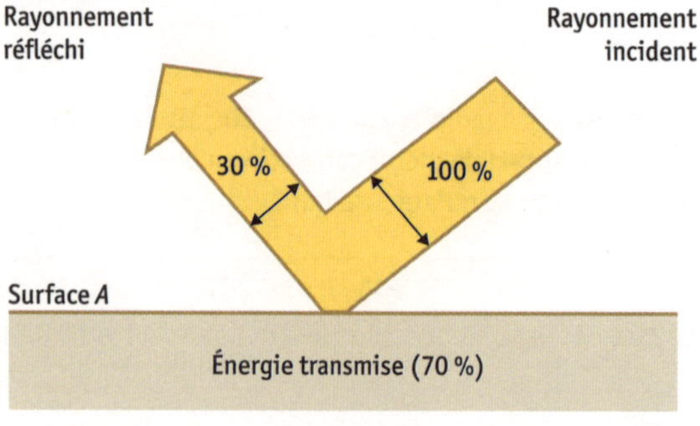

Doc. 1 Albédo

▶ La puissance radiative P reçue du Soleil par une surface plane est proportionnelle à l'aire de la surface : $P = P_S \cdot S$ (Doc. 2).

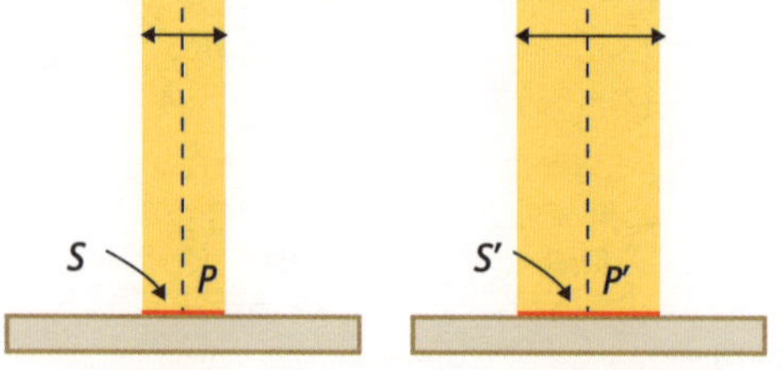

Doc. 2 Pour une surface perpendiculaire à la normale, P et S sont proportionnelles.

▶ La surface terrestre totale éclairée par le Soleil vue depuis l'espace correspond ainsi approximativement à un disque ayant pour rayon le rayon terrestre. Son aire a pour expression :

$$S = 4\,\pi \cdot R_T^{\,2} = 4\,\pi\, 6\,370^2 = 510 \times 10^6\ \text{km}^2.$$

▶ La puissance surfacique reçue dépend de l'angle entre la normale à la surface et la direction du Soleil (Doc. 3).

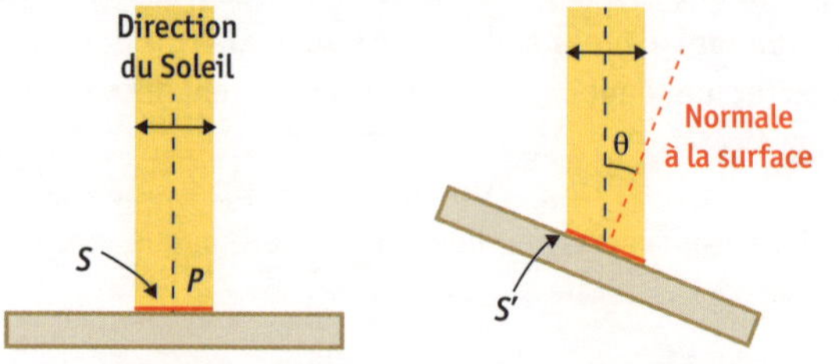

Doc. 3 Une même puissance reçue sur un plan incliné se répartit sur une surface $S' > S$. La puissance surfacique diminue.

▶ La Terre étant une sphère, chaque point à sa surface ne présente pas le même angle θ à la puissance solaire incidente : P_S dépend de la latitude. De même, la Terre tournant sur son axe, l'aire de la surface éclairée par le Soleil varie dans la journée : P_S dépend de l'heure (Doc. 4).

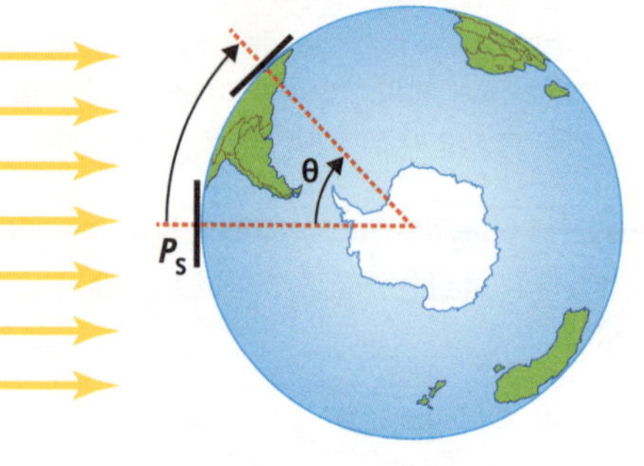

Doc. 4 Puissance surfacique reçue en fonction de l'heure, au niveau de l'équateur terrestre : P_S diminue si θ augmente.

2 Le bilan radiatif terrestre (Doc. 5)

▶ La puissance reçue par la surface terrestre en un lieu donné est égale à la somme de la puissance reçue du Soleil et de celle reçue puis réémise par l'atmosphère. Ces deux valeurs sont du même ordre de grandeur.

▶ Sous l'effet de ces puissances reçues, la surface terrestre s'échauffe et émet un rayonnement infrarouge. Une partie de ce rayonnement est absorbée par l'atmosphère, dont la température augmente. L'atmosphère émet à son tour un rayonnement infrarouge vers l'espace et vers la surface terrestre, provoquant un effet de serre.

▶ Les puissances reçues et émises par la surface de la Terre sont égales et en équilibre thermique dynamique. La température moyenne de la surface terrestre est constante.

>>

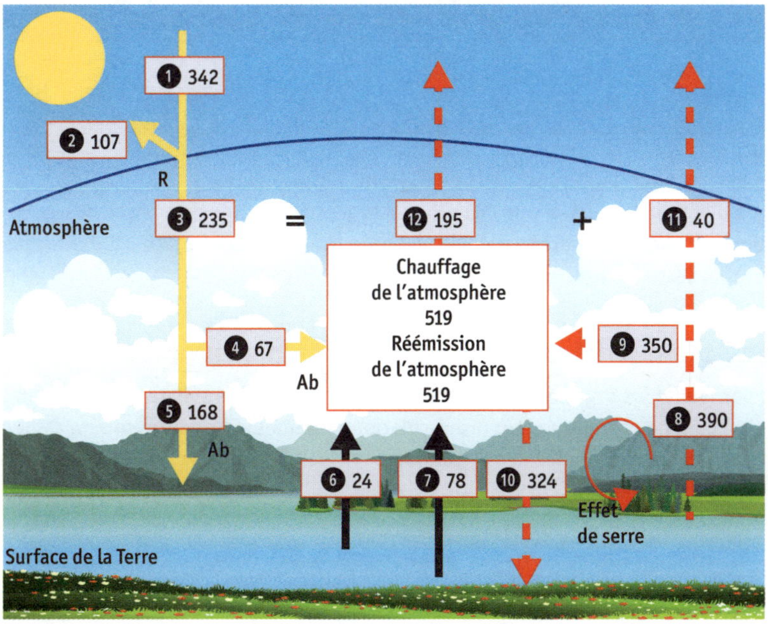

Doc. 5 **Bilan radiatif terrestre (valeurs en $W \cdot m^{-2}$)**

Méthode

Analyser l'opacité de l'atmosphère en fonction de la longueur d'onde

La figure ci-dessous donne la courbe d'absorption des rayonnements électromagnétiques par l'atmosphère terrestre. Pour la comprendre, il faut analyser son contenu et conclure sur le sens de cette courbe.

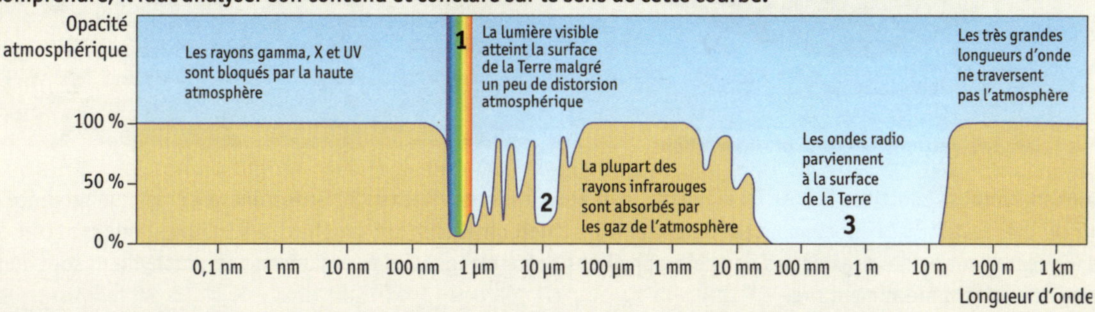

▶ **Relever** les grandeurs figurant sur les axes. On a : en ordonnée, l'opacité atmosphérique en % ; en abscisse, la longueur d'onde. Quand l'opacité est de 100 %, aucun rayonnement ne passe. À 0 %, le rayonnement atteint le sol.

▶ **Lire** les indications supplémentaires. La zone 1 est une bande de transmission de la lumière dans le domaine du visible, la zone 2 une bande de transmission dans les infrarouges et la zone 3 une bande de transmission des ondes radio.

▶ **Interpréter** : l'atmosphère bloque les longueurs d'onde inférieures au domaine du visible, ce qui est vital, car elles sont dangereuses pour les êtres vivants. Elle bloque aussi la plupart des rayons infrarouges et les très grandes longueurs d'onde.

ENSEIGNEMENT SCIENTIFIQUE

Exercice

★★ 10 min **Calculer la puissance solaire émise**

Le Soleil émet de l'énergie électromagnétique de façon isotrope, c'est-à-dire de façon équivalente dans toutes les directions. La Terre est située à 149 millions de kilomètres du Soleil. Elle reçoit une puissance surfacique C de 1 366 $W \cdot m^{-2}$.
En déduire la puissance totale émise par le Soleil dans l'espace.

Rappel

L'aire d'une surface sphérique de rayon R est égale à : $S = 4\,\pi \cdot R^2$

Une conversion biologique de l'énergie solaire : la photosynthèse

Cours

Utiliser des énergies renouvelables est nécessaire pour limiter les rejets en CO_2 dans l'atmosphère.
Le carburant E85 est composé de 65 à 85 % de bioéthanol, c'est-à-dire de l'éthanol produit par la transformation des sucres contenus dans les plantes. L'énergie chimique stockée dans cette molécule élaborée par la **photosynthèse** est donc issue directement de l'**énergie solaire**. C'est pourquoi cette énergie est renouvelable.

1 La photosynthèse : à la base de la nutrition de tous les organismes vivants

▶ La photosynthèse désigne le processus par lequel les organismes chlorophylliens utilisent des substances minérales (dioxyde de carbone et eau) et la lumière du Soleil pour produire leur propre matière organique. L'énergie solaire captée par les pigments chlorophylliens est ainsi stockée dans les molécules organiques.
Équation bilan de la photosynthèse :

$$6\ CO_2 + 6\ H_2O \rightarrow C_6H_{12}O_6 + 6\ H_2O$$

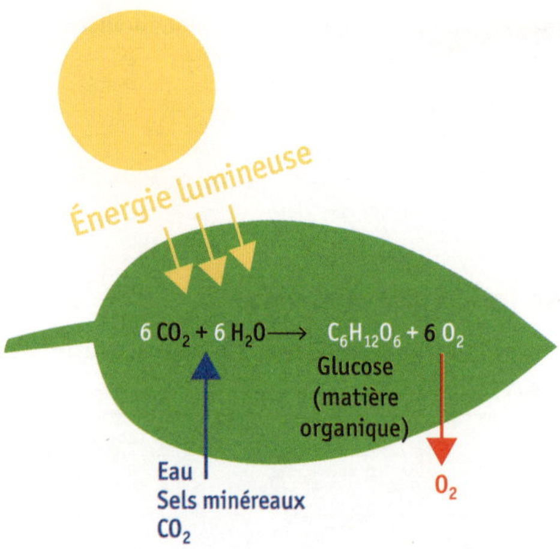

Doc. 1 **Équation bilan de la photosynthèse**

Définitions

- **Autotrophe :** organisme capable de synthétiser de la matière organique à partir de matières minérales.
- **Hétérotrophe :** organisme capable de synthétiser sa propre matière organique en consommant d'autres êtres vivants.

▶ La photosynthèse constitue la base de la nutrition de tous les êtres vivants : 80 % de l'énergie chimique produite par photosynthèse est utilisée directement par les **organismes chlorophylliens** (autotrophes), les 20 % restants sont consommés indirectement par les **organismes non chlorophylliens** (hétérotrophes). Les organismes chlorophylliens sont donc à la base de toute chaîne alimentaire.
▶ Les études satellitaires montrent que seul 0,1 % de l'énergie solaire totale reçue par la Terre est utilisée par les organismes chlorophylliens. Le reste est réfléchi, transmis ou transformé en chaleur.

2 De l'énergie solaire dans nos cellules

▶ Les aliments que nous consommons proviennent directement ou indirectement de la photosynthèse : les fruits et les légumes fabriquent ainsi leurs molécules organiques. Les animaux d'élevage consomment des végétaux pour produire leur matière organique, qui sera ensuite consommée par les humains.
▶ Les molécules présentes dans les aliments sont dégradées en **nutriments** (par exemple l'amidon est réduit en glucose), puis transformées pour en libérer l'énergie nécessaire au fonctionnement de l'organisme. Les emballages des aliments mentionnent en général la quantité d'énergie (exprimé en **calories** ou **kilojoules**) fournie pour 100 g d'aliments consommés.
▶ Notre organisme a besoin d'une diversité de nutriments (glucide, protéine, lipide, vitamines...). En cas de carence en certains nutriments, des troubles peuvent apparaître.
▶ Les **apports nutritionnels** doivent être adaptés aux besoins de chacun. Les **déséquilibres alimentaires** peuvent être à l'origine de maladies cardio-vasculaires, de diabète, d'obésité ou de dénutrition.

Méthode

Mettre en évidence la synthèse de matière organique par la lumière

La photosynthèse est un phénomène que l'on retrouve, entre autre, chez les végétaux. À travers une expérience scientifique, voyons comment mettre en évidence les conditions nécessaires à la synthèse de matière organique par un végétal.

Matériel nécessaire

- des feuilles panachées de pélargonium : leur centre est vert en raison de la présence de chlorophylle et leur contour est blanc en raison de l'absence de chlorophylle ;
- un cache noir opaque ;
- une lampe ;
- de l'eau iodée très concentrée, réactif qui devient marron en présence d'amidon (molécule organique).

Protocole expérimental

Éclairer pendant 48 heures une feuille de pélargonium dont une partie est masquée par un cache opaque à la lumière.
Placer la feuille dans l'eau bouillante pendant 10 minutes pour la décolorer.
Plonger la feuille décolorée dans la solution d'eau iodée.

Résultat

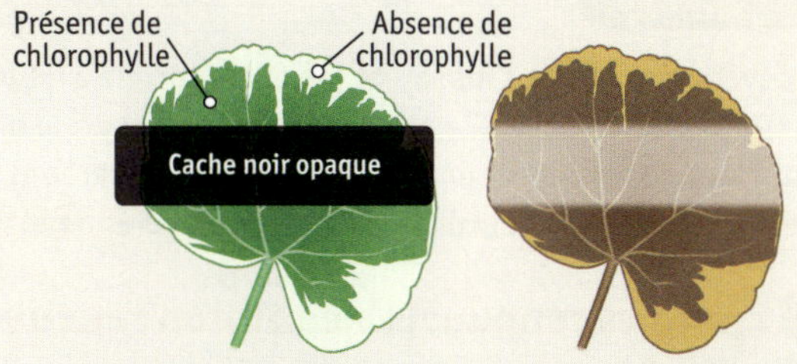

Dispositif expérimental — **Résultat de l'expérience**

Interprétation

On voit que les zones qui étaient sous le cache noir (non éclairées) sont négatives au test à l'eau iodée.
On voit aussi que les zones contenant de la chlorophylle et qui n'étaient pas masquées sont positives au test à l'eau iodée, contrairement aux zones qui en sont dépourvues. Cela signifie que la chlorophylle et la lumière sont indispensables à la synthèse d'amidon.

Exercices

1 ★ 15 min **Manger régulièrement dans un *fast food***

Selon l'âge, le sexe et l'activité physique, les apports énergétiques nécessaires par jour sont différents. Par exemple, pour un enfant de 12 ans ayant une activité physique modérée, les apports doivent être compris entre 1 800 et 2 000 kcal par jour. Le repas du midi doit apporter environ 40 % des apports de la journée.
Léa, 12 ans, souhaite prendre son déjeuner dans un *fast food*.
Le tableau ci-contre indique la quantité de nutriments contenus dans un burger.

Nutriments	Quantité dans un burger (en g)	Énergie en kcal pour 1 g
Protéines	30	4
Lipides	25	9
Glucides	40	4

a. Calculer la quantité d'énergie apportée par un burger à l'aide du tableau.
b. Sachant que les frites, le soda et le dessert apportent au total 860 kcal, vérifier si les apports et les besoins énergétiques sont équilibrés.
c. Quels sont les risques en termes de santé d'une consommation trop calorique ?

2 ★ 20 min **L'importance planétaire de la photosynthèse**

L'énergie solaire incidente reçue sur Terre est de l'ordre de $5{,}4 \times 10^6$ kJ/an par m^2. La quantité de biomasse produite par les organismes chlorophylliens est la production primaire brute (PPB) : elle est estimée à 242,5 gigatonnes de carbone par an dans les océans et à 282 gigatonnes de carbone par an sur les continents. Une partie de cette matière organique est utilisée par les plantes pour leur propre fonctionnement : dans les océans, elle est estimée à 194 gigatonnes de carbone par an et sur les continents à 225,6 gigatonnes de carbone par an. La matière organique non consommée par la respiration est la production primaire nette (PPN). Chaque gigatonne de carbone apporte 32×10^{12} mégajoules d'énergie.

a. Quelle est la valeur de la PPN globale annuelle ?
b. Quelle est la valeur énergétique de la PPN sur une année ?
c. Sachant qu'une sphère de rayon R a une surface de $4\pi \times R^2$ et que le rayon du globe terrestre est de l'ordre de 6 370 km, calculer la proportion, en %, de l'énergie solaire incidente transformée en matière organique chaque année (PPN) (avec R en mètres).

ENSEIGNEMENT SCIENTIFIQUE

La diversité des sources d'énergie

Cours

Le développement de l'humanité peut être corrélé avec le développement de nouvelles sources d'énergie. De l'Antiquité au XIXe siècle, le bois est la principale source d'énergie utilisée par les humains. L'utilisation de ressources énergétiques qualifiées de fossiles et épuisables (comme le charbon) a permis la révolution industrielle. Aujourd'hui, l'être humain cherche à développer l'utilisation des sources d'énergie renouvelables pour lutter contre le changement climatique.

1 Énergies renouvelables et non renouvelables

▶ La formation du charbon nécessite plusieurs millions d'années, alors que son exploitation ne date que de un ou deux siècles. À l'échelle humaine, cette source d'énergie n'est donc pas renouvelable.

▶ Certaines sources d'énergie sont renouvelées en permanence, comme l'énergie solaire. D'autres ont des durées de formation et d'exploitation du même ordre de grandeur, comme la biomasse. On les qualifie d'énergies renouvelables.

▶ Toutes ces sources d'énergie ont pour origine le rayonnement solaire :
- les combustibles fossiles comme le charbon, le pétrole, le gaz ont été produits par une photosynthèse passée ;
- la biomasse résulte de l'activité photosynthétique des végétaux ;
- l'énergie éolienne est provoquée par les mouvements des masses d'air chauffées par le Soleil.

Définitions

- **Biomasse :** masse totale des êtres vivants sur une surface donnée.
- **Combustible fossile :** matière solide (charbon), liquide (pétrole) ou gazeuse (gaz naturel) riche en atomes de carbone, formée par la transformation de matière organique enfouie dans le sol pendant plusieurs millions d'années.

2 Les sources d'énergie provenant de l'activité biologique actuelle ou passée

▶ Plusieurs faits scientifiques montrent que les combustibles fossiles ont été formés à partir de matière organique végétale produite par photosynthèse, il y a plusieurs dizaines à plusieurs centaines de millions d'années : empreintes de feuilles retrouvées dans certains charbons, molécules caractéristiques du vivant... Leur combustion libère le carbone stocké et contribue à l'augmentation de la concentration en dioxyde de carbone (CO_2) atmosphérique.

▶ La biomasse, en revanche, résulte de l'activité photosynthétique actuelle.

Méthode

Montrer que le charbon est une ressource provenant de l'activité solaire passée

Pour répondre à une question liée à l'analyse de documents, il faut en extraire les informations et les organiser dans une réponse construite.

On peut organiser sa réponse de la manière suivante :

• Le document fournit des éléments de réponse : « On constate que le charbon est issu de la dégradation d'arbres qui ont été enfouis. »

• On explique au moyen ses connaissances : « On sait que les végétaux constituant les forêts ont produit leur propre matière organique grâce à la photosynthèse. Or la photosynthèse est réalisée grâce à l'énergie solaire.

• Conclusion : « J'en déduis que le charbon est issu de la dégradation de végétaux qui ont produit leur matière en utilisant l'énergie solaire. Le charbon est donc une ressource énergétique en lien avec l'énergie solaire passé. »

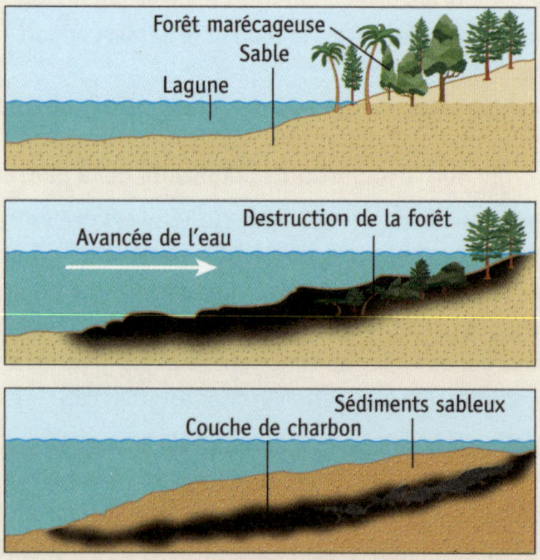

Doc. Formation du charbon

Exercices

1 ★ 15 min Identifier le caractère biologique des combustibles fossiles

À l'aide des documents, montrer que les combustibles fossiles (le charbon et le pétrole) sont formés de molécules d'origine biologique.

Molécules caractéristiques du monde vivant	Molécules caractéristiques des combustibles fossiles	
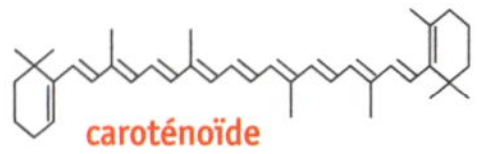 caroténoïde	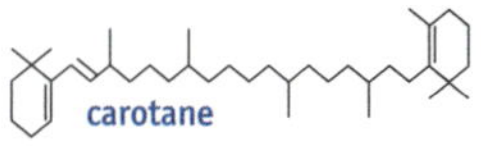 carotane	Les caroténoïdes sont des pigments contenus dans les chloroplastes des cellules végétales.
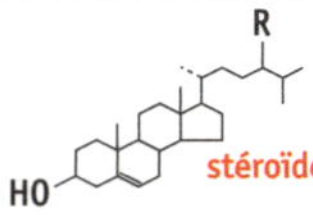 stéroïde	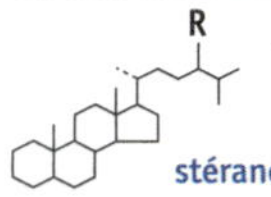 stérane	Les stéroïdes sont synthétisés en majorité par les eucaryotes et se retrouvent essentiellement dans les membranes cellulaires.
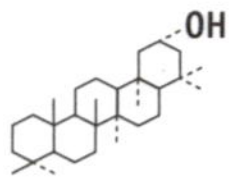 tétrahymanol (C30)	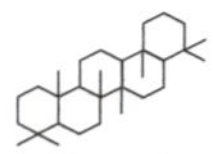 gammacérane (C30)	Le gammacérane est un dérivé du tétrahymanol, synthétisé par certains ciliés (micro-organismes planctoniques). C'est aussi un indicateur d'anoxie (milieu dépourvu d'oxygène).

Doc. 1 Comparaison de molécules biologiques et de molécules retrouvées dans des combustibles fossiles

Doc. 2 Empreinte fossile de fougère dans un charbon.

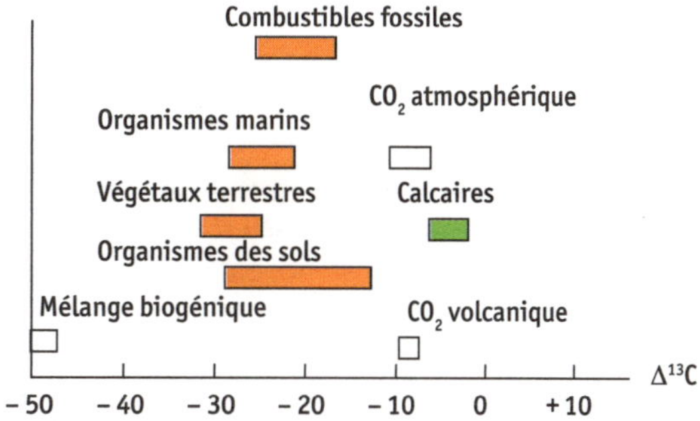

Doc. 3 Variation d'un marqueur chimique, le $\Delta^{13}C$ (taux de carbone 13, un indicateur de l'origine biologique du carbone) dans différents milieux ou organismes.

2 ★★ 20 min Le pouvoir calorifique de différentes sources d'énergie

Le pouvoir calorifique correspond à l'énergie libérée par la combustion d'un kilogramme de combustible.

Doc. 1 Pouvoir calorifique de différentes sources d'énergie.

Source d'énergie	Pouvoir calorifique (MJ/kg)
Charbon (anthracite)	26
Paille	14
Bûches de bois	15
Essence sans plomb 95	43
Bioéthanol E85 Formé à partir de pétrole et à 85 % de bioéthanol issu de la fermentation des sucres et de l'amidon contenus dans les betteraves sucrières, les céréales et leurs résidus de transformation.	26

Pour exprimer des énergies importantes, on utilise la tonne équivalent pétrole (tep) :

1 tep = $41{,}868 \times 10^9$ joules = 41,868 gigajoules (GJ).

a. Distinguer les énergies renouvelables des énergies non renouvelables dans le document 1.

b. Comparer le pouvoir calorifique des énergies renouvelables et non renouvelables.

c. Sachant que la consommation d'énergie en France, en 2015, était de 3,6 tep par habitant, estimer la masse nécessaire d'essence sans plomb puis de bûches de bois pour répondre à ces besoins énergétiques.

d. À l'aide de la réponse précédente, expliquer une des difficultés rencontrées si l'on souhaite réduire l'utilisation des combustibles fossiles.

La forme de la Terre

Cours

Aujourd'hui, environ 9 % des Français pensent que notre planète est plate ! Qualifiés de platistes, ils imaginent que la Terre est un disque avec le pôle Nord au centre et l'Antarctique en bordure. Pour s'en convaincre, ils s'appuient sur des suppositions (l'horizon est plat, si la Terre était ronde, les êtres humains habitant dans l'autre hémisphère tomberaient), sur des arguments religieux (en se basant, par exemple, sur des extraits de la Bible). Voyons plutôt les arguments scientifiques qui ont conduit à l'idée que la Terre est un globe.

1 Les observations en faveur de la rotondité de la Terre

▶ Au ve siècle avant J.-C., les philosophes grecs considéraient que la Terre était plate, en forme de disque, entièrement ceinturée par le fleuve Océan et sous un ciel en forme de coupole.

▶ Cette idée est remise en cause par Platon dès le IVe siècle avant J.-C., en raison de deux observations :

- lors des éclipses de Lune, l'ombre de la Terre qui se projette sur la Lune montre un bord courbe ;
- à la même heure, la position des étoiles dans le ciel varie avec la position géographique de l'observateur.

▶ Ératosthène, au IIIe siècle avant J.-C., observe que le Soleil éclaire le fond d'un puits, à Syène, alors qu'à 900 km de là, à Alexandrie, à la même période (à midi, au solstice d'été), un obélisque projette une ombre (Doc. 1).

▶ Plus tard, Strabon, au Ier siècle avant J.-C., remarque que lorsqu'un bateau s'éloigne à l'horizon, sa coque disparaît avant son mât.

▶ Aujourd'hui, la forme du globe terrestre n'est plus à démontrer, car il a été de nombreuses fois photographié depuis l'espace, même depuis la Lune.

2 Calculer la circonférence du globe

▶ C'est à Ératosthène (284-192 avant J.-C.) que l'on attribue la première estimation précise de la circonférence de la Terre. Les angles α et α' étant égaux (Doc. 1), car les rayons du Soleil sont parallèles, et connaissant la longueur du segment AS (la distance entre Alexandrie et Syène, que l'on considère comme une droite), on peut calculer le rayon de la Terre OS par la formule : $OS = AS / \tan \alpha$. Ératosthène savait calculer les tangentes. Il a ainsi pu obtenir la circonférence de la Terre en appliquant la formule $C = 2 \pi OS$. Il a obtenu une valeur de 39 250 km, très proche de la valeur réelle de 40 074 km à l'équateur.

▶ En 1795, Pierre Mechain et Jean-Baptiste Delambre sont chargés de mesurer la longueur d'un quart de méridien entre Dunkerque et Barcelone. Ils obtiennent une valeur de 10 000 km (voir Méthode).

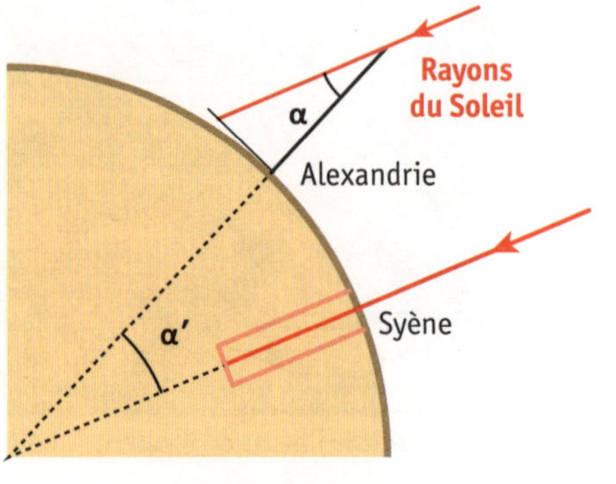

Doc. 1 Schéma du principe de la méthode d'Ératosthène

3 Se repérer à la surface de la Terre

▶ Se repérer à la surface de la Terre revient à se repérer à la surface d'une sphère. On situe un point à la surface de la Terre au moyen de coordonnées (Doc. 2). Chaque point est défini par :

- sa position sur un méridien (longitude) : il s'agit d'une mesure angulaire sur 360° par rapport à un méridien de référence (méridien de Greenwich), avec une étendue de −180° vers l'ouest à +180° vers l'est ;
- sa position sur un parallèle (latitude) : il s'agit d'une mesure angulaire sur 90° par rapport à l'équateur, avec une étendue de −90° vers le sud à +90° vers le nord ;
- son altitude : hauteur du point par rapport à un niveau de référence défini dans le port de Marseille (niveau moyen des océans).

▶ La plus courte distance entre deux points situés à la surface d'une sphère n'est pas une droite mais est une courbe : c'est un arc du grand cercle passant par ces deux points (Doc. 2).

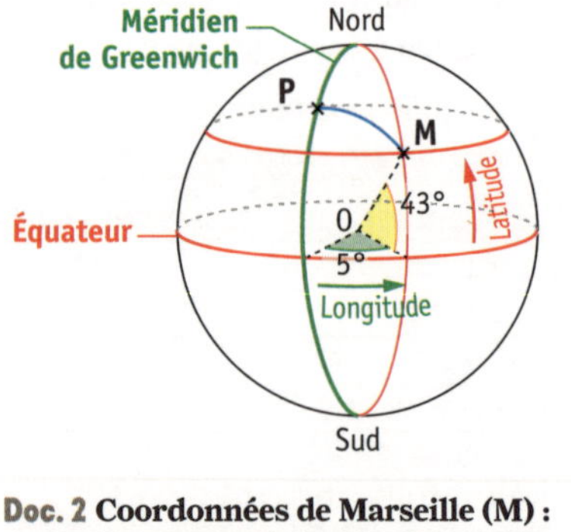

Doc. 2 Coordonnées de Marseille (M) : latitude : 43° Nord, longitude : 5° Est. Le plus court chemin reliant Marseille à Paris (P) est un arc de cercle.

Méthode

En 1795, il existait en France plus de sept cents unités de mesure différentes. Le 26 mars 1791 naissait le mètre, dont la longueur était établie comme étant égale à la dix-millionième partie du quart du méridien terrestre. Mais il restait encore à mesurer la longueur exacte d'un méridien. Ce sera réalisé en 1795 par Mechain et Delambre par triangulation.

▶ Dans un triangle, il existe une relation entre les angles et les longueurs des côtés : connaissant la longueur d'un côté du triangle, on peut déterminer la longueur des deux autres côtés grâce à loi des sinus suivante :

$$\frac{a}{\sin A} = \frac{b}{\sin B} = \frac{c}{\sin C}$$

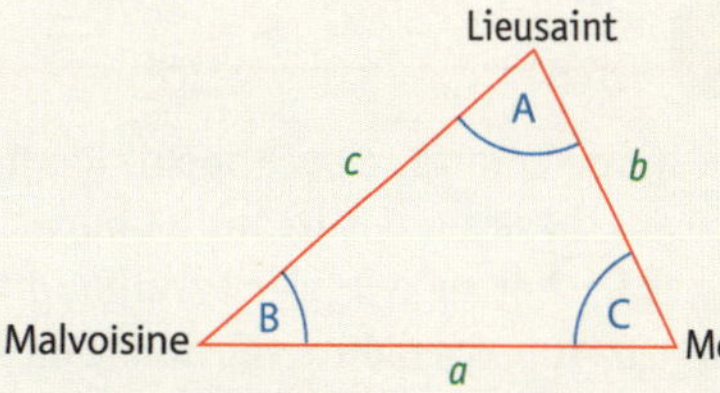

▶ Connaissant les angles A, B, C et sachant que la distance b entre Melun et Lieusaint est de 11,84 km, on peut calculer la distance c entre Lieusaint et Malvoisine :

$$c = \frac{b \times \sin C}{\sin B} = \frac{11{,}84 \times \sin 63{,}73}{\sin 40{,}62} = 16{,}30 \text{ km.}$$

Exercices

1 ★ 15 min Calcul de la circonférence de la Terre

Afin de se repérer à la surface de la sphère terrestre, on utilise des coordonnées géographiques (longitude, latitude).

Ville	Pays	Longitude	Latitude
Bayonne	France	1° Ouest	43° Nord
Sarajevo	Bosnie Herzégovine	18° Ouest	43° Nord
Ouagadougou	Burkina Faso	1° Ouest	12° Nord

a. À partir des informations du tableau ci-dessus, indiquer les villes qui sont situées sur un même méridien et celles situées sur un même parallèle.

b. En utilisant la méthode d'Ératosthène, calculer le rayon de la Terre sachant que :
- les rayons du Soleil ne provoquent pas d'ombre à midi, à Ouagadougou ;
- à Bayonne, l'angle α entre un bâton et les rayons du Soleil, à midi, est de 28,39° ;
- la distance Ouagadougou-Bayonne est de 3 448 km.

c. En déduire la circonférence de la Terre.

$$\tan \alpha = \frac{\text{Côté opposé}}{\text{Côté adjacent}}$$

2 ★ 15 min Voir le mont Blanc depuis le pic du Midi de Bigorre

On suppose un observateur placé en P au sommet du pic du Midi de Bigorre.

Données : rayon de la Terre : $R_T = 6\ 371$ km, hauteur du pic du Midi : $h = 2\ 877$ m, hauteur du mont Blanc : $h' = 4\ 809$ m.

a. Sachant que l'horizon correspond à la ligne où la terre et la mer semblent se rejoindre, localiser l'horizon pour l'observateur P.

b. En utilisant le théorème de Pythagore, calculer la distance entre l'horizon et l'observateur P.

c. Calculer la distance entre l'horizon et un observateur situé en M au sommet du mont Blanc.

d. En déduire la distance à laquelle le mont Blanc est visible depuis un point d'observation d'altitude $h = 2\ 877$ m.

e. Le mont Blanc est-il visible depuis le pic du Midi de Bigorre situé à 624 km à vol d'oiseau ?

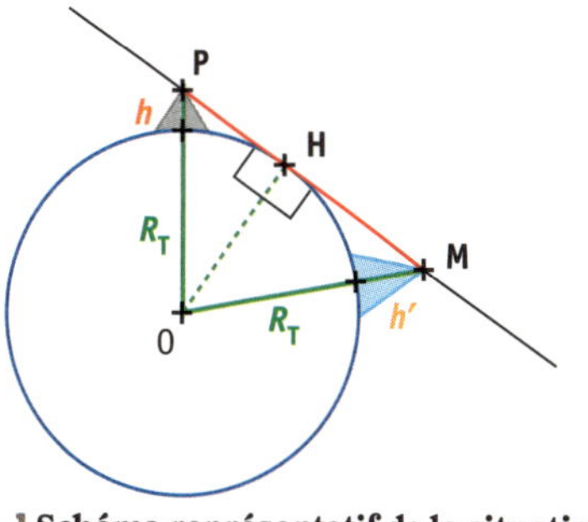

Doc. 1 Schéma représentatif de la situation. Les droites (PM) et (OH) sont perpendiculaires.

Rappel

Dans le cas d'un triangle rectangle de côtés a, b, c, on utilise le théorème de Pythagore : $a^2 + b^2 = c^2$, c étant l'hypoténuse (le côté opposé à l'angle droit).

ENSEIGNEMENT SCIENTIFIQUE

L'histoire de l'âge de la Terre

Cours

La question de l'âge de la Terre se pose depuis longtemps. Un âge de 4 000 ans, basé sur des textes bibliques, a été proposé par James Ussher au XVIIe siècle. Aujourd'hui, la datation au moyen d'isotopes radioactifs donne un âge de 4,57 milliards d'années.

Les âges de la Terre n'ont pas cessé d'être revus en fonction de l'évolution des connaissances et des techniques utilisées. Les différentes spécialités en sciences de la Terre ont, chacune, contribué à faire évoluer cet âge.

1 Les arguments physiques

▶ Buffon est le premier à utiliser une méthode expérimentale pour évaluer l'âge de notre planète. Il considère que la Terre était à l'origine une boule de roche en fusion. Il propose d'estimer son âge avec une approche naturaliste. Pour cela, il fait chauffer à blanc des boules de fer de différentes tailles et mesure leur temps de refroidissement. En extrapolant à la taille de notre globe, il déduit un âge minimum pour le Terre de 74 490 ans.

▶ Lord Kelvin utilise, au contraire de Buffon, une équation mathématique pour estimer l'âge de la Terre. Sa loi décrit la variation de température d'un objet en fonction du temps. Considérant que la température initiale de la Terre correspond à celle alors estimée en son centre et qu'elle se refroidit progressivement, il en déduit un âge situé entre 20 à 400 millions d'années, soit plus de 250 fois l'âge proposé par Buffon.

À savoir

- Georges Louis Leclerc (1707-1788), comte de Buffon, est un naturaliste français.
- William Thomson (1824-1907), anobli en lord Kelvin, est un physicien britannique.

2 Les arguments géologiques

▶ Albert de Lapparent (1839-1908) propose, comme de nombreux scientifiques, d'utiliser la succession des dépôts sédimentaires pour estimer l'âge de la Terre. Cette méthode repose sur le principe que le dépôt des sédiments s'effectue à vitesse constante, de l'ordre du mètre par million d'années. En estimant l'épaisseur cumulée de tous les dépôts sédimentaires à environ 45 km, il propose un âge pour la Terre de 90 millions d'années.

3 Les arguments biologiques

▶ Charles Darwin (1809-1882), dans son ouvrage « *L'Origine des espèces* » publié en 1859, propose une théorie qui implique que l'histoire de la vie est marquée des variations continuelles de la faune et de la flore sous l'influence d'une sélection naturelle. Cependant, il remarque que l'évolution des formes fossiles dans les couches géologiques est très lente. Il en déduit pour la Terre un âge de 300 millions d'années.

4 L'âge de la Terre estimé par la radioactivité

▶ Dans les années 1950, Clair Patterson a utilisé la loi de la désintégration radioactive de certains isotopes pour dater l'âge de la Terre. Les roches terrestres les plus anciennes ont été totalement érodées, mais on admet que les astéroïdes et les comètes ont le même âge que la Terre, car ils datent de l'époque de sa formation. Patterson a donc utilisé des fragments d'astéroïdes tombés sur Terre, des météorites. Par lecture graphique (voir point méthode), il a trouvé un âge de 4,55 milliards d'années.

Méthode

Calculer l'âge d'une roche

▶ On définit, dans une désintégration, la notion d'isotope père, qui se désintègre en isotope fils, avec une période précise. La désintégration de l'uranium 235 aboutit ainsi au plomb 207, celle de l'uranium 238 au plomb 206. La vitesse de désintégration radioactive est connue et spécifique pour chaque couple d'isotopes ($^{235}U/^{207}Pb$ et $^{238}U/^{206}Pb$). À chaque temps de demi-vie la moitié des éléments pères se désintègrent en éléments fils (Doc. 1).

Soit N la population de noyaux pères radioactifs présents aujourd'hui dans un échantillon de roche à dater et N_0 la population de noyaux pères présents à l'origine dans cet échantillon.

La population de noyaux radioactifs restants est donnée par la loi de décroissance radioactive :

$$N(t) = N_0 \times e^{-\lambda t}$$

avec t le temps écoulé depuis la formation de la roche exprimé en années et λ la constante radioactive propre à chaque couple d'isotopes.

▶ Pour calculer l'âge d'une roche, la désintégration des isotopes radioactifs est utilisée comme horloge géologique.

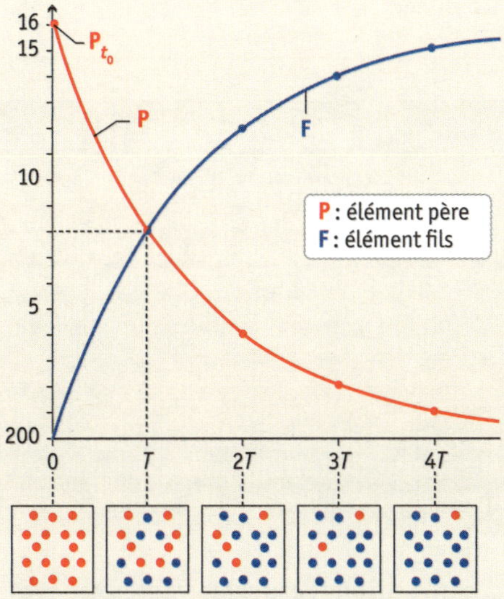

Doc. 1 Évolution des proportions d'éléments pères et fils selon la loi de désintégration radioactive.

Clair Patterson démontre une relation entre les rapports isotopiques sur différents fragments de météorites à l'instant *t* de la mesure :

$$\frac{^{207}Pb}{^{204}Pb} = m\left(\frac{^{206}Pb}{^{204}Pb}\right) + p$$

On retrouve ainsi une équation d'une droite affine $y = mx + p$, m étant le coefficient directeur de la droite qui dépend du temps écoulé depuis la formation de la roche et p l'ordonnée à l'origine, point d'intersection entre la droite et l'axe des ordonnées.

Clair Patterson a démontré que le coefficient directeur m était égal à :

$$\text{pente} = \frac{1}{137{,}88} \times \frac{e^{\lambda^{235}U T} - 1}{e^{\lambda^{238}U T} - 1}$$

avec λ les constantes de désintégration respectivement des couples $^{235}U/^{207}Pb$ et $^{238}U/^{206}Pb$, et T le temps écoulé depuis la formation de la roche.

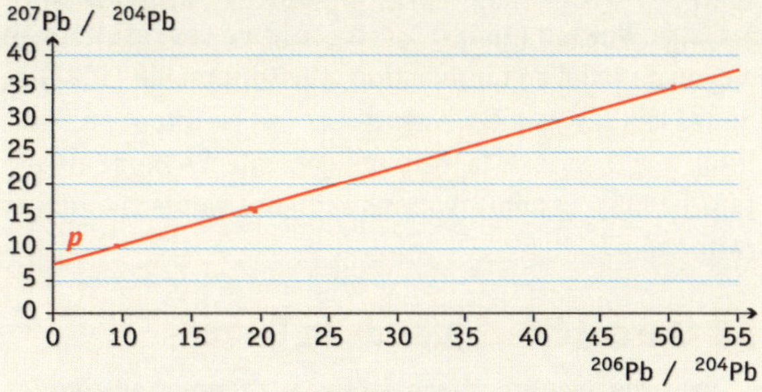

Doc. 3 Variation du rapport isotopique $^{207}Pb/^{204}Pb$ en fonction du rapport isotopique $^{206}Pb/^{204}Pb$

Exercice

★★★ **30 min** **La démarche scientifique de Buffon**

Buffon fut le premier à proposer une démarche scientifique pour déterminer l'âge de la Terre.

Doc. 1 Extrait du premier tome rédigé par Buffon : des suppléments à l'*Histoire Naturelle* (1774)

« J'ai fait faire dix boulets de fer forgé et battu : le premier d'un demi-pouce de diamètre, le second d'un pouce, le troisième d'un pouce et demi, le quatrième de deux pouces, le cinquième de deux pouces et demi, le sixième de trois pouces, le septième de trois pouces et demi, le huitième de quatre pouces, le neuvième de quatre pouces et demi et le dixième de cinq pouces. Ce fer venait de la forge de Chameçon près de Châtillon-sur-Seine, et comme tous les boulets ont été faits du fer de cette même forge, leurs poids se sont trouvés à très-peu près proportionnels aux volumes. »

Doc. 2 Résultats des expériences de Buffon

Diamètre (en pouces)	1	1,5	2	3	4	5
Temps de refroidissement (en minutes)	93	145	196	308	415	522

Doc. 3 Structure et composition chimique de la Terre

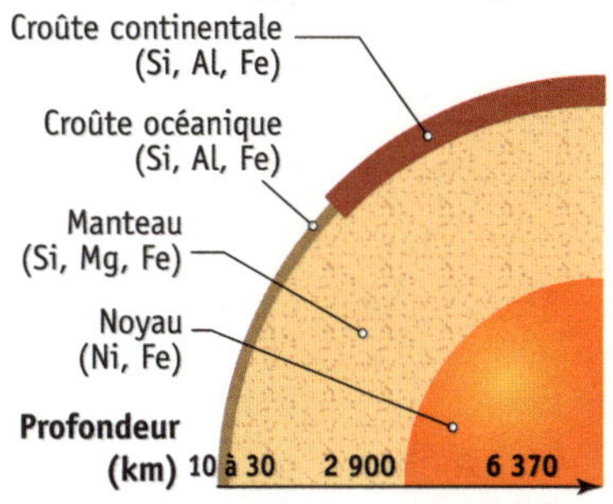

a. Réaliser un graphique montrant l'évolution du temps de refroidissement en minutes en fonction du diamètre en pouces des boulets de fer de Buffon.

b. Les points obtenus à la question **a.** s'alignent sur une droite dont l'équation est $f(d) = 108d - 16$, avec d le diamètre et $f(d)$ la durée de refroidissement (en minutes). À l'aide de cette équation, sachant que le pouce vaut environ 2,7 cm et que le diamètre de la Terre est de 12 742 km, calculer l'âge de la Terre (en années).

c. Discuter du modèle utilisé par Buffon à l'aide du document 3.

La Terre dans l'Univers

Cours

Le mouvement de la Terre dans l'Univers a été l'objet de célèbres et violentes controverses, montrant la difficulté de la construction du savoir scientifique au sein d'une société. Deux théories se sont affrontées dans l'Histoire pendant environ un millénaire, le géocentrisme et l'héliocentrisme. Nicolas Copernic (1473-1543) a développé sa théorie de l'héliocentrisme à partir de considérations mathématiques. Ses calculs ont été confirmés par les observations de Galilée (1564-1642) à la lunette astronomique. Johannes Kepler (1571-1630) a établi les lois des mouvements des planètes. Sir Isaac Newton (1642-1727) a confirmé ces résultats au moyen de sa loi de l'interaction gravitationnelle (1687) et de ses lois sur les mouvements. Ces lois resteront en l'état jusqu'à la théorie de la relativité générale d'Albert Einstein (1879-1955). Les observations actuelles valident toujours cette théorie.

1 Caractéristiques de la Terre

▶ Observée dans un référentiel fixe par rapport aux étoiles ou dans le référentiel héliocentrique, c'est-à-dire par rapport au Soleil, la Terre parcourt une trajectoire quasi circulaire autour du Soleil dans un plan appelé l'écliptique, à une distance moyenne d'environ 150 millions de kilomètres. Elle effectue cette révolution en 365,25 jours et une rotation sur elle-même en 24 heures (Doc. 1).

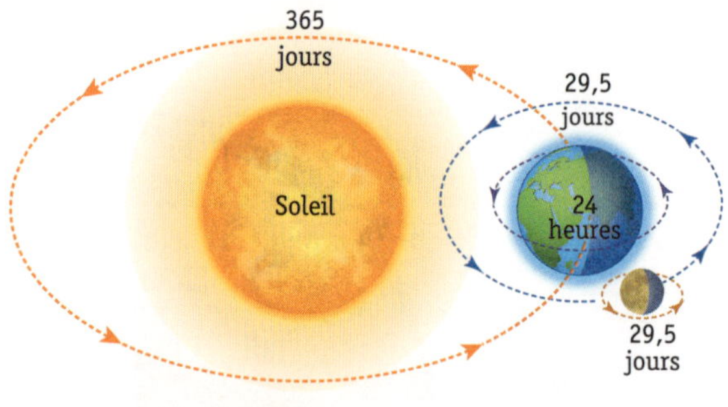

Doc. 1 Mouvements de la Lune autour de la Terre et de la Terre autour du Soleil

▶ La puissance lumineuse émise par le Soleil, sa distance au Soleil ainsi que la pression atmosphérique régnant en surface permettent à la Terre de maintenir une température propice à la présence d'eau liquide nécessaire à la vie.

▶ En dépit de ces conditions favorables, l'eau sur Terre est inégalement répartie. Sa répartition a aussi changé en raison des variations de température qui ont affecté la surface de la Terre au cours de son histoire.

Biographies

Albert Einstein était un physicien allemand. Sa théorie de la relativité restreinte (1905) révolutionna notre compréhension de l'espace et du temps. Sa théorie de la relativité générale formulée en 1915 a étendu la relativité restreinte en incluant la gravité. Elle explique comment la masse courbe l'espace-temps.

Isaac Newton était un mathématicien et physicien anglais. En s'appuyant sur les lois de Kepler concernant le mouvement des planètes, il a formulé la loi universelle de la gravitation. Cette théorie a révolutionné notre compréhension de la force gravitationnelle.

▶ La majeure partie de l'eau sur Terre est salée et constitue les mers et les océans. Seule une faible partie (3 %) est de l'eau douce. La gestion des ressources hydriques et leur protection sont un enjeu pour l'humanité.

▶ Les périodes de révolution de la Terre et de la Lune étant très différentes, il en résulte un mouvement d'ensemble complexe. À noter que la révolution de la Lune autour de la Terre (28 jours) a la même durée que la vitesse de rotation de la Lune sur-elle-même (28 jours). C'est pour cette raison que la Lune présente toujours la même face à la Terre : on parle de rotation synchrone.

2 Les mouvements de la Lune

▶ Observée dans le référentiel géocentrique, la Lune effectue une révolution autour de la Terre sur une trajectoire quasi circulaire en environ 29,5 jours.

▶ Au cours de sa révolution autour de la Terre, la Lune nous apparaît différemment éclairée selon sa position par rapport au Soleil. Les différents aspects de la Lune vus depuis la Terre sont appelés des phases lunaires.

Doc. 2 Positions de la Lune par rapport à la Terre et au Soleil, et phases correspondantes

Méthode

Analyser les conséquences des mouvements de la Lune

La Lune possède un mouvement de révolution autour de la Terre tout en étant éclairée par le Soleil. Cet éclairement vu depuis la Terre dépend de la position des trois astres. La Lune se présente ainsi sous différents aspects à la Terre : ce sont les phases de la Lune.

Pour représenter les différentes phases de la Lune, il faut analyser à la fois la position et l'éclairement dans le référentiel terrestre.

▶ **Observer** les éclairages de la Lune en fonction de sa position dans les situations du Doc. 2.

Rappel

La révolution de la Lune s'effectue sur un plan incliné de 5° par rapport au plan de l'écliptique. Son mouvement la place parfois entre la Terre et le Soleil, cachant celui-ci partiellement ou totalement : c'est une éclipse de Soleil. Dans les régions où la Lune projette son ombre sur la Terre, tout ou partie du Soleil est caché le temps du passage de la Lune.

▶ **Représenter** les aspects de la Lune vus depuis la Terre. Indiquer le nom des phases correspondantes.

Position	1	2	3	4	5	6	7	8
Représentation								
Nom des phases lunaires	Nouvelle Lune	Premier croissant	Premier quartier	Gibbeuse croissante	Pleine Lune	Gibbeuse décroissante	Dernier quartier	Dernier croissant

Exercices

1 ★ 15 min Utiliser le tableur pour représenter la répartition de l'eau sur Terre

Le tableau ci-après indique les proportions de différents types d'eau sur Terre.

Eau salée	Eau douce liquide	Eau douce solide	Vapeur d'eau
97 %	0,65 %	2,35 %	0,001 %

a. Représenter ces données sous la forme d'un diagramme circulaire.
b. Citer des réservoirs d'eau salée.
c. Citer des réservoirs d'eau douce.

2 ★ 5 min Conditions d'une éclipse

La Lune cache le Soleil lors d'une éclipse de Soleil et la Terre cache la Lune lors d'une éclipse de Lune. En utilisant le Doc. 2, indiquer la position des astres de façon à pouvoir observer :
a. Une éclipse de Soleil.
b. Une éclipse de Lune.

3 ★★ 10 min Volumes d'eau sur Terre

Le volume total d'eau liquide présente sur Terre est estimé à 1,386 milliard de kilomètres cubes, l'eau salée représentant 97 % de cette eau.
a. Exprimer le volume total d'eau salée V_s en km^3 puis en m^3 en utilisant les puissances de 10.
b. En déduire le volume approximatif d'eau douce V_d sur Terre.
c. En estimant la population terrestre à environ 10 milliards d'individus, estimer le volume d'eau douce moyen par habitant. Conclure.

Son et musique

Cours

Un son peut être perçu de façon désagréable lorsqu'il s'agit d'un bruit ou agréable s'il est produit par un ou plusieurs instruments de musique.

1 Caractéristiques des sons

▶ Un bruit peut souvent être assimilé à une vibration anarchique de l'air. L'étude des sons a permis de montrer qu'un son pur de fréquence f est associé à un signal d'allure sinusoïdale en fonction du temps (Doc. 1). Ce signal peut être représenté simplement par la fonction :

$$s(t) = S \cdot \sin(2\pi f t)$$

▶ Un signal complexe périodique de fréquence fondamentale f_0 (Doc. 2) se décompose en une somme de signaux sinusoïdaux de fréquences multiples entières de f_0. Il peut s'écrire mathématiquement sous la forme :

$$s(t) = S_1 \cdot \sin(2\pi f_1 t) + S_2 \cdot \sin(2\pi f_2 t) + \ldots + S_n \cdot \sin(2\pi f_n t)$$

▶ Le son associé à ce signal complexe est un son composé. Sa fréquence f_0 est appelée la fréquence fondamentale du signal. Les fréquences multiples sont appelées les harmoniques. L'harmonique de rang n a pour fréquence $f_n = n \cdot f_0$.

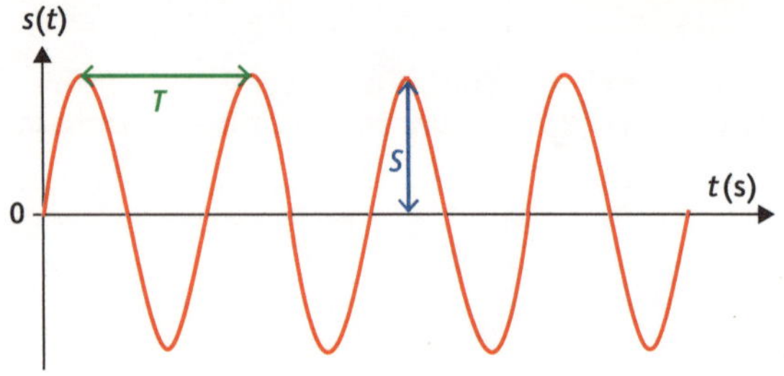

Doc. 1 Son pur produit par un diapason

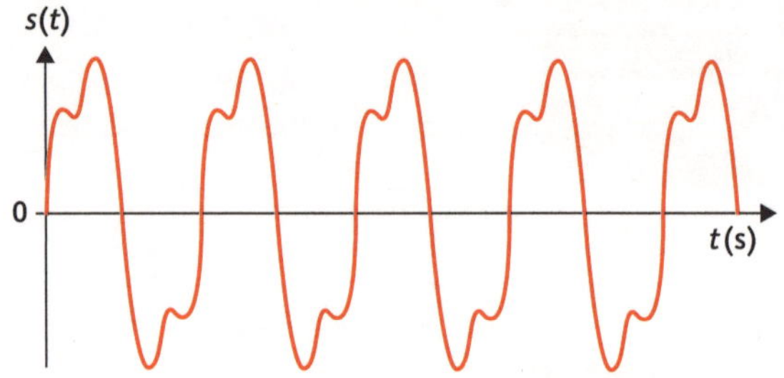

Doc. 2 Son complexe

▶ La puissance par unité de surface transportée par une onde sonore détermine son intensité sonore et s'exprime en $W \cdot m^{-2}$.

▶ Selon son intensité, elle donne lieu à différents niveaux d'intensité sonore qui s'expriment, eux, en décibels (dB) et se répartissent selon une échelle logarithmique. Le niveau d'intensité sonore est mesuré à l'aide d'un sonomètre.

2 Sons produits par des instruments de musique

▶ La corde tendue d'un instrument à cordes émet en vibrant un son composé dont la fréquence fondamentale ne dépend que de ses caractéristiques physiques. Le son émis dépend de sa longueur l (en m), de sa tension T (en newtons, N) et de sa masse par unité de longueur μ (en $kg \cdot m^{-1}$) :

$$\mu = \frac{T}{l}$$

▶ Dans les instruments à vent, il se produit un phénomène analogue. La vibration est celle d'une colonne d'air dont on fait varier la longueur dans un tuyau.

▶ En musique, un intervalle entre deux sons est défini par le rapport de leurs fréquences fondamentales. Deux sons dont les fréquences sont dans un rapport 2/1 correspondent à une même note, mais à deux hauteurs différentes. L'intervalle les séparant s'appelle une octave.

▶ Une gamme est une suite finie de notes réparties sur une octave. Elle est constituée de 12 demi-tons. La fréquence du demi-ton supérieur à la fréquence f est obtenue en multipliant f par $2^{\frac{1}{12}}$.

Méthode

Relier l'intensité sonore au niveau d'intensité sonore

La perception des sons par l'oreille humaine couvre une large gamme d'intensités sonores qui s'étendent sur une échelle de 14 puissances de 10. Le minimum d'intensité sonore ou seuil d'audibilité est fixé arbitrairement à $I_0 = 1{,}0 \times 10^{-12}$ W · m^{-2}. Le maximum n'est pas fixé, mais une valeur d'intensité de $1{,}0 \times 10^{2}$ W · m^{-2} constitue un maximum de la douleur.

Pour se représenter plus facilement la perception auditive, on utilise plutôt l'échelle logarithmique des niveaux d'intensités sonores L en décibels (dB). Elle se calcule en utilisant la relation :

$$L = 10\log\left(\frac{I}{I_0}\right)$$

log étant la fonction mathématique « logarithme décimal ».

▶ **Utiliser** le diagramme pour faire correspondre les valeurs d'intensité sonore et les niveaux d'intensité sonore lorsque ces valeurs sont présentes. Par exemple, $1{,}0 \times 10^{-4}$ W · m^{-2} correspond à 80 dB.

▶ **Appliquer** les relations lorsque la valeur n'est pas donnée graphiquement :

$$L = 10\log\left(\frac{I}{I_0}\right) \Leftrightarrow I = I_0 \cdot 10^{\frac{L}{10}}$$

Il est impératif d'utiliser ces relations, car l'échelle des niveaux d'intensité sonore est logarithmique et non pas linéaire. Il n'est pas possible d'appliquer une proportionnalité.

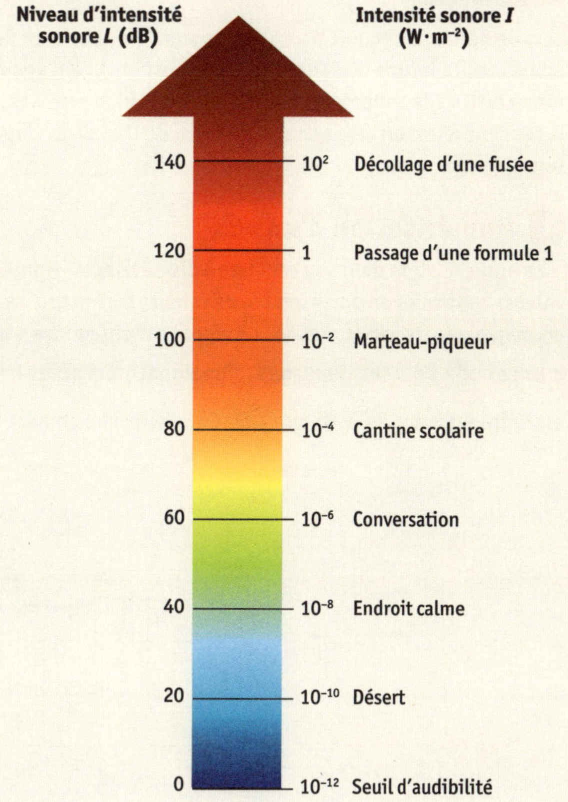

Exercices

1 ★★ 10 min **Déterminer les intensités et les niveaux d'intensité sonores**

Une échelle logarithmique n'est pas une échelle linéaire. Elle permet par simple lecture de faire le lien entre intensité sonore et niveau d'intensité sonore.

a. Quel est le niveau d'intensité sonore d'une conversation normale d'après le graphique de la méthode ?

b. Toujours d'après ce graphique, quelle est l'intensité sonore d'un marteau-piqueur ?

c. Quel est le niveau d'intensité sonore correspondant à une intensité sonore de $3{,}0 \times 10^{-5}$ W · m^{-2} ?

Donnée : $I_0 = 1{,}0 \times 10^{-12}$ W · m^{-2}.

d. Quelle est l'intensité sonore d'un son dont le niveau d'intensité sonore est de 95 dB ?

2 ★★ 10 min **Utiliser un spectre sonore**

Le diagramme ci-contre représente le spectre en fréquences donné par la vibration d'une corde de guitare.

a. Le son de la corde est-il simple ou complexe ? Justifier.

b. Quelle est la fréquence de la note fondamentale ? De la première harmonique ?

c. La note fondamentale jouée est un la$_3$. Quelle est la fréquence du do$_4$ séparée du la$_3$ de trois demi-tons ?

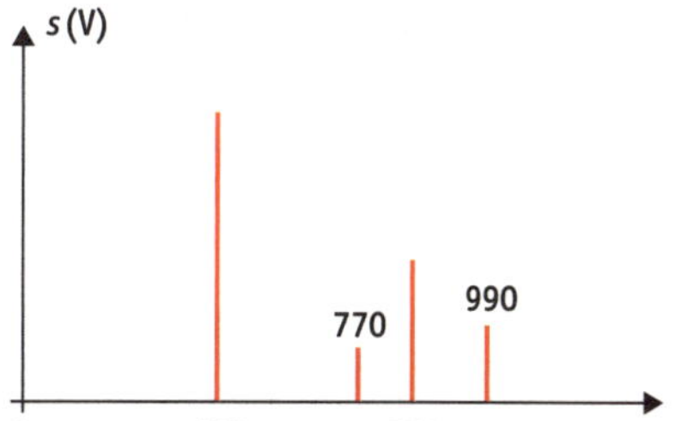

Le son, une information à coder

Cours

Lors de l'enregistrement d'un son par un microphone, ce dernier produit une tension continue variable pouvant prendre une quantité infinie de valeurs réelles. C'est un **signal analogique**. En informatique, les données sont enregistrées sous la forme de 0 et de 1 représentant des tensions bien précises, le plus souvent 0 et 5 volts. Il est donc nécessaire de convertir la tension réelle en une suite numérique de 0 et de 1. L'opération s'appelle une numérisation et le signal obtenu est un **signal numérique**.

1 Numérisation d'un son

▶ La numérisation d'un son consiste à **discrétiser** un signal sonore analogique, c'est-à-dire à transformer un ensemble de valeurs continues en un ensemble de valeurs distinctes. La tension analogique est convertie au moyen d'un **convertisseur analogique-numérique** ou CAN. Le signal est enregistré à intervalles de temps réguliers (Doc. 1).

▶ La **période d'échantillonnage** T_e d'un signal est la durée en secondes qui sépare chaque mesure. L'inverse de cette période est la **fréquence d'échantillonnage**. Elle s'exprime en herz (Hz) : $f_e = \frac{1}{T_e}$

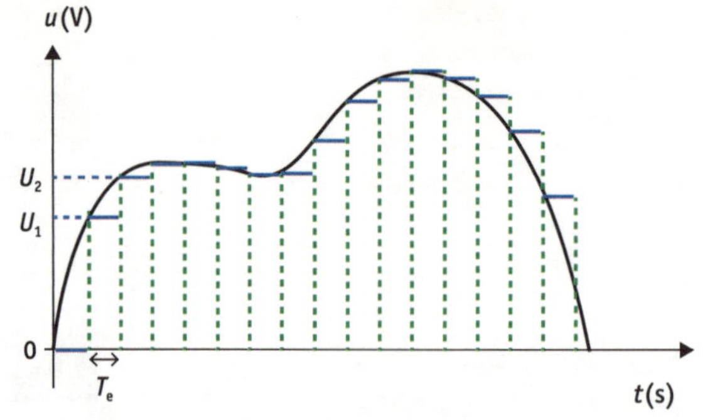

Doc. 1 Conversion d'un signal analogique (courbe noire) en signal numérique (traits bleus)

▶ Le **critère de Shannon** impose que la fréquence d'échantillonnage soit au moins le double de la fréquence du signal analogique.

▶ Chaque mesure U_n de tension est **quantifiée**, ramenée à une valeur numérique entière enregistrable sur un ensemble de bits prenant les valeurs 0 et 1. Un ensemble de 8 bits constitue un octet. La précision de chaque mesure dépend de la **plage de mesure** du convertisseur et du nombre N de bits de stockage. Le pas p de quantification (en V) du convertisseur est donné par la relation :

$$p = \frac{\text{plage de mesure}}{2^N}$$

▶ Pour avoir la meilleure qualité sonore, la fréquence d'échantillonnage doit être élevée et le pas de quantification petit. Par conséquent, plus la numérisation est fidèle, plus la taille du fichier audio est grande.

2 Compression et stockage des données

▶ La **taille** d'un fichier sonore en bits, enregistré pendant une durée Δt (en s) par un système possédant N bits, est donnée par la relation :

$$\text{Taille} = N \cdot f_e \cdot \Delta t$$

▶ La quantité d'informations enregistrées produit des fichiers de grande taille. La compression permet de diminuer la taille d'un fichier afin de faciliter son stockage et sa transmission.

▶ Les techniques de compression spécifiques au son, dites « avec perte d'information » (MP3, AAC et WMA), éliminent les informations sonores auxquelles l'oreille est peu sensible : ce sont notamment les fréquences inférieures à 20 Hz et supérieures à 20 kHz.

▶ Lors d'un transfert de données, la quantité d'informations audio et vidéo échangée nécessite d'énormes capacités de transmission et de stockage.

Méthode

Mesurer l'échantillonnage et la quantification

La courbe d'enregistrement d'un son est la courbe mathématique représentant la tension mesurée en fonction du temps, soit $u = f(t)$. C'est la courbe obtenue sur l'écran d'un oscilloscope ou d'un ordinateur lors d'une acquisition de données. L'échantillonnage concerne l'axe des abscisses gradué en secondes. La quantification est une mesure sur l'axe des ordonnées gradué en volts.

▶ **Déterminer** la période d'échantillonnage T_e en divisant la durée de la mesure Δt par le nombre n de points de mesures :

$$T_e = \frac{\Delta t}{n}$$

▶ Un oscilloscope possède un écran de huit divisions verticales et une sensibilité de 2 volts par division (2 V/DIV). Dans ce cas, la plage de mesure est de $8 \times 2 = 16$ V. Une carte d'acquisition a dans ses réglages une plage de mesure choisie par l'utilisateur, par exemple –5V/+5V, 0V/+5V, 0V/+10V, soit dans ce cas une plage de mesure de 10 V.

– **Calculer** ou relever la plage de mesure.

– **Relever** sur les données constructeur le nombre de bits de mesure N. Il est de 8 si le codage est sur un octet.

– **Appliquer** la relation donnant le pas de quantification p (en prenant l'exemple d'une plage de mesure de 10 V) :

$$p = \frac{\text{plage de mesure}}{2^N} = \frac{10}{2^8} = 40 \text{ mV}$$

Remarque

L'acquisition doit être suffisamment rapide, la période T_e devant être nécessairement supérieure à la période d'acquisition.

Exercices

1 ★ 5 min **Compter les divisions d'un oscilloscope**

Un oscilloscope est réglé sur la sensibilité 2 V/DIV et sur la base de temps 1 μs/DIV. Son écran possède 8 divisions horizontalement.

a. Combien de divisions verticales occupe un signal sinusoïdal d'amplitude 4 V ?

b. Combien de divisions horizontales occupe une période d'un signal sinusoïdal de fréquence $f = 500$ kHz ?

2 ★★ 10 min **Calculer la taille d'un fichier sonore**

Sur les CD du commerce, la fréquence d'échantillonnage utilisée est de 44 100 Hz.

a. Quelle est la taille en octets d'un fichier audio de 4 minutes codé sur un octet, soit 8 bits ?

b. L'algorithme de compression audio d'Huffman est connu pour être très efficace. Son encodage non destructeur permet de gagner en moyenne environ 20 % d'espace. Quelle serait la taille du fichier précédent si on utilisait cet algorithme de compression ?

3 ★★★ 10 min **Déterminer les grandeurs de la numérisation d'un signal sonore**

Un expérimentateur souhaite relever à l'aide d'une console d'acquisition le signal sonore complexe ci-contre. Le son a été créé par un instrument de musique jouant un la$_3$ de fréquence $f = 440$ Hz. Pour des questions de précision, il choisit d'acquérir 300 points de mesure. La console d'acquisition permet de relever des tensions comprises entre –5 et +5 V sur 10 bits.

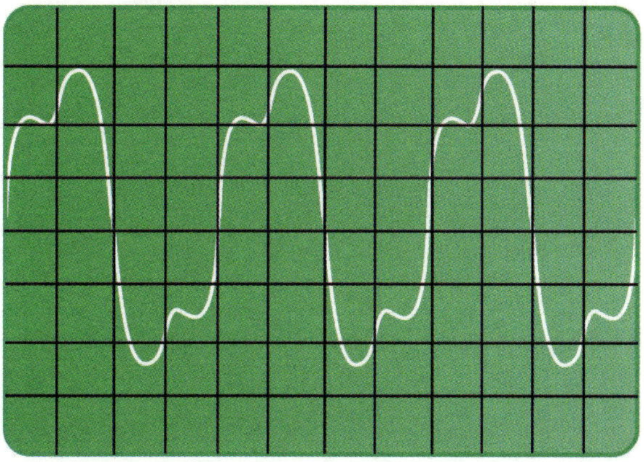

a. Quelle est la période du signal mesuré ?

b. Quelle est la période d'échantillonnage T_e du signal ? Sa fréquence d'échantillonnage ?

c. La fréquence d'échantillonnage respecte-t-elle le critère de Shannon ? Justifier.

d. Quel est le pas de quantification du CAN ?

ENSEIGNEMENT SCIENTIFIQUE

Entendre et protéger son audition

Cours

Selon un rapport de l'Organisation mondiale de la santé paru le 3 mars 2021 : « Près de 50 % des personnes âgées de 12 à 35 ans risquent une déficience auditive due à une exposition prolongée et excessive à des sons trop forts, parmi lesquels la musique écoutée au moyen des appareils audio personnels. » Ainsi, la loi, à travers le Code de santé publique, impose une limite de 100 dB pour les écouteurs fournis avec les baladeurs et les smartphones. Un décret de 2017 fixe à 102 dB pendant 15 minutes le volume sonore maximal pouvant être diffusé dans un lieu public. Examinons les arguments scientifiques en faveur de cette limitation.

1 L'oreille, un organe spécialisé dans la détection des sons

▶ L'être humain perçoit les sons de fréquences comprises entre 20 et 20 000 Hz (Doc. 1). Cette faculté dépend de l'âge : on observe une perte progressive de la perception des sons les plus aigus avec le temps.

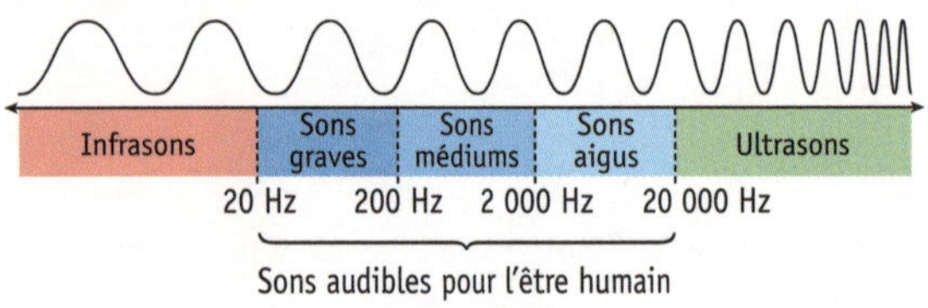

Doc. 1 Gamme de fréquences sonores

▶ On distingue plusieurs parties dans l'oreille (Doc. 2) :
– **l'oreille externe** correspond à la partie visible de l'oreille (le pavillon), au conduit auditif et au tympan. Elle permet de recevoir les sons qui vont entraîner une vibration du tympan ;
– **l'oreille moyenne** amplifie et transfère les vibrations du tympan à trois osselets : le marteau, l'enclume et l'étrier ;

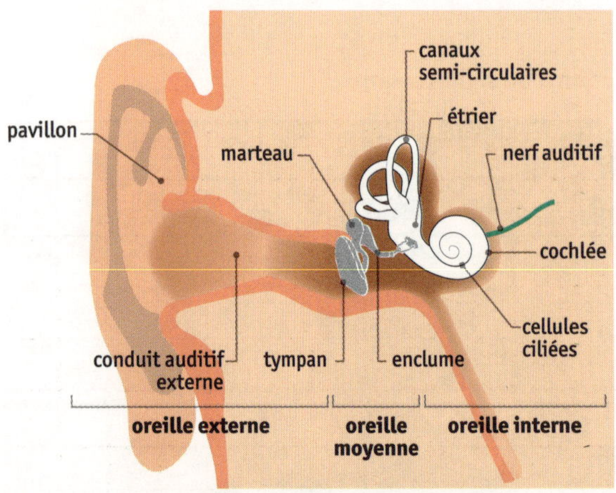

Doc. 2 Anatomie de l'oreille

– **l'oreille interne** est formée de la cochlée, une cavité en forme de spirale, remplie d'un liquide incolore, l'endolymphe. La vibration des osselets provoque des variations de pression dans l'endolymphe. Les cellules ciliées qui tapissent l'intérieur de la cochlée traduisent les vibrations reçues en un message nerveux qui est transmis au cerveau.
▶ Les messages nerveux transmis par le nerf auditif atteignent les zones du cerveau spécialisées dans la perception des sons situées dans les lobes temporaux.

2 Des comportements qui peuvent altérer notre audition

▶ D'après le Centre national d'information sur la surdité, 11,2 % de la population française reconnaît avoir une déficience auditive. Au-delà de 85 dB, un son peut devenir nocif selon son intensité et sa durée (Doc. 3).

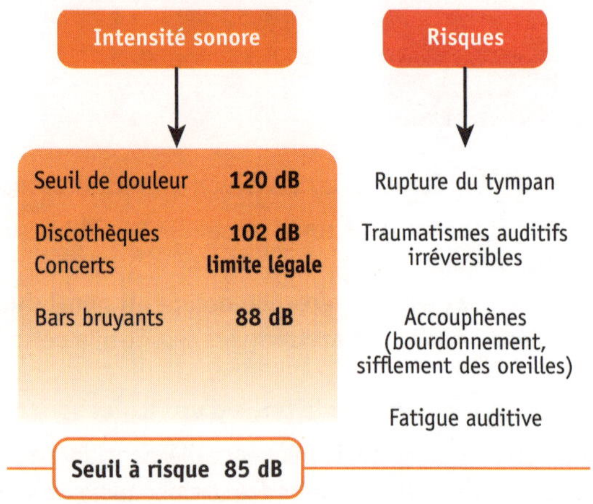

Doc. 3 Risques d'une exposition à des sons intenses

▶ Les cellules ciliées, en quantité limitée, sont fragiles. Au-delà des temps d'exposition maximum conseillés (2 heures à 88 dB, 15 minutes à 100 dB), elles peuvent être endommagées de façon irréversible jusqu'à provoquer une surdité.

3 Protéger ou rétablir notre audition

▶ Pour les personnes qui travaillent dans des environnements bruyants (discothèques, chantiers), il existe des mesures d'atténuation du bruit (absorbants phoniques) et des dispositifs individuels de protection (casques antibruit, bouchons d'oreille).
▶ Les appareils auditifs destinés aux personnes ayant une perte d'audition amplifient spécifiquement les sons dans le conduit auditif.

Méthode

Localiser les zones cérébrales impliquées dans l'audition

▶ Pour mettre en évidence les zones activées du cerveau, on a recours à l'imagerie par résonance magnétique (IRM). Basée sur la vibration des atomes d'hydrogène sous l'action d'un champ magnétique, cette technique permet de détecter une augmentation du flux sanguin local (le sang étant composé de plus de 90 % d'eau, donc d'hydrogène !), ce qui traduit une activation de la zone cérébrale (Doc. 5).

▶ Certains logiciels, comme IRM Virtuelle de Cosentino, permettent de simuler une IRM en fonction de conditions expérimentales choisies par l'utilisateur :

1. Lancer le logiciel en ligne
2. Choisir la condition du test (ici, le sujet entend). Vous aurez ensuite la possibilité de sélectionner le type de son entendu.
3. Choisir les conditions de la simulation (ici, le sujet est immobile, dans le noir et dans le silence).
4. Cliquer sur « Lancer l'IRM ».

Vous pouvez vous déplacer dans le cerveau à l'aide des différents curseurs et vous aurez la possibilité de localiser les différentes zones impliquées dans l'audition.

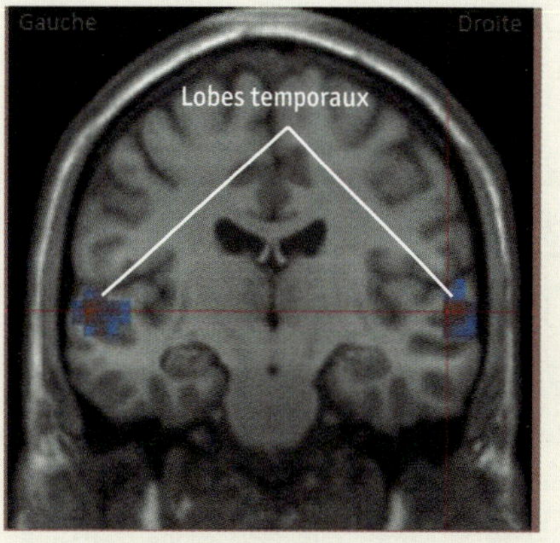

Doc. 5 IRM d'un individu écoutant un son. Plus la zone est colorée, plus la zone cérébrale est activée.

Exercices

1 ★ 5 min Les fonctions de chaque oreille

Associer à chaque zone de l'oreille (oreille externe, oreille moyenne, oreille interne) les fonctions suivantes :

- Convertir l'information sonore en information nerveuse.
- Recevoir les vibrations physiques de l'air.
- Convertir la vibration de l'air en vibration des osselets.

2 ★★ 15 min Les dispositifs de protection auditive

Une trop grande intensité sonore peut endommager l'audition de façon irréversible. Pour prévenir ce risque, il existe différents types de protection auditive dont, par exemple, deux catégories de bouchons d'oreilles :

– les bouchons en mousse et les boules en cire laissent passer un son sourd et fortement atténué ;

– les bouchons moulés en silicone, utilisés par les musiciens, conservent la qualité du son.

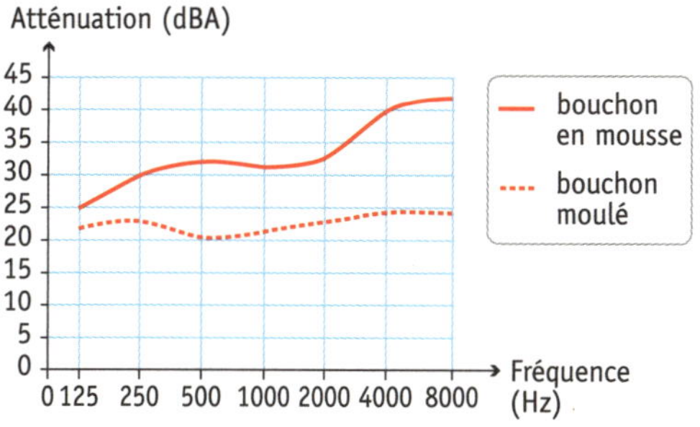

Atténuation du niveau sonore en fonction du type de bouchon et de la fréquence de l'onde qui le traverse

a. Une pratique régulière d'instruments musicaux nécessite d'atténuer le niveau sonore. Cependant, cette atténuation ne doit pas dépasser 25 dBA. Indiquer pour chaque bouchon si ce critère est respecté.

b. Le bouchon en mousse atténue-t-il davantage les sons aigus ou les sons graves ?

c. Quel bouchon altère le moins la qualité d'un son ?

3 ★★ 15 min La presbyacousie

La figure ci-dessous présente des audiogrammes d'individus d'âges différents et sans pathologie auditive. Naturellement, certaines fréquences sonores sont plus difficilement audibles avec l'âge : c'est la presbyacousie. La perte d'audition (en dB) est la valeur limite à partir de laquelle un individu ne perçoit plus un son.

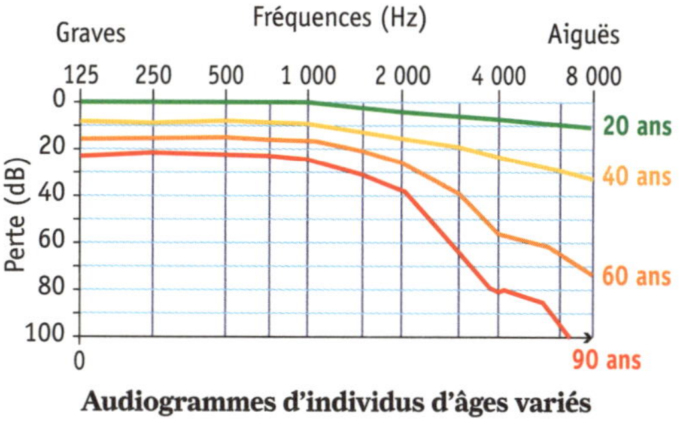

Audiogrammes d'individus d'âges variés

a. Quels types de sons deviennent inaudibles avec l'âge ?

b. Un individu de 60 ans perçoit-il les sons de 60 dB ayant une fréquence de 8 kHz ? Justifier.

je me teste !

1 **L'élément chimique le plus abondant dans l'Univers est :**

- ▢ **a.** l'oxygène
- ▢ **b.** l'hydrogène
- ▢ **c.** l'hélium

2 **Quel pourcentage de noyaux radioactifs reste-t-il après trois demi-vies ?**

- ▢ **a.** 12,5 %
- ▢ **b.** 50 %
- ▢ **c.** 25 %

3 **Quels types de réactions se déroulent essentiellement dans les étoiles ?**

- ▢ **a.** Des réactions chimiques
- ▢ **b.** Des réactions de fusion
- ▢ **c.** Des réactions de fission

4 **Dans le cas d'un système cubique, que représente le paramètre de maille ?**

- ▢ **a.** La diagonale d'une face
- ▢ **b.** L'arête
- ▢ **c.** La diagonale du cube

5 **Quelle est la structure du verre issu du refroidissement rapide de la silice ?**

- ▢ **a.** Cubique
- ▢ **b.** Amorphe
- ▢ **c.** Hexagonale

6 **Un des principes de la théorie cellulaire est :**

- ▢ **a.** une cellule n'est pas toujours issue d'une autre cellule.
- ▢ **b.** toute matière naturelle présente sur Terre est composée de cellules.
- ▢ **c.** la cellule est le plus petit élément structurel et fonctionnel du vivant.

7 **La membrane plasmique :**

- ▢ **a.** est composée essentiellement de protéines.
- ▢ **b.** est composée d'un assemblage de protéines, phospholipides et cholestérol.
- ▢ **c.** est imperméable.

8 **Que traduit la relation d'Einstein dans le cas d'une étoile ?**

- ▢ **a.** La perte de son énergie par une perte de sa masse
- ▢ **b.** La perte de sa puissance par une augmentation de sa taille la rendant moins lumineuse
- ▢ **c.** La diminution de sa puissance avec le temps due à l'augmentation de son énergie émise

9 **Quelle étoile parmi les suivantes est la plus chaude ?**

- ▢ **a.** Une étoile bleue
- ▢ **b.** Une étoile jaune
- ▢ **c.** Une étoile rouge

10 **L'albédo terrestre de 30 % signifie que 30 % de l'énergie lumineuse reçue par l'atmosphère terrestre :**

- ▢ **a.** est absorbée
- ▢ **b.** est diffusée dans l'espace
- ▢ **c.** parvient jusqu'au sol

11 **L'effet de serre est une augmentation de la température terrestre :**

- ▢ **a.** à cause du trou dans la couche d'ozone
- ▢ **b.** lors d'un épisode de canicule
- ▢ **c.** à cause du piégeage de chaleur par l'atmosphère

12 **L'énergie solaire est à la base de la nutrition de tous les organismes vivants car :**

- ▢ **a.** les végétaux produisent leur propre matière organique à partir de l'énergie du soleil.
- ▢ **b.** les humains se nourrissent de matières organiques produites par photosynthèse.
- ▢ **c.** les producteurs primaires, base des chaînes alimentaires, utilisent la lumière du Soleil.

13 **Pour une bonne hygiène alimentaire, il faut :**

- ▢ **a.** que l'alimentation apporte suffisamment d'énergie pour le fonctionnement de l'organisme.
- ▢ **b.** que l'apport en nutriments soit diversifié.
- ▢ **c.** supprimer tous les apports en graisses et en sucres rapides.

Réponses

1 : b - **2** : a - **3** : b - **4** : b - **5** : b - **6** : c - **7** : b - **8** : a - **9** : a - **10** : b - **11** : c - **12** : a,b,c - **13** : a,b

je me teste !

14 **Identifier les ressources énergétiques renouvelables.**
- ▢ **a.** Le charbon
- ▢ **b.** Le gaz
- ▢ **c.** L'énergie solaire
- ▢ **d.** L'énergie éolienne
- ▢ **e.** La biomasse

15 **Les combustibles fossiles sont formés à partir :**
- ▢ **a.** de la transformation de matières minérales en matières biologiques.
- ▢ **b.** de la dégradation de molécules biologiques.
- ▢ **c.** de gaz à effet de serre.

16 **Depuis l'Antiquité, les arguments expérimentaux en faveur de la sphéricité de la Terre sont :**
- ▢ **a.** les constellations observées dans le ciel dépendent du lieu d'observation.
- ▢ **b.** la coque est le dernier élément d'un bateau qui disparaît à l'horizon.
- ▢ **c.** en Égypte, l'ombre d'un bâton est plus grande à Alexandrie qu'à Syène.

17 **La détermination de l'âge de la Terre :**
- ▢ **a.** a été permise par l'évolution des techniques scientifiques.
- ▢ **b.** a fait l'objet d'un débat entre physiciens et géologues.
- ▢ **c.** a pu être tranchée grâce à l'utilisation des strates sédimentaires.

18 **L'âge de la Terre est estimé à :**
- ▢ **a.** 4,57 millions d'années
- ▢ **b.** $4{,}57 \times 10^9$ ans
- ▢ **c.** 70 000 ans

19 **Quelle est la durée d'une révolution de la Lune autour de la Terre ?**
- ▢ **a.** Environ 15 jours
- ▢ **b.** Environ 29 jours
- ▢ **c.** Environ 21 jours

20 **Quelle est approximativement la proportion d'eau douce sur Terre ?**
- ▢ **a.** 7 %
- ▢ **b.** 3 %
- ▢ **c.** 12 %

21 **Quelle grandeur physique est attachée à la notion d'intensité sonore ?**
- ▢ **a.** La fréquence de l'onde sonore
- ▢ **b.** Le nombre d'harmoniques présentes dans l'onde sonore
- ▢ **c.** L'amplitude de l'onde sonore

22 **Quelle unité est utilisée pour caractériser un niveau d'intensité sonore ?**
- ▢ **a.** Le watt
- ▢ **b.** Le décibel
- ▢ **c.** Le watt par mètre carré

23 **En quoi consiste la numérisation d'un son ?**
- ▢ **a.** La conversion d'un signal analogique en une suite de 0 et de 1
- ▢ **b.** L'enregistrement du son en utilisant seulement des valeurs numériques entières
- ▢ **c.** La transmission du son en utilisant un support numérique

24 **Que représente la compression d'un signal audio ?**
- ▢ **a.** La diminution de la durée de transfert du signal lors d'une diffusion
- ▢ **b.** La diminution de sa fréquence d'échantillonnage pour faciliter sa transmission
- ▢ **c.** La diminution du nombre de ses valeurs numériques enregistrées

25 **Le tympan :**
- ▢ **a.** est une membrane qui entraîne la vibration des osselets.
- ▢ **b.** est un conduit auditif.
- ▢ **c.** transforme l'onde sonore en message nerveux.

26 **Dans un environnement bruyant :**
- ▢ **a.** les osselets peuvent être endommagés.
- ▢ **b.** la membrane tympanique peut perdre son élasticité.
- ▢ **c.** les cellules ciliés peuvent être altérées.

Réponses !

14 : c,d,e – **15** : b,c – **16** : a,c – **17** : a,b – **18** : b – **19** : b – **20** : b – **21** : c – **22** : b – **23** : a – **24** : c – **25** : a – **26** : c

1 page 141

1 a.

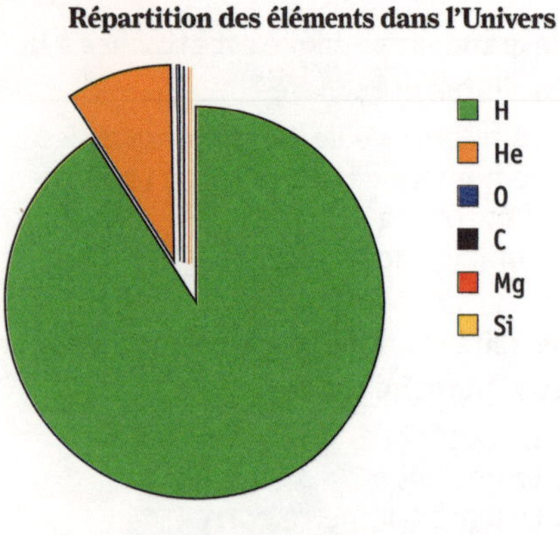

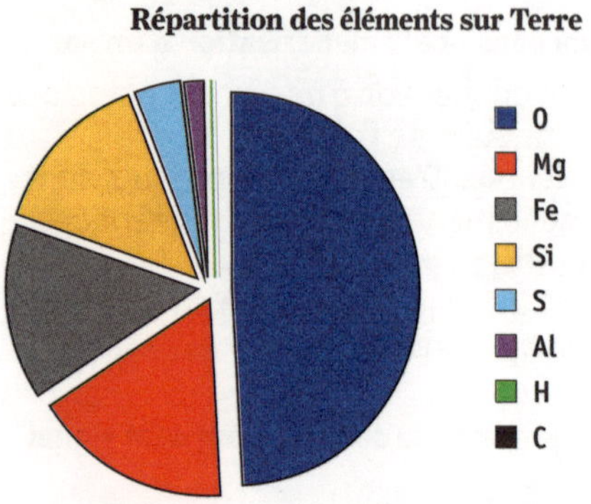

b. On constate la très nette prédominance de l'hydrogène et de l'hélium dans l'Univers. Sur Terre, les éléments plus lourds sont majoritaires. Ces valeurs sont en accord avec le modèle expliquant l'apparition des différents éléments dans l'Univers.

2 a. D'après le symbole de l'élément, $Z = 53$ et $A = 123$.

b. $N = \frac{N_0}{2^n}$. Il s'agit de la loi de désintégration radioactive.

c. Ne pas oublier que 25 % seulement des noyaux injectés se fixent dans la thyroïde.
Pour 20 demi-vies :

$$N = \frac{N_0}{2^n} = \frac{1{,}0 \times 10^{12} \times 0{,}25}{2^{20}} = 2{,}4 \times 10^5 \text{ noyaux.}$$

Pour 40 demi-vies :

$$N = \frac{1{,}0 \times 10^{12} \times 0{,}25}{2^{40}} = 0{,}23, \text{ soit moins de 1 noyau.}$$

En conclusion, au bout de 40 demi-vies, plus aucun noyau n'est encore présent et l'échantillon n'est plus radioactif.

d. Au bout d'une demi-vie, il reste 50 % des noyaux, au bout de deux, il en reste 25 %, etc. Au bout de sept demi-vies, il reste 0,78 % de noyaux.
La demi-vie de l'iode étant de 13,2 h, $\Delta t = 7 \times 13{,}2 = 92{,}4$ h $= 3{,}85$ jours, soit un peu moins de 4 jours.

e. Il faut choisir un isotope de courte demi-vie et en faible dose afin de ne pas mettre en danger des cellules saines. Certains isotopes de demi-vie plus importante, comme le cobalt 60, sont utilisés contre les tumeurs.

2 page 145

1
Représentation en perspective cavalière du chlorure de césium :

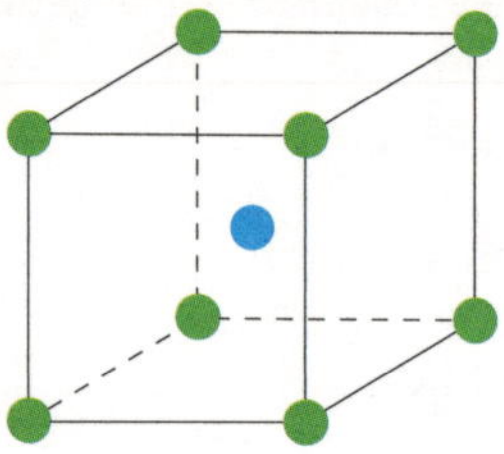

2 a. Les cristaux sont en forme d'hexagones. La structure cristalline est hexagonale.

b. L'échelle de la photographie B donne la dimension approximative d'un cristal, soit 50 nm.
Par proportionnalité, en rapportant tout en mètres :

$$\frac{10^{-3}}{50 \times 10^{-9}} = 20\,000.$$

On peut aligner 20 000 cristaux sur 1 mm.

3 a. Représentation de la maille cristalline du cuivre :

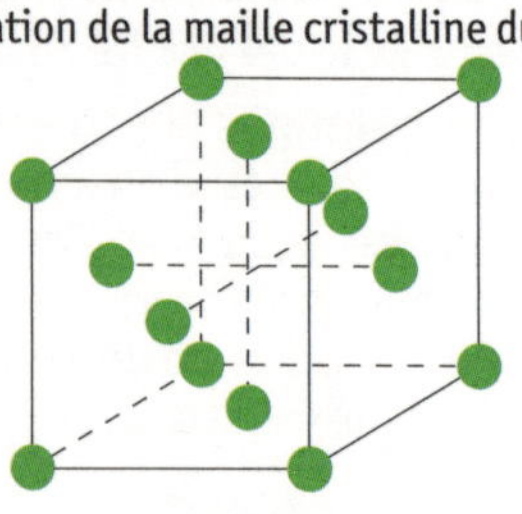

b. Pour déterminer le paramètre de maille en ne connaissant que le rayon des atomes, il faut faire une représentation reliant R à a. On dessine une face du cube en modèle compact :

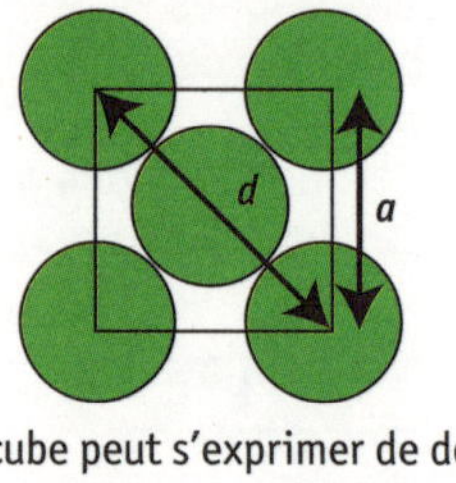

La diagonale du cube peut s'exprimer de deux façons : $d = 4 \cdot R$ et $d = \sqrt{2} \cdot a$ en utilisant le théorème de Pythagore.

Donc $a = \frac{4 \cdot R}{\sqrt{2}} = \frac{4 \times 128}{\sqrt{2}} = 362$ pm.

c. Détermination de la multiplicité de la maille :

$$N = 8 \times \frac{1}{8} + 6 \times \frac{1}{2} = 4$$

Calcul de la compacité :

$$C = \frac{N \cdot V}{a^3} = \frac{N \cdot \frac{4}{3}\pi \cdot R^3}{a^3} = \frac{4 \times \frac{4}{3}\pi \cdot R^3}{\left(\frac{4R}{\sqrt{2}}\right)^3} = \frac{\sqrt{2}\pi}{6} = 0{,}74 = 74\ \%$$

d. Détermination de la masse volumique :

$$\rho = \frac{m}{V} = \frac{N \cdot M}{N_A \cdot a^3} = \frac{4 \times 63{,}5 \times 10^{-3}}{6{,}02 \times 10^{23} \times \left(362 \times 10^{-12}\right)^3} = 8{,}89 \times 10^3 \text{ kg} \cdot \text{m}^{-3}$$

e. Comparaison des deux valeurs :

$$e = \frac{\left|8{,}89 \times 10^3 - 8{,}90 \times 10^3\right|}{8{,}89 \times 10^3} = 0{,}1\ \%$$

Les deux valeurs sont très proches.

3 page 147

1

Atome	Molécule	Organite	Cellule	Tissu
pm	nm	µm	µm	mm

2 a. Cette expérience contredit le principe de la théorie cellulaire selon lequel « toute cellule provient d'une autre cellule, par division cellulaire ». Si tous les organismes sont tués par la stérilisation, il ne devrait pas en apparaître de nouveaux.
b. Les spores disposent d'une épaisse paroi qui leur permet de résister à de fortes températures. Les bacilles du foin observés par Fouchet après quelques jours proviennent de l'éclosion de ces spores qui ont résisté aux fortes températures. La théorie cellulaire n'est ainsi pas contredite.

4 page 149

1 Énergie consommée par le Soleil en 10 milliards d'années :
$\Delta E = P \cdot \Delta t = 3{,}86 \times 10^{26} \times 10 \times 10^{9} \times 365 \times 24 \times 3\,600$
$= 1{,}22 \times 10^{44}$ J.
Remarque : les durées sont exprimées en secondes, car c'est l'unité légale.
En utilisant l'équation équivalence d'Einstein, on obtient la masse correspondant à cette énergie :

$$\Delta m = \frac{\Delta E}{c^2} = \frac{1{,}22 \times 10^{44}}{\left(3{,}00 \times 10^{8}\right)^2} = 1{,}36 \times 10^{27}\ \text{kg}$$

La fraction de la masse solaire convertie en énergie est donc :

$$\frac{\Delta m}{m} = \frac{1{,}36 \times 10^{27}}{1{,}99 \times 10^{30}} = 6{,}83\ \%$$

2 a. Sur le schéma, le pic correspond au maximum de la longueur d'onde : $\lambda_{max} = 270$ nm.
b. La température de surface d'un astre s'obtient en utilisant la loi de Wien :

$$T = \frac{2{,}90 \times 10^{-3}}{\lambda_{max}} = \frac{2{,}90 \times 10^{-3}}{270 \times 10^{-9}} = 10{,}7 \times 10^{3}\ \text{K}$$

c. La puissance surfacique s'obtient en utilisant la loi de Stefan :

$$P_S = \sigma \cdot T^4 = 5{,}6710^{-8} \times \left(10{,}7 \times 10^{3}\right)^4 = 743\ \text{MW} \cdot \text{m}^{-2}$$

d. On en déduit la puissance lumineuse de l'étoile :
$P = P_S \cdot S = P_S \cdot 4\pi \cdot R^2 = 743 \times 10^{6} \times 4\,\pi \times (70 \times 0{,}70 \times 10^{9})^2$
$= 2{,}24 \times 10^{31}$ W.
Cette valeur est 10 000 fois supérieure à la puissance émise par notre Soleil ($3{,}86 \times 10^{26}$ W).

5 page 151

La puissance du rayonnement électromagnétique se répartit sur une sphère de rayon R, soit la distance Soleil-Terre :

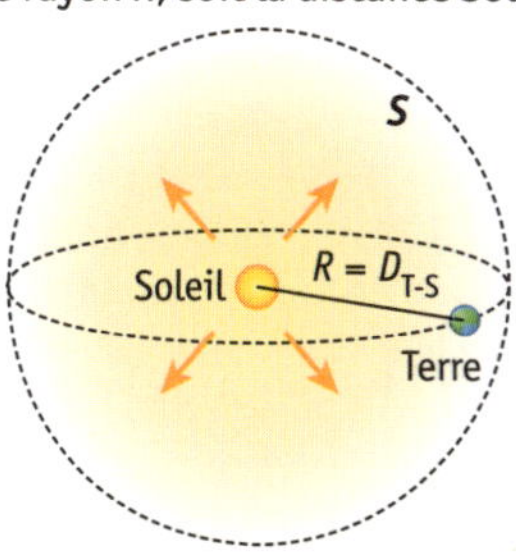

Puissance émise : $P = P_S \cdot S = P_S \cdot 4\pi \cdot R^2 = 1\,366 \times 4\pi \times (149 \times 10^{9})^2$
$= 3{,}81 \times 10^{26}$ W.

6 page 153

1 a. Il suffit de multiplier la quantité d'énergie apportée par chaque nutriment pour estimer la quantité apportée par le burger : (30 × 4) + (25 × 9) + (40 × 4) = 505 kcal.
b. Le total d'énergie apporté par le burger, les frites, le soda et le dessert est de 1 410 kcal (550 + 860). Comme le déjeuner doit apporter environ 40 % des besoins de la journée (estimés entre 1 800 et 2 000 kcal), il devrait apporter entre 720 kcal ((1 800 × 40)/100) et 800 kcal ((2 000 × 40)/100). Les apports énergétiques du repas de Léa (1 410 kcal) sont donc bien supérieurs à ses besoins.
c. Une alimentation trop calorique est un facteur de risque important pour le développement de l'obésité, de maladies cardiovasculaires et du diabète.

2 a. La production primaire nette annuelle (PPN) correspond à la production primaire brute annuelle (PPB) moins la part utilisée par la respiration. Ce calcul doit être fait à la fois pour les continents et les océans :
(242,5 – 194) + (282 – 225,6) = 104,9 gigatonnes de carbone par an.
b. Il suffit de convertir la PPN annuelle en mégajoules pour obtenir la production énergétique primaire annuelle :
$104{,}9 \times 32 \times 10^{12} = 3\,356{,}8 \times 10^{12}$ mégajoules.
c. La Terre est une sphère de rayon égal à 6 370 km. Sa surface vaut donc : $4\,\pi \times (6\,370 \times 10^{3})^2$, soit $5{,}1 \times 10^{14}$ m².
Pour déterminer la proportion de l'énergie solaire incidente transformée en matière organique chaque année (PPN), il faut réaliser un rapport entre ces deux valeurs :

$$\text{PPN} = \frac{\text{PPN (en mégajoules par an)}}{\text{Surface de la Terre (en m}^2\text{)}}$$

La PPN (en mégajoules) a été calculée précédemment.
On a donc : $\dfrac{3\,356{,}8 \times 10^{12}}{5{,}1 \times 10^{14}} = 6{,}58$ MJ/an par m²

7 page 155

1 Dans le document 1, on observe de fortes similitudes entre des molécules biologiques et des molécules retrouvées dans les combustibles fossiles, ce qui constitue un argument en faveur d'une origine biologique des combustibles fossiles.
Le document 2 est une empreinte fossile de fougère dans le charbon, constituant un second argument en faveur d'une origine biologique des combustibles fossiles.
Dans le document 3, le marqueur isotopique $\Delta\,^{13}$C retrouvé dans les combustibles fossiles est comparable au $\Delta\,^{13}$C retrouvé dans divers organismes vivants, qu'ils soient marins ou terrestres, ce qui confirme les faits observés dans les documents 1 et 2.

2 a. Les énergies renouvelables sont représentées par les bûches de bois (biomasse) et la paille (biomasse). Les autres combustibles présentés sont des énergies non renouvelables car issus soit du pétrole (en partie pour l'E85), soit du charbon.
b. Le pouvoir calorifique des énergies renouvelables est plus faible que celui des énergies non renouvelables.
c. Il faut d'abord convertir 3,6 tep en joules.
1 tep = 41,868 GJ, donc 3,6 tep = 3,6 × 41,868 = 150,72 GJ, soit $150{,}72 \times 10^{9}$ joules.
Pour l'essence sans plomb 95, le pouvoir calorifique est de 43 MJ/kg, soit 43×10^{6} joules ou 43 MJ d'énergie libérés pour 1 kg d'essence sans plomb.
Donc $\dfrac{150{,}72 \times 10^{9}}{43 \times 10^{6}} = 3{,}5 \times 10^{3}$ kg, soit 3,5 tonnes d'essence sans plomb par habitant.

Pour les bûches de bois, le pouvoir calorifique est de 15 MJ/kg, soit 15×10^6 joules (15 MJ) d'énergie libérés pour 1 kg de bûches de bois.

Donc $\frac{150{,}72 \times 10^9}{15 \times 10^6} = 10{,}04 \times 10^3$ kg , soit 10 tonnes de bûches de bois par habitant.

d. Pour répondre à la demande énergétique de la population, il faudrait brûler trois fois plus de bois que de pétrole pour obtenir la même énergie.

8 page 157

1 a. Les villes situées sur le même méridien ont la même longitude et celles situées sur le même parallèle ont la même latitude. Donc, Bayonne et Sarajevo sont situées sur le même parallèle et Bayonne et Ouagadougou sur le même méridien.

b. On sait que l'angle α entre un bâton et les rayons du Soleil est le même que celui entre la droite reliant le centre de la Terre à Bayonne et la droite reliant le centre de la Terre à Ouagadougou.

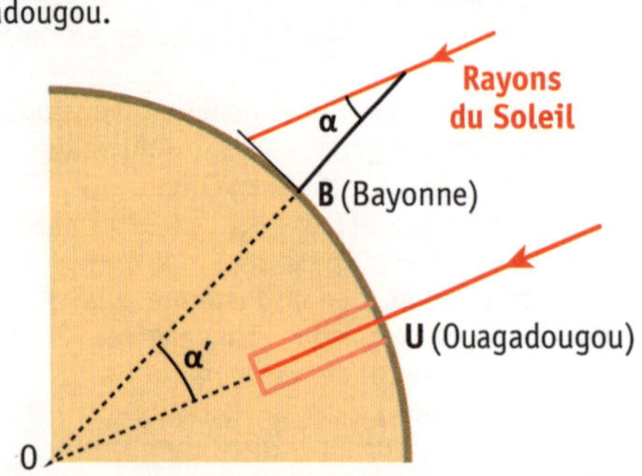

En utilisant le principe de la trigonométrie :

$$\tan\alpha = \frac{\text{Côté opposé}}{\text{Côté adjacent}} = \frac{BU}{OU}$$

D'où $OU = \frac{BU}{\tan\alpha} = \frac{3\,448}{\tan 28{,}39} = 6379$

Donc le rayon de la Terre est de 6 379 km.

c. La circonférence de la Terre est donnée par la formule : $C = 2\pi R_T$.

Soit, $C = 2\pi \times 6\,378 = 40\,074{,}2$ km.

2 a. L'horizon passe par le point H.

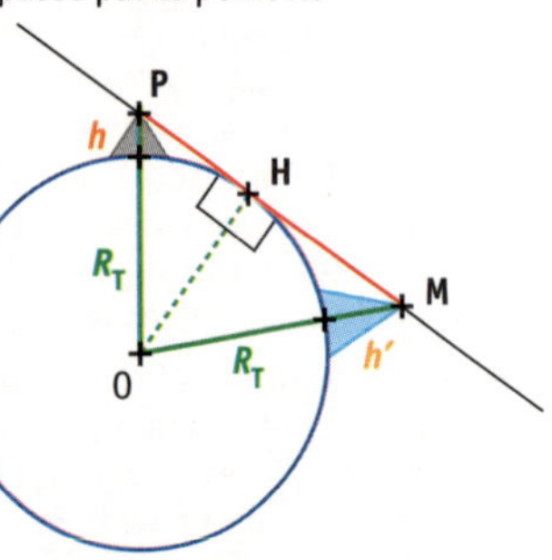

b. D'après le théorème de Pythagore, $OP^2 = PH^2 + OH^2$, d'où :

$PH^2 = OP^2 - OH^2$.

$PH^2 = (R_T + h)^2 - RT^2$

En développant : $PH^2 = (R_T^2 + 2R_T h + h^2) - R_T^2$

On simplifie : $PH^2 = 2R_T h + h^2$

Application numérique :

$PH^2 = 2 \times 6\,371 \times 2{,}877 + (2{,}877)^2$

D'où PH = 191,5 km.

c. En utilisant la même méthode qu'en **b.**, on obtient HM = 247,6 km.

d. PM = PH + HM = 191,5 + 247,6 = 439,1 km.

e. 439,1 km étant inférieur à 624 km, il n'est pas possible de voir le mont Blanc depuis le pic du Midi de Bigorre.

9 page 159

a. Selon la consigne, le temps de refroidissement doit figurer en ordonnée et le diamètre en abscisse.

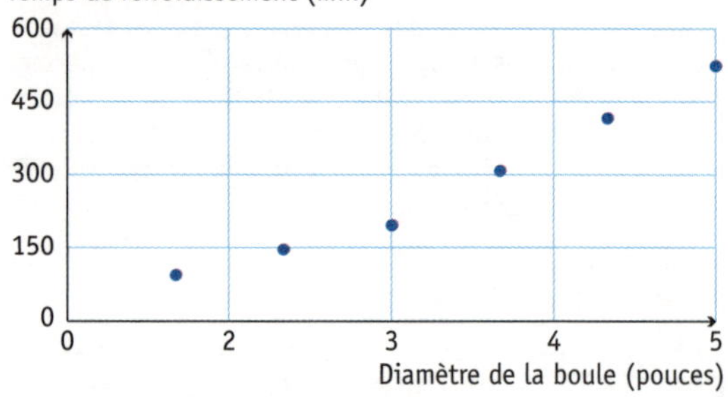

Variation du temps de refroidissement en fonction du diamètre de la boule

b. Calculons le diamètre de la Terre en pouces.

1 pouce = 2,7 cm, soit $2{,}7 \times 10^{-2}$ m

Diamètre de la Terre en mètres : 12 742 km = $12\,742 \times 10^3$ mètres.

Diamètre de la Terre en pouces :

$\frac{12\,742 \times 10^3}{2{,}7 \times 10^{-2}} = 4{,}72 \times 10^8$ pouces.

$f(d) = 108d - 16 = 108 \times (4{,}72 \times 10^8) - 16 = 5{,}1 \times 10^{10}$ minutes.

$f(d) = \frac{5{,}1 \times 10^{10}}{60 \times 24 \times 365{,}25} = 96\,965$ ans.

c. Buffon considère que la Terre peut être modélisée par un boulet de fer. Or la Terre n'est pas homogène, mais constituée de plusieurs couches rocheuses de composition très différentes.

10 page 161

1 a. **Répartition de l'eau sur Terre**

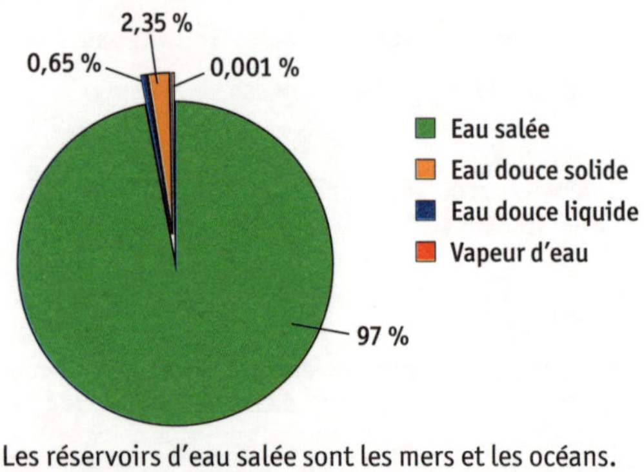

b. Les réservoirs d'eau salée sont les mers et les océans.

c. Les réservoirs d'eau douce sont les rivières, les nappes phréatiques, les glaciers, les calottes polaires et l'atmosphère.

2 a. Une éclipse de Soleil s'observe lorsque la Lune cache le disque solaire. La Lune doit donc être entre le Soleil et la Terre.

b. Une éclipse de Lune s'observe lorsque la Lune passe dans l'ombre de la Terre. La Terre doit donc être entre le Soleil et la Lune.

3 a. Le volume d'eau salée est de $0{,}97 \times 1{,}386 \times 10^9$ km³, soit $V_s = 1{,}344 \times 10^9$ km³.

En mètres cubes : $V_s = 1{,}344 \times 10^9 \times (10^3)^3$ m³ $= 1{,}344 \times 10^9 \times 10^9$ m³ $= 1{,}344 \times 10^{18}$ m³.

b. Le volume d'eau douce représente 3 % du volume total : $V_d = 0{,}03 \times 1{,}386 \times 10^9\ \text{km}^3 = 0{,}0416 \times 10^9\ \text{km}^3 = 41{,}6 \times 10^6\ \text{km}^3$, soit $41{,}6 \times 10^{15}\ \text{m}^3$.

c. Par habitant : $\dfrac{41{,}6 \times 10^{15}}{10 \times 10^9} = 4{,}16 \times 10^6\ \text{m}^3$, soit plus de 4 millions de mètres cubes par habitant. Cette valeur peut sembler importante, mais l'eau douce n'est pas toujours accessible et est inégalement répartie sur la planète. L'eau douce disponible est aussi beaucoup utilisée dans l'industrie, l'agriculture… C'est donc une substance à économiser.

11 page 163

1 a. D'après le graphique, une conversation normale correspond à un niveau d'intensité sonore $L = 60$ dB.

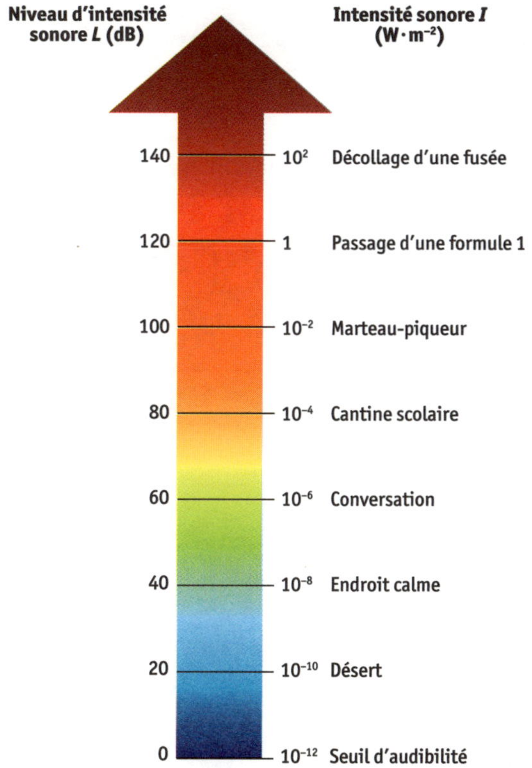

b. Un marteau-piqueur a pour intensité sonore : $I = 1{,}0 \times 10^{-2}\ \text{W} \cdot \text{m}^{-2}$.

c. Calcul du niveau d'intensité sonore par application de la relation : $L = 10\log\left(\dfrac{I}{I_0}\right)$. $L = 10\log\left(\dfrac{3{,}0 \times 10^{-5}}{1{,}0 \times 10^{-12}}\right) = 75$ dB.

d. On utilise cette fois la relation :

$I = I_0 \cdot 10^{\frac{L}{10}} = 1{,}0 \times 10^{-12} \times 10^{\frac{95}{10}} = 3{,}2 \times 10^{-3}\ \text{W} \cdot \text{m}^{-2}$.

2 a. Le son est complexe, car il est composé de plusieurs fréquences.

b. La note fondamentale a pour fréquence 440 Hz. La première harmonique a une fréquence double de celle-ci, soit 880 Hz.

c. La fréquence du demi-ton supérieur à la fréquence f est obtenue en multipliant f par $2^{\frac{1}{12}}$. Donc, pour 3 demi-tons on multiplie f par $2^{\frac{3}{12}}$. On obtient $f_{do_4} = f_{la_3} \times 2^{\frac{3}{12}} = 440 \times 2^{\frac{3}{12}} = 523$ Hz.

12 page 165

1 a. Le signal s'étend sur au total 4 divisions verticales.

b. Le signal occupe 2 divisions horizontales.

2 a. On utilise la relation : Taille = $N \cdot f_e \cdot \Delta t$. Si on calcule en octets, on prend $N = 1$, donc Taille = $1 \times 44\,100 \times 4 \times 60 = 10\,584\,000$ octets, soit 10,584 millions d'octets ou mégaoctets (Mo).

b. En compressant le fichier de 20 %, il ne fait plus que 80 % de sa taille initiale, donc $10{,}584 \times 80\ \% = 8{,}47$ millions d'octets.

3 a. Calcul de la période : $T = \dfrac{1}{f} = \dfrac{1}{440} = 2{,}27$ ms.

b. L'expérimentateur mesure trois périodes qui s'étendent sur une durée totale de $3 \times 2{,}27 = 6{,}81$ ms.
Il en déduit la période d'échantillonnage :

$T_e = \dfrac{6{,}81 \times 10^{-3}}{300} = 22{,}7\ \mu\text{s}$.

T_e lui permet d'obtenir la fréquence d'échantillonnage :

$f_e = \dfrac{1}{T_e} = \dfrac{1}{22{,}7 \times 10^{-6}} = 44{,}1$ kHz.

c. La fréquence d'échantillonnage est plus de 100 fois supérieure à la fréquence du signal, donc le critère de Shannon est respecté.

d. Calcul du pas de quantification :

$p = \dfrac{\text{plage de mesure}}{2^N} = \dfrac{10}{2^{10}} = 9{,}8$ mV.

13 page 167

1 Oreille externe : recevoir les vibrations physiques de l'air.
Oreille moyenne : convertir la vibration de l'air en vibration des osselets.
Oreille interne : convertir l'information sonore en information nerveuse.

2 a. D'après la figure, l'atténuation est inférieure à 25 dB dans le cas de bouchons moulés, mais elle est supérieure pour les bouchons en mousse. Seul le bouchon moulé respecte donc le critère de l'atténuation inférieure à 25 dB.

b. L'atténuation par les bouchons en mousse augmente rapidement au-delà de 2 000 Hz. Elle est donc plus élevée lorsque le son est aigu. C'est pourquoi on entend un son sourd.

c. Le bouchon moulé atténue de la même manière les sons graves et aigus, alors que le bouchon en mousse atténue davantage les sons aigus. Bien qu'il atténue davantage les sons, le bouchon moulé altère moins leur qualité.

3 a. Les sons les plus aigus deviennent inaudibles avec l'âge.

b. Un individu de 60 ans a une perte auditive de 70 dB pour une fréquence de 8 kHz. Pour que l'individu entende un tel son, il faut donc que son intensité minimale soit de 70 dB. Les sons de 8 000 Hz à 60 dB ne sont donc pas perçus.

1 Automatismes

Cours

1 Taux d'évolution

▶ On considère deux nombres réels positifs y_1 et y_2, y_1 étant non nul.

Le taux d'évolution de y_1 à y_2 est le nombre : $t = \frac{y_2 - y_1}{y_1}$.
Ce taux s'exprime souvent en pourcentage.

Le coefficient multiplicateur associé à t est le nombre k tel que : $k = 1 + t = \frac{y_2}{y_1}$.

À noter

$y_2 = k \times y_1$; $y_1 = \frac{y_2}{k}$ et $t = k - 1$.

▶ Soit t_1 le taux d'évolution de y_1 à y_2 et soit t_2 le taux d'évolution de y_2 à y_3.
On note k_1 le coefficient multiplicateur associé à t_1 et k_2 le coefficient multiplicateur associé à t_2.
Le coefficient multiplicateur k associé au taux d'évolution global de y_1 à y_3 est égal au produit des coefficients multiplicateurs : $k = k_1 \times k_2$.

▶ Soit t le taux d'évolution de y_1 à y_2.
On note k le coefficient multiplicateur associé à t.
On appelle taux réciproque de t le taux d'évolution de y_2 à y_1.
Le coefficient multiplicateur k' associé au taux d'évolution réciproque de t est l'inverse de k : $k' = \frac{1}{k}$.

2 Résolution d'équations

▶ Résoudre une équation, c'est trouver toutes les valeurs de l'inconnue pour lesquelles l'égalité est vraie. On les appelle les solutions de l'équation.

▶ Pour résoudre une équation, on utilise les règles suivantes :
- on a le droit d'ajouter ou de retrancher un même nombre aux deux membres de l'égalité ;
- on a le droit de multiplier ou de diviser par un même nombre non nul les deux membres de l'égalité.

Pour indiquer que deux équations sont équivalentes, c'est-à-dire qu'elles ont les mêmes solutions, on peut utiliser le symbole $\Leftrightarrow$.

Exemples :
$3x + 5 = 11 \Leftrightarrow 3x = 6$ en retranchant 5 de chaque côté.
$3x = 6 \Leftrightarrow x = 2$ en divisant par 3 de chaque côté.

À noter

Pour résoudre une inéquation du premier degré, on utilise les mêmes règles que pour les équations mais on change le sens de l'inégalité quand on multiplie ou on divise par un nombre négatif.

Exos résolus

1 Manipuler des taux d'évolution

Suite à des ouragans en Floride, le prix d'une bouteille d'un certain jus d'orange a augmenté une première fois de 28 % puis une deuxième fois de 25 %.

a. Calculer la hausse globale correspondante.

RÉSOLUTION

Augmenter une quantité de 28 % revient à la multiplier par $1 + 28\,\% = 1{,}28$.
Augmenter une quantité de 25 % revient à la multiplier par $1 + 25\,\% = 1{,}25$.
Le coefficient multiplicateur global vaut donc :
$1{,}28 \times 1{,}25 = 1{,}6$.
Le taux d'évolution global vaut donc : $1{,}6 - 1 = 0{,}6 = +60\,\%$.

b. Quel taux appliquer pour retrouver le prix de départ ?

RÉSOLUTION

Le coefficient multiplicateur réciproque de la hausse globale vaut : $\frac{1}{1{,}6} = 0{,}625$.

Le taux d'évolution réciproque vaut donc :
$0{,}625 - 1 = -0{,}375 = -37{,}5\,\%$.

2 Lire graphiquement un coefficient directeur

Donner les coefficients directeurs des droites d_1 et d_2.

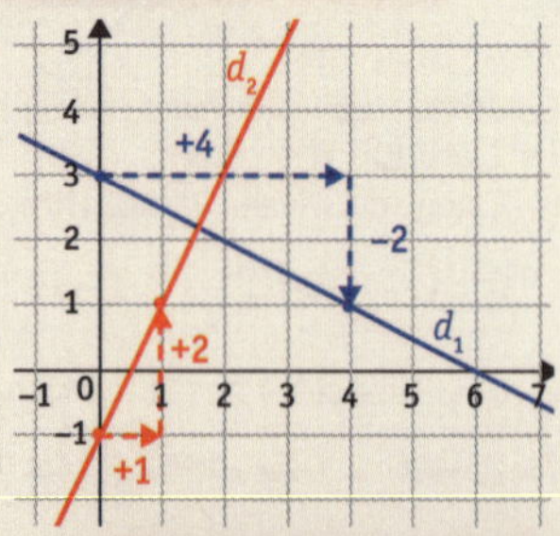

RÉSOLUTION

Pour lire le coefficient directeur d'une droite on choisit deux points de celle-ci et on calcule le quotient du « déplacement vertical » par le « déplacement horizontal ».
Pour d_1 on a $m = \frac{-2}{4} = -0{,}5$ et pour d_2 on a $m = \frac{2}{1} = 2$.

Remarque

Le choix des points n'a pas d'importance mais il faut faire attention au sens des déplacements.

Exercices

1 ★ 10 min **Le graphique ci-dessous donne la longueur des lignes de chemin de fer installées aux États-Unis. On rappelle qu'un mile est une unité de longueur anglo-saxonne qui vaut environ 1,609 km.**

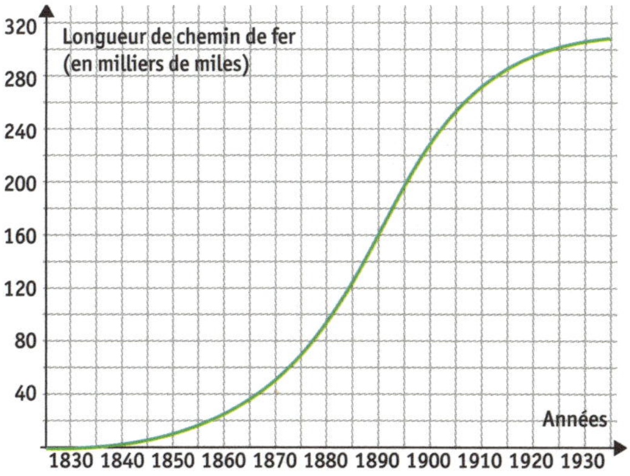

a. Quelles sont les grandeurs représentées et leurs unités ?
b. Donner les échelles des axes de ce graphique.
c. Comment a évolué la grandeur étudiée en fonction du temps ?
e. Quelle était la longueur totale du réseau de chemin de fer en 1890 ? Et en 1925 ? Donner les résultats en km.
f. En quelle année la longueur totale du réseau a-t-elle dépassé les 100 000 miles ? Combien d'années a-t-il fallu alors attendre pour que cette longueur double ?
g. Commenter la rapidité d'extension du réseau de chemin de fer aux États-Unis entre 1825 et 1935.

2 ★ 10 min **Anne Buth a vu sa facture de gaz augmenter de 60 %. Suite à quelques travaux, sa facture suivante a diminué de 20 %.**

a. Calculer le taux d'évolution global du montant des factures de gaz.
b. Quel taux faudrait-il appliquer pour revenir au montant de la facture initiale ?

3 ★ 5 min **Donner les résultats des calculs suivants de tête.**

a. $13{,}5 \times 4$
b. $4{,}5 \times 8$
c. $132 \div 4$
d. $3{,}6 + 3{,}6 + 3{,}6 + 3{,}6 + 3{,}6$
e. $84 \div 5$
f. $12{,}5 \times 9$

> Multiplier par 4 revient à multiplier par 2 deux fois de suite.
> Multiplier par 5 revient à multiplier par 10 puis diviser par 2.

4 ★★ 10 min **Calculer de tête les quantités suivantes.**

a. 50 % de 72 b. 25 % de 32 c. 10 % de 1 756
d. 20 % de 18 e. 90 % de 24 f. 60 % de 70

5 ★★ 10 min **Compléter de tête le tableau suivant.**

Prix initial	Taux d'évolution	Prix final
57 €	−10 %	
140 €	+5 %	
38 €	−25 %	
55 €	+20 %	
60 €	−30 %	
163 €	+50 %	

6 ★★★ 10 min

a. Claire constate qu'un film occupe environ 1,5 Go sur son disque dur. Celui-ci a une capacité de 2 To (soit 2 000 Go). Estimer de tête le nombre de films que Claire peut stocker sur ce disque dur.
b. Antoine gagne 19 millions d'euros par an grâce à ses activités sportives. Estimer de tête son salaire par heure.
c. Enzo dort environ 8 h par jour et passe environ 6 h 45 sur son téléphone ou sur d'autres écrans. Estimer de tête la part en pourcentage du temps éveillé consacré aux écrans par Enzo.

> Pour évaluer rapidement une quantité, on peut approcher certaines valeurs par des valeurs plus simples pour les calculs. Par exemple, on peut considérer qu'une année compte environ 400 jours plutôt que 365.

7 ★ 10 min **Résoudre de tête les équations suivantes :**

a. $4x = 13$ b. $2x + 12 = 30$ c. $14{,}5 - x = 8$
d. $5x + 12 = 43$ e. $0{,}25x - 1 = 11$ f. $x^2 - 64 = 0$
g. $\frac{42}{x} = 0{,}2$ h. $\frac{30}{x} = 4$

8 ★★ 5 min **Déterminer graphiquement les coefficients directeurs de chacune des droites.**

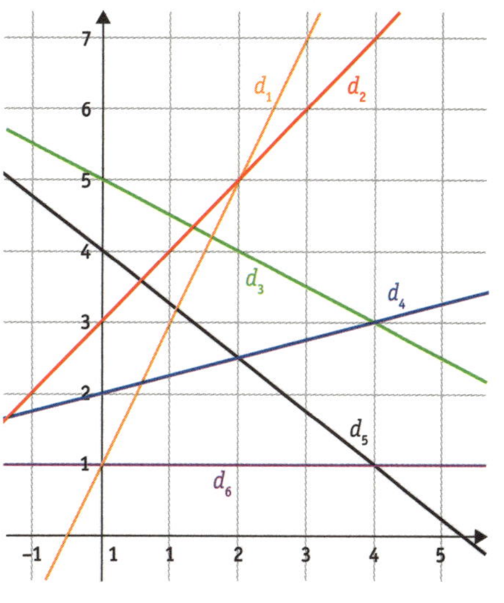

MATHS TRONC COMMUN

2 Analyse de l'information chiffrée

Cours

1 Analyse statistique de deux caractères

L'analyse des données relatives à une population peut amener à considérer différents caractères.

Pour procéder à une analyse bivariée, c'est-à-dire pour étudier les éventuelles relations entre deux caractères, on utilise souvent un tableau croisé d'effectifs ou différents types de représentations graphiques.

Exemple : Pour une certaine population, on considère deux caractères A et B ayant chacun deux valeurs (ou modalités) : A_1 et A_2 pour le caractère A et B_1 et B_2 pour le caractère B.

On peut alors présenter les données sous forme d'un tableau croisé d'effectifs :

A \ B	B_1	B_2	Total
A_1	Effectif de A_1 et B_1	Effectif de A_1 et B_2	Effectif de A_1
A_2	Effectif de A_2 et B_1	Effectif de A_2 et B_2	Effectif de A_2
Total	Effectif de B_1	Effectif de B_2	Effectif total

Le nombre d'individus de la population présentant une certaine valeur d'un caractère est l'effectif marginal de cette valeur du caractère considéré. Les effectifs marginaux apparaissent ici en jaune dans les lignes et colonnes de totaux.

2 Traitement automatisé de données

Les données relatives à une population peuvent être facilement traitées et analysées à l'aide d'un tableur.

Plusieurs fonctions facilitent le traitement des données :

=ET(C1;C2;...)	renvoie VRAI si toutes les conditions C1, C2, etc. sont vraies, et FAUX sinon.
=OU(C1;C2;...)	renvoie VRAI si au moins une des conditions C1, C2, etc. est vraie, et FAUX sinon.
=NON(C)	renvoie VRAI si la condition C est fausse et FAUX si elle est vraie.
=SI(C;V1;V2)	renvoie la valeur V1 si la condition C est vraie et V2 si C est fausse.
=NB.SI(plage;critère)	renvoie le nombre d'éléments de la plage considérée qui vérifient le critère donné.
=SOMME(plage)	renvoie la somme des éléments de la plage considérée.

Un tableur permet également de filtrer les différentes valeurs d'un caractère ou de représenter aisément les données sous forme de graphiques (nuages de points, diagrammes en barres, ou diagrammes circulaires).

Exos résolus

1 Utiliser un tableau croisé d'effectifs

Le tableau ci-dessous s'intéresse aux cas de cancer du poumon parmi les 2 000 dernières personnes de plus de 50 ans décédées dans une petite ville française.

	a développé un cancer du poumon dans sa vie	n'a pas développé de cancer du poumon dans sa vie	Total
Fumeur	82	466	548
Non-fumeur	15	1 437	1 452
Total	97	1 904	2 000

Que représentent les nombres 15, 548 et 1 904 dans ce contexte ?

RÉSOLUTION

Dans la population étudiée, qui compte 2 000 personnes décédées, 15 non-fumeurs ont développé un cancer du poumon dans leur vie, il y a 548 fumeurs et 1 904 personnes n'ayant jamais eu de cancer du poumon.

2 Utiliser un tableur

Le fichier ci-dessous rassemble des données relatives à 1 500 patients. On souhaite contacter toutes les femmes de plus de 50 ans pour s'assurer qu'elles ont bien participé au dépistage du cancer du sein.

	A	B	C	D
1	NOM Prénom	âge	sexe	à contacter
2	HEAUME Pauline	52	F	VRAI
1 501	SÉRIEN Jean	69	H	FAUX
1 502	Total à contacter :			

a. Quelle formule a été saisie en D2 et copiée vers le bas ?

RÉSOLUTION

La formule saisie est : =ET(B2>=50;B3="F").

b. Quelle formule à saisir en D1502 donne le nombre de personnes à contacter ?

RÉSOLUTION

Il faut compter le nombre de « VRAI » dans la plage comportant les cellules D2 à D1501.

La formule à saisir est : =NB.SI(D2:D1501;VRAI).

Exercices

1 ★ 5 min **Le tableau ci-dessous recense les professeurs du second degré en 2021.**

	Public	Privé	Total
Hommes	163 020	32 871	
Femmes	229 800	62 962	
Total			

a. Quels sont les deux caractères étudiés ?
b. Calculer les effectifs marginaux pour chacun de ces deux caractères et compléter le tableau.
c. Que représente le nombre 292 762 ?

2 ★★ 15 min **Le tableau ci-dessous indique la répartition des élèves de terminale à la rentrée 2021 selon le nombre d'heures de mathématiques suivies par semaine.**

	0 h	3 h	6 h	9 h	Total
Filles	113 881				209 831
Garçons		24 088	50 976		
Total	168 805	64 336	91 465		373 097

a. Que représentent les nombres 113 881 et 91 465 ?
b. Compléter le tableau.
c. Combien d'élèves de terminale suivaient 9 h de mathématiques par semaine à la rentrée 2021 ?
d. Saisir ce tableau dans une feuille de calcul et proposer plusieurs représentations graphiques des données.

3 ★★ 10 min **On a mesuré le nombre moyen de mots saisis sur un smartphone par des volontaires âgés de 10 à 75 ans. Les résultats de l'étude sont présentés dans le graphique ci-dessous.**

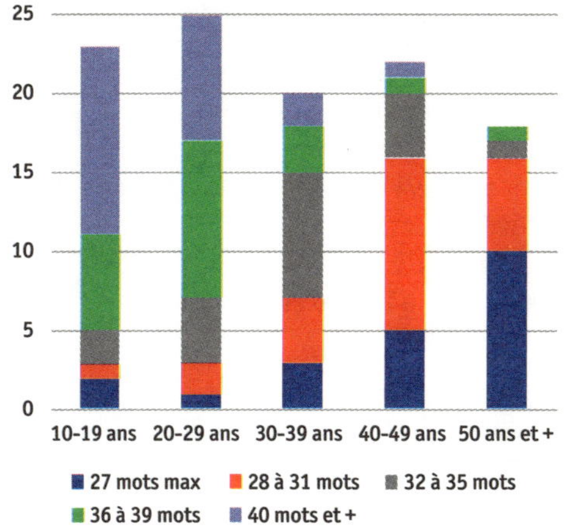

a. Combien de quarantenaires ont participé à cette étude ?
b. Combien de personnes ont participé à cette étude ?
c. Combien de trentenaires ont tapé plus de 32 mots par minute ?

4 ★ 5 min **La feuille de calcul ci-dessous recense les résultats au bac des élèves de terminale d'un lycée.**

	A	B	C
1	N° Candidat	moyenne	résultat
2	000000001	10,51	ADMIS
3	000000002	8,2	REFUSÉ
357	000000356	17,56	ADMIS
358	Nombre de mentions :		

a. Quelle formule a été saisie en C2 et copiée vers le bas ?
b. Quelle formule peut-on saisir en C358 pour obtenir le nombre de mentions (une mention est attribuée pour une moyenne supérieure ou égale à 12) ?

5 ★★ 15 min **La feuille de calcul ci-dessous donne les choix de spécialités d'élèves de terminale d'un certain lycée en 2024.**

	A	B	C	D	E
1	N° inscription	Sexe	Spé1	Spé2	
2	001	F	HLP	Maths	VRAI
3	002	G	Maths	NSI	FAUX
4	003	G	HGGSP	SES	FAUX
5	004	F	HGGSP	LLCE	FAUX
415	414	G	Maths	SVT	VRAI
416	Nombre de filles spé maths :				
417	Nombre de spé maths :				

a. Quelle formule peut-on saisir en E2 et copier vers le bas pour repérer les filles qui suivent la spécialité maths ?
b. Quelle formule peut-on saisir en E416 ?
c. Quelle formule peut-on saisir en E417 ?

6 ★★ 15 min **La feuille de calcul ci-dessous contient des données relatives aux abonnés d'un magazine.**

	A	B	C
1	NOM Prénom	Date abo	Hors-série
2	BONNEAU Jean	31/03/2008	VRAI
3	DECENT Anaïs	27/01/2005	FAUX
4	BERN Elie	04/08/2019	FAUX

a. Après avoir cherché la syntaxe de la fonction DATEDIF en ligne, proposer une formule à saisir en D2 et à copier vers le bas pour obtenir l'ancienneté de l'abonné en années.
b. Quelle formule peut-on saisir en E2 et copier vers le bas pour identifier les abonnés depuis plus de 5 ans n'ayant pas encore souscrit aux hors-séries ?

3 Phénomènes aléatoires

Cours

1 Fréquences marginales et conditionnelles

On considère la répartition des élèves d'une classe de première à la rentrée de septembre, donnée par le tableau ci-dessous.

	15 ans	16 ans	Total
Garçons	6	8	14
Filles	6	12	18
Total	12	20	32

▶ Une fréquence marginale est le quotient d'un effectif marginal par l'effectif total. La **fréquence marginale** de la valeur « Filles » est égale à $\frac{18}{32}=0{,}5625$.

▶ La **fréquence conditionnelle** de la valeur « Garçons » relativement à la valeur « 16 ans » est égale à $\frac{8}{20}=0{,}4$.

Cela signifie que, dans cette classe, 40 % des élèves de 16 ans sont des garçons.

Attention

La fréquence conditionnelle de A relativement à B n'est pas forcément la même que celle de B relativement à A.

2 Probabilité conditionnelle

Soient A et B deux événements de probabilités non nulles d'une même expérience aléatoire.

La **probabilité conditionnelle de l'événement B par rapport à l'événement A**, ou encore probabilité de B sachant A, est le nombre noté $P_A(B)$ défini par : $P_A(B)=\frac{P(A\cap B)}{P(A)}$.

$P_A(B)$ est la probabilité que l'événement B se réalise en supposant que A est déjà réalisé.

On a donc :

$P(A\cap B)=P(A)\times P_A(B)$.

Dans une situation d'équiprobabilité, on a :

$P_A(B)=\frac{\text{nombre d'éléments de } A\cap B}{\text{nombre d'éléments de } A}$.

Rappel

• Comme toute probabilité, ce nombre est toujours compris entre 0 et 1.

• $A\cap B$ et $B\cap A$ désignent le même événement.

3 Indépendance de deux événements

Soient A et B deux événements de probabilités non nulles d'une même expérience aléatoire.

On dit que A et B sont **indépendants** si la réalisation (ou non) de l'événement B ne change pas la probabilité de l'événement A : $P_B(A)=P(A)$.

Exos résolus

1 Calculer des probabilités à l'aide d'un tableau

On reprend ici le tableau de la partie cours.
On choisit un élève au hasard. On note F l'événement : « l'élève est une fille » et A_{16} l'événement : « l'élève a 16 ans ». Calculer et interpréter les probabilités :
a. $P(F\cap A_{16})$ b. $P(F)$ c. $P_F(A_{16})$.

RÉSOLUTION

a. $P(F\cap A_{16})=\frac{12}{32}=0{,}375$; la probabilité que l'élève soit une fille de 16 ans est de 0,375 = 37,5 %.

b. $P(F)=\frac{18}{32}=0{,}5625$; la probabilité que l'élève soit une fille est de 0,5625 = 56,25 %.

c. $P_F(A_{16})=\frac{12}{18}=\frac{2}{3}$; la probabilité que l'élève ait 16 ans sachant que c'est une fille est de $\frac{2}{3}\approx 67$ %.

On a aussi : $P_F(A_{16})=\frac{P(F\cap A_{16})}{P(F)}=\frac{0{,}375}{0{,}5625}=\frac{2}{3}$.

2 Calculer des probabilités à l'aide d'un arbre

Dans un lycée, 85 % des élèves ont mangé à la cantine. Parmi eux, 12 % sont arrivés en retard au cours de 13 h. Parmi ceux qui ont mangé ailleurs, 25 % sont arrivés en retard.
On choisit un élève au hasard et on note C l'événement :
« l'élève a mangé à la cantine » et R l'événement : « l'élève est arrivé en retard ».

Rappel

$\bar{R}$ désigne l'événement contraire de R.

a. Représenter la situation décrite par un arbre pondéré.

RÉSOLUTION

L'énoncé donne : $P(C)=0{,}85$, $P_C(R)=0{,}12$ et $P_{\bar{C}}(R)=0{,}25$.

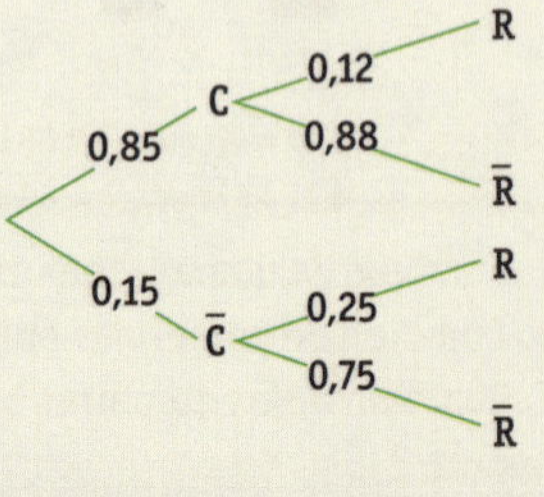

La somme des probabilités issues d'un même nœud est toujours égale à 1.

b. Calculer $P(C \cap R)$.

RÉSOLUTION

Cet événement correspond au premier chemin de l'arbre. $P(C \cap R) = P(C) \times P_C(R) = 0{,}85 \times 0{,}12 = 0{,}102$.
La probabilité que l'élève choisi ait mangé à la cantine et soit arrivé en retard est de 10,2 %.

c. Calculer la probabilité qu'un élève soit arrivé en retard.

RÉSOLUTION

La probabilité d'un événement est la somme des probabilités des chemins menant à cet événement. On a donc : $P(R) = P(C \cap R) + P(\overline{C} \cap R) = 0{,}102 + 0{,}15 \times 0{,}25 = 0{,}1395$.
Donc la probabilité qu'un élève soit arrivé en retard est de 13,95 %.

Exercices

1 ★ 5 min **Le tableau suivant donne la répartition des inscrits sur les listes électorales d'une ville française lors de l'élection présidentielle de 2022.**

	A voté au 2nd tour	N'a pas voté au 2nd tour	Total
A voté au 1er tour	12 183	1 354	13 537
N'a pas voté au 1er tour	984	3 059	4 043
Total	13 167	4 413	17 580

a. Combien de personnes étaient inscrites sur les listes électorales de cette ville ?
b. Quelle part des inscrits n'a participé à aucun des deux tours ?
c. Calculer la fréquence marginale des inscrits ayant voté au premier tour.
d. Calculer la fréquence conditionnelle des inscrits n'ayant pas voté au second tour relativement à ceux ayant voté au premier tour.

2 ★ 5 min **En France, en 2022, le nombre total de chômeurs était de 2 234 000 dont 47,7 % de femmes. Les 15-49 ans représentaient 77,7 % des chômeurs et les femmes de plus de 50 ans en représentaient 11,2 %.**

a. Compléter le tableau ci-dessous où les effectifs sont indiqués en milliers.
b. Quelle est la part d'hommes parmi les chômeurs de moins de 50 ans ?

	Femmes	Hommes	Ensemble
15-49 ans			
50 ans ou plus			
Ensemble			

3 ★★ 10 min **Le tableau ci-après donne la répartition des personnes exerçant une profession numérique en Bourgogne-Franche-Comté. On choisit au hasard une de ces personnes et on note F, H et J les événements : « la personne est une femme », « la personne est un homme » et « la personne a moins de 40 ans ».**

	Femmes	Hommes	Ensemble
≤ 39 ans	736	4 053	4 789
≥ 40 ans	1 022	3 439	4 461
Ensemble	1 758	7 492	9 250

a. Calculer les probabilités suivantes : $P(F)$, $P(J)$, $P(F \cap J)$, $P_J(F)$ et $P_H(J)$.
b. Les événements J et H sont-ils indépendants ?

4 ★★ 15 min **Julie travaille comme serveuse au comptoir d'un restaurant MacDaisy. Une étude a montré qu'un client sur 1 000 était végétarien. Parmi ces clients végétariens, 99 % choisissent la salade de crudités alors que ce plat n'est choisi que par 2 % des autres clients.**

Un client se présente au comptoir de Julie. On note V et S les événements « le client est végétarien » et « le client commande une salade ».
a. Modéliser la situation à l'aide d'un arbre pondéré.
b. Calculer la valeur exacte de $P(S \cap \overline{V})$.
Interpréter concrètement le résultat.
c. Montrer que $P(S) = 0{,}02097$.
d. Le client qui s'est présenté au comptoir de Julie commande une salade de crudités.
Est-il plus probable qu'il soit végétarien ou qu'il ne le soit pas ?

5 ★★ 15 min **Lorsque Sophia récupère sa fille Lola à la garderie, il y a deux chances sur trois que celle-ci lui ait préparé un joli dessin de princesse ou de dragon. On admet que le choix de l'activité suivie par Lola d'un jour à l'autre est indépendant des précédents. Cette semaine, Lola a été trois fois à la garderie. On s'intéresse au nombre de fois où Sophia a reçu un joli dessin.**

a. Représenter la situation par un arbre pondéré.
b. Calculer la probabilité que Sophia ait la joie de recevoir trois dessins.
c. Calculer la probabilité que Sophia n'ait aucun dessin.
d. Calculer la probabilité que Sophia reçoive au moins deux dessins.

Phénomènes linéaires

Cours

1 Fonctions affines

▶ Soient m et p deux nombres réels. Une **fonction affine** f est une fonction définie sur $\mathbb{R}$ par $f(x)=mx+p$.

▶ Pour tous réels a et b, on a $\dfrac{f(b)-f(a)}{b-a}=m$.

On dit que le **taux d'accroissement** m d'une fonction affine est **constant**.

▶ La représentation graphique de f est la droite d d'équation $y=mx+p$.

Le nombre m est le **coefficient directeur** de la droite d.

Le nombre p est l'**ordonnée à l'origine** de la droite d.

▶ Le signe d'une fonction affine est donné par le tableau suivant :

x	$-\infty$		$\frac{-p}{m}$		$+\infty$
Signe de $mx+p$		Signe opposé de m	0	Signe de m	

Remarque

Pour les lectures graphiques d'équations de droite, voir le chapitre 1 sur les automatismes !

2 Généralités sur les suites

▶ Une **suite** u est une **fonction dont la variable est un entier naturel**.

L'entier naturel n a pour image par u le réel $u(n)$, aussi noté u_n. On l'appelle le **terme de rang n** ou d'**indice n** de la suite u.

▶ Une suite u est **croissante** si, **pour tout entier naturel n**, on a : $u_n \leq u_{n+1}$.

Une suite u est **décroissante** si, **pour tout entier naturel n**, on a : $u_n \geq u_{n+1}$.

▶ Graphiquement, la suite u est représentée dans un repère du plan par les points de coordonnées $(n\,;u_n)$.

3 Cas des suites arithmétiques

▶ Une suite (u_n) est dite **arithmétique** s'il existe un réel r tel que, pour tout entier naturel n, $u_{n+1}=u_n+r$. Le réel r est la **raison** de la suite (u_n).

Autrement dit, pour passer d'un terme de la suite au suivant, **on ajoute toujours le même nombre r**. L'accroissement absolu est constant.

▶ Pour tout entier naturel n on a : $u_n=u_0+nr$.

Si r est positif, la suite (u_n) est croissante.

Si r est négatif, la suite (u_n) est décroissante.

▶ Graphiquement, les termes d'une suite arithmétique sont représentés par des points alignés.

Remarque

Pour une suite arithmétique de raison r, on a aus[si] $u_n=u_1+(n-1)r$.

Exos résolus

1 Étudier une fonction affine

Soit f la fonction définie sur $\mathbb{R}$ par : $f(x)=0{,}5x-3$.

a. Dresser le tableau de signes de f.

RÉSOLUTION

On cherche la valeur en laquelle f s'annule :

$f(x)=0 \Leftrightarrow 0{,}5x-3=0$

$\Leftrightarrow 0{,}5x=3$ (en ajoutant 3)

$\Leftrightarrow x=6$ (en divisant par 0,5)

Comme le coefficient directeur est positif ($m=0{,}5$), on a :

x	$-\infty$		6		$+\infty$
Signe de $0{,}5x-3$		$-$	0	$+$	

b. Représenter graphiquement cette fonction.

RÉSOLUTION

Une fonction affine est représentée par une droite. Il suffit donc de placer deux points dans un repère pour obtenir toute la courbe. Pour cela, on calcule les images de deux valeurs au choix.

On a par exemple $f(0)=0{,}5\times 0-3=-3$ et $f(4)=0{,}5\times 4-3=-1$.

La droite passe donc par les points de coordonnées $(0\,;-3)$ et $(4\,;-1)$.

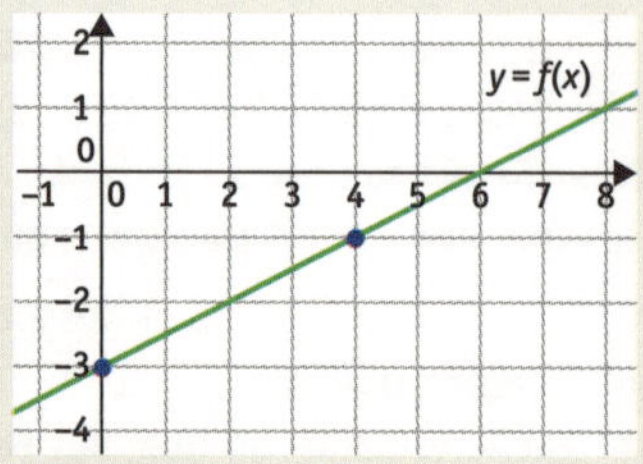

2 Calculer les termes d'une suite arithmétique

a. Soit (u_n) la suite arithmétique de raison 4 telle que $u_7=42$. Calculer u_8.

RÉSOLUTION

On a $u_8=u_7+4=42+4=46$.

b. Soit (u_n) la suite telle que $u_0=5$ et $u_{n+1}=u_n+3$ pour tout entier naturel n. Calculer u_{10}.

RÉSOLUTION

La suite (u_n) est arithmétique de raison 3.

On a donc : $u_{10}=u_0+10\times 3=5+10\times 3=35$.

Exercices

1 ★ 15 min **Soit f la fonction définie pour tout réel x par $f(x) = 1{,}6x - 4$.**

a. Calculer l'image de 10.

b. Représenter graphiquement la fonction f dans un repère.

c. Dresser le tableau de signes de f.

d. Résoudre graphiquement l'inéquation $f(x) \geq 7$.

e. Résoudre algébriquement l'inéquation $f(x) \geq 7$.

2 ★★ 5 min **Pour la kermesse de son école, Alix vend un cocktail rafraichissant sans alcool. On note x le prix de vente au litre de ce cocktail. Pour un prix x donné, on note $d(x)$ le volume de cocktail, en litres, que les consommateurs sont prêts à acheter à ce prix et $o(x)$ la quantité qu'Alix est prêt à produire et vendre à ce prix. Les fonctions o et d sont les fonctions d'offre et de demande. Virgile, le grand frère d'Alix, a étudié le marché en détail et a établi que, pour x compris entre 0,50 et 45, on a $d(x) = -2{,}95x + 139$ et $o(x) = 2{,}05x + 4$.**

a. Calculer $d(10)$ et $o(10)$.
Que va-t-il se passer sur le marché dans ce cas ?

b. Le prix d'équilibre est le prix pour lequel l'offre et la demande sont égales.
Quel est le prix d'équilibre ici ?
Quelle est la quantité produite pour ce prix ?

3 ★★★ 20 min **L'impôt sur le revenu pour un célibataire sans enfant se calcule (en 2023) selon le barème suivant.**

Fraction du revenu imposable	Taux d'imposition à appliquer sur la tranche (taux marginal)
Jusqu'à 10 777 €	0 %
De 10 778 € à 27 478 €	11 %
De 27 479 € à 78 570 €	30 %
De 78 571 € à 168 994 €	41 %
Supérieur à 168 995 €	45 %

On note $I(R)$ l'impôt payé pour un revenu annuel R exprimé en euros.

a. Vérifier que $I(26\,400) = 1\,718{,}53$.
Calculer le taux d'imposition dans ce cas.

b. Montrer que pour R compris entre 10 778 € et 27 478 €, on a $I(R) = 0{,}11R - 1\,185{,}47$.

c. Vérifier que $I(27\,600) = 1\,873{,}71$.
Calculer le taux d'imposition dans ce cas.

d. Montrer que pour R compris entre 27 479 € et 78 570 €, on a $I(R) = 0{,}3R - 6\,406{,}29$.

La fonction en jeu ici est affine par morceaux.

4 ★ 5 min

a. Soit (u_n) la suite définie pour tout entier naturel n par $u_n = 2^n - n^2$. Calculer u_0, u_1, u_2 et u_{10}.

b. Soit (v_n) la suite définie par $v_0 = 120$ et, pour tout entier naturel n, $v_{n+1} = 0{,}9v_n + 10$. Calculer v_1, v_2 et v_3.

5 ★ 10 min

a. Soit (u_n) la suite arithmétique de raison 1,7 et de premier terme $u_0 = 15$. Calculer u_1, u_2 et u_{10}.

b. Soit (v_n) la suite arithmétique définie par $v_n = 240 + 12n$. Donner la raison de cette suite puis calculer v_0 et v_{15}.

c. Soit (w_n) la suite arithmétique définie par $w_n = 5n - 4$. Donner la raison de cette suite puis calculer w_1 et w_{100}.

d. Soit (a_n) la suite arithmétique de raison 2,5 et de premier terme $a_1 = 12$. Calculer a_2, a_3 et a_{30}.

6 ★ 5 min **Sébastien est passionné de paléontologie. Il estime que 1 300 espèces de dinosaures sont connues en 2023 et qu'on en découvre 35 nouvelles par an. On note $u(n)$ le nombre d'espèces de dinosaures connues en $2023 + n$.**

a. Donner l'expression de $u(n)$ en fonction de n.

b. Calculer $u(7)$ et interpréter ce résultat.

c. Si ce modèle reste valide assez longtemps, en quelle année connaîtra-t-on au moins 2 000 espèces de dinosaures ?

7 ★★ 10 min **Dans chaque cas, dessiner le motif à l'étape 3 puis calculer le nombre de points dans le motif de l'étape 10.**

a.

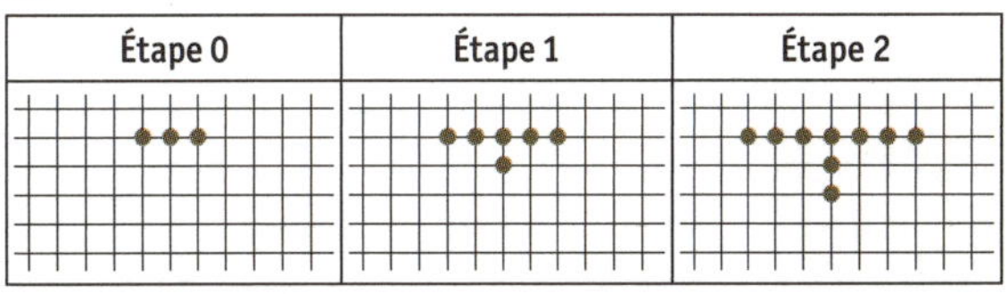

b.

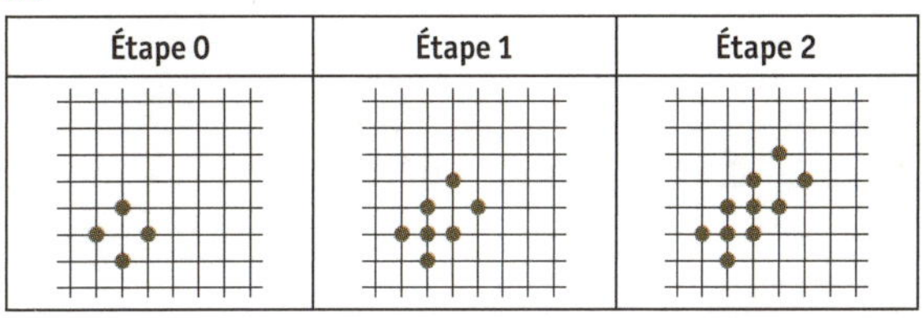

c.

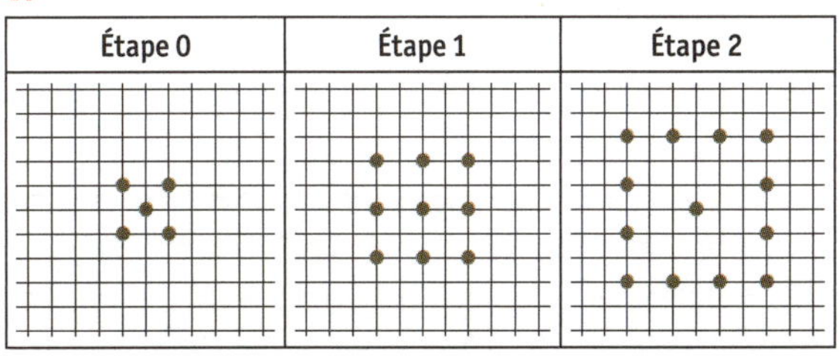

MATHS TRONC COMMUN

Suites géométriques

Cours

1 Définition

▶ Une suite (u_n) est dite **géométrique** s'il existe un réel q tel que, pour tout entier naturel n, $u_{n+1} = u_n \times q$.
Le réel q est la **raison** de la suite (u_n).
Autrement dit, pour passer d'un terme de la suite au suivant, **on multiplie toujours par le même nombre q**.
▶ Si (u_n) est une suite géométrique de raison q, alors le **taux de croissance relatif** $\frac{u_{n+1} - u_n}{u_n}$ est **constant** et il vaut $q - 1$.

Info
On note souvent la raison q car elle est égale au quotient $\frac{u_{n+1}}{u_n}$.

2 Expression explicite

Soit (u_n) une suite géométrique de raison q.
Pour tout entier naturel n, on a : $u_n = u_0 \times q^n$.
Pour une suite géométrique de raison q, on a aussi $u_n = u_1 \times q^{n-1}$.

3 Sens de variation

Pour les suites géométriques positives, on peut affirmer qu'une suite géométrique de raison q est :
- croissante si $q > 1$;
- constante si $q = 1$;
- décroissante si $0 < q < 1$.

Info
Les suites géométriques peuvent croître (ou décroître) très rapidement. On parle alors de croissance exponentielle (graphique **a.**) ou de décroissance exponentielle (graphique **b.**).

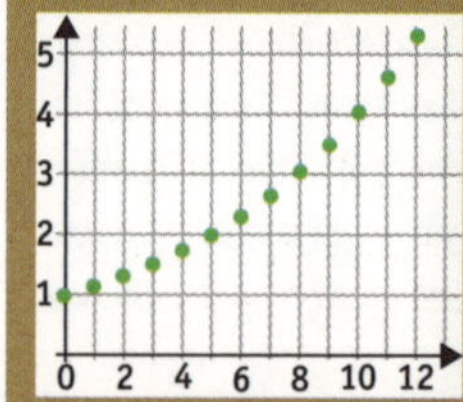

a. Suite géométrique de premier terme 1 et de raison 1,1 : $u_n = 1{,}1^n$.

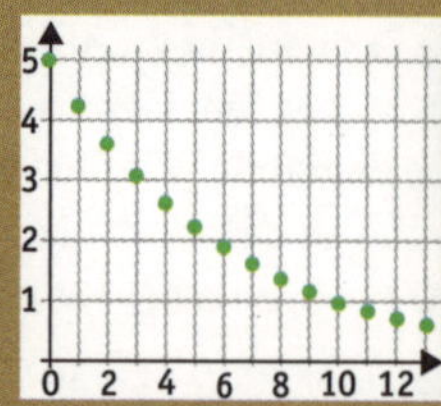

b. Suite géométrique de premier terme 5 et de raison 0,85 : $u_n = 5 \times 0{,}85^n$.

Exos résolus

1 Calculer les termes d'une suite géométrique

a. Soit (u_n) la suite géométrique de raison 3 telle que $u_6 = 729$. Calculer u_7, u_8 et u_9.

RÉSOLUTION

Par définition d'une suite géométrique, on a :
$u_7 = u_6 \times q = 729 \times 3 = 2\,187$;
$u_8 = u_7 \times q = 2\,187 \times 3 = 6\,561$;
$u_9 = u_8 \times q = 6\,561 \times 3 = 19\,683$.

b. Soit (v_n) la suite géométrique de raison $q = 0{,}8$ telle que $v_0 = 5000$. Calculer v_{10} à 10^{-2} près.

Rappel
Arrondir à 10^{-n} près, c'est arrondir avec n chiffres après la virgule.

RÉSOLUTION

On a $v_{10} = v_0 \times q^{10} = 5\,000 \times 0{,}8^{10} \approx 536{,}87$.

2 Résoudre un problème de seuil

Dans un pays, la population subit une inflation galopante. Le prix d'un kilo d'oignons, très présent dans la cuisine traditionnelle, était de 0,40 € en mai 2023. Chaque mois, son prix augmente de 14 %. On note u_n le prix d'un kilo d'oignons n mois après mai 2023.

a. Montrer que la suite (u_n) est géométrique et donner son expression explicite.

RÉSOLUTION

Augmenter une quantité de 14 % revient à la multiplier par $1 + 14\,\% = 1{,}14$.
La suite (u_n) est donc géométrique de raison $q = 1{,}14$ et on a : $u_n = u_0 \times q^n = 0{,}40 \times 1{,}14^n$.

b. Déterminer à quelle date (au mois près) le kilo d'oignons dépassera les 1,30 €.

RÉSOLUTION

On peut dresser un tableau de valeurs à la calculatrice en saisissant la formule Y=0.40×1.14^x avec un pas de 1.

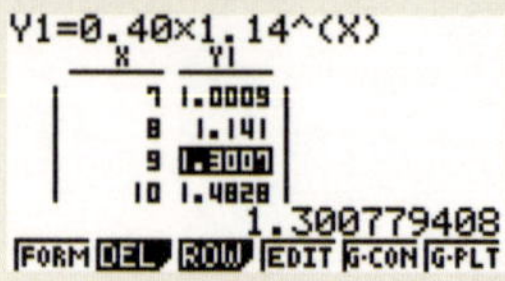

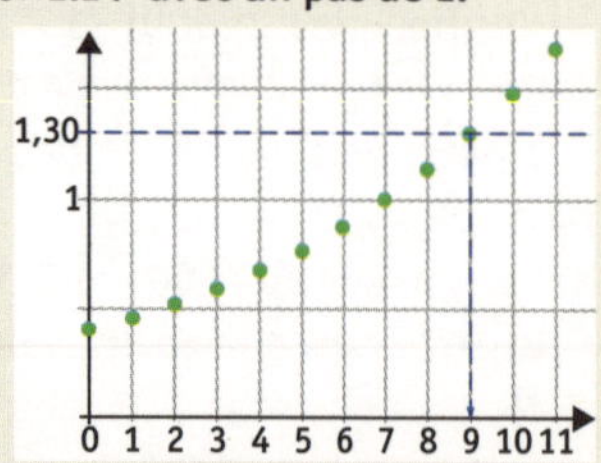

L'examen des premiers termes permet de constater que le seuil de 1,30 € est franchi à partir de u_9. Le mois de mai 2023 correspond au rang 0 donc le mois cherché est février 2024.

Exercices

1 ★ 10 min **Soit (u_n) la suite géométrique de premier terme $u_0=50$ et de raison $q=1{,}05$.**

a. Calculer u_1 et u_2.
b. Donner l'expression de u_n en fonction de l'entier naturel n.
c. Calculer u_{100}.
d. Reprendre les questions précédentes avec $u_0=2\,000$ et $q=0{,}92$.

2 ★ 5 min **Dans chaque cas, déterminer le sens de variation de la suite considérée.**

a. $u_0=250$ et, pour tout entier naturel n, $u_{n+1}=1{,}08u_n$.
b. $u_0=250$ et, pour tout entier naturel n, $u_{n+1}=\dfrac{2}{3}u_n$.
c. Pour tout entier naturel n, $u_n=3\times\left(\dfrac{6}{7}\right)^n$.
d. Pour tout entier naturel n, $u_n=0{,}25\times 3^n$.

3 ★ 10 min **Pour chacune des quatre suites représentées ci-contre, indiquer si elle peut être géométrique ou non et si oui, donner son premier terme et sa raison.**

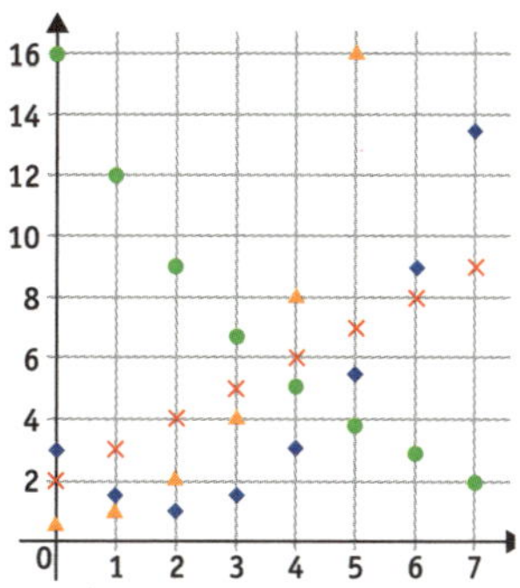

4 ★★ 10 min **Kamel place 4 000 euros sur un compte rémunéré à intérêts composés au taux annuel de 2,5 % puis n'alimente plus du tout ce compte. On note C_n le capital, en euros, disponible sur ce compte au bout de n années.**

> Dans un placement à intérêts composés, les intérêts sont intégrés au capital pour le calcul des intérêts de la période suivante.

a. Quelle sera la somme disponible sur ce compte au bout d'un an ? de deux ans ?
b. Montrer que la suite (C_n) est géométrique puis donner son expression explicite.
c. Combien d'années Kamel devra-t-il attendre pour disposer de 8 000 euros sur son compte ?

5 ★★ 10 min **À 8 h 00 un élève d'un lycée de 1 200 élèves apprend que M. Reppert, professeur de mathématiques, sera absent aujourd'hui. Une minute plus tard, il en informe deux camarades. On suppose ensuite que chaque nouvel élève informé transmet la rumeur la minute suivante à deux autres élèves qui ne sont pas encore au courant.**

On modélise la situation à l'aide d'un tableur comme ci-dessous.

	A	B	C
1	Heure	Nouveaux élèves au courant	Nombre total d'élèves au courant
2	8 h 00	1	1
3	8 h 01	2	3
4	8 h 02	4	7

a. Quelles formules ont été entrées en B3 et en C3 et copiées vers le bas pour compléter cette feuille de calcul ?
b. Quelle est la nature de la suite donnée dans la colonne B ?
c. Selon ce modèle, à quelle heure tous les élèves du lycée seront-ils au courant de la rumeur ? On peut utiliser un tableur.
d. Si ce modèle reste valide à l'échelle de la France, à partir de quelle heure tout le pays sera-t-il au courant de la rumeur ? On considérera que la France compte 67 millions d'habitants.
e. Ce modèle est-il réaliste sur le long terme ? Pourquoi ?

6 ★★ 10 min **On donne ci-dessous les étapes 0, 1, 2 et 3 d'un motif.**

a. Exprimer le nombre u_n de points à l'étape n en fonction de l'entier n.
b. À partir de quelle étape la figure comptera-t-elle plus de 500 000 points ?

7 ★★ 10 min **Combien de points compte la figure ci-contre ?**

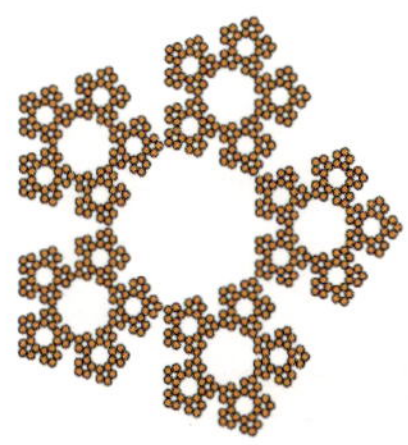

Expliquer la démarche suivie pour trouver le résultat.

8 ★★★ 15 min **On considère un carré de côté 3 cm qu'on appellera tapis de Sierpiński de rang 0. On découpe ce carré en neuf carrés et on retire le carré central. La figure obtenue est appelée tapis de Sierpiński de rang 1. En répétant le même processus, on construit les tapis de Sierpiński de rang 2, 3, etc. On donne ci-dessous les tapis de rangs 1, 2 et 3.**

rang 1 rang 2 rang 3

a. Quelle est l'aire de la surface colorée au bout de 2, 3 et 4 étapes ?
b. Quelle est l'aire de la surface colorée à l'étape 10 ?
c. À partir de quelle étape l'aire de la surface colorée est-elle inférieure à 1 cm² ? et à celle de la surface blanche ?

Fonctions exponentielles

Cours

Rappel

$a^0 = 1$ et $a^1 = a$ pour tout réel $a > 0$.

1 Fonction $x \mapsto a^x$

▶ Soit a un réel strictement positif. La suite géométrique de raison a et de premier terme 1 peut être prolongée à des valeurs non entières. La fonction f ainsi définie, qui à tout réel positif ou nul x associe a^x, est la **fonction exponentielle de base a**.

▶ La fonction f définie sur $[0 ; +\infty[$ par $f(x) = a^x$ est :
- croissante si $a > 1$;
- constante si $a = 1$;
- décroissante si $0 < a < 1$.

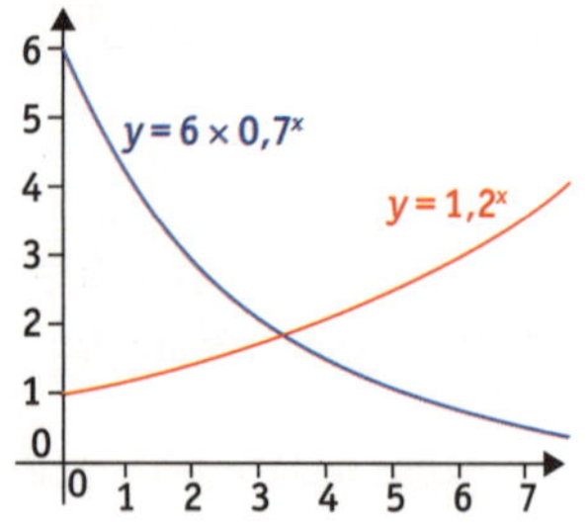

info

Multiplier une fonction par une constante strictement positive ne change pas son sens de variation.

2 Propriétés algébriques

Soit a un réel strictement positif. Soient x et y des réels positifs ou nuls et soit n un entier naturel. On a :

$a^x \times a^y = a^{x+y}$ $\quad \dfrac{a^x}{a^y} = a^{x-y}$ $\quad (a^x)^n = a^{nx}$

3 Racine n-ième et taux moyen

▶ Soit a un réel strictement positif et soit n un entier naturel non nul.
L'équation $x^n = a$ a une unique solution positive qui est le réel $a^{\frac{1}{n}}$.
Ce nombre est appelé **racine n-ième de a** et se note aussi $\sqrt[n]{a}$.

À noter

$(a^{\frac{1}{n}})^n = a^{\frac{1}{n} \times n} = a^1 = a$

▶ Soit T le taux d'évolution global correspondant à n évolutions successives. Le **taux d'évolution moyen** correspondant t vérifie l'équation $(1+t)^n = 1+T$. On a donc $1+t = (1+T)^{\frac{1}{n}}$. Appliquer n fois le taux moyen t revient à appliquer le taux global T.

Exos résolus

1 Utiliser des exposants non entiers

Dans une certaine région, les services vétérinaires estiment que le nombre d'oiseaux infectés par un certain virus en fonction du temps t exprimé en semaines à partir du 1er janvier 2024 est donné par $f(t) = 4000 \times 1{,}01^t$.

a. D'après ce modèle, combien d'oiseaux seront infectés au bout de 100 jours, soit le 10 avril 2024 ?

RÉSOLUTION

Un jour correspond à un septième de semaine.

On a $f\left(\frac{100}{7}\right) = 4\,000 \times 1{,}01^{\frac{100}{7}} \approx 4\,611$.

D'après ce modèle, il y aura 4 611 oiseaux infectés le 10 avril 2024.

b. D'après ce modèle, à quelle date comptera-t-on plus de 5 000 oiseaux infectés ?

RÉSOLUTION

À la calculatrice, on dresse un tableau de valeurs de la fonction f avec un pas de $\dfrac{1}{7}$.

L'examen du tableau obtenu indique que le seuil est franchi à partir de $t = \dfrac{157}{7}$.

On a $f\left(\frac{156}{7}\right) \approx 4\,993$ et $f\left(\frac{157}{7}\right) \approx 5\,000{,}1$.

Le 157e jour après le 1er janvier 2024 est le 6 juin 2024.
Pour information, cette date peut être obtenue par le calcul, en regardant un calendrier ou en utilisant un tableur (on tape 01/01/2024 dans la cellule A1 puis « =A1+157 » dans une autre cellule par exemple).

2 Calculer un taux d'évolution moyen

Thierry constate que le prix d'une tablette de chocolat a augmenté de 20 % en un an.
Calculer le taux d'évolution moyen mensuel du prix de cette tablette à 0,01 % près.

RÉSOLUTION

Le coefficient multiplicateur global associé à une hausse de 20 % vaut $1 + 20\,\% = 1{,}2$.
On note t le taux moyen mensuel cherché.
On a donc $(1+t)^{12} = 1{,}2$. On résout cette équation :

$(1+t)^{12} = 1{,}2 \Leftrightarrow 1+t = 1{,}2^{\frac{1}{12}}$ (on applique la puissance $\frac{1}{12}$ de chaque côté)

$\Leftrightarrow t = 1{,}2^{\frac{1}{12}} - 1$ (on retranche 1 de chaque côté)

On a donc $t = 1{,}2^{\frac{1}{12}} - 1 \approx 0{,}0153$.
La hausse mensuelle moyenne est d'environ 1,53 %.

Exercices

1 ★ 1 min **À l'aide de la calculatrice, donner des valeurs approchées des nombres suivants à 0,01 près.**

a. $2{,}3^{4{,}5}$

b. $1{,}35^{\frac{1}{6}}$

c. $3^{0{,}5}$

On a $\sqrt{a} = a^{\frac{1}{2}}$.

2 ★ 5 min **Écrire chaque expression sous la forme a^k avec $a > 0$ et $k > 0$.**

a. $3^{0{,}8} \times 3^{1{,}7}$

b. $(1{,}4^{12})^{\frac{1}{3}}$

c. $\dfrac{10^{4{,}7}}{10^{2{,}5} \times 10^{1{,}3}}$

d. $1{,}8^{4{,}6} \times 1{,}8$

On a $a = a^1$.

3 ★ 5 min **On a représenté ci-dessous les fonctions f, g, u et v définies sur $[0\,;+\infty[$ par :**

$f(x) = 10 \times 0{,}9^x$; $g(x) = 4 \times 0{,}9^x$; $u(x) = 10 \times 0{,}6^x$; $v(x) = 4 \times 1{,}08^x$.

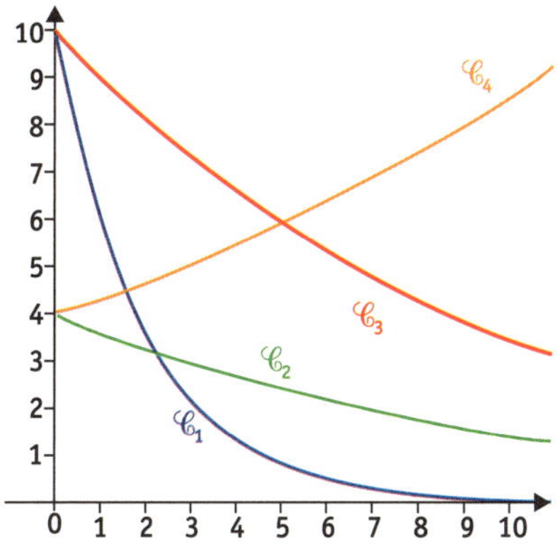

Par lecture graphique, associer chaque courbe à sa fonction.

4 ★ 5 min **Le dirigeant d'une entreprise florissante souhaite augmenter les salaires de ses employés de 30 % en 5 ans.**

Calculer le taux qu'il doit appliquer chaque année pour y parvenir à 0,01 % près.

5 ★★ 10 min **En France, la consommation de cidre est passée de 26,7 litres par an et par habitant en 1960 à 1,4 litres en 2018.**

a. Calculer le taux d'évolution global de la consommation de cidre par an et par habitant en France de 1960 à 2018 à 0,01 % près.

b. À quel taux d'évolution annuel moyen correspond cette baisse à 0,01 % près ?

6 ★★ 10 min **D'une année sur l'autre, l'effectif du lycée Maryam-Mirzakhani a augmenté de 2 %, diminué de 1 %, puis augmenté à nouveau de 2,7 %.**

Calculer le taux d'évolution annuel moyen à 0,01 % de l'effectif de ce lycée.

7 ★★ 15 min **À la mort d'un être vivant, la proportion d'atomes de carbone 14 présents dans son corps est donné par la fonction f définie sur $[0\,;+\infty[$ par $f(t) = 0{,}988^t$ où t est exprimé en siècles.**

a. Quel est le sens de variation de cette fonction ?

b. On dit souvent que le temps de demi-vie du carbone 14 est de 5730 ans, c'est-à-dire que la quantité de carbone 14 est divisée par deux au bout de 5730 années. Cela est-il en conformité avec l'expression de la fonction f ? Expliquer.

c. Le professeur Bergamotte a découvert une nouvelle momie inca qui, par rapport à un échantillon témoin, ne contient plus que 91,4 % du carbone 14 initial. Estimer l'âge de cette momie à l'année près.

8 ★★★ 20 min **Le tableau ci-dessous donne le nombre de zones de présence permanente de meutes de loups (ZPPM) en France.**

Années	2012	2013	2014	2015	2016
Nombre de zones	19	21	27	30	35
Années	2017	2018	2019	2020	2021
Nombre de zones	44	57	70	80	105

a. Représenter la situation graphiquement par un nuage de points.
Préciser en justifiant si le modèle mathématique le plus adapté pour étudier cette situation semble être un modèle linéaire ou exponentiel.

b. Une biologiste propose de modéliser l'évolution du nombre de zones de présence par une fonction f définie sur $[0\,;+\infty[$ par $f(t) = k \times a^t$ où $f(t)$ représente le nombre de ZPPM t années après le 1er janvier 2012. On impose que les valeurs en 2012 et 2021 soient exactes, autrement dit $f(0) = 19$ et $f(9) = 105$.
Déterminer la valeur du paramètre k puis du paramètre a à 0,0001 près.

c. D'après ce modèle, combien comptera-t-on de ZPPM en France en 2025 ?

d. En supposant que ce modèle reste valide suffisamment longtemps, à partir de quelle année la France comptera plus de 500 ZPPM de loups ?

MATHS TRONC COMMUN

Notion de dérivée et études de fonctions

Cours

1 Tangente et nombre dérivé

▶ Soit $\mathscr{C}$ la courbe représentative d'une fonction f définie sur un intervalle de $\mathbb{R}$ et soit A le point de $\mathscr{C}$ d'abscisse a. Si on zoome beaucoup sur le point A, on s'aperçoit que la courbe a localement l'apparence d'une droite. La tangente à la courbe $\mathscr{C}$ au point A est la droite qui approche le mieux la courbe $\mathscr{C}$ au voisinage de A. C'est aussi la position limite des sécantes (AM) lorsque M se rapproche de A.

▶ Le coefficient directeur de la tangente à $\mathscr{C}$ au point A d'abscisse a est le nombre dérivé de f en a et on le note $f'(a)$.

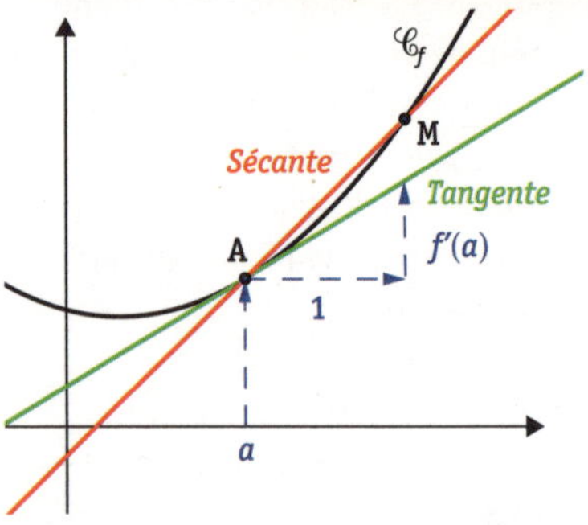

Info

Pour revoir la lecture d'un coefficient directeur, voir chapitre 1.

Si M se rapproche de A, la sécante (AM) se rapproche de la tangente à $\mathscr{C}$ en A.

2 Calculs de dérivées

▶ Si une fonction f admet un nombre dérivé en toute valeur d'un intervalle I de $\mathbb{R}$, on peut définir sa fonction dérivée, notée f', qui à tout réel x de I associe $f'(x)$.

▶ Certaines fonctions sont dérivables sur $\mathbb{R}$. Par exemple :
- si $f(x)=k$ où k est une constante, alors $f'(x)=0$;
- si $f(x)=x$, alors $f'(x)=1$;
- si $f(x)=x^2$, alors $f'(x)=2x$;
- si $f(x)=x^3$, alors $f'(x)=3x^2$.

▶ Soient u et v deux fonctions dérivables sur un intervalle I et soit k une constante réelle.
Soit f une fonction définie sur I.
- Si $f(x)=k\times u(x)$, alors $f'(x)=k\times u'(x)$.
- Si $f(x)=u(x)+v(x)$, alors $f'(x)=u'(x)+v'(x)$.

3 Signe de la dérivée et sens de variation

Soit f une fonction définie et dérivable sur un intervalle I et soit f' sa fonction dérivée.
f est croissante sur I si, et seulement si, f' est positive sur I.
f est décroissante sur I si, et seulement si, f' est négative sur I.
f est constante sur I si, et seulement si, f' est nulle sur I.

Exos résolus

1 Calculer une dérivée

Soit f la fonction définie sur $\mathbb{R}$ par $f(x)=5x^3+2$.
Déterminer l'expression de sa fonction dérivée f'.

RÉSOLUTION

En appliquant les formules du cours, on a :
$f'(x)=5\times 3x^2+0=15x^2$.

Note

On n'applique les formules qu'une seule fois, inutile de dériver deux fois !

2 Étudier les variations d'une fonction

Soit g la fonction définie sur [0 ; 15] par $g(x)=3+4x-0{,}2x^2$.

a. Donner l'expression de la dérivée de la fonction g.

RÉSOLUTION

En appliquant les formules du cours, on a :
$g'(x)=0+4\times 1-0{,}2\times 2x$
$=4-0{,}4x$.

b. Dresser le tableau de variations de la fonction g.

RÉSOLUTION

On étudie le signe de la dérivée.
Ici, on a :

$$g'(x)\geq 0 \Leftrightarrow 4-0{,}4x\geq 0$$
$$\Leftrightarrow -0{,}4x\geq -4$$
$$\Leftrightarrow x\leq \frac{-4}{-0{,}4}=10$$

Note

Diviser par un nombre négatif change le sens de l'inégalité.

On reporte le résultat dans un tableau sur l'intervalle d'étude, ici [0 ; 15].

x	0		10		15
Signe de $g'(x)$		+	0	−	
Variations de g	3	↗	23	↘	18

Le signe de la dérivée donne les variations de la fonction.
On peut calculer les images.
Par exemple, $g(10)=3+4\times 10-0{,}2\times 10^2=23$.

Exercices

1 ★ 5 min **On donne ci-dessous la courbe $\mathscr{C}_f$ représentative d'une fonction f définie sur [0 ; 5].**

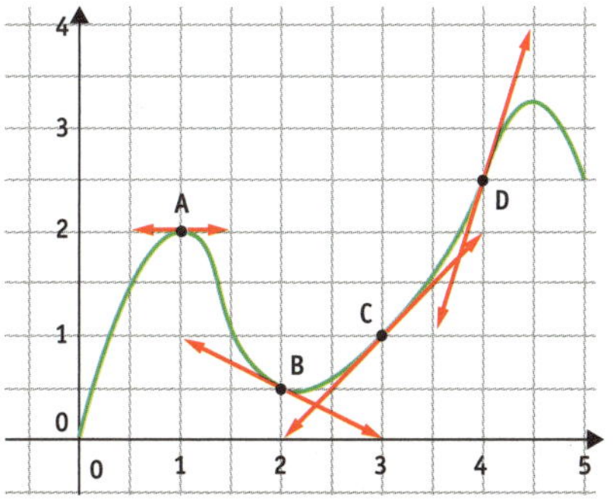

Compléter les égalités ci-dessous.

$f(1) =$ $\quad$ $f'(1) =$

$f(2) =$ $\quad$ $f'(2) =$

$f(3) =$ $\quad$ $f'(3) =$

$f(4) =$ $\quad$ $f'(4) =$

2 ★ 10 min **Marie fabrique et vend de jolies robes cousues main. Le coût de production total est modélisé par une fonction C dont on donne la représentation graphique ci-dessous. La tangente à cette courbe au point A(20 ; 500) passe par le point B(0 ; 200).**

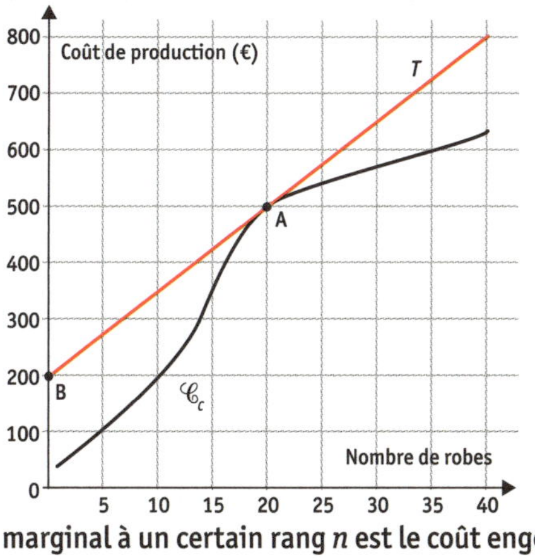

Le coût marginal à un certain rang n est le coût engendré par la fabrication d'une robe supplémentaire. Ce coût marginal est approché par le nombre dérivé de la fonction $\mathscr{C}$ en n.

a. Quel est le coût moyen de production lorsque Marie fabrique 20 robes ?

b. Déterminer une valeur approchée du coût engendré par la fabrication de la 21ème robe.

3 ★★ 15 min **L'indice de masse corporelle (IMC) d'un individu correspond au rapport entre sa masse en kilogrammes et sa taille en mètres élevée au carré. Le graphique ci-après donne l'IMC de Jules en fonction de son âge, jusqu'à ses 16 ans. On appellera f la fonction ainsi représentée.**

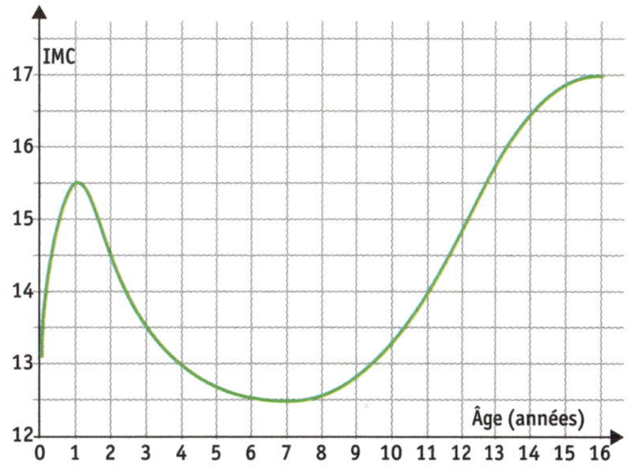

a. Dresser le tableau de variations de f.

b. Dessiner les tangentes à la courbe aux points d'abscisses 2 et 14.
En déduire des valeurs approchées de $f'(2)$ et $f'(14)$.

c. Déterminer le signe de f' sur l'intervalle [0 ; 16].

d. Déterminer à quels moments la vitesse d'évolution instantanée de l'IMC de Jules est nulle.

e. Comment comprendre que l'IMC de Jules diminue sur certaines périodes alors qu'il a toujours grandi ?

4 ★ 10 min **Dans chaque cas, calculer et simplifier.**

a. $f(x) = 5 + 3x$

b. $f(x) = 0,2x^3 + 0,3x^2 - 1,2x + 7$

c. $f(x) = x^2 + 4x - 2$

d. $f(x) = 0,7x^2 - 0,25x + 12$

e. $f(x) = x - 2$

f. $f(x) = \frac{1}{3}x^3 + \frac{1}{2}x^2 + x$

5 ★★ 10 min **Un biologiste a filmé une grenouille sautant sur un rocher. Un logiciel de chronophotographie lui a permis d'établir que la hauteur de la grenouille (en centimètres) en fonction du temps (en millisecondes, ms) est donnée par la formule : $h(t) = -0,05t^2 + 4t$ pour t compris entre 0 et 60 ms.**

a. Montrer que, pour tout réel t de [0 ; 60], on a $h'(t) = -0,1t + 4$.

b. En déduire le tableau de variations de h sur [0 ; 60].

c. Quelle est la hauteur maximale atteinte par la grenouille ?

6 ★★★ 20 min **Une entreprise agroalimentaire peut produire entre 0 et 15 tonnes de sauce tomate. Le bénéfice réalisé pour la production et la vente de x tonnes de cette sauce, exprimé en dizaines de milliers d'euros, est donné par $B(x) = -0,02x^3 + 0,36x^2 - 1,2x - 1$.**

a. Montrer que $B'(x) = (0,12 - 0,06x)(x - 10)$ pour tout réel x de [0 ; 15].

b. En déduire le tableau de variations de B sur [0 ; 15].

c. Quel est le bénéfice maximal de l'entreprise ? Pour quelle quantité de sauce produite est-il atteint ?

MATHS TRONC COMMUN

1 page 175

1 a. Le graphique représente la longueur de chemin de fer installée en milliers de miles aux États-Unis (en ordonnée) en fonction du temps en années (en abscisse) de 1825 à 1935.
b. En abscisse, un carreau représente 5 années. En ordonnée, un carreau représente 20 000 miles de chemin de fer.
c. La longueur du réseau de chemin de fer a augmenté en fonction du temps.
e. On rappelle qu'un mile vaut environ 1,609 km.
En 1890, la longueur du réseau était d'environ 160 000 miles, soit environ 257 000 kilomètres.
En 1925, la longueur du réseau était d'environ 300 000 miles, soit environ 483 000 kilomètres.
f. La longueur totale du réseau a dépassé les 100 000 miles en 1881 (environ). La longueur totale du réseau a ensuite dépassé les 200 000 miles en 1896 (environ), soit 15 ans après.
g. On observe une phase d'accélération entre 1825 et 1890 (environ) puis un ralentissement. On perçoit même un début de stagnation à partir de 1920.

2 a. Augmenter une quantité de 60 % revient à la multiplier par $1+60\ \% = 1,6$.
Diminuer une quantité de 20 % revient à la multiplier par $1-20\ \% = 0,8$.
Le coefficient multiplicateur global vaut donc : $1,6\times 0,8 = 1,28$.
Le taux d'évolution global vaut donc : $1,28-1 = 0,28 = +28\ \%$.
b. Le coefficient multiplicateur réciproque de la hausse globale vaut : $\frac{1}{1,28} = 0,78125$.
Le taux d'évolution réciproque vaut donc :
$0,78125-1 = -0,21875 = -21,875\ \%$.

3 a. $13,5\times 4 = 13,5\times 2\times 2 = 27\times 2 = 54$.
b. $4,5\times 8 = 4,5\times 2\times 4 = 9\times 4 = 36$.
c. $132\div 4 = (132\div 2)\div 2 = 66\div 2 = 33$.
d. $3,6+3,6+3,6+3,6+3,6 = 3,6\times 5 = (3,6\times 10)/2 = 36/2 = 18$.
e. $84\div 5 = (84/10)\times 2 = 8,4\times 2 = 16,8$.
f. $12,5\times 9 = 12,5\times 10 - 12,5 = 125 - 12,5 = 112,5$.

4 a. $72\times 50\ \% = 72/2 = 36$.
b. $32\times 25\ \% = 32/4 = 8$.
c. $1\,756\times 10\ \% = 1\,756/10 = 175,6$.
d. $18\times 20\ \% = 18/5 = (18/10)\times 2 = 1,8\times 2 = 3,6$.
e. $24\times 90\ \% = 24 - 24/10 = 24 - 2,4 = 21,6$.
f. $70\times 60\ \% = 70\times 0,6 = 42$ car $6\times 7 = 42$ et on ajuste les décalages de virgule.

5 Voici le tableau complété.

Prix initial	Taux d'évolution	Prix final
57 €	-10 %	51,30 €
140 €	+5 %	147 €
38 €	-25 %	28,50 €
55 €	+20 %	66 €
60 €	-30 %	42 €
163 €	+50 %	244,50 €

Voici des calculs possibles pour parvenir à ces résultats. Le choix de la méthode est souvent très personnel.
a. $57\times 10\ \% = 5,7$ et $57-5,7 = 51,3$.
b. $140\times 5\ \% = 140\times\frac{1}{20} = \frac{140}{20} = \frac{14}{2} = 7$ et $140+7 = 147$.
c. $38\times 25\ \% = 38/4 = 19/2 = 9,5$
et $38-9,5 = 38-10+0,5 = 28,5$.
d. $55\times 20\ \% = \frac{55}{5} = 11$ et $55+11 = 66$.
e. $60\times 0,7 = 42$ (voir exercice précédent).
f. $163/2 = 81,5$ et $163+81,5 = 244,5$.

6 a. On a :
$\frac{2\,000}{1,5} = \frac{2\,000\times 2}{3} = \frac{4\,000}{3} = \frac{4}{3}\times 1\,000 \approx 1,33\times 1\,000 \approx 1\,300$.
Claire peut stocker environ 1 300 films.
b. Pour faciliter les calculs, on considèrera qu'une année compte 400 jours et qu'une journée compte 25 heures.
On a alors : $\frac{19\,000\,000}{400\times 25} = \frac{19\,000\,000}{100\times 4\times 25} = \frac{19\,000\,000}{10\,000} = 1\,900$.
Compte-tenu des approximations précédentes, on peut réévaluer le résultat (à la louche) à 2 000 € par heure. Pour information, le calcul mené à la calculatrice avec 365 jours par an et 24 heures par jour donne environ 2 169 €.
c. Le temps éveillé est de $24-8 = 16$ h.
On a 6 h 45 = 6,75 h.
On cherche à évaluer : $\frac{6,75}{16}$.
On peut tenter de diviser par 16 de tête en divisant 4 fois par 2. On peut aussi remarquer que $16\times 10\ \% = 1,6$ et $1,6\times 2 = 3,2$ puis $3,2\times 2 = 6,4$. On en déduit que la proportion cherchée est légèrement supérieure à 40 %. La calculatrice donne environ 42 %.

7 a. $4x = 13 \Leftrightarrow x = \frac{13}{4}$ en divisant par 4
$\Leftrightarrow x = 3,25$
b. $2x+12 = 30 \Leftrightarrow 2x = 30-12$ en retranchant 12
$\Leftrightarrow 2x = 18$
$\Leftrightarrow x = \frac{18}{2}$ en divisant par 2
$\Leftrightarrow x = 9$
c. $14,5-x = 8 \Leftrightarrow -x = 8-14,5$
$\Leftrightarrow -x = -6,5$
$\Leftrightarrow x = 6,5$ en divisant par -1
d. $5x+12 = 43 \Leftrightarrow 5x = 43-12$ en retranchant 12
$\Leftrightarrow 5x = 31$
$\Leftrightarrow x = \frac{31}{5}$ en divisant par 5
$\Leftrightarrow x = \frac{31}{10}\times 2$
$\Leftrightarrow x = 3,1\times 2$
$\Leftrightarrow x = 6,2$
e. $0,25x-1 = 11 \Leftrightarrow 0,25x = 12$ en ajoutant 1
$\Leftrightarrow x = \frac{12}{0,25}$ en divisant par 0,25
$\Leftrightarrow x = 12\times 4$
$\Leftrightarrow x = 48$
f. $x^2-64 = 0 \Leftrightarrow x^2 = 64$
$\Leftrightarrow x = \sqrt{64}$ ou $x = -\sqrt{64}$
$\Leftrightarrow x = 8$ ou $x = -8$
Attention à ne pas oublier la solution négative !
g. $\frac{42}{x} = 0,2 \Leftrightarrow 42 = 0,2x$
$\Leftrightarrow x = \frac{42}{0,2}$
$\Leftrightarrow x = \frac{420}{2}$
$\Leftrightarrow x = 210$

h. $\dfrac{30}{x}=4 \Leftrightarrow 30=4x$

$\Leftrightarrow x=\dfrac{30}{4}$

$\Leftrightarrow x=\dfrac{15}{2}$

$\Leftrightarrow x=7{,}5$

8 Voir l'exercice résolu pour la méthode.
On notera m_i le coefficient directeur (ou la pente) de la droite d_i.
Pour la droite d_1 on a le dessin suivant.

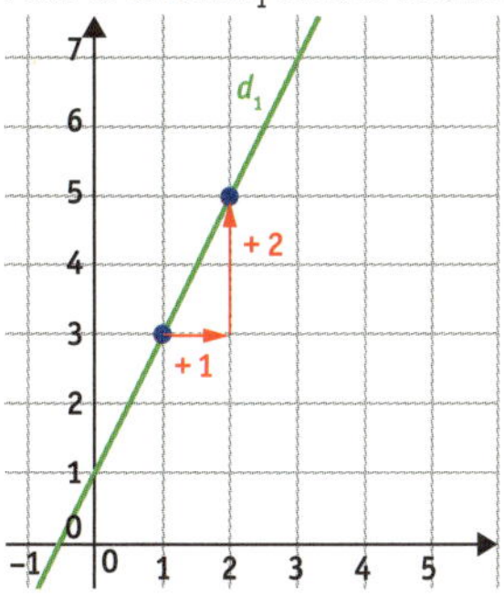

Ainsi, $m_1=\dfrac{2}{1}=2$.

Pour la droite d_2 on a le dessin suivant.

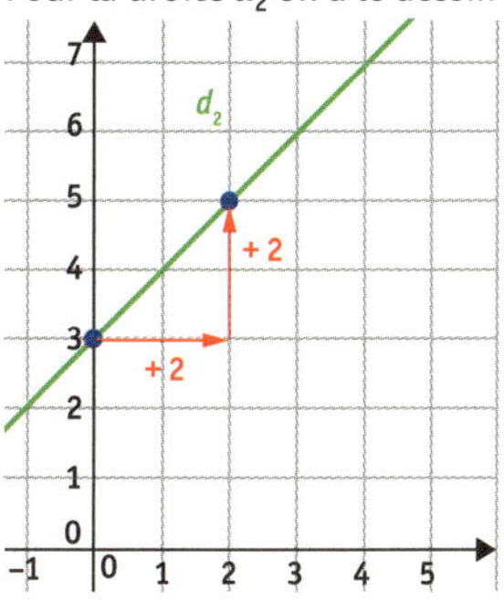

Ainsi, $m_2=\dfrac{2}{2}=1$.

Pour la droite d_3 on a le dessin suivant.

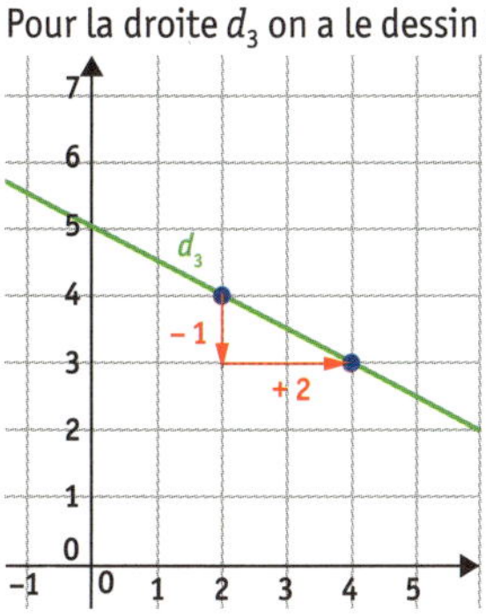

Ainsi, $m_3=-\dfrac{1}{2}=-0{,}5$.

Pour la droite d_4 on a le dessin suivant.

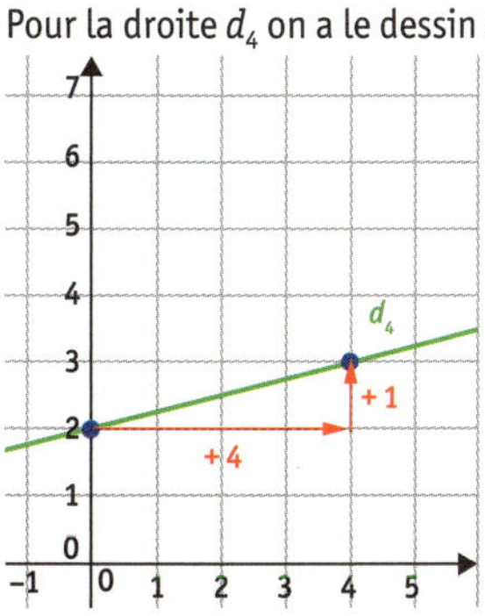

Ainsi, $m_4=\dfrac{1}{4}=0{,}25$.

Pour la droite d_5 on a le dessin suivant.

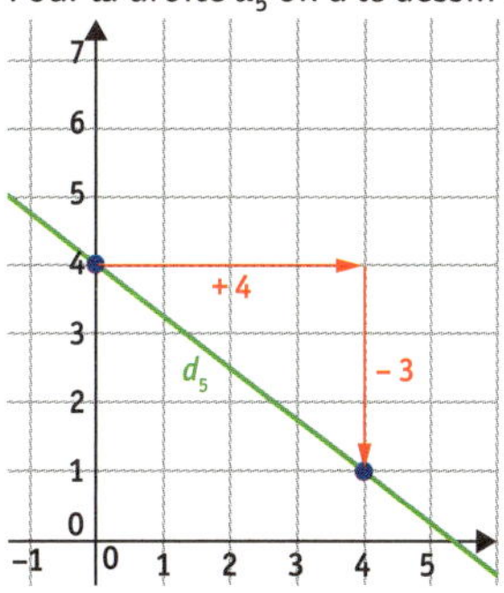

Ainsi, $m_5=-\dfrac{3}{4}=-0{,}75$

La droite d_6 est horizontale donc sa pente est nulle : $m_6=0$.

2 page 177

1 a. Les caractères étudiés sont le sexe et le type d'établissement (public ou privé).
b. Voici le tableau complété.

	Public	Privé	Total
Hommes	163 020	32 871	195 891
Femmes	229 800	62 962	292 762
Total	392 820	95 833	488 653

c. Il y a 292 762 femmes parmi les professeurs du secondaire.

2 a. Il y a 113 881 filles de terminale générale qui ne faisaient pas de maths à la rentrée 2021. Il y avait en tout 91 465 élèves qui avaient exactement six heures de maths par semaine.
b. Voici le tableau complété.

	0 h	3 h	6 h	9 h	Total
Filles	113 881	40 248	40 489	15 213	209 831
Garçons	54 924	24 088	50 976	33 278	163 266
Total	168 805	64 336	91 465	48 491	373 097

c. 48 491 élèves de terminale suivaient 9 heures de mathématiques par semaine à la rentrée 2021.
d. En sélectionnant les données, puis en allant dans le menu *Insertion*, on peut choisir différents modes de représentation graphique. Voici deux exemples :

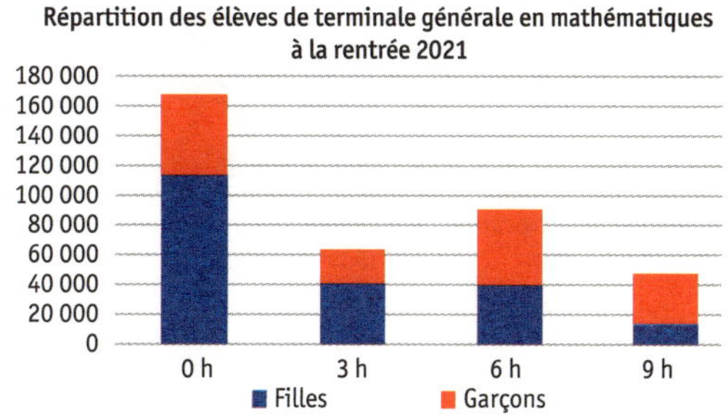

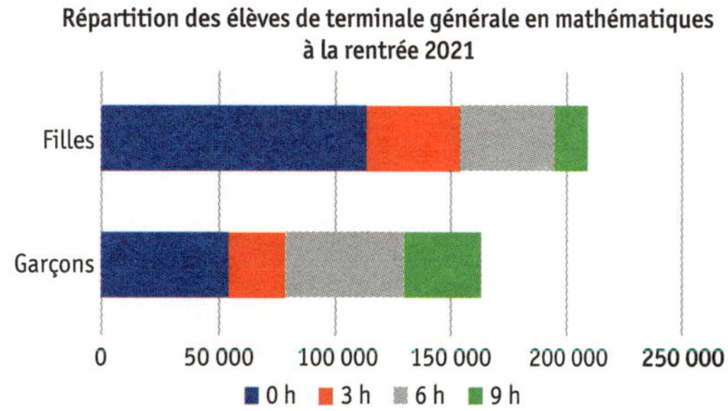

3 **a.** 22 quarantenaires ont participé à cette étude.
b. En additionnant tous les effectifs, on constate que 108 personnes ont participé à cette étude.
c. 13 trentenaires ont tapé plus de 32 mots par minute.

4 **a.** =SI(B2>=10;"ADMIS";"REFUSÉ")
b. =NB.SI(B2:B357;">=12")

5 **a.** =ET(B2="F";OU(C2="Maths";D2="Maths"))
b. =NB.SI(E2:E415;VRAI)
c. La plage à prendre en compte s'étend sur plusieurs colonnes. On indique donc les coordonnées de la cellule située en haut à gauche de la plage et celle située en bas à droite.
=NB.SI(C2:D415;"Maths")

6 **a.** =DATEDIF(B2;AUJOURDHUI();"Y")
Remarque : Si on saisit M on a le résultat en mois, et D en jours.
b. =ET(D2>=5;NON(C2))

3 page 179

1 **a.** 17 580 personnes étaient inscrites sur les listes électorales.
b. La part des inscrits n'ayant participé à aucun des deux tours est de $\frac{3\,059}{17\,580} \approx 17{,}4\ \%$.
c. La fréquence marginale des inscrits ayant voté au premier tour est de $\frac{13\,537}{17\,580} \approx 77\ \%$.
d. La fréquence conditionnelle des inscrits n'ayant pas voté au second tour relativement à ceux ayant voté au premier tour est de $\frac{1\,354}{13\,537} \approx 10\ \%$.

2 **a.** Le nombre de femmes au chômage (en milliers) est :
$2\,234 \times 47{,}7\ \% \approx 1\,066$.
On en déduit le nombre d'hommes (en milliers) :
$2\,234 - 1\,066 = 1\,168$.
Le nombre de chômeurs de 15-49 ans (en milliers) est :
$2\,234 \times 77{,}7\ \% \approx 1736$.
Le nombre de femmes de plus de 50 ans (en milliers) est :
$2\,234 \times 11{,}2\ \% \approx 250$.
On peut alors compléter l'ensemble du tableau.

	Femmes	Hommes	Ensemble
15-49 ans	816	920	1 736
50 ans ou plus	250	248	498
Ensemble	1 066	1 168	2 234

b. La part des hommes parmi les chômeurs de moins de 50 ans est de $\frac{920}{1\,736} \approx 53\ \%$.

3 **a.** $P(\mathrm{F}) = \frac{1\,758}{9\,250} \approx 19\ \%$;

$P(\mathrm{J}) = \frac{4\,789}{9\,250} \approx 51{,}8\ \%$;

$P(\mathrm{F} \cap \mathrm{J}) = \frac{736}{9\,250} \approx 8\ \%$;

$P_{\overline{\mathrm{J}}}(\mathrm{F}) = \frac{1\,022}{4\,461} \approx 22{,}9\ \%$;

$P_{\mathrm{H}}(\mathrm{J}) = \frac{4\,053}{7\,492} \approx 54\ \%$.

b. Les événements J et H ne sont pas indépendants car $P_{\mathrm{H}}(\mathrm{J}) \neq P(\mathrm{J})$.

4 **a.** Voici l'arbre attendu.

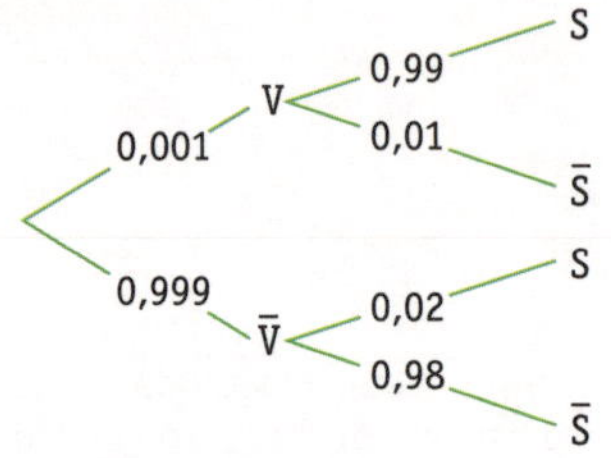

b. $P(\mathrm{S} \cap \overline{\mathrm{V}}) = 0{,}999 \times 0{,}02 = 0{,}01998$.
La probabilité que le client ne soit pas végétarien et choisisse la salade de crudité est de 1,998 %.
c. Pour calculer la probabilité de l'événement S, on additionne les probabilités de tous les chemins qui mènent à S.

$$P(\mathrm{S}) = P(\mathrm{V} \cap \mathrm{S}) + P(\overline{\mathrm{V}} \cap \mathrm{S}) = 0{,}001 \times 0{,}99 + 0{,}01998 = 0{,}02097.$$

d. On sait que le client commande une salade et on se demande quelle est la probabilité qu'il soit végétarien.

$$P_{\mathrm{S}}(\mathrm{V}) = \frac{P(\mathrm{S} \cap \mathrm{V})}{P(\mathrm{S})} = \frac{0{,}001 \times 0{,}99}{0{,}02097} \approx 0{,}047.$$

La probabilité que ce client soit végétarien n'est que d'environ 4,7 %. Il est donc beaucoup plus probable qu'il ne soit pas végétarien, même s'il a commandé la salade ! Ce résultat surprenant est dû à la faible proportion de végétariens dans la population étudiée.

5 **a.** On note D l'événement « Lola offre un dessin à sa maman ».
On a l'arbre suivant :

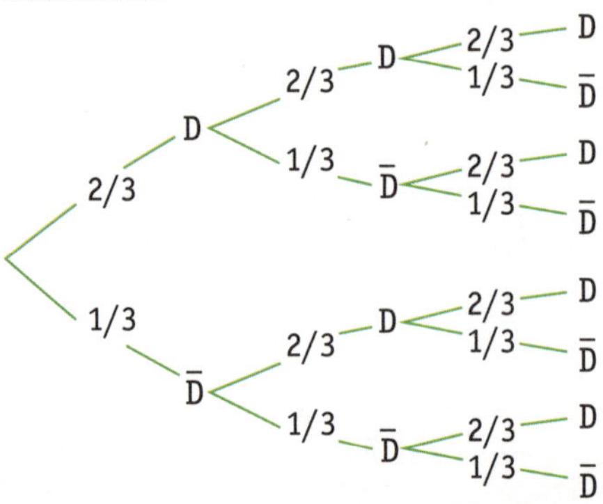

b. L'événement « recevoir trois dessins » correspond au premier chemin.
La probabilité cherchée vaut donc : $\frac{2}{3} \times \frac{2}{3} \times \frac{2}{3} = \frac{8}{27} \approx 29{,}6\ \%$.
c. L'événement « ne recevoir aucun dessin » correspond au dernier chemin.
La probabilité cherchée vaut donc : $\frac{1}{3} \times \frac{1}{3} \times \frac{1}{3} = \frac{1}{27} \approx 3{,}7\ \%$.
d. Il y a trois chemins qui correspondent à exactement deux dessins (les deuxième, troisième et cinquième). La probabilité de chacun de ces chemins vaut : $\frac{1}{3} \times \frac{2}{3} \times \frac{2}{3} = \frac{4}{27}$.
En additionnant les probabilités des quatre chemins où Sophia reçoit au moins deux dessins (c'est-à-dire deux ou trois), on obtient donc :
$\frac{8}{27} + 3 \times \frac{4}{27} = \frac{20}{27} \approx 74\ \%$.
La probabilité que Lola offre au moins deux fois sur trois un dessin à sa maman est d'environ 74 %.

4 page 181

1 a. $f(10)=1{,}6\times10-4=12$

b. Il faut calculer deux images. On a déjà $f(10)=12$. On a aussi $f(0)=-4$. On place les deux points et on trace la droite.

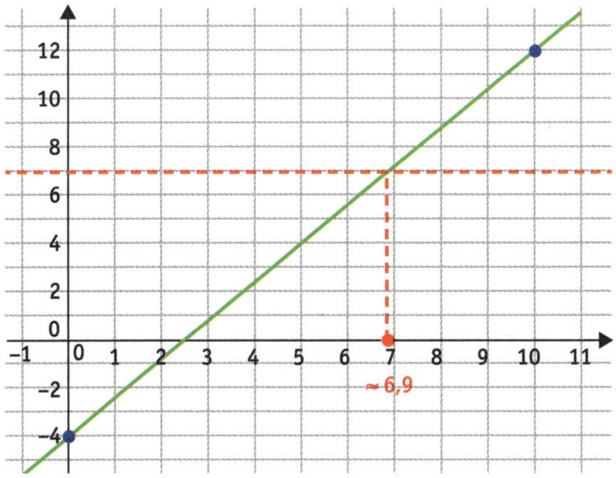

c. $f(x)\geq0 \Leftrightarrow 1{,}6x-4\geq0$

$\Leftrightarrow 1{,}6x\geq4$ en ajoutant 4

$\Leftrightarrow x\geq\dfrac{4}{1{,}6}$ en divisant par 1,6

$\Leftrightarrow x\geq2{,}5$

On a donc le tableau de signes suivant :

x	$-\infty$	2,5	$+\infty$
Signe de $f(x)$	$-$	0	$+$

d. Voir dessin de la question **b.**

On peut penser que l'ensemble des solutions est $[6{,}9\ ;\ +\infty[$.

e. $f(x)\geq7 \Leftrightarrow 1{,}6x-4\geq7$

$\Leftrightarrow 1{,}6x\geq11$ en ajoutant 4

$\Leftrightarrow x\geq\dfrac{11}{1{,}6}$ en divisant par 1,6

$\Leftrightarrow x\geq6{,}875$

L'ensemble des solutions est $[6{,}875\ ;\ +\infty[$.

2 a. $d(10)=-2{,}95\times10+139=109{,}5$ et $o(x)=2{,}05\times10+4=24{,}5$.

La demande sera supérieure à l'offre, cela pourrait entraîner une hausse du prix.

b. $d(x)=o(x) \Leftrightarrow -2{,}95x+139=2{,}05x+4$

$\Leftrightarrow -5x+139=4$ en retranchant $2{,}05x$

$\Leftrightarrow -5x=-135$ en retranchant 139

$\Leftrightarrow x\geq\dfrac{-135}{-5}$ en divisant par -5

$\Leftrightarrow x=27$

Le prix d'équilibre est de 27 €/L.

La quantité produite pour ce prix est :

$d(27)=-2{,}95\times27+139=59{,}35$ litres.

On peut vérifier que $o(27)=2{,}05\times27+4=59{,}35$.

3 a. Pour un revenu de 26 400 €, les 10 777 premiers euros ne sont pas imposés.

Il reste $26\,400-10\,777=15\,623$ € imposés à 11 %.

Le montant des impôts est donc de : $15\,623\times0{,}11=1\,718{,}53$ €.

Le taux d'imposition global est donc de : $\dfrac{1\,718{,}53}{26\,400}\approx6{,}5$ %.

b. Pour un revenu compris dans la deuxième tranche, seule la part supérieure à 10 777 € est imposée à 11 %. On a donc :

$I(R)=(R-10\,777)\times0{,}11=0{,}11R-1\,185{,}47$.

c. La part des revenus inférieure à 10 777 euros n'est pas imposée.

La part contenue dans la deuxième tranche est imposée à 11 %.

Cela représente un impôt de :

$(27\,478-10\,777)\times0{,}11=1\,837{,}11$ €.

La part du revenu contenue dans la troisième tranche est de :

$27\,600-27\,478=122$ €.

Cette part est taxée à 30 % ce qui donne un impôt de :

$122\times0{,}30=36{,}60$ €.

L'impôt s'élève donc à $1\,837{,}11+36{,}60=1\,873{,}71$ €.

Le taux d'imposition global est donc de : $\dfrac{1\,873{,}71}{27\,600}\approx6{,}8$ %.

d. On reprend la démarche précédente, et en particulier les résultats intermédiaires sur la deuxième tranche. On a alors :

$I(R)=1\,837{,}11+(R-27\,478)\times0{,}3$

$=1\,837{,}11+0{,}3R-8\,243{,}4$

$=0{,}3R-6\,406{,}29$.

4 a. $u_0=2^0-0^2=1$

$u_1=2^1-1^2=1$

$u_2=2^2-2^2=0$

$u_{10}=2^{10}-10^2=924$

b. $v_1=0{,}9v_0+10$

$=0{,}9\times120+10$

$=118$

$v_2=0{,}9v_2+10$

$=0{,}9\times118+10$

$=116{,}2$

$v_3=0{,}9v_2+10$

$=0{,}9\times116{,}2+10$

$=114{,}58$

5 a. $u_1=u_0+1{,}7$

$=15+1{,}7=16{,}7$

$u_2=u_0+2\times1{,}7$

$=15+2\times1{,}7$

$=18{,}4$

$u_{10}=u_0+10\times1{,}7$

$=15+10\times1{,}7$

$=32$

b. La raison de cette suite vaut 12.

$v_0=240+12\times0=240$

$v_{15}=240+12\times15=420$

c. La raison de cette suite vaut 5.

$w_1=5\times1-4=1$

$w_{100}=5\times100-4=496$

d. $a_2=a_1+2{,}5$

$=12+2{,}5$

$=14{,}5$

$a_3=a_1+2\times2{,}5$

$=12+2\times2{,}5$

$=17$

$a_{30}=a_1+29\times2{,}5$

$=12+29\times2{,}5$

$=84{,}5$

6 a. La suite u est arithmétique de raison 35 et $u(0)=1\,300$.

On a donc $u(n)=1\,300+35n$.

b. On a : $u(7)=1\,300+35\times7=1\,545$.

Selon les estimations de Sébastien, il y aura 1 545 espèces de dinosaures connues en 2030 (7 années après 2023).

c. On cherche le plus petit entier n tel que $u(n)\geq2\,000$.

On peut chercher à résoudre cette inéquation par tâtonnement, en s'aidant d'un tableau de valeurs à la calculatrice ou algébriquement, ce que nous faisons ici :

MATHS TRONC COMMUN

$u(n) \geq 2\,000 \Leftrightarrow 1\,300 + 35n \geq 2\,000$

$\Leftrightarrow 35n \geq 700$ en retranchant 1 300

$\Leftrightarrow n \geq \dfrac{700}{35}$ en divisant par 35.

$\Leftrightarrow n \geq 20$

Il faut attendre 20 années pour atteindre les 2 000 espèces connues. Cela correspond à l'année 2043.

7 **a.** Voici le dessin à l'étape 3.

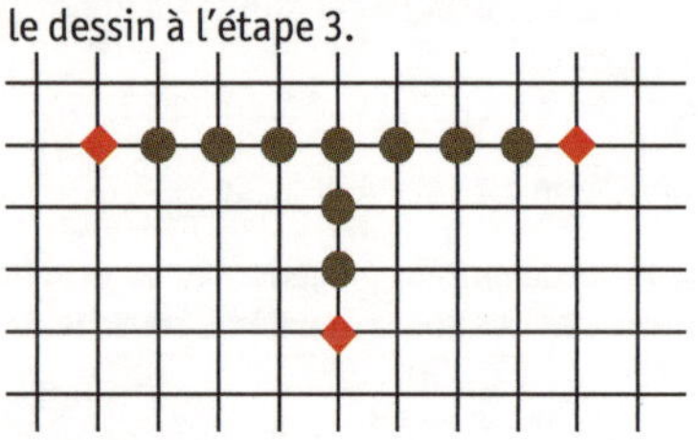

On ajoute 3 nouveaux points à chaque étape et il y en a 3 à la première étape.
La suite u qui donne le nombre de points est donc arithmétique de raison 3 et vérifie $u(0) = 3$.
On a donc $u(n) = 3 + 3n$ et $u(10) = 3 + 3 \times 10 = 33$.

b. Voici le dessin à l'étape 3.

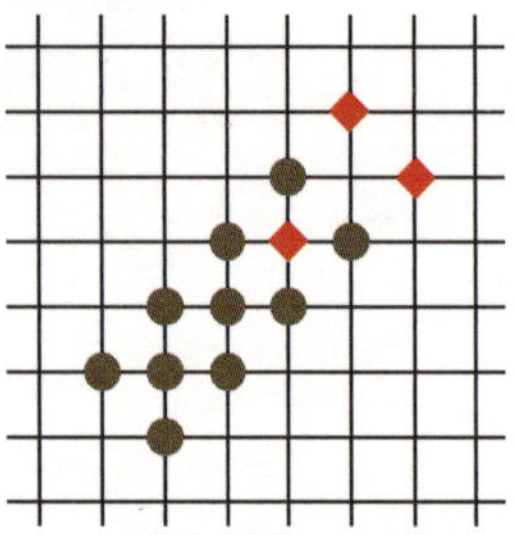

On ajoute 3 nouveaux points à chaque étape et il y en a 4 à la première étape.
La suite u qui donne le nombre de points est donc arithmétique de raison 3 et vérifie $u(0) = 4$.
On a donc $u(n) = 4 + 3n$ et $u(10) = 4 + 3 \times 10 = 34$.

c. Voici le dessin à l'étape 3.

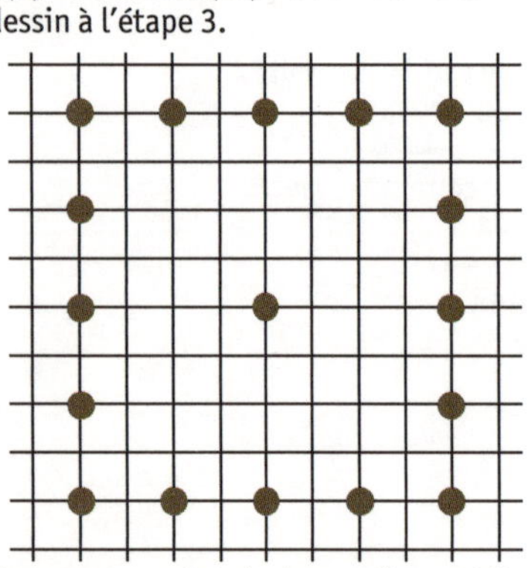

On ajoute 4 nouveaux points à chaque étape et il y en a 5 à la première étape.
La suite u qui donne le nombre de points est donc arithmétique de raison 4 et vérifie $u(0) = 5$.
On a donc $u(n) = 5 + 4n$ et $u(10) = 5 + 4 \times 10 = 45$.

5 page 183

1 **a.** $u_1 = u_0 \times q = 50 \times 1{,}05 = 52{,}5$
et $u_2 = u_1 \times q = 52{,}5 \times 1{,}05 = 55{,}125$.

b. $u_n = u_0 \times q^n = 50 \times 1{,}05^n$

c. $u_{100} = u_0 \times q^{100} = 50 \times 1{,}05^{100} \approx 6\,575$

d. $u_1 = u_0 \times q = 2\,000 \times 0{,}92 = 1\,840$
et $u_2 = u_1 \times q = 1\,840 \times 0{,}92 = 1\,692{,}8$.
On a $u_n = 2\,000 \times 0{,}92^n$ et $u_{100} = 2\,000 \times 0{,}92^{100} \approx 0{,}478$.

2 **a.** (u_n) est une suite géométrique de termes positifs et de raison $q = 1{,}08 > 1$ donc elle est croissante.

b. (u_n) est une suite géométrique de termes positifs et de raison $q = \dfrac{2}{3}$; comme $0 < \dfrac{2}{3} < 1$, cette suite est décroissante.

c. (u_n) est une suite géométrique de termes positifs dont la raison, égale à $\dfrac{6}{7}$, est comprise entre 0 et 1, donc elle est décroissante.

d. (u_n) est une suite géométrique de termes positifs et de raison $q = 3 > 1$ donc elle est croissante.

3 La suite représentée par des triangles orange peut être géométrique. Graphiquement, on a $u_0 = 0{,}5$ et $u_1 = 1$ donc on aurait $q = \dfrac{u_1}{u_0} = 2$. On peut vérifier sur les termes suivants que cela est cohérent (les premières valeurs de la suite sont 0,5, 1, 2, 4, 8, 16).
La suite représentée par des croix rouges n'est pas géométrique.
En effet $u_0 = 2$, $u_1 = 3$ et $u_2 = 4$. On a $\dfrac{u_1}{u_0} = \dfrac{3}{2} = 1{,}5$ et $\dfrac{u_2}{u_1} = \dfrac{4}{3} \neq 1{,}5$.
On ne multiplie pas par la même constante pour passer d'un terme à l'autre.
Pour information, elle est en fait arithmétique de premier terme 2 et de raison 1.
La suite représentée par des losanges bleus n'est pas géométrique car elle change de sens de variation.
La suite représentée par des points verts peut être géométrique. Graphiquement, on a $u_0 = 16$ et $u_1 = 12$ donc on aurait $q = \dfrac{12}{16} = 0{,}75$. On peut vérifier sur les termes suivants que cela est cohérent.

4 **a.** Au bout d'un an, les intérêts seront de : $4\,000 \times 2{,}5\,\% = 100$ €. Kamel disposera donc de 4 100 €. Au bout de deux ans, les intérêts seront de $4\,100 \times 2{,}5\,\% = 102{,}50$ €. Kamel disposera donc de $4\,100 + 102{,}50 = 4\,202{,}50$ €.

b. Augmenter une quantité de 2,5 % revient à la multiplier par $1 + 2{,}5\,\% = 1{,}025$.
La suite (C_n) est donc bien géométrique de raison 1,025.
Ainsi, on a $C_n = C_0 \times q^n = 4\,000 \times 1{,}025^n$.

c. En dressant un tableau de valeurs à la calculatrice et en examinant les premiers termes, on constate que :
$C_{28} \approx 7\,985{,}98$ et $C_{29} \approx 8\,185{,}63$.
Kamel devra donc attendre 29 ans pour disposer de plus de 8 000 euros sur ce compte.

5 **a.** La formule entrée en B3 est « =B2*2 » et celle entrée en C3 est « =C2+B3 ».

b. La suite de la colonne B est géométrique de raison 2.

c. En copiant cette feuille de calcul, on constate que tous les élèves du lycée seront au courant à 8 h 10 (à 8 h 09, 1 023 élèves sont au courant).

d. En étirant plus loin encore les formules sur une feuille de calcul, on constate qu'on dépasse les 67 millions de personnes au courant à 8 h 25.

e. Si ce modèle peut convenir pour les premières étapes, il devient ensuite peu réaliste. En effet, le nombre de personnes au courant croît extrêmement rapidement ce qui n'est pas forcément le cas dans la réalité. Certaines personnes peuvent en effet choisir de ne pas répandre la rumeur. Il peut s'avérer de plus en plus difficile de trouver des personnes qui ne sont pas au courant dans l'entourage proche. La suite semble tendre vers l'infini alors que la population humaine est finie. Le temps mis pour relayer la rumeur peut être variable et le modèle ne tient pas compte de la déformation de la rumeur.

	A	B	C
1	Heure	Nouveaux élèves au courant	Nombre total d'élèves au courant
2	8 h 00	1	1
3	8 h 01	2	3
4	8 h 02	4	7
5	8 h 03	8	15
6	8 h 04	16	31
7	8 h 05	32	63
8	8 h 06	64	127
9	8 h 07	128	255
10	8 h 08	256	511
11	8 h 09	512	1023
12	8 h 10	1024	2047
13	8 h 11	2048	4095
14	8 h 12	4096	8191
15	8 h 13	8192	16383
16	8 h 14	16384	32767
17	8 h 15	32768	65535
18	8 h 16	65536	131071
19	8 h 17	131072	262143
20	8 h 18	262144	524287
21	8 h 19	524288	1048575
22	8 h 20	1048576	2097151
23	8 h 21	2097152	4194303
24	8 h 22	4194304	8388607
25	8 h 23	8388608	16777215
26	8 h 24	16777216	33554431
27	8 h 25	33554432	67108863

6 **a.** À chaque étape, chaque point est remplacé par trois nouveaux points. La suite (u_n) est donc géométrique de raison 3. De plus, $u_0 = 3$. On a donc $u_n = u_0 \times q^n = 3 \times 3^n = 3^{n+1}$.

b. En dressant un tableau de valeurs à la calculatrice, on trouve $u_{10} = 3^{10+1} = 177\,147$ et $u_{11} = 3^{11+1} = 531\,441$. La figure comptera donc plus de 500 000 points à partir de l'étape 11.

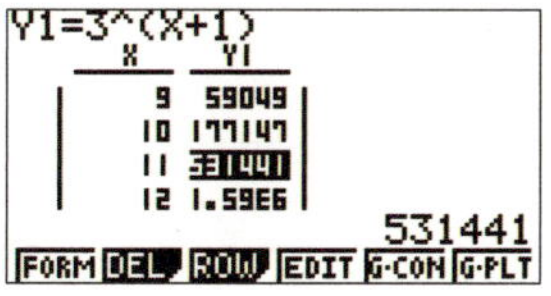

7 La figure globale est constituée de 5 figures identiques. Chacune de ces figures est constituée de 5 petites figures identiques elles aussi et chacune de ces petites figures est constituée de 5 points. Le nombre total de points est donc égal à 5^4 soit 625.

On peut imaginer que cette figure est construite sur le modèle suivant. On part d'un seul point pour l'étape 0. À chaque étape, chaque point de la figure est remplacé par 5 points. La suite qui donne le nombre total de points est donc géométrique de raison 5 et de premier terme 1. La figure donnée ici est celle de l'étape 4.

8 **a.** À chaque étape, on ne garde que $\frac{8}{9}$ de la surface totale (8 petits carrés sur les 9).

Si on note u_n l'aire de la surface colorée au bout de n étapes, on a donc $u_0 = 9$ cm²

puis $u_1 = 9 \times \frac{8}{9} = 8 \text{ cm}^2$,

$u_2 = 8 \times \frac{8}{9} = \frac{64}{9} \approx 7{,}11 \text{ cm}^2$

et $u_3 = \frac{64}{9} \times \frac{8}{9} = \frac{512}{81} \approx 6{,}32 \text{ cm}^2$.

b. Comme la suite (u_n) est géométrique de raison $\frac{8}{9}$ on a $u_n = u_0 \times q^n = 9 \times \left(\frac{8}{9}\right)^n$.

Ainsi, l'aire colorée à l'étape 10 vaut :

$u_{10} = 9 \times \left(\frac{8}{9}\right)^{10} \approx 2{,}77 \text{ cm}^2$.

c. En dressant un tableau de valeurs à la calculatrice et en examinant les premiers termes, on trouve $u_{18} \approx 1{,}08$ et $u_{19} \approx 0{,}96$. L'aire colorée est donc inférieure à 1 cm² à partir de l'étape 19.

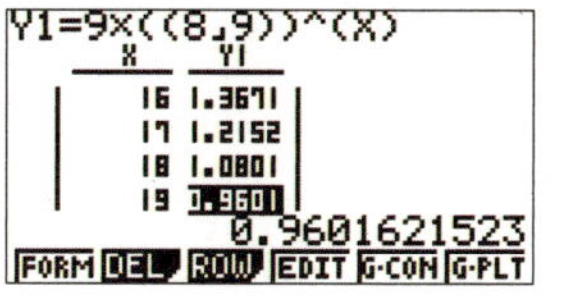

La somme des aires de la surface colorée et de la surface blanche vaut 9 cm². La surface colorée devient donc inférieure à celle de la surface blanche lorsqu'elle devient inférieure à 4,5 cm².

D'après le tableau de valeurs dressé à la question précédente, on a $u_5 \approx 4{,}99$ et $u_6 \approx 4{,}44$.

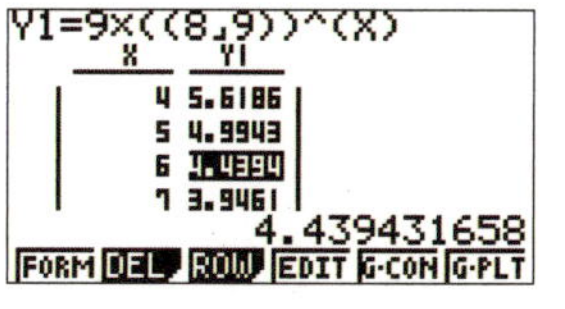

L'aire de la surface colorée est inférieure à celle de la surface blanche à partir de l'étape 6.

Remarque : L'aire de la surface colorée peut devenir aussi proche de 0 qu'on le souhaite !

6 page 185

1 **a.** $2{,}3^{4{,}5} \approx 42{,}44$.

b. $1{,}35^{\frac{1}{6}} \approx 1{,}05$.

c. $3^{0{,}5} \approx 1{,}73$.

2 **a.** $3^{0{,}8} \times 3^{1{,}7} = 3^{0{,}8+1{,}7}$
$= 3^{2{,}5}$.

b. $(1{,}4^{12})^{\frac{1}{3}} = 1{,}4^{12 \times \frac{1}{3}}$
$= 1{,}4^4$.

c. $\frac{10^{4{,}7}}{10^{2{,}5} \times 10^{1{,}3}} = \frac{10^{4{,}7}}{10^{2{,}5+1{,}3}}$
$= \frac{10^{4{,}7}}{10^{3{,}8}}$
$= 10^{4{,}7-3{,}8}$
$= 10^{0{,}9}$.

d. $1{,}8^{4{,}6} \times 1{,}8 = 1{,}8^{4{,}6} \times 1{,}8^1$
$= 1{,}8^{4{,}6+1}$
$= 1{,}8^{5{,}6}$.

3 Toutes ces fonctions sont de la forme $k \times a^x$ avec k et a strictement positif. Pour rappel, $k \times a^0 = k \times 1 = k$.

La seule fonction croissante est la fonction v pour laquelle $a = 1{,}08 > 1$. Elle correspond donc à la courbe n° 4. Il ne reste plus qu'une seule fonction qui vaut 4 en 0, la fonction g, et elle est donc représentée par la courbe 2. Il reste les fonctions f et u qui sont toutes les deux décroissantes et valent toutes les deux 10 en 0. La fonction u décroît cependant plus vite que la fonction f car $0{,}6 < 0{,}9$.

On a par exemple :

$u(1) = 10 \times 0{,}6^1$
$= 10 \times 0{,}6$
$= 6$

et $f(1) = 10 \times 0{,}9^1$
$= 10 \times 0{,}9$
$= 9$

donc $u(1) < f(1)$.

La fonction f est donc représentée par la courbe n° 3 et la fonction u par la courbe n° 1.

4 Le coefficient multiplicateur global vaut $1 + 30\ \% = 1{,}3$.

Le coefficient annuel moyen vaut donc $1{,}3^{\frac{1}{5}}$.

Le taux annuel moyen vaut donc : $1{,}3^{\frac{1}{5}} - 1 \approx +5{,}39\ \%$.

5 **a.** Le taux d'évolution global est égal à :

$T = \dfrac{1{,}4 - 26{,}7}{26{,}7} \approx -94{,}76\ \%$.

b. Le coefficient multiplicateur global vaut $\dfrac{1{,}4}{26{,}7}$.

Remarque : Pour un rappel sur les taux d'évolution, voir le chapitre 1.

Remarque : il est aussi égal à $1 + T$, soit environ 0,0524.

En tout, 58 années se sont écoulées de 1960 à 2018.

Le coefficient multiplicateur annuel moyen vaut donc $\left(\dfrac{1{,}4}{26{,}7}\right)^{\frac{1}{58}}$.

Le taux d'évolution annuel moyen cherché vaut donc : $\left(\dfrac{1{,}4}{26{,}7}\right)^{\frac{1}{58}} - 1 \approx -4{,}96\ \%$.

6 Augmenter une quantité de 2 % revient à la multiplier par $1 + 2\ \% = 1{,}02$.

Diminuer une quantité de 1 % revient à la multiplier par $1 - 1\ \% = 0{,}99$.

Augmenter une quantité de 2,7 % revient à la multiplier par $1 + 2{,}7\ \% = 1{,}027$.

Le coefficient multiplicateur global est donc donné par : $K = 1{,}02 \times 0{,}99 \times 1{,}027$.

Le coefficient multiplicateur annuel moyen vaut donc $K^{\frac{1}{3}}$.

Le taux d'évolution annuel moyen vaut donc $K^{\frac{1}{3}} - 1 \approx +1{,}22\ \%$.

Conseil : On peut taper tout le calcul en une seule fois à la calculatrice pour éviter de reporter des erreurs d'arrondis à chaque étape.

7 **a.** La fonction f est décroissante car $0 < 0{,}988 < 1$.

b. 5730 années valent 57,3 siècles et on a :

$f(57{,}3) = 0{,}988^{57{,}3} \approx 0{,}50$.

Les données sont bien cohérentes.

c. On cherche le réel x tel que $f(x) = 0{,}914$.

On dresse un tableau de valeurs de la fonction f avec un pas de 0,01. En effet, le temps est exprimé en siècles et on cherche un âge à l'année près. Or, un siècle dure 100 années donc une année vaut 0,01 siècle. La calculatrice donne alors $f(7{,}44) \approx 0{,}914$. On peut donc estimer que la momie a 744 ans.

Sur certains modèles de calculatrice, il est possible que le message « erreur plage » s'affiche, par exemple, si on demande un tableau de valeurs entre 0 et 20 avec un pas de 0,01. Cela est dû au fait qu'on demande alors trop de valeurs. Une façon efficace de procéder consiste à chercher où se trouve la solution avec un pas plus grand. Ici, avec un pas de 1 entre 0 et 20 on trouve $f(7) \approx 0{,}919$ et $f(8) \approx 0{,}908$. On peut donc chercher la solution avec un pas de 0,01 entre 7 et 8, et non plus entre 0 et 20, ce qui demandera moins de calculs.

8 **a.** Voici une représentation possible. Rien n'était imposé pour les unités mais il faut que le graphique reste lisible.

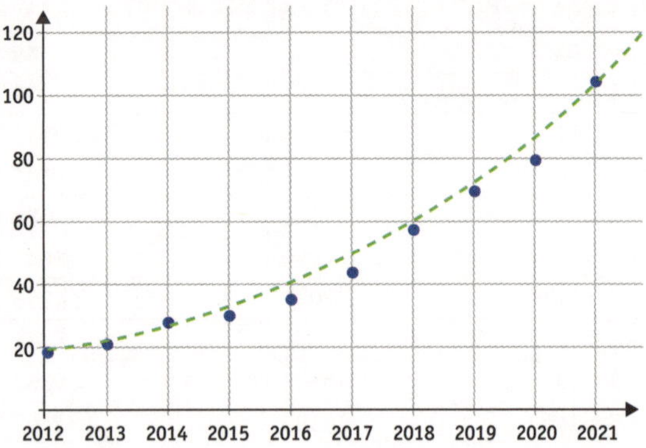

Les points ne sont pas vraiment alignés donc le modèle linéaire ne semble pas adapté. En revanche, on devine qu'une croissance exponentielle semble appropriée (signalée ici en pointillé).

b. On a $f(0) = k \times a^0 = k \times 1 = k$ et comme $f(0) = 19$, on en déduit que $k = 19$.

Ensuite, on a :

$$f(9) = 105 \Leftrightarrow k \times a^9 = 105$$
$$\Leftrightarrow 19 \times a^9 = 105$$
$$\Leftrightarrow a^9 = \frac{105}{19}$$
$$\Leftrightarrow a = \left(\frac{105}{19}\right)^{\frac{1}{9}} \approx 1{,}2092.$$

c. On a $2025 - 2012 = 13$ et $f(13) = 19 \times 1{,}2092^{13} \approx 224{,}5$.

D'après ce modèle, on peut estimer qu'il y aura 224 ou 225 zones de présence permanente de meutes de loups en France en 2025.

d. On dresse un tableau de valeurs de la fonction f à la calculatrice avec un pas de 1. On trouve alors $f(17) \approx 480$ et $f(18) \approx 580$.

Si ce modèle reste valide, on dépassera donc les 500 zones de présence permanente de meutes de loups en France aux alentours de $2012 + 18 = 2030$.

7 page 187

1 Pour lire graphiquement un nombre dérivé, on détermine le coefficient directeur de la tangente au point voulu. Pour un rappel sur le coefficient directeur, voir le chapitre 1.

$f(1) = 2$ et $f'(1) = 0$

$f(2) = 0{,}5$ et $f'(2) = -0{,}5$

$f(3) = 1$ et $f'(3) = 1$

$f(4) = 2{,}5$ et $f'(4) = 3$.

2 **a.** D'après le graphique, le coût de production de 20 robes est de 500 €. Le coût moyen de production est donc de 500/20 = 25 €.

b. Le coût marginal au rang 20 est approché par le coefficient directeur de la tangente à la courbe en A.

Ce coût vaut donc environ :

$\frac{y_B - y_A}{x_B - x_A} = \frac{200-500}{0-20} = 15$ €.

3 **a.** Voici le tableau de variations attendu.

x	0	1	7	16
Variations de f	13 ↗	15,5 ↘	12,5 ↗	17

b. Voici le dessin attendu.

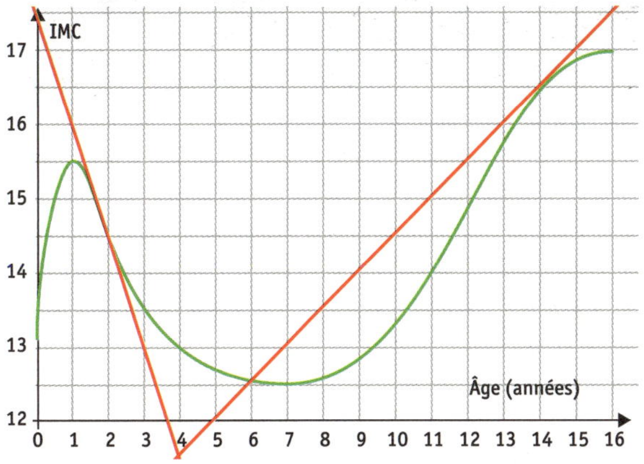

En lisant les coefficients directeurs des tangentes, on trouve : $f'(2) \approx -1,5$ et $f'(14) \approx 0,5$. Attention aux unités ici ! Compter les carreaux sans tenir compte des unités sur les axes conduit à des valeurs erronées ; un carreau vaut une unité en abscisse mais 0,5 unité en ordonnée.

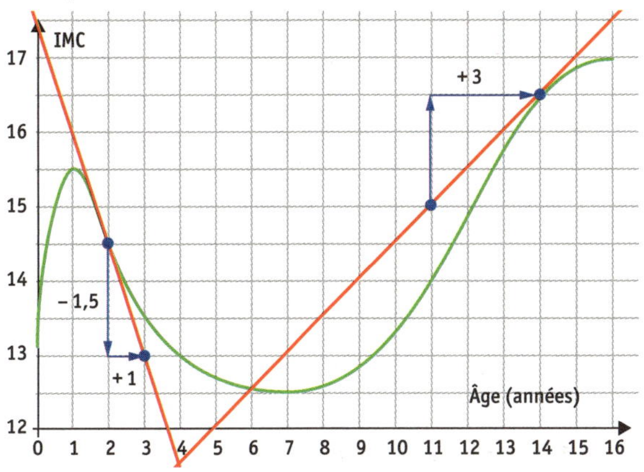

Les valeurs trouvées dépendent aussi de la précision du tracé des tangentes. Elles doivent rester voisines de celles trouvées ici.

c. Comme f est croissante sur [0 ; 1], f' est positive sur cet intervalle.

Comme f est décroissante sur [1 ; 7], f' est négative sur cet intervalle.

Comme f est croissante sur [7 ; 16], f' est positive sur cet intervalle.

d. La vitesse d'évolution instantanée est nulle lorsque la tangente est horizontale, c'est-à-dire à 1 an et à 7 ans.

e. L'IMC diminue lorsque Jules grandit assez vite mais gagne peu de masse.

4 **a.** $f'(x) = 0 + 3$
$= 3.$

b. $f'(x) = 0,2 \times 3x^2 + 0,3 \times 2x - 1,2$
$= 0,6x^2 + 0,6x - 1,2.$

c. $f'(x) = 2x + 4.$

d. $f'(x) = 0,7 \times 2x - 0,25$
$= 1,4x - 0,25.$

e. $f'(x) = 1 - 0$
$= 1.$

f. $f'(x) = \frac{1}{3} \times 3x^2 + \frac{1}{2} \times 2x + 1$
$= x^2 + x + 1.$

5 **a.** Pour tout réel t de [0 ; 60], on a :

$h'(t) = -0,05 \times 2t + 4$
$= -0,1t + 4.$

b. On a :

$h'(t) \geq 0 \Leftrightarrow -0,1t + 4 \geq 0$
$\Leftrightarrow -0,1t \geq -4$
$\Leftrightarrow t \leq \frac{-4}{-0,1} = 40.$

On a donc le tableau suivant :

t	0		40		60
Signe de $h'(t)$		+	0	−	
Variations de h	0	↗	80	↘	60

$h(0) = -0,05 \times 0^2 + 4 \times 0 = 0$ et de même, $h(40) = 80$ et $h(60) = 60$.

c. La hauteur maximale atteinte par la grenouille est de 80 cm (au bout de 40 ms).

6 **a.** Pour tout réel x de [0 ; 15] on a :

$B'(x) = -0,02 \times 3x^2 + 0,36 \times 2x - 1,2$
$= -0,06x^2 + 0,72x - 1,2.$

Par ailleurs, on a aussi :

$(0,12 - 0,06x)(x - 10) = 0,12x - 1,2 - 0,06x^2 + 0,6x$
$= -0,06x^2 + 0,72x - 1,2.$

On a donc bien $B'(x) = (0,12 - 0,06x)(x - 10)$.

b. On a :

$0,12 - 0,06x \geq 0 \Leftrightarrow -0,06x \geq -0,12$
$\Leftrightarrow x \leq \frac{-0,12}{-0,06} = 2.$

On a aussi :

$x - 10 \geq 0 \Leftrightarrow x \geq 10.$

On a donc le tableau suivant :

x	0		2		10		15
Signe de $0,12 - 0,06x$		+	0	−		−	
Signe de $x - 10$		−		−	0	+	
Signe de $B'(x)$		−	0	+	0	−	
Variations de B	−1	↘	−2,12	↗	3	↘	−5,5

On a $B(0) = -0,02 \times 0^3 + 0,36 \times 0^2 - 1,2 \times 0 - 1 = -1$ et de même pour les autres images.

c. Le bénéfice maximal de l'entreprise est de 30 000 € et il est atteint pour une production de 10 tonnes.

Identités et échanges

Cours

1 Enjeux

Globalisation is a major trend influencing people's mobility and relationships worldwide. It has led to growing cultural interactions and ethnic diversity on the one hand, but also to new fears on the other hand – namely the fear of a global culture absorbing local identities.
The rising number of international migrants has brought about new challenges; their integration into host countries has not always been easy, leading sometimes to culture clashes and conflicts.
That is why border protection has become so decisive in order to control the flows of legal and illegal immigrants, and also the flows of goods. It has become more and more difficult to strike a balance between the measures promoted by liberalism – free trade being a building block of capitalism – and protectionism, which should protect national economies from foreign competitors.

The Notting Hill Carnival is an annual event in London, promoting the capital's West Indian community. It is one of the world's largest street festivals promoting Black culture and multiculturalism.

Mots clés

- **global** /ˈgləʊbl/ → **globalisation** /ˌgləʊbəlaɪˈzeɪʃn/
- **mobile** /ˈməʊbaɪl/→ **mobility** /məʊˈbɪləti/
- **interaction** /ˌɪntərˈækʃn/ → **exchange** /ɪksˈtʃeɪndʒ/
- **ethnic diversity** /daɪˈvɜːsəti/
- **migration** /maɪˈgreɪʃn/ → **migrant** /ˈmaɪgrənt/ → **migratory** /ˈmaɪgrətri/ **flows**
- **integrate** /ˈɪntɪgreɪt/ → **integration into host** /həʊst/ **countries**
- **decisive** /dɪˈsaɪsɪv/ **role of borders** /ˈbɔːdəz/
- **free-trade** /ˌfriː ˈtreɪd/ **and protectionism** /prəˈtekʃənɪzəm/

2 Grammaire

a. L'article Ø

Il s'utilise devant :

▶ des généralités, notions ou concepts. Si on parle d'immigration en général, on dira : Ø *immigration* ;

▶ un ensemble indéfini. Si on se réfère à tous les migrants sans distinction on dira : Ø *migrants* ;

▶ devant un titre / une profession suivis du nom propre : *Ø President Donald Trump.*

b. Les quantifieurs *much, many, (a) little* et *(a) few*

Le choix du quantifieur dépend :

▶ du type de nom qu'il détermine :
– *many* et *(a) few* sont suivis d'un nom dénombrable au pluriel, alors que *much* et *(a) little*, d'un nom indénombrable (au singulier). Ex. : *much hatred, many signs of rejection*.
– En revanche, *a lot of* (ou son équivalent pluriel *lots of*) peuvent s'employer devant un dénombrable ou un indénombrable.

▶ de la connotation visée, positive ou négative :
– *A little / a few* impliquent une certaine quantité (on les traduit par « quelques », « un certain nombre de », « un peu de »). Ex. : *a few events* (= quelques événements).
– En revanche, *little* et *few* signifient « presque pas », « très peu de ». Ex. : *little knowledge* (= presque aucune connaissance).

c. Les adjectifs de nationalité

Ils prennent toujours une majuscule en anglais, et se terminent par différentes terminaisons.

Terminaisons	-an	-ish	-ese /iːz/	-i	exceptions
Exemples	*American, Italian, Australian, Canadian, South African*	*British, Spanish, Polish, Irish, Turkish, Danish*	*Vietnamese, Chinese, Portuguese*	*Iraqi, Pakistani, Bangladeshi, Israeli*	*French (from France), Dutch (from the Netherlands), Greek (from Greece)*

Méthode

1 Manier des chiffres

	Visa given on arrival in New Zealand			
Month of Arrival	Australian Nationality	Student	Visitor	Total
November 2018	97,593	3,873	231,658	395,260
December 2018	121,009	3,930	298,177	474,469

Pour parler d'un phénomène de société comme de la mondialisation ou de l'immigration, on peut utiliser des **données chiffrées**, qui serviront d'**introduction** à une dissertation ou **d'exemples** pour justifier un argument. Il est parfois plus simple d'établir des ordres de **grandeur**. Ex. : *slightly less than a million visas were emitted in the last two months of 2018.*

▶ Pour exprimer une quantité précise supérieure à 100 : utiliser ***hundred, thousand, million, billion*** **avec un chiffre devant** (dans ce cas, on ne met pas de *-s*). Ex. : 231,658 = *two hundred and thirty-one thousand six hundred* ***and*** *fifty-eight visitors.* Ne pas oublier *and* après *hundred* le cas échéant.

▶ Pour exprimer une **quantité imprécise**, il faut mettre un *-s* au nom et le faire suivre de *of. Ex. : thousands* ***of*** *students, tens* ***of*** *thousands* ***of*** *Australian visitors.*

2 Comparer des éléments

Exprimer des similarités	Exprimer des différences
the same... as... *identical to... = similar to...* *Both X and Y = Like X, Y...*	*... while / whereas...* *different from...* *Unlike X, Y... = Contrary to X, Y...*

▶ Comparer signifie **dégager des similitudes et des différences.** Le comparatif peut s'avérer très utile, *more* + nom ≠ *less* + nom indénombrable / *fewer* + nom dénombrable.

Ex. : *There were* ***more*** *visas emitted in December 2018* ***than*** *the month before = there were* ***fewer*** *visas emitted in November 2018* ***than*** *the month after. Visitors usually spend* ***less*** *time in the country* ***than*** *students.*

▶ Il faut distinguer les **différents niveaux de comparaison.** Pour comparer deux textes par exemple, on étudie : leur nature (article de presse, extrait de roman ou de discours, etc.) leur contexte de parution (date, lieu), la thématique générale, la perspective (vision optimiste, pessimiste, neutre, biaisée, interne, externe) ou les arguments.

Exercices

1 ★ 5 min **Indiquer le terme qui convient dans chaque paire.**

According to Chris Steele-Perkins, a photographer born of a [Burman / Burmese] mother and a [British / Britain] father, the most significant change taking place in Britain right now is [immigration / the immigration]. It has been encouraged by the triumph of [globalisation / the globalisation]. London's inhabitants come from around two [hundred / hundreds] nations listed by the United Nations – it is this ethnic diversity that he wanted to celebrate in his art project called "The New Londoners".

Even if the aim of the photojournalist is to celebrate [the / Ø] peaceful cohabitation of [many / much] different ethnic groups, [mass immigration / the mass immigration] has also been criticised and has caused [the / Ø] violent reactions.

2 ★★ 5 min **Écrire en toutes lettres :**

a. 7,540,830 (= *number of immigrants*) ;

b. des millions d'immigrants.

3 ★★★ 20 min **Rédiger 10 phrases pour commenter ces données statistiques sur l'immigration au Canada et en Australie, en utilisant la méthode et les outils vus précédemment.**

Country	Number of immigrants	Percentage of overseas-born resident population	Primary source country for permanent migration
Australia	Over 7.5 million people have settled there since 1945	28%	– the U.K. until recently – since 2010-11 = China
Canada	7,540,830 immigrants (2016 census data) just under 1 million foreign-born in 1901	21.9% (2016 census data) 13% (1901 census data)	– the U.K. in the past, other European countries since the 1960s until recently – since 2011 = China and India

ANGLAIS

Citoyenneté et mondes virtuels

Cours

Courtesy of Pest Control Office, Banksy, Bristol, 2014

1 Enjeux

The development of a cyberspace has given ordinary citizens a remarkable collaborative platform, where people can easily have access to information or share it. The rise of digital media or online activism may shift the traditional balance of power, changing the nature of human relationships in society, potentially turning every one of us into activists or citizen journalists.
This digital era called the Information Age offers new challenges. Even if the use of social media may empower the individuals and increase their connectivity, it also comes with some dangers like hacking, cyberbullying, or hate speech. If censorship may solve these problems, is it really a solution?
Besides, telling fact from fiction is becoming increasingly difficult with the spread of fake news. Hashtag activism (= using Twitter to raise awareness) may just be an illusion for people who only superficially get committed to some causes. Is the virtual world we are creating starting to compete with our real world?

Banksy, the world-famous street artist, created a new piece called Mobile Lovers *in Bristol (U.K.), in April 2014.*
The mural depicts an embracing couple being hypnotised by their mobile phones.

2 Grammaire

a. Les noms dénombrables et indénombrables

▶ La plupart des noms communs sont des noms dénombrables. Cela signifie qu'on peut les utiliser au singulier ou au pluriel. Ex. : *a citizen / many citizens, a journalist / hundreds of journalists.*

▶ Au contraire, les noms de la catégorie indénombrable fonctionnent différemment. Ils désignent une entité indivisible, ce qui signifie qu'on ne peut pas mettre l'article *a* devant, et qu'on ne peut pas mettre le nom au pluriel.
On choisira alors entre *some, a lot of / lots of, much* ou *little* pour exprimer une certaine quantité, ex. : *some advice* (= des conseils), ou un dénombreur comme *a piece of* pour en isoler un élément. Ex. : *a piece of information* (= un renseignement).

Exception

the news is...
Attention à l'emploi de *the news*, qui malgré le -s final, est bien un nom indénombrable singulier.
Ex. : *All the news is fit to print.*

▶ Certains noms indénombrables ont un équivalent dénombrable : *Ø progress → an advance, Ø advice → a tip, Ø work → a job, Ø luggage → a suitcase, Ø accommodation → a flat, a house,* etc.

b. Les noms collectifs

Certains noms désignent un ensemble, par exemple *the data* (les données), pluriel du mot latin *datum*, ou *the media*, pluriel de *the medium*. Le plus souvent (sauf si l'on veut insister sur les différents éléments qui composent le groupe), ces noms sont suivis d'un verbe au singulier.
Ex. : ***the social media is*** *widely used by teenagers.*

c. L'accord du verbe avec son sujet

En général, le verbe s'accorde en nombre avec son sujet. Il existe cependant des exceptions : certains noms au pluriel désignent un élément particulier, comme *the United States* (= un pays) ou *the United Nations* (= une organisation). Ils s'accordent alors avec un verbe au singulier. Ex. : *The United States has come under fire for questioning the professionalism of journalists.*

Mots clés

- the cyberspace /ˈsaɪbəspeɪs/
  → the Cyber /ˈsaɪbə/ world
- collaborate /kəˈlæbəreɪt/
  → collaborative /kəˈlæbərətɪv/
- activism /ˈæktɪvɪzəm/
- era /ˈɪərə/ = period /ˈpɪəriəd/
- media /ˈmiːdiə/
- danger /ˈdeɪndʒə/ → dangerous /ˈdeɪndʒərəs/
- bully /ˈbʊli/ → cyberbullying /ˈsaɪbəbʊliŋ/
- hack → hacking /ˈhækɪŋ/ → hacker
- censor /ˈsensə/ → censorship /ˈsensəʃɪp/
- to compete /kəmˈpiːt/
  → a competition /kɒmpəˈtɪʃn/

Méthode

1 Établir des liens : chronologiques, de cause à effet

▶ Pour décrire différentes actions qui dépendent les unes des autres, il peut s'avérer utile d'**expliciter les liens** qui les relient (rapport **chronologique** ou rapport de **cause à effet**).

▶ Pour établir ce lien, le plus courant est d'utiliser un **adverbe** ou une **locution adverbiale.** Par exemple : *People are addicted to their phones.* ***Consequently / As a result****, they neglect physical interactions.* Un **verbe** peut aussi servir de moyen de liaison, par ex. : *Mass media* ***brings about*** *many changes.*

Mots clés

• Chronologie
First... Then... Afterwards... Finally...
• Expression de la cause
Because / as / since + phrase
Because of / due to + nom
• Expression de la conséquence
To bring about... = to result in...
As a consequence / as a result / consequently / therefore / hence

2 Rapporter les propos de quelqu'un

Il arrive souvent que l'on veuille rapporter des informations que l'on tient d'**autres sources.**
Le **style indirect passé** s'impose alors et des changements doivent être faits :

▶ les **temps** sont décalés d'un cran vers le passé :
– le présent devient le prétérit,
– le *present perfect* et le prétérit deviennent le *pluperfect*,
will devient *would*,
can devient *could*, etc.

▶ les **pronoms** sont à changer.

▶ les **repères temporels** sont adaptés : *today* → *on that day, yesterday* → *the day before, tomorrow* → *the day after*, etc.

▶ **l'ordre des mots** est modifié dans le cas d'une **question.** L'inversion de la forme interrogative directe ne sera pas maintenue au style indirect. De plus, on doit rajouter *if / whether* si l'on veut restituer une *yes / no question*.
Ex. : *"Do you think we can talk to journalists tomorrow ?" he asked me.* (style direct)
→ *He* ***asked me if I thought we could talk*** *to journalists* ***the day after***. (style indirect passé)

Exercices

1 ★ 5 min **Choisir le bon déterminant.**

a / a piece of news – much / many readers – a lot of /a lots corruption – less /fewer newspapers – a hard / Ø hard work – little / few media coverage – much / many advice – some / many news.

2 ★★ 10 min **Réécrire le dialogue au style indirect, en utilisant les amorces suivantes : The interviewer asked... – a student replied... – he added... – he said ... – the interviewer answered... – he explained...**

Attention à la concordance des temps.

The interviewer: "Do you often read newspaper articles online ?"
A student: "I have never liked reading, and I don't trust journalists. Yesterday, I saw a TV programme denouncing the collusion between the press and politicians."
The interviewer: "You can't say that. Some journalists have given their life to inform the public."

3 ★★★ 25 min **Rédiger en 15 lignes une analyse de l'œuvre *Mobile Lovers* et des enjeux soulevés.**

Savoir recourir au vocabulaire du commentaire : *It raises the question of... - It deals with... - What is at stake is... - The artist criticises / questions / denounces... - He blames someone for something / He blames something on someone.*
Penser à établir des comparaisons : *It makes me think of... - It reminds me of...*

Cours

1 Enjeux

Medical, scientific and technological progress has changed our society for the better, raising people's comforts and standards of living, thus increasing our life expectancy. However, it also offers new challenges. Who should take responsibility for the potentially hazardous consequences of new inventions? Uncontrolled progress has had negative impacts on the planet, with rising greenhouse gas emissions, global warming and climate change. It has led people to question the path taken by Western societies. New theories have thus appeared, like the circular economy advocating a more sustainable system of production and distribution.
As for the citizens, many have decided to explore alternative lifestyles and take on more eco-friendly habits: buy less, share and recycle. These initiatives have changed the way we eat, move, live and interact.

Scientists and engineers are working to do better than nature itself. Will GMOs solve the food crisis?

2 Grammaire

a. Les noms composés

▶ Il est possible de juxtaposer (avec ou sans tiret) deux noms communs pour former une sous-catégorie, le 1er nom définissant le second (comme un adjectif qualificatif). Le plus souvent, c'est le 1er nom qui porte l'accent principal.
Ex. : ***climate change***.
▶ Le 1er mot peut aussi être un adjectif, le bloc adjectif + nom formant alors une sous-catégorie fixe, un concept à part.
Ex. : *a **greenhouse*** (mot composé avec un seul accent primaire) signifie une serre, alors que *green house* avec un accent primaire sur chaque mot signifie « une maison verte ».
▶ Lorsque le nom composé est formé à partir d'un adjectif et d'un nom, l'accent de mot est le plus souvent porté par le 2e élément, le nom.
Ex. : ***genetic engineering***, ***artificial intelligence***.
▶ Au pluriel, c'est le dernier mot qui prend la marque.
Ex. : *greenhouse gas emissions*.

b. Les constructions verbales avec plusieurs verbes

▶ Les verbes d'intention, de visée, de projection peuvent être suivis d'un autre verbe à la forme infinitive.
Ex. : *Some scientists **want to create** a human embryo.*
▶ D'autres verbes sont nécessairement suivis de verbes à la forme *V-ing*.
Ex. : *Factories **avoid using** toxic material.*
▶ Pour certains verbes, les deux constructions sont possibles sans grande différence de sens.
Ex. : *He **started to condemn** GM food = He **started condemning** GM food.*
▶ Pour d'autres verbes, il y a une différence de sens.
Ex. : *I **remember posting** the letter (it's done) ≠ I must **remember to post** the letter (I shouldn't forget to do it).*
▶ D'autres verbes nécessitent l'emploi de la base verbale. C'est le cas de la structure exprimant la coercition, *to **make someone do** something*, ou la structure exprimant la permission, *to **let someone do** something*.

Verb + infinitive	Verb + V-ing	Verb + infinitive or Verb + V-ing	Verb + Verb (without to)
want	like, love, enjoy	remember	dare
decide, order	prefer, mind	start, begin	let
plan, intent	hate, dislike	continue	make
encourage, incite, advise	dread		had rather
would like, would love, would hate...	avoid		see, hear, watch, feel
ask	keep on		
accept, refuse	risk		

Méthode

1 Préparer ses idées et arguments

▶ **Identifier les mots-clés** du sujet et prendre en notes tout ce qu'ils peuvent évoquer. **Anticiper les besoins lexicaux** et fonctionner par **association d'idées / synonymes et antonymes / expressions idiomatiques.**

▶ Éventuellement **chercher dans le dictionnaire** les mots utiles que l'on ne connaît pas ou des synonymes de mots importants pour éviter les répétitions. Par exemple, pour un sujet sur le développement technologique : *invention = breakthrough, improvement, technological and scientific progress / advances, to make better, ICT / information and communication technology, a device = an appliance, computer science, technotrash / e-waste...*

▶ **Classer les idées selon un plan**, le plus logique selon le sujet (plan chronologique ; thèse – antithèse ; fait – cause – conséquence, etc.)

2 Rédiger un essai argumentatif

▶ Penser à faire des **paragraphes** qui regroupent un **argument principal**, l'explicitation de cette idée avec éventuellement la présentation d'**exemples.**

▶ La **transition** entre le pour et le contre, ou la thèse et l'antithèse, se fera grâce à des formules exprimant le **paradoxe**, comme :
– des adverbes, ex. : *However / Nevertheless*
– des groupes nominaux précédés de *Despite / In spite of*, ex. : *Despite their advantages, ...*
– des propositions subordonnées avec *Although / Even if*, ex. : *Even if it is true that technological progress has caused much damage, still...*

▶ Soigner **l'introduction** (qui doit poser les enjeux du sujet sans paraître trop artificielle) et la **conclusion** (penser à une ouverture pour ne pas uniquement répéter ce qui a été exposé dans le développement).

Mots clés

- **science** /ˈsaɪəns/ → **a scientist** /ˈsaɪəntɪst/ → **scientific** /ˌsaɪənˈtɪfɪk/
- **technology** /tekˈnɒlədʒi/ → **technological** /ˌteknəˈlɒdʒɪkl/
- **consume** /kənˈsjuːm/ → **consumption** /kənˈsʌmpʃn/ → **a consumer** /kənˈsjuːmə/
- **get involved in** = **get committed to** → **public involvement**
- **responsible** /rɪˈspɒnsəbl/ → **responsibility** /rɪˌspɒnsəˈbɪləti/
- **climate change** /ˈklaɪmət tʃeɪndʒ/
- **sustainable** /səˈsteɪnəbl/ → **sustainability** /səˌsteɪnəˈbɪləti/
- **go amiss** /əˈmɪs/ = **go wrong** à **go out-of**
- **control** = **uncontrollable**
- **produce** /prəˈdjuːs/ → **production** /prəˈdʌkʃn/ → **a producer** /prəˈdjuːsə/

Exercices

1 ★ 10 min **Choisir la bonne forme verbale et justifier.**

Some Chinese scientists decided (create) .... a human embryo. They intended (work) .... in secret before releasing their findings, so as to avoid (be) .... condemned by the international community. Their experiments risked (cause) .... major problems, as they were refusing (follow) .... basic rules which the majority of their colleagues had accepted (obey) ....

2 ★★ 15 min **Parmi les phrases suivantes, distinguer les arguments des exemples, puis les combiner pour écrire deux paragraphes : un sur les risques du progrès technologique, un autre sur les nouvelles possibilités qu'il offre pour protéger l'environnement.**

a. The Ocean Cleanup, a non-profit organisation, is using satellite imaging to help clean up the world's "ocean garbage patches."
b. New technological advances may help us to address environmental problems.
c. The development of technology also means increasing amounts of e-waste, which exact a heavy toll on the environment.
d. Toxic materials from discarded computers and electronics may pollute our soil and water sources.

3 ★★★ 25 min **En 15 lignes, imaginer les risques liés au développement des OGM en s'appuyant sur l'image du cours.**

Espace privé et espace public

Cours

1 Enjeux

With most people's homes set apart from their workplaces, commuting is a reality for many. However, with the development of new technologies, the boundaries between work and private life are being blurred, with a rising number of people working from home (= teleworking). Digital nomads are extreme examples, who have given up a clearly identified workspace and the comfort of their hometown to elect some distant destination from where they can both live and work. Another major evolution in Western societies has disrupted former family arrangements: women have massively entered the workforce, either preferring part-time jobs to find some work-life balance more easily, or reaching full-time managing positions with a lot of responsibilities. Still, inequalities and discrimination persist.

New work arrangements have enabled working fathers to take a more active role at home.

2 Grammaire

a. Mettre à la voix passive

▶ Le complément d'objet direct devient le sujet de la phrase passive ainsi créée.
Ex. : *My employer accepted* ***my proposal to work from home on Fridays*** (phrase active) → ***My proposal to work from home on Fridays*** *was accepted by my employer* (voix passive).

▶ L'auxiliaire *be* porte la marque du temps à la voix passive (« *was* » indique que la phrase est au prétérit dans l'exemple). Il est suivi d'un verbe à la forme *V-ED* (participe passé).

▶ Le complément d'agent (lorsqu'il est exprimé) est introduit par *by*. La voix passive étant souvent utilisée pour insister sur le résultat et non la personne qui a fait l'action, l'agent est parfois passé sous silence : *My proposal* ***was accepted***.

b. Faire faire

▶ L'infinitif qui suit « faire » en français peut avoir un sens actif ou passif :
Il m'a fait travailler dur (j'ai travaillé = actif) → *He* ***made me work*** *hard* (structure ***to make someone do sthg***).
Ils ont fait voter la loi de non-discrimination (la loi a été votée = passif) → *They* ***had the non-discrimination law passed*** (structure ***to have / get sthg done***).

▶ D'autres structures sont possibles, exprimant une plus forte contrainte.
Ex. : *They* ***forced him to work*** *on Sundays = they* ***obliged him to work*** *extra time.*

▶ La pression peut être plutôt orale, par la parole.
Ex. : *My friend* ***persuaded her boss to reorganize*** *their workspace = she* ***talked him into doing*** *it*, ou *she* ***got him to accept*** *her proposal.*

Mots clés

- bring home the **ba**con /ˈbeɪkən/ = be a **bread**winner /ˈbredwɪnə/
- division of **la**bour /ˈleɪbə/
- to em**ploy** → an em**ployee** /ɪmˈplɔɪiː/ → an em**ploy**er /ɪmˈplɔɪə/
- **gen**der gap = ine**qua**lities bet**ween** men and **wo**men /ˈwɪmɪn/
- a **house**hold **chore** /tʃɔː/
- a **house**wife /ˈhaʊswaɪf/
- **work**force /ˈwɜːkfɔːs/
- **work**ing hours /ˈaʊəz/ = work shift
- a work-life **ba**lance /ˌwɜːk laɪf ˈbæləns/

Méthode

1 Défendre une cause

▶ Pour délivrer un contenu informatif, il convient d'avoir une **idée précise** des messages que les auditeurs doivent comprendre et retenir (*the take-home message*).
Ex. : *There is not a single formula for work-life balance.*

▶ Une fois le message principal défini, il faut trouver les points-clés, les axes, qui permettent de l'exprimer. Choisir des **mots précis**, avec un **impact fort** et **ordonner** ces idées pour établir une **progression**, ce qui permet de **ménager l'intérêt** des interlocuteurs.
Ex. : *A satisfactory arrangement depends on the people; it should also be flexible in time (different from one day or one moment in life to another). Most importantly, it should embrace two concepts: achievement and enjoyment.*

▶ Quelques **figures de style** peuvent aussi rendre le message plus expressif :
– emploi de quelques phrases **courtes**, nominalisées, faciles à retenir. Ex. : *"The prize is great"*
– emploi de **questions rhétoriques** pour interpeler l'auditoire.
Ex. : *"Don't we all want to be both happy at work and at home?"*
– choix du **rythme ternaire** (liste de 3 éléments) pour donner une certaine assise à ses propos.
Ex. : *"Teleworkers are usually happier, more productive and more loyal to their companies"*
– utilisation de comparaisons explicites ou d'**images marquantes.**
Ex. : *"The ballot is stronger than the bullet"* (A. Lincoln)
– utilisation de **structures parallèles** ou **répétitions** volontaires.
Ex. : *"Injustice anywhere is a threat to justice everywhere"* (M. L. King)
Afin de donner l'illusion d'improviser son discours, il faut avoir travaillé sur les figures de style qui ne viennent pas spontanément.

▶ Avant de prendre la parole, **s'entraîner à formuler des phrases entières à partir de mots isolés** (= les mots-clés) de ses notes, utiles pour **ne pas lire** tout en sachant dans quel ordre présenter les idées. Il faut avoir une idée claire de comment démarrer et terminer sa prise de parole - moments-clefs de la présentation.

2 Prendre la parole

▶ Employer le **bon ton**, en fonction des interlocuteurs auxquels on s'adresse (familier, solennel, etc.) et de l'objectif du discours. Jouer avec l'**intonation** : en adoptant un **ton dynamique**, en **accentuant** certains mots essentiels, en **variant le** débit et les **inflexions de voix**, le discours suscitera plus d'intérêt.

▶ Que ce soit lors d'une simple conversation ou lors d'un discours officiel, il faut accompagner ses propos de **gestes** et d'un **contact visuel** *(body language)* afin de gagner la confiance de son interlocuteur.

▶ Ménager des **pauses** pour obtenir les effets escomptés : l'auditoire a besoin de temps pour " digérer " le propos ; en voulant aller trop vite, le message et les effets seront perdus.

▶ Montrer sa conviction en utilisant des adverbes comme *certainly, surely, absolutely* ou des locutions comme *no doubt, there is no denying that...* Ces expressions forcent l'adhésion du public.

▶ Soigner particulièrement la **dernière phrase** qui doit avoir un effet de **clôture efficace**.

L'emphase

Pour donner plus de poids à ce que l'on dit ou contredire les propos ou insinuations de son interlocuteur, il est possible de recourir à l'emphase.
• Si la phrase possède déjà un auxiliaire : on ne le contracte pas et on lui fait porter l'accent principal de phrase. Ex. : *He **is** working from home.*
• Si la phrase est au présent ou au passé : employer *do/does* ou *did* et l'accentuer fortement. Ex. : *I **do** trust you.*

Exercices

1 ★ 5 min **Choisir la bonne forme verbale parmi les différentes propositions.**
a. Digital nomads make their family [move / moved / to move / moving] very often. **b.** Before leaving, they have to talk their parents into [accept / accepted / to accept / accepting] their new life choices. **c.** They have their belongings [pack / packed / to pack / packing] and get their clients [follow / followed / to follow / following] them.

2 ★★ 10 min **Transformer ces phrases à la voix passive.**
a. The company moved the headquarters to the capital city. **b.** Their new employer will hire more women. **c.** Her colleagues have supported her decision to work from home. **d.** Teleworking also meant she had to reorganize her family life.

3 ★★ 15 min **Remettre dans l'ordre le début de ce discours.**
a. As a soldier myself, I cannot but underline what an asset women are in the heart of the action.
b. Indeed, they are serving with expertise, valour and distinction and gaining enormous respect from their male colleagues.
c. It is an honour and a pleasure to join you here and to reflect with you on the evolving role of women in the army.
d. Good evening, ladies and gentlemen.

4 ★★★ 25 min **Imaginer en 15 lignes la suite du discours.**

Territoire et mémoire

Cours

1 Enjeux

People's own destinies are part of a more general whole, their individual memory being a parcel of a collective memory which is passed on from one generation to the next. This heritage is to be preserved and celebrated thanks to physical monuments like war memorials or statues, but also thanks to symbolic acts like commemorations. To some extent, it is also to be socially constructed depending on the messages and values a given society wants its citizens to defend.

History and heritage have sometimes been used (and misused), giving rise to controversies and protests, as all the population does not accept to share mainstream version / vision, turning memorial narratives into highly charged issues.

Oklahoma City National Memorial & Museum
This outdoor symbolic memorial was created in April 2000 for the fifth anniversary of the bombing in Oklahoma. The 168 bronze and stone chairs with translucent glass bases honor each victim individually.

2 Grammaire

a. Le prétérit simple et en *BE + V-ing*

▶ On emploie le prétérit (*V-ed* pour les verbes réguliers) pour exprimer toute action ponctuelle et terminée, ou succession d'actions au passé. Ce temps permet donc de raconter une histoire ou de faire une biographie. Il correspond souvent à un passé composé en français.

Ex. : *Mandela **was** born in 1918, he **lived** in South Africa, he **died** in 2013.*

▶ Pour remonter dans le temps et pour traduire l'expression « Il y a x années », utiliser une durée + *ago*.

Ex. : *World war I **ended** more than 100 years **ago*** = il y a plus de cent ans.

▶ La forme en *BE + V-ing* permet de poser un cadre au passé, à l'intérieur duquel une action ponctuelle a eu lieu (ce que l'on schématise souvent par une action longue interrompue par une action courte).

Ex. : *While Mandela **was serving** his sentence in Robben Island, his wife **took** part in anti-apartheid movements.*

b. Le present perfect

▶ Le *present perfect* (*HAVE / HAS* + participe passé) permet de relier le passé au présent :

– soit parce que l'action a commencé dans le passé et se poursuit dans le présent ;

– soit parce que ses effets sont visibles aujourd'hui. Ex. : *The memorial **has opened: now** you can visit the center.*

▶ Pour exprimer « depuis », on emploie forcément un *present perfect* puisque ce mot sous-entend que l'action a commencé avant et se prolonge jusqu'au moment où l'on parle. Attention à la traduction de « depuis » = *since* + date / *for* + durée. Ex. : ***For several centuries** / **Since 1690**, Protestants **have paraded** in Northern Ireland.*

c. Le pluperfect simple et en *BE + V-ing*

▶ Lorsque l'on souhaite exprimer une action antérieure à un fait passé, on utilise le *pluperfect* : *HAD* + participe passé. Ex. : *The violence of the "Summer of Hate" shattered the belief that we **had entered** into a post-racial America.*

▶ La même notion de bilan existe avec le *pluperfect* qu'avec le *present perfect*, mais au passé et non au présent. Ex. : *Nelson Mandela accepted to negociate with the apartheid leaders but **had never betrayed** his friends.* → Cela signifie que de toute sa vie, il n'avait jamais trahi les siens.

▶ La forme en *V-ing* apporte :

– une nuance descriptive (action saisie dans son déroulement).

Ex. : *He **had been working** for the National Museum of the American Indian for 15 years when they dismissed him.*

– ou une nuance appreciative.

Ex. : *They asked for another witness because he **had been lying** again.*

Mots clés

- an anniversary /ˌænɪˈvɜːsəri/ (for an event) ≠ a birthday (for a person)
- a building block /ˈbɪldɪŋ blɒk/ = a foundation
- to commemorate /kəˈmeməreɪt/
→ commemorative /kəˈmemərətɪv/
→ a commemoration /kəˌmeməˈreɪʃn/
- to honour /ˈɒnə/ someone's memory
- to inherit /ɪnˈherɪt/ → a heritage /ˈherɪtɪdʒ/
- a landmark /ˈlændmɑːk/ = a milestone /ˈmaɪlstəʊn/
- a memory /ˈmeməri/ → a memorial /məˈmɔːriəl/
- to remember → the duty of remembrance /rɪˈmembrəns/

Méthode

1 Comprendre un texte

▶ Une 1re **phase de repérage** est nécessaire : utiliser des **surligneurs de différentes couleurs** pour relever les informations sur les **personnages** (présents ou juste mentionnés), les **indications géographiques** et **temporelles.** Ne pas se concentrer sur les mots difficiles, mais au contraire s'appuyer sur les mots connus.

▶ La **mise en relation des indices** est nécessaire pour construire le sens du texte : il faudra expliciter la relation entre les personnages, l'identité du narrateur (narrateur omniscient ou narration à la 1re personne ?) et la chronologie des actions.

▶ Positionner les événements sur une **frise chronologique** peut être d'une grande aide au moment de la restitution du sens du texte.

▶ Connaître la **valeur des temps** est essentielle, par exemple une action au *pluperfect* est antérieure aux actions restituées au prétérit.
Ex. : *She switched on TV and realized that the president **had** already **started** to address the nation.*

▶ Une dernière phase d'explicitation de l'**implicite** est nécessaire. **Lire entre les lignes** pour cerner les émotions, sentiments et états d'esprit des personnages.

Exemples d'indices textuels	Sentiments véhiculés
clenched fists, slamming the door	*anger*
at a loss for words and stuttering	*surprise – panic*
fidgeting and biting nails	*stress*

▶ Donner la **raison qui explique** les choix, décisions ou actions des personnages, ainsi que le **contexte culturel** qui peut jouer un rôle essentiel dans certains textes.

2 En restituer le sens en anglais

▶ **Restituer toutes les informations comprises**, à la fois les **données factuelles** et l'**implicite**, en procédant de façon ordonnée et logique pour bien relier les différentes étapes et montrer que l'on a compris les liens.

▶ **Reformuler** avec ses propres mots pour éviter la paraphrase et ne pas être accusé de recopier le texte sans le comprendre.

▶ Veiller à la **concordance des temps :** prétérit pour exprimer des actions terminées et *pluperfect* pour un *flashback*.

Exercices

1 ★ 5 min Mettre le verbe au prétérit ou au *present perfect*.

a. Yesterday, the memorial (open) ...... its doors. Many visitors (arrive) ...... early in the morning.

b. Today is Remembrance Day – that is why I (buy) ...... a poppy! There (be)...... so many victims who (perish) ...... during World War I.

c. Since Martin Luther King and Malcolm X (die) ......, American people (denounce) ...... racism.

d. Rosa Parks (receive) ...... the Congressional Gold Medal some years ago.

Aide à la restitution :
Présenter clairement la chronologie des actions (*Before... After... While...*).
Ne pas paraphraser le texte mais utiliser des synonymes pour prouver sa bonne compréhension.
Rendre compte de l'explicite et de l'implicite du texte.

2 ★★★ 20 min Compréhension écrite

I was walking up and down near the Y. M. C. A. building, thinking of what I was going to say in the coming supper meeting, when the playing in the field alongside stopped as if by a silent, but imperious command. An awful hush settled on everything. This was a symbol of what had taken place all over Delhi and India. What had happened? One of the players ran over to me and broke the news; the Mahatma had been shot and killed on his way to the prayer meeting!

Gandhi: Portrait of a Friend,
by E. Stanley Jones Foundation, 2019

a. Relever les informations sur les personnages et sur le contexte (lieu – temps).

b. Faire une frise chronologique pour représenter la chronologie des différentes actions.

c. S'appuyer sur des indices pour imaginer l'état d'esprit de la population.

d. Reformuler le sens de ce texte.

Art et pouvoir

Cours

1 Enjeux

This poster made by Shepard Fairey is one of the most iconic pictures of Barack Obama, which was used for the 2008 presidential campaign.

As a popular form of expression, art has traditionally been used by people in power to reinforce their legitimacy. Today, new art forms have become popular, like Hollywood movies, which may be used as propaganda as they indirectly support the US government and their policies – see patriotic films glorifying the power of the US army for instance.

However, artists tend to have become more and more critical of canonical (= conformist) art sponsored by people in power. Even if art as a form of protest has always existed, this criticism is now more widespread as it is being expressed in the streets, Bansky's irreverent portrait of the Queen or Illma Gore's disadvantageous portrait of Donald Trump being cases in point.

2 Grammaire

a. Les propositions subordonnées de but

▶ Pour répondre à la question *What... for?* (= Dans quel but... ?), on emploie une proposition infinitive (verbe précédé de *to*). Cet infinitif peut être renforcé par les expressions : *so as to...* ou *in order to...* Ex. : *The government in the UK reintroduced free admission for national museums in 2001* ***to*** *have* ***/ so as to*** *have* ***/ in order to*** *have a wider range of visitors.*

▶ À la forme négative, *not* se place devant l'infinitif.
Ex. : *They commissioned a different artist* ***not to be accused of favouritism.***

▶ Lorsque le sujet de l'infinitive est différent du sujet de la phrase principale, on le fait précéder de *for.*
Ex. : *The artist painted this mural [**for everybody to see his artwork**].*

Mots clés

- *an* ***art****work* /ˈɑːtwɜːk/ = *an art piece*
- *to be com****mit****ted* (engagé)
- *a com****mis****sion* /kəˈmɪʃn/ (commande)
- *to* ***cri****ticise = to ex****press cri****ticism*
- *de****fi****ant* /dɪˈfaɪənt/ (refractaire)
- *to ex****hi****bit* /ɪɡˈzɪbɪt/ ≠ *a exhi****bi****tion* /ˌeksɪˈbɪʃn/
- *a* ***pa****tron* /ˈpeɪtrən/ (un mécène)
  → *to* ***pa****tronize* /ˈpætrənaɪz/ *an artist*
- *to* ***praise*** /preɪz/ = *to* ***ce****lebrate*
- *a* ***sa****tire* /ˈsætaɪə/ → *to be sa****ti****rical* /səˈtɪrɪkl/
- *to shed a* ***po****sitive light*
- *to sup****port*** /səˈpɔːt/ (soutenir) = *to* ***spon****sor* /ˈspɒnsə/

b. Les subordonnées de temps

▶ Employer différentes conjonctions en fonction de la temporalité visée :
– concomitance : *when... – while... – as....*
– chronologie : *before* (avant) – *after* (après) / *as soon as...* (dès que) – *until* (jusqu'à ce que).

▶ Dans les subordonnées de temps, on emploie le présent pour exprimer une action future (même s'il est traduit par un futur en français).
Ex. : ***When the museum opens****, visitors will see the whole collection of paintings from the 19th century* (= Quand le musée ouvrira).

c. Les subordonnées d'opposition et de paradoxe

▶ D'autres conjonctions permettent d'exprimer d'autres types de relation, comme :
– l'opposition : *while..., whereas...*
Ex. : *The president prefers contemporary art* ***whereas the first lady loves more traditional artworks.***
– le paradoxe : *even if..., although...*
Ex. : ***Even if many people criticise street art****, it has become more and more popular nationwide.*
Pour exprimer l'opposition, ne pas confondre l'emploi de ces conjonctions avec *despite* ou *in spite of* (malgré), qui sont suivis d'un nom. Ex. : *Despite people's criticisms, ...*

Méthode

1 Dialoguer sereinement

▶ Penser à **développer les réponses** : ne pas se contenter de répondre « oui » ou « non », mais « oui, parce que... », « non, à cause de... ». Il est possible d'éviter les moments de silence inconfortables pour se donner un temps de réponse : c'est le rôle des ***gap-fillers***, ces petites expressions comme *"you know"*, *"sort of"*, *"well..."*.

▶ Pour **relancer la conversation**, une technique consiste à **reprendre** un **des mots utilisés** par son interlocuteur :

– pour **faire un commentaire** ;

A : *I love this artist.*

B : *This artist? He's an amateur!*

– pour rebondir et **apporter de nouvelles informations.**

A : *I'd like to go and visit the new art gallery.*

B : *The new one? Are you talking about the one on Grosvenor street?*

A : *Grosvenor street indeed, next to the supermarket.*

Exprimer ses arguments

To my mind...
In my opinion / viewpoint / point of view, ...
Personally, I believe...
To me, ...
I agree... / I disagree with... on...
I have mixed feelings about...

2 Débattre

▶ **Préparer** le débat en anticipant les **arguments** de chacun (notamment le pour et le contre, les causes et conséquences, les risques potentiels, etc.) ainsi que le **lexique** correspondant.

▶ Savoir **exprimer ses idées** clairement.

Ex. : *I am sure that... – I strongly believe – I am persuaded – I have mixed feelings about...*

▶ Être dans l'**écoute active** : démontrer son intérêt en posant des questions, **reformuler** des arguments pour s'assurer de les avoir bien compris.

Ex. : *As you've said, ... – What you are saying is that..., right? – If I understand well, ... – In other words, ... – To put it differently, ...*

▶ **Respecter** la parole de son interlocuteur. Exprimer poliment tout différend, en essayant de **trouver des points d'accord** avant de **soulever les points polémiques.**

Ex. : ***I agree with you** on the idea that artists' main purpose is not to deal with politics. **However**, some artists have recently taken part in campaigns with strong political overtones.*

Exercices

1 ★ 10 min **Reformuler les idées suivantes en utilisant une proposition subordonnée.**

a. Despite the rain, many visitors went to the opening of the art gallery.

b. Contrary to my brother, who loved the exhibition, I hated it.

c. During the holidays, many students can visit museums.

d. The artist painted this portrait of the queen for one reason: he wanted to praise her.

e. I will take part in the commemoration tomorrow. I will wear a poppy.

f. The president started his speech. Just after, everybody stopped talking: they wanted to honour the victims of the bomb attacks.

2 ★★★ **Préparer le débat suivant : *Artists should not deal with politics.*** (10 lignes pour chaque camp)

Imaginer les arguments et contre-arguments.
Penser à des exemples d'œuvres d'art pour justifier ses idées.

Diversité et inclusion

Cours

1 Enjeux

Change is undeniably under way. Our Western society has become more willing than ever to fight against all sorts of discrimination and prejudices on the grounds of age, sex, sex orientation, race or religion. To increase social cohesion, all minority groups should be given recognition, just like all gaps – the gender gap or the generation gap for example – should be bridged.

As a consequence, our laws have been evolving, in some countries faster than in others, to grant legal protection to minorities or specific groups, and even extend their rights. This greater legitimacy is also conveyed by more politically-correct expressions: "the handicapped" being replaced by "the disabled" or "old people" by "the elderly", etc.

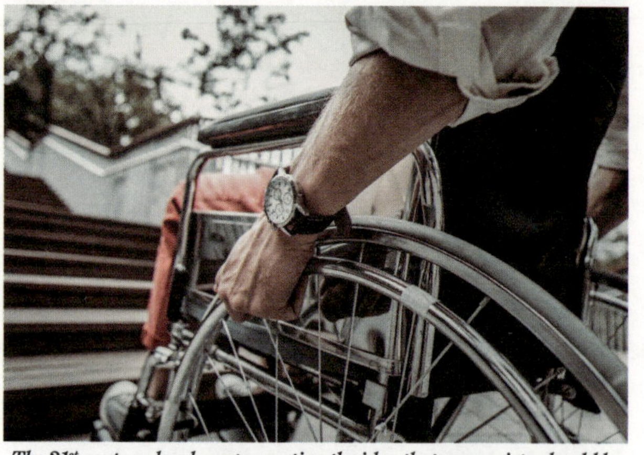

The 21st century has been promoting the idea that our society should be more inclusive and embrace previously isolated minority-groups.

2 Grammaire

a. Les propositions subordonnées relatives

▶ Une proposition subordonnée relative est une proposition qui complète un groupe nominal appelé « antécédent ». Les informations qu'elle apporte peuvent :

– être données à titre indicatif (propositions appositives). Ex. : *My mother, **who is a strong activist in favour of women's rights**, is very active.*

– ou servir à définir l'antécédent (propositions déterminatives). *Ex. : The most famous association **that is fighting against racial discrimination in the US** is the NAACP.*

▶ Le choix du pronom relatif dépend en partie du type de relative :

– les propositions appositives sont forcément introduites par un pronom en *wh-*. Ex. : *My best friend, **who is gay**, is discriminated against.*

– les pronoms *that* ou *Ø* ne sont possibles que dans les relatives déterminatives. Ex. : *The Gay Liberation March **that was organized by the LGBT community in Chicago in June 1970** was the first of a long series.*

Il y a d'autres facteurs, comme la qualité de l'antécédent (humain ou inanimé) et la fonction du pronom dans la phrase (sujet ou complément) qui conditionnent le choix du pronom relatif.

Ex. : *The act **which / that has been the most extensive disability rights legislation in the US** was passed in 1990.*

Mots clés

- to bridge cultural barriers /ˈbæriəz/ (réduire les écarts culturels)
- the disabled /dɪsˈeɪbld/ (les personnes handicapées) → disability /ˌdɪsəˈbɪləti/
- to discriminate against minority groups
- equal /ˈiːkwəl/ ≠ unequal → an inequality /ˌɪnɪˈkwɒləti/
- fully / well integrated /ˈɪntɪgreɪtɪd/
- inclusion /ɪnˈkluːʒn/ → to be included
- mainstream /ˈmeɪnstriːm/
- on an equal footing /ˈfʊtɪŋ/ (sur un pied d'égalité)
- a prejudice /ˈpredʒʊdɪs/ (préjugé) → to be prejudiced against... (avoir des préjugés à l'encontre de...)

	Proposition relative appositive		Proposition relative déterminative	
Fonction du pronom relatif	Antécédent humain	Antécédent inanimé	Antécédent humain	Antécédent inanimé
Sujet	*who*	*which*	*who / that*	*which / that*
Complément	*who / whom*		*who(m) / that / Ø*	*which / that / Ø*

b. Traduction de « ce qui, ce que... »

Pour reprendre toute une proposition déjà énoncée, utiliser *..., which*.

Ex. : *The gender gap hasn't been bridged yet, **which is a shame**.*

c. Reprise de toute la proposition

Pour annoncer ce qui suit, utiliser *What...* Ex. : *What we need is a more diverse working force.*

Méthode

1 Élargir son vocabulaire

▶ Utiliser un **lexique précis** et **non répétitif**. Penser aux **préfixes** et **suffixes** pour composer des mots. Ex. : *discrimination* (nom) → *discriminatory* (adjectif). **Éviter les mots passe-partout** comme *good, bad, important* et *big*, et trouver des synonymes en fonction des contextes.

Synonyms for good	*Synonyms for bad*	*Synonyms for big / important*
*a **talented** writer*	*a **mean / nasty** child*	*a **famous / well-known** person*
*a **positive** measure*	*an **unsuccessful** move*	*a **significant** policy*
*the **right** choice*	*the **wrong** time*	*a **major** change*
*a **fascinating** job*	*a **serious** disease*	*a **hot** issue*
***fine** prospects*	***poor** prospects / conditions*	*a **turning-point / a key** moment*

▶ De la même manière, éviter d'employer la **structure *very* + adjectif**, mais employer plutôt le mot précis et souvent moins fréquent. Ex. : *furious* au lieu de *very angry*, *destitute* au lieu de *very poor* ou *opulent* au lieu de *very rich*.

▶ Développer des **banques de mots** à apprendre, **en contexte** ou en lien les uns par rapport aux autres (avoir des stratégies de mémorisation par **antonymes**, **synonymes** ou **champs lexicaux**). Apprendre des mots nouveaux avec leurs **expressions idiomatiques**. Les dictionnaires en ligne sont des outils précieux pour ce faire.
Ex. : *race* → *a race riot, race relationships, racial hatred, racial prejudice, to end racial discrimination*, etc.

2 Passer de la phrase simple à la phrase complexe

▶ La **phrase minimale** (sujet – verbe – complément direct) donne le sens de base d'une phrase, auquel il faut **ajouter des éléments** pour en faire un énoncé plus complexe ou plus sophistiqué, pour exprimer des **idées plus subtiles**.

▶ Possibilité d'utiliser :
- un **adjectif** pour donner une précision sur un nom. Ex. : *a **vocal** minority group* ;
- un **adverbe** pour préciser le sens d'un verbe ou d'un adjectif. Ex. : *a **definitely** better recognition* ;
- un **complément circonstanciel** pour préciser le temps ou le lieu de l'action. Ex. : ***over the past few years*** ;
- une **proposition subordonnée**. Ex. : *even if some groups, **who have traditionally been isolated,** are still not fully integrated into mainstream society.*

Exercices

1 ★ 5 min Utiliser le bon pronom relatif dans les paires suivantes.

a. Same-sex marriage, [which / that] was recognized in the US in 2015, is still controversial elsewhere.

b. The Hispanic communities [who / whom] live near the Mexican border usually speak Spanglish.

c. The immigrants [whose / whom] parents are educated are usually better integrated.

d. The minority group [that / Ø] has gained the greatest recognition over the past few years is definitely the LGTBQ group.

2 ★★ 15 min Intégrer tous les mots et groupes de mots suivants dans une seule phrase complexe (plusieurs possibilités).

a. Schools – foster global awareness – cross-cultural understanding – both beneficial to students – learn essential skills – today – globalised world.

b. Many universities – efforts – improve – situation for minority students – past few years – still obstacles.

c. Diversity & Inclusion trainings – more and more common – multinational companies – employees – realize – prevalence of biases – work and personal life.

d. Inclusive policies – provide – guidelines – support – full integration of all employees – workplace – eliminating discrimination – facilitating diversity.

3 ★★★ Préparer le débat suivant :
Mainstream society should adapt to minority groups, instead of forcing minorities to fit into it.
(5 arguments pour chaque camp)

ANGLAIS

Fictions et réalités

Cours

Numerous science-fiction movies and novels are offering futuristic visions of our society, both anticipating limitless possibilities but also warning about serious dangers for the balance of the Planet.

1 Enjeux

Our literary heritage is divided into different genres and sub-genres which may offer a wide range of distinctly unique works of fiction. In Anglo-American literature, the writers' particular use of imagination has been a key element not to underestimate. Indeed, if some novels offer a clever mix of reality and fiction, others fully reject realism for the sake of pure fantasy.

The creation of imaginary worlds should not just be regarded as the representation of naïve minds nostalgic for fairy tales. It may also inspire our current society, as what is only science fiction may become reality in the future. Besides, by anticipating some dangers, science fiction novels are giving the reader a warning sign of what may be in store if the right choices are not made. It may show us what kind of future we should embrace or avoid.

2 Grammaire

a. L'expression de la condition

▶ Pour exprimer une condition, on utilise les conjonctions :
– *if / provided / as long as*. Ex. : *I love science-fiction* ***if / as long as / provided*** *there are no stories of nonsensical aliens in it.*
– *unless*. Ex. : *I love science-fiction* ***unless*** *there are stories of nonsensical aliens in it.*

▶ Il existe 3 types de structures principales :
– pour exprimer une simple condition, réalisable : *If* + présent → *will* + V.
Ex. : *If you* ***read*** *the book, you****'ll know*** *the end of the story.*
– pour exprimer une condition réalisable mais avec des réserves : *If* + prétérit → *would* + V.
Ex. : *If you* ***saw*** *on stage the adaptation of Dracula, you* ***would*** *certainly* ***like*** *it* (on dit implicitement qu'il ne t'est pas si simple d'assister à cette représentation).
– pour exprimer l'irréel, une situation contraire à celle qui a effectivement eu lieu : *If* + *pluperfect* → *would have* + participe passé. Ex. : *If I* ***had seen*** *the movie adaptation, I* ***wouldn't have read*** *the whole book.*
Pour parler d'une situation contraire à la réalité, le prétérit qui suit la conjonction peut aussi être un prétérit modal – *were* à toutes les personnes pour l'auxiliaire *be*. Ex. : ***If I were*** *you* (si j'étais toi).

b. L'expression du souhait avec *wish* et *if only*

I wish et *if only* sont interchangeables, et possibles avec trois constructions :
– le désir d'une action future : *I wish he would do it.* J'aimerais qu'il le fasse à l'avenir.
– le regret portant sur une situation présente : *If only he were a novelist.* Il n'est pas romancier aujourd'hui mais si seulement il pouvait l'être.
– le regret portant sur une action passée : *I wish she had been a film-maker.* Elle n'a pas été réalisatrice mais j'aurais aimé qu'elle l'ait été.

Mots clés

- **cli**-fi /ˈklaɪ faɪ/ = climate-**fic**tion /ˌklaɪmət ˈfɪkʃn/
- **fan**tasy /ˈfæntəsi/ = imagi**na**tion /ɪˌmædʒɪˈneɪʃn/
- fictional = fic**ti**tious /fɪkˈtɪʃəs/ ≠ real-**life** /ˌriːəl ˈlaɪf/
- **fu**ture /ˈfjuːtʃə/ → futu**ris**tic /ˌfjuːtʃəˈrɪstɪk/
- to hold in **store** /stɔː/ (réserver pour le futur)
- an imaginary /ɪˈmædʒɪnəri/ world
- pro**gres**sive ≠ retro**gres**sive /ˌretrəˈgresɪv/ = **back**wards /ˈbækwədz/
- rea**lis**tic /ˌriːəˈlɪstɪk/ ≠ idea**lis**tic /ˌaɪdiəˈlɪstɪk/
- science-**fic**tion /ˌsaɪəns ˈfɪkʃn/ = **sci**-fi /ˈsaɪ faɪ/
- state-of-the-**art** /ˌsteɪt əv ði ˈɑːt/= so**phis**ticated, ad**van**ced
- u**to**pian /juːˈtəʊpiən/ = **per**fect, i**deal** /aɪˈdiːəl/ ≠ dys**to**pian

Méthode

Flasher cette page avec l'application Bordas flash page pour écouter l'enregistrement.
Titre : ***"For Teens, dystopian fiction seems pretty real — and that's why they like it."***

1 Comprendre un document oral

▶ Avant l'écoute : **faire des hypothèses** à partir du **titre** donné.

▶ À la 1re **écoute** : s'appuyer sur les **images** ou **bruits de fond** qui accompagnent la bande-son le cas échéant pour saisir le contexte. Indiquer les changements d'intervenants s'il y en a plusieurs (mettre A : au début, puis si quelqu'un d'autre intervient : B, C etc.)

▶ Noter les **mots transparents, répétés** ou **faciles** à comprendre pour saisir le sens général du document. S'appuyer aussi sur les **mots clés** (= **mots lexicaux porteurs de sens** comme les noms, adjectifs, verbes etc.) qui portent un **accent primaire**.

▶ Pour la **prise de notes** : ne pas hésiter à utiliser des **abréviations** (tronquer les mots, ex. : *system* → *syst*, ou ne garder que des consonnes, ex. : *government* → *gvt*.
La syllabe finale peut aussi être abrégée, ex. : terminaison en *-tion* → -° comme *communicat°*, ou mot terminé en *-ment* → -t comme *improvemt*. S'entraîner à utiliser des **symboles** ou signes mathématiques pour gagner du temps (augmenter = ↗, femmes, hommes = ♀♂).
L'essentiel est d'être **efficace dans la prise de notes** : ne pas chercher à copier des phrases entières mais se focaliser sur les informations elles-mêmes.

▶ À la **pause** à l'issue de la 1re écoute, **relire ses notes** et essayer de les **organiser** : indiquer plus précisément ce que l'on sait des **différents interlocuteurs** et identifier les **informations manquantes** (si des listes ont été données et que l'on n'a pas eu le temps de noter tous les éléments : rajouter des tirets qui aideront à identifier les passages à compléter lors de la 2e et 3e écoute).

▶ Lors des **2 écoutes suivantes** : compléter les **informations manquantes.**

2 Restituer le sens en français

▶ **Rendre compte de l'intégralité** des informations comprises, de façon **logique** et **ordonnée**, pas nécessairement chronologique. Il faut identifier la **nature de l'extrait** – bulletin d'informations ? Programme télévisé ou radiophonique ? Extrait de film ? – pour **identifier les interlocuteurs** : présentateur ? Invité ? Envoyé spécial ? Témoin ?

▶ **Sur le brouillon : possibilité d'utiliser des flèches et des couleurs** pour relier les informations qu'il conviendra de restituer ensemble. **Barrer les informations** au fur et à mesure de la restitution pour rendre visible les éléments à restituer et ne pas en oublier.

▶ En LVA, rendre compte de l'**implicite** : le ton de l'intervenant ou des propos saccadés peuvent trahir son émotion, un débit rapide peut révéler une certaine excitation ou un danger. La **finalité** visée par le locuteur est un autre élément qui relève de la compréhension implicite : prend-il la parole pour informer, dénoncer, célébrer ?

Exercices

1 ★ 10 min **Repérer la conjonction, puis choisir la bonne réponse parmi les différentes propositions.**

a. All the characters in the novels will die unless the dictatorship [is / is not] abolished.

b. Cli-fi novels would become more and more popular provided people [felt / feel / will feel] concerned.

c. If J. K. Rowling had not written the Harry Potter series, we [would lose / would have lost / will lose] a masterpiece of British literature.

d. I wouldn't do it if I [am / will be / were] you.

e. I wish I [discovered / would discover / had discovered] The Lord of the Rings earlier – pure fantasy, it's brilliant!

2 ★★★ **Écouter trois fois le document audio en flashant ce code, et en restituer le sens en français.**
Essayer de ne pas dépasser le ¼ d'heure pour la restitution.

Citoyenneté et mondes virtuels

Méthode

El documento audio es un extracto titulado *El peligro de las «fake news» o noticias falsas.*
Fue emitido el 15/10/2018. La duración es de 1'42.
Flashe ce code pour aller sur le lien du document.
Le passage à écouter démarre à 11:45 jusqu'à 13:27.

Comprendre un document audio/vidéo et rédiger sur une question du thème abordé

a. Comprendre, prendre des notes pendant l'écoute d'un document audiovisuel

▶ **Le titre du document** écrit au tableau au début de l'épreuve **anticipe** dans la plupart des cas **sa thématique.** L'enregistrement, d'une durée approximative d'une minute et trente secondes, sera diffusé 3 fois, avec une pause d'une minute entre chaque écoute.

▶ Il est important d'avoir en tête un schéma d'organisation qui permette de repérer les éléments essentiels pour ensuite, pouvoir les réutiliser dans l'expression écrite.

▶ Un tableau de ce type peut permettre de cibler les points importants.

Écoute 1 (Compréhension orale **globale**)
Nature du document : *una emisión de radio* Thème principal : *las noticias falsas* Personne(s) qui raconte(nt) l'histoire : *Benito Berceruelo, consejero delegado de Estudio de Comunicación y dos periodistas* Objectif : *informativo*
Écoute 2 (Compréhension orale **fine**)
Thèmes secondaires : *los medios más fiables en los medios de comunicación* Structure et informations : *según un estudio las noticias falsas proliferan en la red mientras que la prensa escrita es más fiable*
Écoute 3 (Compréhension orale de **détail**)
Nuances et détails : *Una encuesta realizada a casi quinientas personas (periodistas, políticos, empresarios, gente con acceso a una información de calidad) concluye que :* *– la proliferación de las noticias falsas en la red (los medios online o internet);* *– las imágenes trucadas de los vídeos en las redes sociales es mayor así que el impacto que estas producen en los jóvenes;* *– por ejemplo en Twitter cuando la noticia es falsa se retuitea el 70% más que si la noticia fuera verdadera;* *– la prensa escrita y las Webs oficiales, como en Radio Nacional, son más fiables porque tienen más tiempo y filtran más.*
Tonalité et ambiance : *pesimista o negativa.*

▶ Commencer par repérer les **grandes lignes** de l'enregistrement : le thème, les intervenants, les indices, le champ lexical, les idées importantes. Ils aident à **élaborer un plan.**

▶ **Les étapes de compréhension fine et de détail** fournissent la matière au développement, et aux différentes informations, surtout thématiques.

Elles **nuancent** ou **précisent** les propos tenus précédemment. **Attention :** Il ne faut pas traduire des phrases d'une langue à une autre, ni citer des passages de l'écoute en français ou en espagnol ni même donner son opinion.

▶ Quand toutes les données sont organisées, il faut rédiger le compte-rendu en français.

b. Expression écrite sur l'enregistrement

À l'issue de la troisième écoute, une ou deux questions seront posées, auxquelles il faut répondre en espagnol.

Par exemple : *¿Cómo usas las redes sociales? ¿Te parece preocupante que algunos medios de comunicación no sean fiables y den noticias falsas?* (voir exercice 3)

▶ Il est nécessaire de bien **lire la consigne.** Elle guide sur l'emploi des pronoms personnels sujet, sur une forme verbale ou sur une structure syntaxique déterminée.

▶ Il faut **aller à l'essentiel** et **mettre en place de manière cohérente** son expression écrite (**une phrase introductive, des parties** et **une conclusion**).

– *Para empezar o comenzar*: *primero* (d'abord, en premier), *de entrada* (d'emblée).

– *Para continuar y desarrollar las ideas*: *a continuación, luego, después* (ensuite), *además* (de plus), *por una parte/ por un lado… por otra parte/ por otro lado* (d'une part, d'un côté… d'autre part, de l'autre côté).

– *Sacar conclusiones*: *al final, finalmente* (à la fin, finalement), *al fin y al cabo* (en fin de compte), *en resumidas cuentas* (en résumé), *para concluir* (pour conclure).

▶ Utiliser aussi **les connecteurs logiques et les conjonctions de coordination.**

Ils explicitent les relations entre les diverses étapes :

– la **cause** : *porque* (parce que), *por* (à cause de, en raison de, etc.) *por eso* (c'est pour cela que, c'est pourquoi), *a causa de* (à cause de) ;

– le **but** : *para* (pour), *con el fin de* (afin de) ;

– la **conséquence** : *por consiguiente, por lo tanto* (par conséquent), *entonces* (donc, alors) ;

– la **complémentarité** : *también* (aussi), *además* (de plus, en plus), *y* (et) *o* (ou) ;

– l'**opposition**, la **restriction** : *mientras que* (tandis que), *pero* (mais) et *sin embargo* (néanmoins).

Attention ! Il faut veiller à l'orthographe et à la syntaxe.

Cours

1 Lexique

a. Las nuevas tecnologías

un blog: un blog
un/a bloguero/a: un/e blogueur/euse
el internauta: l'internaute
el chateo, chatear: le chat, chatter
las redes sociales: les réseaux sociaux
el foro: le forum de discussion
el buscador: le moteur de recherche
la contraseña: le mot de passe
el correo electrónico: le courrier électronique
el buzón: la boîte mail
el enlace: le lien
la mensajería: la messagerie
la página web: la page web
la descarga: le téléchargement
el pirata informático: le pirate informatique
piratear: pirater
el ciberacoso: le cyberharcèlement
la vida privada: la vie privée
la libertad de expresión: la liberté d'expression
conectarse: se connecter
crear su perfil: créer son profil
colgar en Internet: mettre en ligne
gustar: liker
navegar por Internet: naviguer, surfer

b. Extracto audio o televisivo

el/la locutor/a, el/la periodista: le/la présentateur/trice, le/la journaliste
una emisión de radio: une émission de radio
una emisión televisiva o de televisión: une émission de télévision
las noticias: le journal télévisé
un documental: documentaire
una entrevista: une interview
un experto: un expert

2 Rapporter un discours

Dans le style direct, le discours est transcrit tel qu'il a été rapporté. Dans le style indirect, le discours permet de transformer le dialogue en récit.

▶ Si c'est une phrase déclarative, elle est introduite par les verbes : *anunciar, avisar, comentar, contestar,* ***decir****, explicar [qu], pretender*... + que + indicatif.

▶ Si c'est une phrase interrogative, elle est introduite par le verbe introducteur :
preguntar + *si/cuándo/cómo/quién*...+ indicatif.
Dans les questions au style indirect, les mots interrogatifs conservent l'accent.

▶ Si c'est une phrase impérative, elle est introduite par les verbes :
aconsejar, ***decir****, exigir [j], pedir [i]*... + que + **subjonctif**.
L'impératif devient subjonctif dans le style indirect.

Phrase	Style direct	Style indirect
Déclarative	*El joven* ***dice: «****hago montajes falsos****»****.*	*El joven* ***dice que*** *hace montajes falsos.*
Interrogative	*¿****Vas a ir*** *a la emisión de radio?*	***Pregunta si vas a ir*** *a la emisión de radio.*
Impérative	*¡****Mándame*** *un WhatsApp!*	***Le aconsejó que le mandara*** *un WhatsApp.*

Attention ! Au style indirect, d'autres modifications sont à faire :
– certains signes de ponctuation disparaissent : les tirets, les guillemets, etc. ;
– il faut respecter la concordance des temps : l'impératif devient subjonctif dans le style indirect ;
– les pronoms changent, et parfois les adverbes et locutions temporelles : *Ella* ***dijo: «Mañana os*** *espero en las ondas****»****.*
→ *Ella* ***dijo que al día siguiente nos*** *esperará en las ondas.*

Exercices

1 ★ 10 min **Grammaire**
Pon estas frases en estilo indirecto.
a. Los jóvenes dijeron: «¡Es muy fácil utilizar las redes sociales!»
b. La periodista le preguntó a los adolescentes: «¿Cuidáis vuestra privacidad?»
c. Una joven a otra le pidió: «¡Envíame un correo electrónico!»

2 ★★ 15 min **Compte-rendu**
Haz el resumen en francés del extracto del documento audio: *El peligro de las «fake news» o noticias falsas.*

3 ★★★ 30 min **Expression écrite**
¿Cómo usas las redes sociales? ¿Te parece preocupante que algunos medios de comunicación no sean fiables y den noticias falsas? (Unas 15 líneas)

Méthode

La manifestación del Día Internacional de la Mujer

▶ **El 8 de marzo de 1977, las Naciones Unidas oficializaron el Día Internacional de la Mujer.** Este día reivindica la igualdad entre los hombres y las mujeres.

▶ **El derecho al voto de las mujeres** fue reconocido con la aprobación de **la Constitución española de 1931. El 19 de noviembre de 1933, las mujeres españolas acudieron por primera vez a las urnas.**

▶ **El 8 de marzo de 2018 fue la primera huelga feminista en España y en el mundo.** En España, esta movilización masiva reunió a más de 5 millones de mujeres. Ellas son las primeras víctimas de la precariedad, de la austeridad y de la violencia doméstica.

▶ **El 25 de noviembre** se conmemora **el Día Internacional de la Eliminación de la Violencia contra la Mujer** o **el Día Internacional de la No Violencia de género.**

▶ **La primera ley integral contra la violencia de género** en Europa fue **la Ley Orgánica de Medidas de Protección Integral contra la Violencia de Género** que aprobó el gobierno socialista de José Luis Rodríguez Zapatero. La Ley se publicó el 29 de diciembre de 2004. **En 2018, 47 mujeres fueron asesinadas en España** por sus parejas o exparejas.

▶ Por oposición, **el gobierno español** ha incluido **la ampliación progresiva de los permisos de paternidad a 16 semanas en 2021.**

▶ **Otras preocupaciones** son **el proyecto de ley a favor de la legislación del aborto en Argentina** y la denuncia de **los feminicidios en México.**

▶ **El morado** es el color tradicional de las feministas y **el triángulo invertido** en la cabeza forma parte de otro de los símbolos de este movimiento.

Commenter et analyser une photographie

Pour analyser un document iconographique, ici une photographie, il faut prendre le temps de l'observer et se servir des indications qui sont données.

Utiliser plusieurs lexiques pour organiser le commentaire de la photographie : le lexique du thème et celui lié au type d'œuvre étudié.

a. Présenter le document

▶ Ces éléments de repérage permettent de faire une introduction ciblée :

– ***El tipo de documento***: un document iconographique (*una fotografía, un cuadro, etc.*)

– ***El artista***: *un/a fotógrafo de prensa, de arte.*

– ***El texto (el título, la leyenda o el artículo)***:
La manifestación del Día Internacional de la Mujer.

– ***La fotografía*** *(constituida por líneas, planos, tintes).*

– ***El lugar, la/s fecha/s de realización de la fotografía***: l'époque (*pasada, clásica ≠ actual, siglo XX, siglo XXI*).
La fotografía fue sacada en España.

– ***El género***: *periodística (reportaje)*, portrait (*retrato, cuerpo entero, busto, retrato de perfil/frontal, individual o de grupo*), paysage (*paisaje, panorama*), scène de genre (*escena de género*), nature morte (*bodegón*), *etc.*

– ***El estilo***: *la fotografía (documento, crítica, denuncia social, estética, creativa, etc.)*
La fotografía es periodística y refleja la realidad social de las mujeres españolas.

b. Analyser la photographie

▶ Dans la plupart des cas, le titre de la photographie donne les clefs pour comprendre sa nature, et permet de répondre aux questions de base : **Qui ?** (Quelles personnes ? La répartition sur la photo ?) **Où ? Quand ?** (Il faut se demander où et à quel moment se passe l'action). **Quoi ?** (Qu'est-ce qui est évoqué). Ces questions évitent la paraphrase.

Las protagonistas y las organizadoras de esta manifestación multitudinaria son las mujeres.

Las mujeres manifiestan este día tan señalado en la calle. Ellas pretenden que todo el mundo conozca el problema de la violencia de género.

Comment ? et **Pourquoi ?** servent à approfondir le document. La description de la photographie peut se faire de gauche à droite ou de haut en bas, etc.

▶ Pour analyser une photographie, il est nécessaire de trouver les lignes directrices : le style, la composition, les formes, la lumière (*la luz*), les couleurs, la mise en scène (*la puesta en*

escena), le point de vue (*el punto de vista*), etc.
Lo borroso de la parte derecha del primer plano y del fondo deja paso a la nitidez del centro de la fotografía.
La fotografía destaca el plano medio de la joven que muestra una pancarta en la que está escrito: «Si mañana me toca a mí, quiero ser la última».
Los carteles, las pancartas, las caras pintadas y los gritos de las manifestantes reclaman que la situación cambie.

c. Conclure et émettre un avis

▶ Finalement, dire ce que le photographe évoque, émettre une hypothèse sur son intention, sur le message véhiculé.
El mensaje visual de la fotografía muestra que...
Las mujeres denuncian las desigualdades y las violencias que aún padecen.
▶ Terminer en exprimant son opinion : la photographie évoque (*la fotografía evoca*), je pense que (*pienso que*), je crois que (*creo que*), à mon avis (*en mi opinión, para mí, a mi parecer*), (à moi) il (ne) me semble (pas) que [*(a mí) (no) me parece que*], j'ai du mal à croire que (*me cuesta creer que*).
A mi parecer la situación actual no puede seguir así y los gobiernos tienen que tomar medidas.

Cours

1 Lexique

a. Los derechos de igualdad

el feminismo ≠ el machismo
la violencia machista = la violencia conyugal = la violencia de género
la igualdad: l'égalité ≠ *la desigualdad*: l'inégalité
la huelga: la grève
la manifestación = la protesta
el cartel = la pancarta
el cambio: le changement
cambiar: changer
quitar: enlever
sumiso = obediente
obedecer
la emancipación: l'émancipation
levantar el puño: lever le poing
reivindicar: revendiquer
combatir = luchar contra/por: lutter contre/pour
ser consciente = tomar conciencia de algo

b. Analizar una fotografía

una foto, una fotografía
ángulo picado: plongée
contrapicado: contre-plongée
una exposición: une exposition
una instantánea: un instantané
una fotogalería
una portada de un periódico: la une d'un journal
la portada de una revista: la couverture d'une revue
periodístico/a: journalistique
artístico/a: artistique
la composición (las perspectivas y los planos, la simetría, la escena estática, la horizontalidad, la verticalidad)
las formas ovaladas y cuadradas
en el primer plano / término, en el segundo plano / término, en el tercer plano / término
arriba ≠ abajo, en el centro, en el fondo

2 Grammaire : l'article neutre *lo*

▶ *Lo* + adjectif ou participe passé exprime une caractéristique et se traduit par un substantif ou par « ce qui est ». Il équivaut à *Lo que es* + adjectif ou participe passé.
Lo que es impactante es el cartel.

▶ *Lo* + adjectif + que signifie « combien, à quel point, tellement + verbe conjugué + adjectif ».
Lo maravilloso es que los hombres empiezan a tomar conciencia de este problema.

▶ *Lo de* : « ce qui concerne, ce qui arrive, l'histoire de ».
Lo de ayer me pareció impresionante.

Exercices

1 ★ 5 min **Grammaire**

Responde a las preguntas utilizando el artículo neutro *lo*.

a. ¿Qué te parece importante en esta fotografía?
b. ¿Qué quiere mostrar el fotógrafo?
c. ¿Qué es lo bueno de la historia?

2 ★ 8 min **Expression écrite**

Describe la fotografía, di qué mensaje transmite, a quién va dirigido y de qué manera.
(Unas 15 líneas)

Méthode

Alexandria Ocasio-Cortez, una millennial[1] de origen latino que sacudirá[2] Washington

La joven nació en el Bronx en 1989, siendo hija de un neoyorquino[3] y una puertorriqueña. La joven, que se crió[4] en un barrio pobre, logró entrar en la Universidad de Boston donde se graduó cum laude[5] en Economía y Relaciones Internacionales, pero mientras estudiaba también debía trabajar como becaria[6] en la oficina de inmigración del senador Ted Kennedy. [...] En 2016 logró entrar a la escena política trabajando en la campaña de Bernie Sanders, comenzando así con una carrera que en solo dos años logró forjar.

A pesar de su brillante carrera, Alexandria Ocasio-Cortez se negó a[7] dejar el Bronx, lo que la llevó a trabajar como camarera en una taquería[8] de Union Square, Flats Fix. Pero en menos de un año logró arrebatarle[9] las primarias de Nueva York a **Joe Crawley**, un veterano demócrata. Lo hizo ejerciendo un mensaje simple, pero a todas luces social y muy de izquierdas: todos tendrán derecho a la salud, la vivienda será primordial para los más desfavorecidos, es necesario un control de armas, el salario mínimo debe aumentar y hay que ponerle fin al ICE, la agencia federal que aplica las leyes de inmigración.

Como si no fuera suficiente, la progresista tuvo una campaña de apenas 300.000 dólares, algo muy poco tomando en cuenta el poder que tenían sus contrincantes[10]. Pero Alexandria Ocasio-Cortez no se rindió y emprendió desde lo más básico yendo de puerta en puerta, y hablando con los empleados del Bronx y Queens, los distritos que esperaba protagonizar. Desde el Partido Demócrata empezaron a verla y a sonreír con alegría por lo que Alexandria Ocasio-Cortez es y representa: una mujer latina, trabajadora, con estudios a nivel universitario, estilosa, justa y ambiciosa. Las redes sociales explotaron por esta millennial que empezó a gozar de[11] una gran popularidad en Nueva York, pero también en otras partes de EE.UU.

Alexandria Ocasio-Cortez se perfila como la gran enemiga de Trump porque ejemplifica todo lo que él denigra, es decir, una mujer trabajadora y latina que puede representar fácilmente a varios estratos sociales[12], pero también a las minorías.

Fragmento extraído del artículo « Alexandria Ocasio-Cortez, una millennial de origen latino que sacudirá Washington », publicado en el periódico digital MUNDIARIO.COM el 7 de noviembre de 2018.

1. *una millennial*: *generación nacida entre 1980 y 2000*. 2. *sacudir*: trembler. 3. *neoyorquino*: *de Nueva York*. 4. *criarse*: grandir. 5. *graduarse cum laude*: obtenir son diplôme avec les félicitations du jury. 6. *becaria*: stagiaire. 7. *negarse a*: refuser de. 8. *camarera en una taquería*: serveuse dans un établissement où l'on vend des tacos. 9. *arrebatar*: emporter. 10. *los contrincantes*: les adversaires. 11. *gozar de*: bénéficier de. 12. *estratos sociales*: strates sociales.

Analyser un article de presse

Pour analyser un article de presse, prendre le temps de le lire attentivement.

a. Repérer les éléments essentiels du document

▶ **Le titre** (informatif, accrocheur ou partisan) constitue le résumé de l'article. Il permet de répondre aux questions de base : ***¿quién? ¿qué? ¿dónde? ¿cuándo?***
Alexandria Ocasio-Cortez, una millennial de origen latino que sacudirá Washington.

▶ Quand il y en a un, le **sous-titre** apporte des informations complémentaires.

▶ Prendre en compte les autres sources :
– ***El/la articulista, el/la periodista***
– ***El periódico, el diario*** (le quotidien régional ou national), ***digital*** (numérique), ***el semanal*** (l'hebdomadaire), ***el mensual*** (le mensuel) *y* ***la revista*** (la revue, le magazine).
– ***El país, la/s fecha/s de publicación***:
Mundiario, el 7 de noviembre de 2018.

b. Analyser l'article

▶ **Repérer les mots clés** (parfois en gras, parfois traduits en bas de page) : *Millennial, origen latino, sacudir, ...*

▶ **Étudier la forme : *el título*** (le titre), ***3 párrafos*** (3 paragraphes) *y* ***1 conclusión*** (1 conclusion).
El periodista relata la ascensión de... desarrollando a su vez cada párrafo...

Presse

- **Les principaux titres de presse en Espagne** : *El País, El Mundo, ABC, La Vanguardia* et *La Razon*.
- **Les principaux journaux en Amérique latine** : *La Nación* (Argentine), *Clarín* (Argentine), *Excelsior* (Mexique), *La Jornada* (Mexique) et *El Comercio* (Pérou).
- *Mundiario* est publié en Espagne et en Amérique latine.
- **Depuis 1970, la presse hispanique a grandi grâce aux migrants aux États-Unis** : *El Heraldo* (Miami) et *El Diario, La Opinión* (Los Angeles).

▶ Affiner l'analyse en s'interrogeant sur ***cuándo, cómo*** et ***por qué*** ainsi que sur **les causes** et **les conséquences.**
La joven nació en el Bronx en 1989, siendo hija de un neoyorquino y una puertorriqueña.
...logró entrar en la Universidad de Boston donde se graduó cum laude en Economía y Relaciones Internacionales...
...logró entrar a la escena política trabajando en la campaña de Bernie Sanders, ...
...en menos de un año logró arrebatarle las primarias de Nueva York a ***Joe Crawley...***
derecho a la salud... control de armas... salario minimo... desfavorecidos...

▶ **Les références** et **allusions** déterminent **le ton** de l'article, **le style** du journaliste, **le domaine d'activité** (*especializado, crítico, etc.*), **les enquêtes de l'article** et **son rapport à**

l'information (*distante, comprometido, etc.*) **Le langage** employé laisse entrevoir à quel type de public il va être destiné (*vocabulario científico, económico, político, etc.*) **Le point de vue** exprimé est aussi à considérer.

Alexandria Ocasio-Cortez se perfila como la gran enemiga de Trump porque...

c. Conclure

Par **une chute**, ou une question par exemple pour ouvrir sur un autre sujet.

Cours

1 Lexique

a. Las cualidades y la fuerza moral

el recorrido: le parcours
la voluntad: la volonté
el empeño: l'acharnement
el compromiso: l'engagement
imponerse: s'imposer

b. La diversidad y la inclusión

las minorías: les minorités
la diversidad
la inclusión, incluir

c. Analizar un artículo

la entradilla: le chapeau
los subtítulos: les sous-titres
los párrafos: les paragraphes
un suceso, un acontecimiento: un événement
una portada de un periódico: la une d'un journal
la portada de una revista: la couverture d'une revue
poner en relieve: mettre en relief
subrayar: souligner
el recorte de prensa o de periódico: la coupure de presse ou de journal
el reportaje: le reportage
el documental: le documentaire
la encuesta: l'enquête
una entrevista, una interviú: l'interview

2 Grammaire

Le passé simple

▶ Les verbes réguliers

Le passé simple exprime un fait ponctuel dans le passé. Il est beaucoup plus utilisé en espagnol qu'en français.
Alexandria Ocasio-Cortez regresó al Bronx.

– Les verbes comme *pedir*, *sentir* et *morir* changent la voyelle du radical à la 3e personne du singulier et du pluriel [e > i], [o > u].
Su padre murió de cáncer.

– Le verbe *dar* se conjugue comme un verbe du deuxième et du troisième groupe.
Attention : les verbes ***ser*** et ***ir*** ont le même passé simple.
Alexandria fue de puerta en puerta...

▶ **Les verbes irréguliers**

– Certains verbes comme *andar, caber, estar, haber, hacer, poder, poner, querer, saber, tener, venir* changent de radical au passé simple. Ils se conjuguent comme le verbe *tener* : ***tuve***, *tuviste*, ***tuvo***, *tuvimos, tuvisteis, tuvieron*.
Ex : *La progresista tuvo una campaña de apenas...*

– Les verbes en *-ducir, traer, decir* et leurs composés font : *traducir = tradu**je**, tradu**jiste**, tradu**jo**, tradu**jimos**, tradu**jisteis**, tradu**jeron***
Attention : ces verbes irréguliers ne portent jamais l'accent écrit au passé simple.

Exercices

1 ★ 5 min **Grammaire**

Busca los verbos en pretérito indefinido, indica la persona en la que están conjugados y da el infinitivo en las cuatro primeras líneas.

2 ★★★ 20 min **Compréhension de l'écrit**

a. Analiza el título del artículo y da la información que te proporcionan.

b. Encuentra la/s afirmación/es verdadera/s y justifica con un elemento sacado del texto:
– Alexandria es graduada en Economía y Relaciones Internacionales por la Universidad de Bostón.
– Alexandria es una empleada doméstica.
– Alexandria escribe cuentos en una editorial de libros infantiles.

c. Entresaca los elementos más importantes de la biografía de Alexandria Ocasio-Cortez.

d. Enumera los puntos más importantes de la propaganda política de Alexandria Ocasio-Cortez.

e. Cita las cualidades que posee la legisladora.

f. Anota la importancia de su elección.

Méthode

Al nuevo «muro de la vergüenza» le faltan 2.000 kilómetros

La valla[1] del republicano ya existe y atraviesa ciudades y montañas. Una nueva construcción supondrá un golpe ecológico y una mayor mortalidad entre los migrantes.

Donald Trump anunció el miércoles el comienzo de la construcción «en meses» de un muro a lo largo de la frontera cuya financiación correrá a cargo de México, insistió el magnate presidente en entrevista con la cadena *ABC*.
El muro, según calculó *The Washington Post*, tendrá un costo superior a los 25.000 millones de dólares y requerirá la utilización de miles de obreros durante años.
Sin embargo, éste es una realidad tangible desde hace décadas para miles de mexicanos. «Yo pasaba a Estados Unidos con la naturalidad de quien cruza la calle. Ellos y nosotros hacíamos las compras a uno y otro lado de la frontera sin ningún inconveniente hasta que empezaron a levantar el muro» explica Lee, de 33 años.
Su construcción no es una ocurrencia de Trump. Con la llegada de Bill Clinton al poder, en 1993, los demócratas levantaron, sin escándalo alguno, el polémico muro de la misma forma que Barack Obama ha sido el presidente que más indocumentados ha expulsado durante sus casi ocho años de gobierno; casi 2,6 millones de emigrantes deportados.
Actualmente de los casi 3.200 kilómetros de frontera que comparte México y Estados Unidos, en un tercio de la misma, unos 1.100 kilómetros, hay muro físico. Bardas de concreto[2], rejas[3], planchas metálicas[4] que un día sirvieron para facilitar el aterrizaje de aviones durante la Guerra del Golfo y después fueron reutilizadas a modo de separación entre los dos países.

El país (esp.) *elpais.com*, 26/01/2017.

1. *la valla:* la clôture. 2. *las bardas de concreto:* protection faite de béton. 3. *las rejas:* les grilles. 4. *las planchas metálicas:* les plaques de métal.

Comprendre un texte

Info

El término ***Muro de la Vergüenza*** es el apelativo atribuido por los detractores a los muros de seguridad construidos en los siglos XX y XXI. Esta medida pretende ejercer el control sobre las personas que cruzan este límite e impedir el acceso de un país a otro, en este caso, entre México y los Estados Unidos.

a. Première étape : lire le document

Relever les indications essentielles : auteur, source (roman, extrait, article de presse, etc.) **pays d'origine et date.**
El artículo fue sacado del periódico digital español El país y publicado el 26 de enero de 2017.
▶ Le titre et le sous-titre contiennent des mots-clés qui permettent de saisir le thème général et de répondre aux questions de base : ***¿quién? ¿qué? ¿dónde? ¿cuándo?***
Al nuevo «muro de la vergüenza»...
Una nueva construcción... una mayor mortalidad entre los migrantes.
Donald Trump anunció en 2017 el comienzo de la construcción «en meses» de un muro a lo largo de la frontera.
▶ **Les mots** traduits **en bas du texte** sont importants car ils sont nécessaires pour comprendre le texte.
la valla...
▶ Repérer **le champ lexical** permettra de comprendre l'ensemble des mots qui se rapportent à une même thématique.
– la frontière : *el muro de la vergüenza, la frontera, separación...*
– la construction du mur : *los kilómetros, los obreros, la construcción, levantar...*
– l'immigration illégale : *indocumentados, emigrantes deportados...*

b. Relire le texte

▶ Lire **la totalité des indications et des consignes.** Les verbes à l'impératif *apunta, anota, busca, enumera, di,* etc. signifient *citar*. Cela veut dire qu'il faut s'appuyer sur le texte pour répondre. Dans ce cas, il est obligatoire de mettre des guillemets et d'indiquer les numéros des lignes du texte.
▶ Les questions liées à la compréhension de texte sont généralement **rédigées** suivant **la progression du document.**
▶ Relire ensuite le texte pour y **trouver les réponses aux questions.**
Veiller à **justifier les réponses** lorsque c'est demandé dans la consigne.

Cours

1 Lexique

a. Las personas

el/la inmigrante: l'immigrant/e
el/la emigrante, emigrar: l'émigrant/e, émigrer
un/a indocumentado/a, un/a sin papeles: un sans-papiers
el/la clandestino/a: le clandestin/e
un/a trabajador/a legal ≠ ilegal
un/a extranjer/a: un/e étranger/ère
el/la aduanero/a: le/la douanier/ère
la policia de fronteras: la police des frontières
un pasador, un patero, un coyote: un passeur
los heridos: les blessés
las raíces: les racines
la integración ≠ la exclusión
la humillación: la humiliation

b. Los trámites administrativos

un documento de identidad: un papier d'identité
*ob**tener** los papeles*: obtenir des papiers
el pasaporte, el visado: le passeport, le visa
empadronarse: se faire enregistrer
un permiso de residencia: un permis de séjour

c. Los desplazamientos

los movimientos migratorios = los flujos migratorios
pasar la frontera: passer la frontière
***i**rse, marcharse, **salir** ≠ **lle**gar: partir ≠ arriver*
*quedarse ≠ **vol**ver*: rester ≠ revenir, rentrer
cruzar: traverser
***ser** detenido*: être arrêté

d. Expresiones

***hacer** las Américas*: partir faire fortune en Amérique
jugarse el pellejo: risquer sa peau, sa vie
un chicano: nom donné aux immigrés mexicains aux États-Unis
un mojado (= mouillé): nom donné aux clandestins qui traversent le Río Grande pour rejoindre les États-Unis

2 Grammaire

a. La préposition *a*

– Pour indiquer un mouvement, un déplacement.
– Après un verbe de mouvement et devant un infinitif.
– Devant un complément d'objet direct de personne.
*Donald Trump anunció **a** los mexicanos que el muro...*
Attention : il y a une contraction de la préposition et de l'article défini *a* + *el* = *al*.

b. La préposition *en*

– Quand il n'y a pas de mouvement, pour indiquer le lieu où l'on se trouve.
– Pour traduire sur.
– Pour se situer dans une époque, marquer un moment.
*Anunció el miércoles el comienzo de la construcción «**en** meses» ...*

c. La préposition *de*

– Pour indiquer l'origine, la provenance.
– Pour indiquer la matière.
– Pour indiquer la possession, l'appartenance.
– Pour caractériser : *El muro **de** la verguenza.*

Exercices

1 ★ 5 min **Grammaire**

Completa las frases con una preposición.

a. Se cumplen tres años ... la visita oficial ... Donald Trump ... México.

b. Los indocumentados vienen ... México y van ... los Estados Unidos.

c. Los mexicanos iban ... comprar allí, sin ninguna dificultad.

d. Barack Obama expulsó ... muchos indocumentados.

e. ... pocos días, acabarán el muro.

2 ★★ 20 min **Compréhension de l'écrit**

a. Analiza el título y el subtítulo del artículo y da la información que te proporcionan.

b. Di qué propuesta anunció Donald Trump y quién financiará este proyecto.

c. Esta frase es verdadera o falsa. «La construcción del muro se hará rapidamente y no costará mucho dinero». Justifica con un elemento del texto.

d. Cita una frase que muestre que las relaciones entre la población local de los dos países han dejado de existir después de la construcción del muro.

e. Elige la respuesta correcta y justifica con un elemento del texto:
– Donald Trump fue el primer presidente al que se le ocurrió la construcción del muro.
– Bill Clinton fue el primer presidente al que se le ocurrió la construcción del muro.
– Barack Obama fue el primer presidente al que se le ocurrió la construcción del muro.

Méthode

El Valle de los Caídos

▶ **El Valle de los Caídos** está ubicado en el valle de Cuelgamuros en el municipio de San Lorenzo de «El Escorial» en la provincia de Madrid. El monumento lo encargó el general Francisco Franco para rendir homenaje a los combatientes nacionalistas muertos durante la guerra civil española (1936-1939). El monumento fue construido entre 1940 y 1958.
Los arquitectos Pedro Muguruza y Diego Méndez participaron en su diseño. Las esculturas corresponden a Juan de Ávalos y Taborda, entre otros.
▶ **Francisco Franco Bahamonde** nació el 4 de diciembre de 1892 en el Ferrol, en la comunidad autónoma de La Coruña, en Galicia y murió el 20 de noviembre de 1975 en Madrid. Ganó la guerra civil española y en 1939 se convirtió en el Jefe del Estado bajo un régimen dictatorial hasta su muerte.
▶ Cada **20 de noviembre**, los partidarios y nostálgicos del régimen se reúnen para conmemorar su memoria. Los detractores luchan por la transformación o la destrucción de «El Valle de los Caídos».

Participer à un débat

Un débat est une discussion orchestrée autour d'un thème. Cette activité permet de s'entraîner à prendre la parole tout en respectant les opinions d'autrui et à argumenter pour convaincre.

a. Les différents rôles

Dans un débat, chacun a son rôle à jouer : d'un côté, l'organisateur, et de l'autre, les participants.
▶ **L'organisateur du débat** veille à ce que tous les participants s'expriment et respectent le temps de parole de chacun.
▶ **Les participants** doivent convaincre leurs opposants qui ont une opinion contraire.
Les moyens d'y parvenir sont d'argumenter, d'écouter l'opinion des autres, de noter les arguments opposés et d'y répondre.
Le débat est réussi si tous les participants ont respecté la parole et les idées d'autrui et s'ils ont utilisé la thématique, les mots-clés et leurs connaissances.

b. Préparation du débat

▶ Prendre connaissance du sujet.
Classer les données objectives en fonction des éléments fournis, de ses connaissances et des idées des participants. *Sabemos que... La fotografía muestra que... Está ecrito en... Podemos verlo en...*
Utiliser **des données objectives** permet d'argumenter de façon plus convaincante et permet d'éviter les discussions stériles. Une solution consiste à établir les causes et les conséquences, ou les avantages et les inconvénients (*porque, ya que, puesto que, pues, por lo tanto*). *Las causas... Las consecuencias... Las ventajas... Los inconvenientes son...*
Si les informations sont insuffisantes, il est possible de formuler **des suppositions** (*a lo mejor, acaso, tal vez, quizá(s), es posible que*).
▶ Le thème choisi pour ce débat est : *«¿Hay que valorizar una arquitectura realizada bajo las órdenes de un dictador?»*
Les arguments des deux parties peuvent être organisés ainsi :

Pour	Contre
En primer lugar cabría preguntarse la razón por la que Francisco Franco eligió...	*Para empezar, yo estoy de acuerdo con el arquitecto...*
Es normal que Francisco Franco tomará la decisión ya que...	*El Valle de los Caídos, desde el punto de vista arquitectónico, no...*
No creo que sea una arquitectura caduca puesto que...	*Por una parte, el Jefe del Estado tendría que haber tenido en cuenta...*
A mí me gusta este estilo...	*Por otra, lo único que tiene valor en el Valle de los Caídos es...*
Es obvio que se debe valorizar una arquitectura realizada bajo las órdenes de Franco porque...	*No pienso que el monumento sea más prestigioso porque...*

c. Le débat

Utiliser les termes suivants pour exprimer ses arguments.
Apporter des arguments : *y además, hay que añadir.*
Exprimer ses pensées : *por una parte... por otra parte, también es verdad que...*
Reformuler : *es decir, o sea, dicho de otro modo.*

Hiérarchiser ses idées : *lo más importante, lo más destacado, hay que subrayar o destacar.*
Relier ou opposer des idées : *pero, pese a ello, a pesar de.*
Retirer une conclusion personnelle : *entonces, por lo tanto, en consecuencia.*
Exprimer son accord ou son désaccord : *estar a favor de, estar en contra de, sin embargo, no obstante, mientras que, en cambio, por el contrario, estoy o no de acuerdo contigo, comparto o no la opinión de.*
Exprimer son opposition : *me gusta o no me gusta, por su puesto, desde luego que.*

Cours

1 Lexique

a. La memoria

el recuerdo: le souvenir ≠ *el olvido*: l'oubli
el deber de memoria: le devoir de mémoire
la memoria colectiva, histórica: la mémoire collective, historique
la memoria: la mémoire historique
el memorial: le mémorial

b. La historia

las fechas: les dates
el pasado ≠ el presente
un hecho clave ≠ anecdótico: un fait marquant ≠ anecdotique
un acontecimiento histórico: un événement historique
una figura emblamática: une figure emblématique
el dictador Francisco Franco
los nacionalistas ≠ los republicanos
la cruz: la croix
la tumba: le cercueil
el monumento a los Muertos: le monument aux Morts
el monumento conmemorativo: le monument commémoratif
la ley de la memoria histórica: la loi de la mémoire historique
exhumar: exhumer

c. Actitudes

el homenaje: l'hommage
el odio: la haine
el perdón: le pardon
negar: nier
recordar = acordarse de algo: se rappeler, se souvenir de
olvidar: oublier
homenajear: rendre hommage
luchar por: lutter pour
respetar: respecter
hacer justicia: rendre justice

d. Consecuencias

la cicatriz: la cicatrice
la herida: la blessure
aprender del pasado: apprendre du passé

2 Grammaire

Les marqueurs temporels

Ils sont indispensables pour établir la chronologie et organiser le discours argumentatif.

▶ *Para empezar:* ***primero***, ***al principio***, ***al inicio***, ***en primer lugar***, ***inicialmente*** (au début, d'abord, en premier).
Pour les contes : ***érase una vez*** (il était une fois).

▶ *Para continuar:* ***en segundo lugar*** (deuxièmement, en second lieu) ; ***después (de)***, ***luego***, ***a continuación*** (après, ensuite) ; ***antes (de)*** (avant) ; ***además*** (de plus) ; ***entonces*** (alors) ; ***más tarde*** (plus tard).

▶ *Sacar conclusiones:* ***al final***, ***finalmente***, ***para terminar*** (à la fin). Pour les contes : ***y colorín, colorado, este cuento se ha acabado*** (ils se marièrent et eurent beaucoup d'enfants).

Exercice

★★★ 20 min **Expression écrite**

Haz una ficha organizando las ideas del texto informativo del inicio del capítulo, que puedes ver al mismo tiempo en la fotografía, y selecciona otros datos para ampliar la información. Argumenta de manera establecida si estás a favor o en contra de suprimir los símbolos, exhumar los restos de una persona que ha marcado historia (el general Franco, por ejemplo) o destruir los monumentos históricos del pasado.

Méthode

▶ **Antonio Berni (1905-1981) fue un pintor, grabador, muralista e ilustrador argentino.** Nació el 14 de mayo de 1905 en Rosario y murió el 13 de octubre en 1981 en Buenos Aires.

▶ La pintura surrealista de sus comienzos se volvió más crítica y realista al regresar a su país en la década de los treinta. Los dos acontecimientos mayores que influyeron esta composición fueron el Crac del 1929 y el golpe militar del 6 de septiembre de 1930 que derrocó al presidente Hipólito Yrigoyen.

▶ En **1934**, comenzó a mostrar la problemática social y la relación entre el arte y la política con sus obras *Desocupados* y ***Manifestación***. El cuadro *Manifestación* muestra muy bien **la crisis** durante estos años en **Argentina**.

Antonio BERNI (1905-1981) Manifestación, 1934, Museo de Arte Latinoamericano de Buenos Aires. MALBA. Fundación Costantini. Buenos Aires. Argentina. © Javier Larrea / Age Fotostock / DR

Commenter et analyser un tableau

Pour analyser un tableau, prendre le temps de l'observer et utiliser les indications fournies. Plusieurs lexiques sont nécessaires pour le commenter : le lexique du thème et celui lié au type d'œuvre étudié.

a. Commencer par présenter le tableau

Ces premiers éléments permettent de faire une introduction générale et ciblée de l'œuvre artistique.

▶ ***El tipo de documento***: un document iconographique (*un cuadro, una fotografía, un graffiti, etc.*)

▶ ***El/la artista***: *un/a pintor/a.*

▶ ***El lugar y las fechas de nacimiento y de muerte***: *nació en 1905 y murió en 1981 en Buenos Aires.*

▶ ***El título***: *Manifestación.*

▶ ***El país, la/s fecha/s de realización del cuadro y la corriente artística***: l'époque (*pasada, clásica ≠ actual*) ou le courant (*el barroco, el rococó, el surrealismo, el cubismo, etc.*) *El artista pintó el cuadro en Argentina en 1934.*

▶ ***El género***: portrait (*retrato, cuerpo entero, individual o de grupo*), paysage (*paisaje*), scène de genre (*escena de género*), nature morte (*bodegón*), etc.

▶ ***El estilo***: *figurativo, abstracto, (nuevo) realista, etc.*

▶ **Le titre du tableau** peut donner des clefs pour comprendre sa nature.

Antonio Berni (1905-1981) pintó Manifestación en 1934. El cuadro muestra el problema económico, político y social de la Argentina de los años treinta.

b. Décrire la composition du tableau

▶ Étudier le tableau dans le détail pour répondre aux questions de base : **Qui ?** Quelle est l'identité des personn(ag)es, quels sont leurs liens, etc. **Où ? et Quand ?** se situe la scène représentée. **Quoi ?** donne le thème de ce qui est évoqué.

▶ La description du tableau peut être se faire, par exemple, de gauche à droite ou de haut en bas, en suivant sa composition.

El título del cuadro Manifestación resume su temática.

El cuadro nuevo realista está compuesto por tres planos horizontales y uno triangular.

En un primer plano, llama la atención el rostro de los manifestantes.

En el centro, destaca un niño que tiene un trozo de pan en la mano.

La perspectiva oblicua muestra la multitud de participantes en esta manifestación.

c. Analyse et commenter l'œuvre

Comment ? et **Pourquoi ?** servent à approfondir le document. Mettre en évidence sa spécificité et son intérêt en s'appuyant sur les lignes directrices : le style, la composition, les formes, la lumière (*la luz*), les couleurs, le point de vue (*el punto de vista*), etc.

El equilibrio entre las figuras y el decorado es perfecto. Los elementos dispuestos en la obra se combinan marcando un ritmo de lectura de lo más grande a lo más pequeño.

La originalidad del cuadro estriba en el aspecto caricaturesco de los manifestantes.

La respuesta de los manifestantes aparece en la pancarta del fondo, en la que se indica: «Pan y trabajo».

d. Conclure et émettre un avis

▶ Finalement, dire ce qu'il évoque, émettre une hypothèse sur l'intention du peintre.

El cuadro evoca el desempleo, la pobreza y la marginalidad social de esta gente… como el título lo indica están manifestando para que su situación cambie.

▶ Terminer en exprimant son opinion : *pienso que, creo que, en mi opinión, para mí, a mi parecer,* (*a mí*) (*no*) *me parece que, me cuesta creer que* (j'ai du mal à croire que).

El cuadro representa una manifestación obrera desde una perspectiva muy original.

Los actores del cuadro utilizan la manifestación como medio de resistencia.

En conclusión, el artista con esta obra lucha por la justicia social de su tierra natal.

Cours

1 Lexique

a. El arte comprometido

los obreros: les ouvriers
los marginales: les marginaux
la pobreza: la pauvreté
a la espera de: dans l'attente de
la expresión de las personas: l'expression des personnes
la caricature: la caricature
la mirada triste: le regard triste
el sufrimiento: la souffrance
la cabeza baja o gacha: la tête basse
los cuerpos ondulados: les corps tordus
la injusticia ≠ la justicia
la igualdad: l'égalité ≠ *la desigualdad*: l'inégalité
los derechos humanos: les droits de l'homme
los derechos económicos, políticos y sociales: les droits économiques, politiques et sociaux
la ocupación ≠ la desocupación
la crisis: la crise
la resitencia: la résistance
adormilado/a: somnolent/e
estar amontonado/a, estar hacinado: accumuler, entasser
estar activo ≠ estar inactivo
combatir = luchar contra/por: lutter contre/pour
ser consciente = tomar conciencia de algo

b. Analizar un cuadro

un cuadro: un tableau
una témpera: une peinture à la tempera
una arpillera: une toile de jute
la composición (las perspectivas y los planos, la simetría, la escena estática, la horizontalidad, la verticalidad)
las figuras torcidas
las líneas onduladas, zigzagueantes y rectas
los colores intensos y brillantes (les couleurs intenses et lumineuses), *cálidos y fríos* (chaudes et froides)
en el primer plano / término, en el segundo plano / término, en el tercer plano / término
arriba ≠ abajo, en el centro, en el fondo
a la derecha ≠ a la izquierda
el arte comprometido: l'art engagé
el nuevo realismo: le nouveau réalisme

2 Grammaire

a. Les adverbes de lieu

▶ *Aquí* (ici), *allí, ahí* (là), *allá* (là-bas), *delante* (devant), *detrás* (derrière), *alrededor* (autour), *en medio* (au milieu), *a la izquierda* (à gauche), *a la derecha* (à droite), *cerca* (près), *lejos* (loin), *enfrente* (en face), *arriba* (en haut), *abajo* (en bas), *dentro* (dedans), *fuera* (dehors).

▶ *Abajo = bajo = debajo ; ante = adelante = delante ; tras = atrás = detrás ; dentro = adentro ; fuera = afuera ; sobre* (sur) = *encima* (dessus, sur).

b. L'expression de la supposition

Pour exprimer une supposition, il existe différentes constructions.

▶ *A lo mejor* + indicatif (peut-être).
A lo mejor la situación cambie en Argentina.

▶ *Acaso, tal vez, quizá(s)*… + subjonctif (peut-être).
Quizás encuentren un trabajo.

▶ *Es posible que*… + subjonctif (il est possible que).
Es posible que pasen hambre.

Attention : il faut respecter la concordance des temps.

Exercices

1 ★ 10 min **Grammaire**
Observa el cuadro y escribe siete frases que indiquen la expresión de la suposición.

2 ★★★ 20 min **Expression écrite**
Haz la descripción de los personajes del cuadro, fíjate en la posición que ocupan y saca conclusiones. (Unas 15 líneas)

Innovations scientifiques et responsabilités

Méthode

▶ **Desde 1 de julio de 2018, los comercios ya no pueden proporcionar gratuitamente las bolsas de 15 a 50 micras de grosor** que son las más utilizadas en la actualidad.
▶ **A partir del 1 de enero del 2020, se prohibirán las bolsas hechas de materiales plásticos que contengan aditivos que impidan su fragmentación.**
▶ **A partir del 1 de enero de 2021, solo se permitirá la entrega de bolsas compostables en las tiendas.**
Cada español consume 144 bolsas de plástico al año. El 90% de las bolsas se usan una vez. El tiempo que tardan en descomponerse es de 100 a 500 años.
La contaminación de los plásticos se ha convertido en una de las plagas del siglo XXI tanto en la tierra como en el mar.

Ministerio para la transición ecológica

Analyser un message publicitaire

Une campagne publicitaire est la diffusion d'un message auprès des consommateurs et/ou des citoyens.

a. Présenter la publicité

▶ Commencer par préciser le type de support (affiche, presse, web, etc.), qui est l'annonceur (...) et à qui il s'adresse (...). Ensuite, repérer **le thème ou le produit, l'objectif visé (promotion, prévention**, etc.)
La campaña publicitaria es una iniciativa del Ministerio para la Transición Ecológica.
El tema de la publicidad es la reducción progresiva de las bolsas de plástico.
El público meta son los consumidores.
▶ Distinguer **les différents types de campagnes publicitaires.**
– **L'informative** : a pour fonction de donner au récepteur une information.
La campaña informa sobre una nueva ley a partir del 1 de julio de 2018.
– **L'argumentative** : vise à convaincre l'opinion du récepteur.
El Ministerio para la Transición Ecológica modifica las leyes...
– **L'incitative** : incite à modifier les habitudes du consommateur.
La campaña incita a modificar las costumbres de los utilitarios.

b. La description de la publicité

Décrire les moyens mis en œuvre en étudiant **l'illustration** (*foto, dibujo, pintura*), **les couleurs** et **le texte** (*lema, eslogan, información que impacta, argumentos*). L'image et le texte se complètent, l'image attirant l'attention et le texte précisant le message.
El articulista a través del texto y de la imagen muestra...
En la parte superior destaca la mano y en el centro el dibujo entrecortado de la bolsa de plástico.
Los colores que utiliza la publicidad son colores acordes con la naturaleza.

c. Analyser le but, le sens, le message et l'impact

Repérer **le but, le public visé** et **le langage** adopté.
La phrase interrogative s'adresse au public et l'interpelle sur un sujet.
La meta de la publicidad es la de concienciar al consumidor del impacto medioambiental.
El eslogan de la campaña es: Menos bolsas, más vida.
El publicista sugiere a través del cielo, de las nubes, de los árboles y del arbusto que...
Las consecuencias de la utilización masiva de este material serían desastrosas para el planeta.

d. Conclure

Dégager **le message publicitaire** et **émettre un avis.**
Me gusta mucho esta publicidad porque informa y hace reflexionar al consumidor.

Cours

1 Lexique

a. La transición ecológica

una bolsa de plástico: un sac en plastique
un contenedor: un conteneur
compostable
el medio ambiente: l'environnement
la contaminación = la polución
el Ministerio para la Transición Ecológica
las medidas: les mesures
la responsabilidad: la responsabilité
el compromiso: l'engagement
comprometerse a hacer algo: s'engager à faire quelque chose
la ecociudadanía: l'écocitoyenneté
la energía renovable: l'énergie renouvelable
disminuir: diminuer
sensibilizar: sensibiliser
reciclar: recycler
depositar: déposer
ahorrar: économiser
prohibir: interdire
preservar el planeta: préserver la planète

b. Analizar un cartel

una campaña publicitaria o de publicidad, un cartel, una publicidad: une campagne publicitaire, une affiche, une publicité
el/la publicista: le publicitaire
el producto: le produit
el/la consumidor/a: le consommateur, la consommatrice
el lema, el eslogan: le slogan
el logotipo: le logo
el blanco: la cible
una publicidad oficial: une publicité officielle
una publicidad institucional, de utilidad pública, de prevención: une publicité institutionnelle, d'utilité publique, de prévention
el emisor del mensaje: l'émetteur du message
la firma: la signature
incitar, la incitación: inciter, l'incitation
el estilo de tipografía: le style de typographie
el tamaño: la taille

2 Grammaire

a. L'ordre : l'impératif affirmatif

Utilisé pour donner des ordres, l'impératif se conjugue à cinq personnes :
tú, usted, nosotros, nosotras, vosotros, vosotras, ustedes.
cantar: canta, cante, cantemos, cantad, canten.
comer: come, coma, comamos, comed, coman.
vivir: vive, viva, vivamos, vivid, vivan.

▶ Avec *tú*, l'impératif régulier supprime le ***-s*** de la deuxième personne du singulier du présent de l'indicatif : *¡canta!*

▶ Les huit verbes irréguliers à la 2e personne du singulier sont : ***di*** (decir), ***haz*** (hacer), ***ve*** (ir), ***pon*** (poner), ***sal*** (salir), **sé** (ser), ***ten*** (tener) et ***ven*** (venir).

▶ Avec *vosotros*, *vosotras*, le *-r* de l'infinitif est remplacé par un *–d* : *¡vivid!*

▶ Avec *usted*, *ustedes*, *nosotros* et *nosotras*, on utilise le présent du subjonctif : *¡canten! ¡coman! ¡vivamos!*
Attention ! L'enclise du ou des pronoms est obligatoire : *¡comprométete*!
L'impératif de ***ir*** est ***vamos*** et non *vayamos* à la première personne du pluriel.

b. La défense : l'impératif négatif

Pour toutes les personnes : *no* + subjonctif présent.
¡No compres bolsas de plástico!
Attention ! Pour la défense, il faut bien maîtriser le présent du subjonctif des verbes irréguliers.

Exercices

1 ★ 5 min **Grammaire**
Formula órdenes a partir de los elementos siguientes.

a. El Ministerio para la Transición Ecológica: ahorrarse las bolsas al medio ambiente.

b. Los comerciantes a los consumidores: comprar menos bolsas.

c. Los comerciantes a los funcionarios del Ministerio: sacar otra ley para salvar al planeta.

d. Unos consumidores a otros consumidores: no pagar el coste de las bolsas.

2 ★★ 10 min **Busca las frases impersonales de la publicidad, escríbelas y di qué expresan en español.**

3 ★★★ 15 min **Expression écrite**

Apoyándote en la publicidad, qué medidas tomas o tomarías para preservar el medio ambiente.
(Unas 10 líneas)

Méthode

Que trata de la condición y ejercicio del famoso hidalgo Don Quijote de la Mancha

En un lugar de la Mancha, de cuyo nombre no quiero acordarme, no ha mucho tiempo que vivía un hidalgo[1] de los de lanza en astillero[2], adarga antigua, rocín[3] flaco y galgo[4] corredor. [...] Frisaba la edad de nuestro hidalgo con los cincuenta años, era de complexión recia[5], seco de carnes, enjuto de rostro[6]; gran madrugador y amigo de la caza. [...] Es, pues, de saber, que este sobredicho hidalgo, los ratos que estaba ocioso (que eran los más del año) se daba a leer libros de caballerías[7] con tanta afición y gusto, que olvidó casi de todo punto el ejercicio de la caza, y aun la administración de su hacienda[8]; y llegó a tanto su curiosidad y desatino[9] en esto, que vendió muchas hanegas de tierra de sembradura[10], para comprar libros de caballerías en que leer.

Miguel de Cervantes Saavedra, *Don Quijote de la Mancha*, 1605.

1. *hidalgo*: titre de noblesse le plus bas en Espagne. 2. *astillero* (vieilli): râtelier 3. *rocín*: rosse. 4. *galgo*: lévrier. 5. *recia*: vigoureuse. 6. *enjuto de rostro*: maigre de visage. 7. *libros de caballerías*: livres de chevalerie. 8. *su hacienda*: ses biens. 9. *desatino*: folie. 10. *tierra de sembradura*: terres de culture.

▶ **Miguel de Cervantes Saavedra** nació en 1547 y murió en 1616. **Es el escritor más conocido de la literatura española.**

▶ *El ingenioso hidalgo don Quijote de la Mancha* **se publicó en Madrid en dos partes, la primera en 1605 y la segunda**, diez años más tarde, **en 1615. Su obra forma parte del Siglo de Oro español.** En 1655, esta novela de caballerías se tradujo en varias lenguas.

▶ Don Quijote es un personaje idealista contrariamente a su fiel escudero Sancho Panza. Los dos motivados por el hidalgo don Quijote irán en busca de aventuras. Dulcinea del Toboso es un personaje ficticio de la novela. El caballero andante está locamente enamorado de ella.

Don Quijote y Sancho Panza, Monumento a Miguel de Cervantes, Madrid.

Expression écrite : écrire un courrier

Un exercice d'expression écrite peut consister à rédiger une lettre (papier ou courriel).

Don Quijote le escribe una carta a Dulcinea del Toboso contándole una de sus aventuras. (Unas 15 líneas)

▶ Lire la consigne pour identifier **l'expéditeur**, **le destinataire** et **l'objet** du courrier.

▶ **L'expéditeur de la lettre** peut être l'auteur, le protagoniste, un autre personnage ou vous-même ce qui peut impliquer un changement du pronom sujet.

El remitente es Don Quijote de la Mancha.

▶ Si le destinataire est une personne inconnue : il faudra employer **la formule de politesse** *usted*.

El destinatario es Dulcinea del Toboso.

Si le destinataire est une personne proche, **le tutoiement** *tú* est de rigueur.

▶ Veiller à utiliser le registre de langue (familier, courant, soutenu, professionnel) selon le type de courrier (remerciement, demande, candidature, professionnel, etc.)

▶ Respecter **le nombre de mots** ou **de lignes** exigés.

▶ Structurer le courrier lettre de la manière suivante :

– **l'en-tête**, en haut à gauche, le nom de l'expéditeur (*el remitente*) et dessous son adresse (*la dirección*) si c'est une lettre ; en haut à droite, le lieu et la date et en-dessous le nom et l'adresse du destinataire (*el destinatario*) si c'est un courriel formel ;

– **la formule initiale**, en espagnol la virgule est remplacée par deux points : *Querido/a/os/as, Hola*, pour le tutoiement ; *Estimado/a/os/as señor/a/es/as, Distinguido/a/s señor/a/es/as*, pour le vouvoiement ;

– **l'introduction et le corps de la lettre** *Me permito dirigirle/s la presente carta...*, = Je me permets de vous adresser la présente lettre... ;

– **la formule finale**, beaucoup plus simple et moins diplomatique qu'en français : *Un fuerte abrazo, Con cariño, ¡Hasta pronto!*, pour le tutoiement ; *Muy atentamente, Reciba un saludo cordial*, pour le vouvoiement et **la signature de l'expéditeur** ;

– **le *post-scriptum*** (P.S.) en français est l'équivalent de (*posdata* = *P.D.*) en espagnol.

▶ **Abréviations**

Sr.: señor, Sra.: señora, Sres.: señores, C/: calle, Avda.: avenida, Plza.: plaza, n°: numéro, izqda.: izquierda, dcha.: derecha.

Salamanca, 14 de marzo de 1601

Don Quijote de la Mancha
Ruta de Albacete, posada 5
Albacete
España

Dulcinea del Toboso
C) Los enamorados, 6
El Toboso
Toledo
España

«Soberana y alta señora:
Le voy a contar una aventura que me ocurrió con mi escudero Sancho Panza. Íbamos cabalgando cuando de repente vi treinta o cuarenta desaforados gigantes. Se lo comenté a Sancho el cual me dijo que lo que yo contemplaba a lo lejos no eran gigantes sino molinos de viento y que los brazos de los que yo hablaba eran las aspas de esta máquina moledora. Evidentemente yo no lo creí hasta que me precipité contra el molino. El daño fue tal que todavía tengo el cuerpo adolorido del golpe que me di. Mi caballo Rocinante salió ileso de esta hazaña. Espero tener la próxima vez más éxito y fortuna y poderle contar con brío y destreza mis múltiples andanzas.
Suyo hasta la muerte,
El Caballero de la Triste Figura».

Cours

1 Lexique

a. El personaje y su afición

el caballero andante: le chevalier errant
noble, nobleza: noble, noblesse
la afición: la passion
el olvido: l'oubli
ocioso ≠ ocupado
loco ≠ cuerdo
perder la chaveta: perdre la tête, devenir fou
olvidar: oublier
darse a = aficionarse por
cazar: chasser

b. Literatura

un/a escritor/a: un/e écrivain/e
un/a novelista/a: un/e romancier/ère
un libro: un livre
una novela: un roman
un cuento, una novela corta: une nouvelle
una obra: une œuvre
el personaje: le personnage
el/la protagonista: le/la protagoniste
real ≠ ficticio
la mitología: la mythologie
la leyenda: la légende
la ciencia ficción: la science-fiction
inspirarse en: s'inspirer de
transportar hacia: transporter vers
escaparse de la realidad: s'échapper de la réalité
conmover: émouvoir

2 Grammaire

a. Les verbes pronominaux

Ce sont les verbes qui se conjuguent avec un pronom réfléchi de la même personne que le pronom personnel sujet.
*Llamar**se**: yo **me** llamo, tú **te** llamas, él, ella, usted **se** llama, nosotros, nosotras **nos** llamamos, vosotros, vosotras **os** llamáis, ellos, ellas, ustedes **se** llaman.*

b. L'expression « passer son temps à »

Passer son temps à : *pasarse* + indication de temps + gérondif.
L'adjectif possessif français « son » est traduit par un article défini.
*Don Quijote se pasaba **el** tiempo leyendo libros de caballerías.*
Cette expression affirmative devient négative suivant la règle générale : *no* + verbe + indication de temps + gérondif.
Don Quijote no se pasaba el tiempo cultivando sus tierras.

Exercices

1 ★ 5 min **Grammaire**
Escribe seis frases con la expresión *pasarse el tiempo*. Utiliza cada vez un pronombre sujeto diferente y subraya el pronombre reflexivo en cada frase.

2 ★★ 20 min **Expression écrite**
Escribe una carta a tus padres contándoles lo que te ha inspirado y aportado el último libro que has leído. (Unas 15 líneas)

3 ★★ 10 min **Compréhension de l'écrit**
a. Determina en qué lugar transcurre la acción.
b. Di a qué clase social pertenece Don Quijote de la Mancha.
c. Busca elementos para esbozar el aspecto físico y psicológico de Don Quijote.
d. Responde verdadero o falso y justifica la respuesta: «Don Quijote de la Mancha solía cazar».

ANGLAIS

1 Page 197

1 Burmese – British – immigration – globalisation – hundred – the – many – mass immigration – Ø.

2 **a.** Seven million five hundred and forty thousand eight hundred and thirty. **b.** Millions of immigrants.

3 *Proposition de corrigé* : Both Australia and Canada heavily depend on immigration, originally coming from the U.K. Indeed, like Canada, Australia has traditionally encouraged white immigrants while trying to contain immigrants coming from outside the European continent.
However, the proportion of immigrants coming from China and India has sharply increased recently. This trend in Canada is similar to the trend in Australia. Contrary to what happened before, today most of the newcomers are from China and India.

2 Page 199

1 a piece of – many – a lot of – fewer – Ø hard – little – much – some.

2 The interviewer asked the student if he often read newspaper articles online. The student replied that he had never liked reading. He added that he didn't trust journalists. He said that the day before / the previous day, he had seen a TV programme denouncing the collusion between the press and politicians. The interviewer answered that he couldn't say that. He explained that some journalists had given their life to inform the public.

3 *Proposition de corrigé* : At first, we may have the impression that the picture suggests love and intimacy. Then, looking more closely, we understand that Banksy is denouncing today's society, embodied by these people, who have fallen in love with their respective phones, not with each other. Indeed, this alienation to new technological devices is suggested by the light projected on their faces by the screen. To sum up, what is shown is that the rise of the Cyberworld puts into danger real feelings and human relationships.

3 Page 201

1 to create – to work – being – causing – to follow – to obey.

2 *Arguments = b et c ; exemples = a et d ; paragraphe 1 = b et a ; paragraphe 2 = c et d.*

3 *Éléments de réponse :* • problem of losing control: it is impossible to contain the spread of GMO seeds over other fields nearby • threat to our biodiversity • no perspective as to the exact health consequences of the consumption of GMOs • potentially harmful long-term effects.

4 Page 203

1 **a.** move **b.** accepting **c.** packed **d.** to follow.

2 **a.** The headquarters were moved to the capital city by the company. **b.** More women will be hired by the new employer. **c.** Her decision to work from home has been supported by her colleagues. **d.** Teleworking also meant her family life had to be reorganized.

3 d, c, a, b.

4 *Éléments de réponse :* • women have been a vital part of the British Army for more than 100 years (with over 13,000 women today) • women are trained as hard as men • in the United States, women's role in the Army has changed from being just in charge of traditional roles in camp, like nurses or cooks, to being pilots, drivers or mechanics during WWII. In 2015, a decree from the Pentagon opened all combat to women.

5 Page 205

1 **a.** opened – arrived **b.** have bought – were – perished **c.** died – have denounced **d.** received.

2 **a.** *Informations sur les personnages :* • I *(narrateur)* • one of the players • the Mahatma. *Informations sur le contexte (lieu et temps) :* • near the Y.M.C.A. building • in the coming supper meeting • in the field alongside • all over Delhi and India • over to me • on his way to the prayer meeting. **b.** *Frise chronologique :*

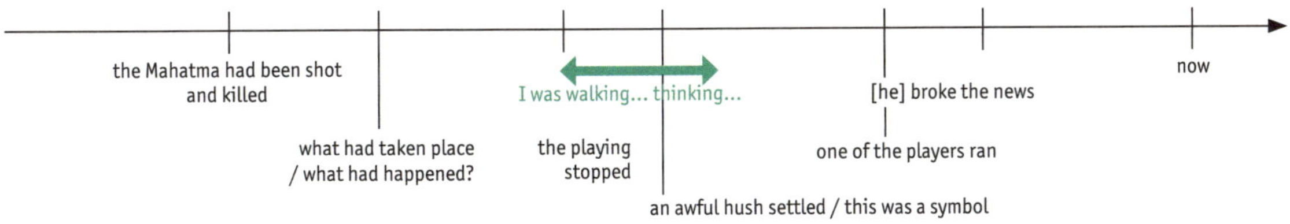

c. One sentence ("An awful hush settled on everything") suggests that everybody was shocked by the terrible piece of news, which is the reason why there was no sound and this silence was rather uncomfortable. **d.** The narrator was in India for an official, if not professional, reason. Indeed, he was supposed to give a speech later on in the evening. While he was wandering in the city, walking past a sports field, he had the impression something strange had happened as everybody suddenly kept quiet and there was a deep, unsettling silence around. The same scene happened everywhere else in India, reflecting the population's distress in the face of this national trauma: Gandhi had just been murdered.

6 Page 207

1 **a.** Even if / Although it rained, many visitors went to the opening of the art gallery. **b.** I hated the exhibition while / whereas my brother loved it. **c.** Many students can visit museums while they are on holiday. **d.** The artist painted this portrait of the queen to / in order to / so as to praise her. **e.** When I take part in the commemoration tomorrow, I will wear a poppy. **f.** As soon as the president started his speech, everybody stopped talking.

2 Arguments in favour: • An artwork reflects an artist's point of view, so it is legitimate for art to be politically-charged sometimes. Many contemporary artists are addressing our times' most pressing issues (mass immigration, refugee crisis, inequalities, abuses of power, etc.) • Artists are influential and may use their power to speak for their community. • An artist is like any other individual: they may take a political stand, and use whatever they can to make it clear, even their artworks.
Arguments against: • If artists had necessarily to deal with politics in their works of art, they would become alienated and they would lose their creativity. • Art should have no purpose or pragmatic use – it should deal with aesthetics and beauty. • Art should transcend the world we live in and give us pleasure, instead of bringing the public's attention back to their own worries.

7 Page 209

1 **a.** which **b.** who **c.** whose **d.** that.

2 *Suggestion de corrigé :* **a.** Schools should be fostering global awareness and cross-cultural understanding, which are both beneficial to students who can learn essential skills in today's globalised world. **b.** Many universities have made great efforts to improve the situation for their minority students over the past few years even if there are still numerous obstacles. **c.** Diversity & Inclusion trainings have become more and more common, especially in multinational companies, where the employees need to realize the prevalence of biases both at work and in their personal life. **d.** Inclusive policies should provide guidelines in order to support the full integration of all employees at their workplace by eliminating all forms of discrimination and facilitating diversity.

3 Arguments in favour: • Everybody should be respected for what they are (human right). • Society should be flexible enough to welcome every citizen. • It is the only way to encourage diversity in our society, otherwise, people may look all the same. • Everybody has a lot to gain for living in an inclusive and tolerant society. • It is easier for a group to welcome people who are slightly different, than for these individuals to force the recognition of a group of people.
Arguments against: • Everybody should be responsible for themselves. • You cannot always wait for others to find solutions to your problems. • Integration is a two-way process. • Society is the reflection of each member's attitude: everybody, not only minority group members, has to adapt to find their place amid this whole. • A balance should be struck between our individual rights and collective duties.

8 Page 211

1 **a.** is **b.** felt **c.** would have lost **d.** were **e.** had discovered.

2 *Éléments de réponse : • extrait de programme radio diffusé depuis Holland dans le Michigan • présentatrice Elissa Nadworny • invité Jon Ostenson, spécialiste de littérature dystopique pour jeunes adultes à l'université de l'État de Utah • énumération des qualités de ces romans, surtout pour les ados qui y reconnaissent leur propre monde • pas toujours de fin heureuse dans ces livres • importance des liens de causalité • limites du manichéisme • éthiquement ou moralement, toute une gamme de gris • ce qu'on apprend en passant de l'enfance à l'âge adulte.*
Autre intervenant Laurence Steinberg, psychologue à l'université Temple • genre de littérature parfait pour le cerveau en plein développement des adolescents • l'essentiel est dans l'interrogation plus que dans la contestation • en se développant, le cerveau

LANGUES

apprend des compétences (comprendre un argument, raisonner logiquement et émettre des hypothèses) • plus grande irritabilité des jeunes • nouvelles émotions bien plus fortes que lorsqu'ils étaient enfants • quand des jeunes se sentent tristes, ils se mettent dans des situations qui les rendent encore plus tristes (musique triste, émissions mélodramatiques).
Romans dystopiques ont tout cela • fortes émotions et réflexions sur la justice, la loyauté, et la mortalité • les jeunes peuvent se poser toutes ces questions tout en restant dans le confort de la fiction • rien de mal ne peut réellement leur arriver • devrait rendre parents et professeurs reconnaissants.

ESPAGNOL

1 Page 213

1 **a.** Los jóvenes dijeron que era muy fácil utilizar las redes sociales. **b.** La periodista le preguntó a los adolescentes si cuidaban su privacidad. **c.** Una joven a otra le pidió que le enviara un correo electrónico.

2 *Benito Bercerúelo, conseiller délégué de l'Étude de la Communication, et deux journalistes animent une émission de radio du 15/10/2018 intitulé* Les dangers des « fake news » ou des fausses informations. *Selon une étude, les fausses nouvelles prolifèrent sur le Net alors que la presse écrite est plus fiable. Une enquête auprès d'environ de 500 personnes conclut que la fiabilité de fausses nouvelles sur le Web et l'impact qu'elles produisent sur les jeunes est disproportionnée par rapport à la fiabilité de la presse écrite et des sites Web officiels.*
Cette écoute donne lieu à une série des questionnements sur l'emploi des moyens de communication auprès des personnes, et des adolescents en particulier, ainsi que l'impact obtenu négatif dans l'opinion publique.

3 Los adolescentes de mi generación nacieron con el móvil, el GPS y el chat. El mundo virtual e internet nos han permitido expresar nuestras opiniones y dar voces a las injusticias gracias a las redes sociales. Hoy en día todos los jóvenes las utilizan y ellas nos permiten estar en contacto con nuestros amigos. Es verdad que debemos tener cuidado con la información que leemos y divulgamos. Considero que lo más importante es seleccionar y manejar bien la información para que nadie nos pueda manipular o engañar. Si sabemos utilizar y diferenciar las noticias que proliferan en la red no creo que sea tan preocupante como lo apunta Benito Berceruelo en la emisión de radio. A pesar de todo, es una suerte haber nacido en esta generación en la que la información se consigue muy rápidamente.

2 Page 215

1 **a.** Lo importante en esta fotografía es que las mujeres ya no tienen miedo. **b.** Lo que quiere mostrar el fotógrafo es que son muchas las mujeres víctimas de violencia de género. **c.** Lo bueno de la historia es que la situación va a cambiar.

2 La fotografía fue hecha en la manifestación que tuvo lugar el 8 de marzo de 2019. Las mujeres, en su mayoría jóvenes, protestan porque los hombres españoles siguen siendo machistas. Ellas mueren, cada cuarenta y ocho horas, a manos de sus parejas o exparejas. El mensaje de esta cartulina morada resume el tema principal de la fotografía: «Si mañana me toca a mí, quiero ser la última». Esta frase connota el deseo de que la violencia que sufren las mujeres debe terminar de una vez por todas.

3 Page 217

1 nació (ella, tercera persona del singular, infinitivo: nacer) ; se crió (ella, infinitivo :criarse) ; logró (ella, infinitivo : lograr) y se graduó (ella, infinitivo : graduarse).

2 **a.** El título revela el nombre de la joven Alexandria Ocasio-Cortez, la generación a la que pertenece, sus orígenes y la reacción que va a producir en Washington, capital de los Estados Unidos. **b.** — Verdadera: «logró [...] Internacionales» (l.2-3). — Falsa: «como becaria [...] Kennedy.» (l.4) **c.** Los elementos más importantes de la biografía de Alexandria Ocasio-Cortez son en primer lugar las penurias que debió pasar y la fuerza de voluntad que hace de ella una triunfadora: • «La joven [...] 1989» (l.1). • «La joven [...] Internacionales» (l.1-3). • «En 2016 [...] forjar.» (l.4-5) • «A pesar de [...] Flats Fix.» (l.6-7) • «Pero [...] demócrata.» (l.7-8) **d.** Alexandria proclama en su mensaje político la diversidad y la inclusión: «todos [...] inmigración.» (l.9-11) **e.** Las cualidades que posee la legisladora son: «una mujer [...] ambiciosa.» (l.16) **f.** La importancia de su elección radica en que es: «la gran [...] minorías.» (l.19-20)

4 Page 219

1 **a.** de, de, a. **b.** de, a. **c.** a. **d.** a. **e.** en.

2 **a.** El muro que separa México y los Estados Unidos ya existe aunque «le faltan 2.000 kilómetros». La nueva construcción provocará consecuencias nefastas como lo indica el subtítulo «un golpe ecológico y una mayor mortalidad entre los migrantes».

b. «Donald [...] México» (l.1-2). **c.** Falsa: «El muro [...] años.» (l.3-4) **d.** Lee explica: «Yo pasaba [...] muro» (l.5-7). **e.** Es la b: «Con la llegada [...] muro» (l.8-9).

5 Page 221

Proposition de corrigé : • Argumentos a favor: — para cerrar las heridas de la historia; — para suprimir el protagonismo que representa ; — el monumento y el sepulcro no deben ser un homenaje a un dictador ; — además está subvencionado y ocupa un espacio público ; — para olvidar las dictaduras y vivir en democracia ; — para contrarrestar y rendir un homenaje a los presos políticos que construyeron la obra civil y religiosa ; — para que cambien las leyes, etc. • Argumentos en contra: — es un héroe o un mito ; — forma parte del territorio y de la memoria histórica ; — no se puede borrar ni olvidar el pasado ; — el monumento es un homenaje a los mártires ; — conocer el pasado, aceptarlo y aprender de él ; — pude ser considerado por algunas personas como un acto de odio o de resentimiento, etc.

6 Page 223

1 • A lo mejor están esperando un trabajo. • A lo mejor están muy enfadados. • Tal vez la crisis argentina dejara sin trabajo en los años treinta a mucha gente. • Tal vez esta manifestación hiciera cambiar la vida de estas personas. • Quizás algún día tengan dinero para comer. • Es posible que la situación de estas personas no cambie en mucho tiempo. • Es posible que nadie se sienta identificado con este cuadro.

2 La composición del cuadro de Antonio Berni está determinada principalmente por los manifestantes del primer plano. El grupo de delante forma un triángulo. En el centro, la cara entrecortada de un hombre refleja, como en el resto de la composición, la tristeza y la desesperación. Sus ojos expresivos y desafiantes contrastan con los dos hombres que están a su lado. Ellos miran a las ventanas del inmueble a la expectativa de que un milagro se produzca.

7 Page 225

1 **a.** ¡Ahórraselas al medio ambiente! **b.** ¡Comprad menos bolsas! **c.** ¡Sacad otra ley para salvar el planeta! **d.** ¡No paguemos el coste de las bolsas!

2 «Se cobran todas las bolsas», «Se prohíben las bolsas de plástico fragmentables» y «Se prohíben las bolsas de plástico ligeras y muy ligeras, salvo las compostables». Las tres expresan una obligación.

3 *Réponse possible :* Las medidas que tomo para preservar el medio ambiente son múltiples. Por ejemplo, apago los aparatos eléctricos si no los uso, me ducho en lugar de bañarme, cierro el grifo cuando me cepillo los dientes, reciclo el vidrio, el metal, el plástico y el papel. También utilizo los medios de transporte o voy a pie. A partir de ahora llevaré mi bolsa de tela u otro material similar cuando vaya a comprar.

8 Page 227

1 • Yo <u>me</u> paso el tiempo leyendo ... • Tú <u>te</u> pasas el tiempo soñando. • Ella <u>se</u> pasaba el tiempo escuchando ... • Nosotros <u>nos</u> pasamos el tiempo viendo ... • Vosotros <u>os</u> pasáis el tiempo escribiendo. • Don Quijote y Sancho Panza <u>se</u> pasaban el tiempo buscando ...

2 *Proposition de corrigé :*

Valencia, 20 de marzo de 2019

Queridos papás:

Os escribo porque anoche me acabe un libro maravilloso titulado Patria de Fernando Aramburu. Muchos héroes cotidianos me han recordado a vosotros. Este libro tiene el poder de haberme transportado a otro lugar y a otro momento. Este escritor nos permite con su escritura volver a mi España castiza y tanto añorada. Espero que publique pronto otro libro para poderlo leer.

¿Qué tal todo por Valencia? Aquí en París los días pasan muy deprisa.

¡Os echo mucho de menos!

Vuestro hijo,

Alejandro

3 **a.** La acción transcurre «En un lugar de la Mancha» (l.1) **b.** Don Quijote es un miembro de la pequeña nobleza: «un hidalgo» (l.1). **c.** La descripción física de Don Quijote: «Frisaba la edad de nuestro hidalgo con los cincuenta años, era de complexión recia, seco de carnes, enjuto de rostro; gran madrugador y amigo de la caza.» (l.2-3) Y la psicológica en la palabra: «desatino» (l.6). **d.** La frase es falsa. Don Quijote «se daba a leer libros de caballerías» (l.4-5).

FAIRE UNE fiche parcours pour le bac de français

Pendant l'année de Première, en français, tu étudies **4 oeuvres**. Chacune est associée à un parcours. Ces parcours sont essentiels pour la dissertation et l'oral de français. Ils permettent de mieux comprendre les enjeux des œuvres au programme et faire des liens. Il y a donc 4 fiches à faire :

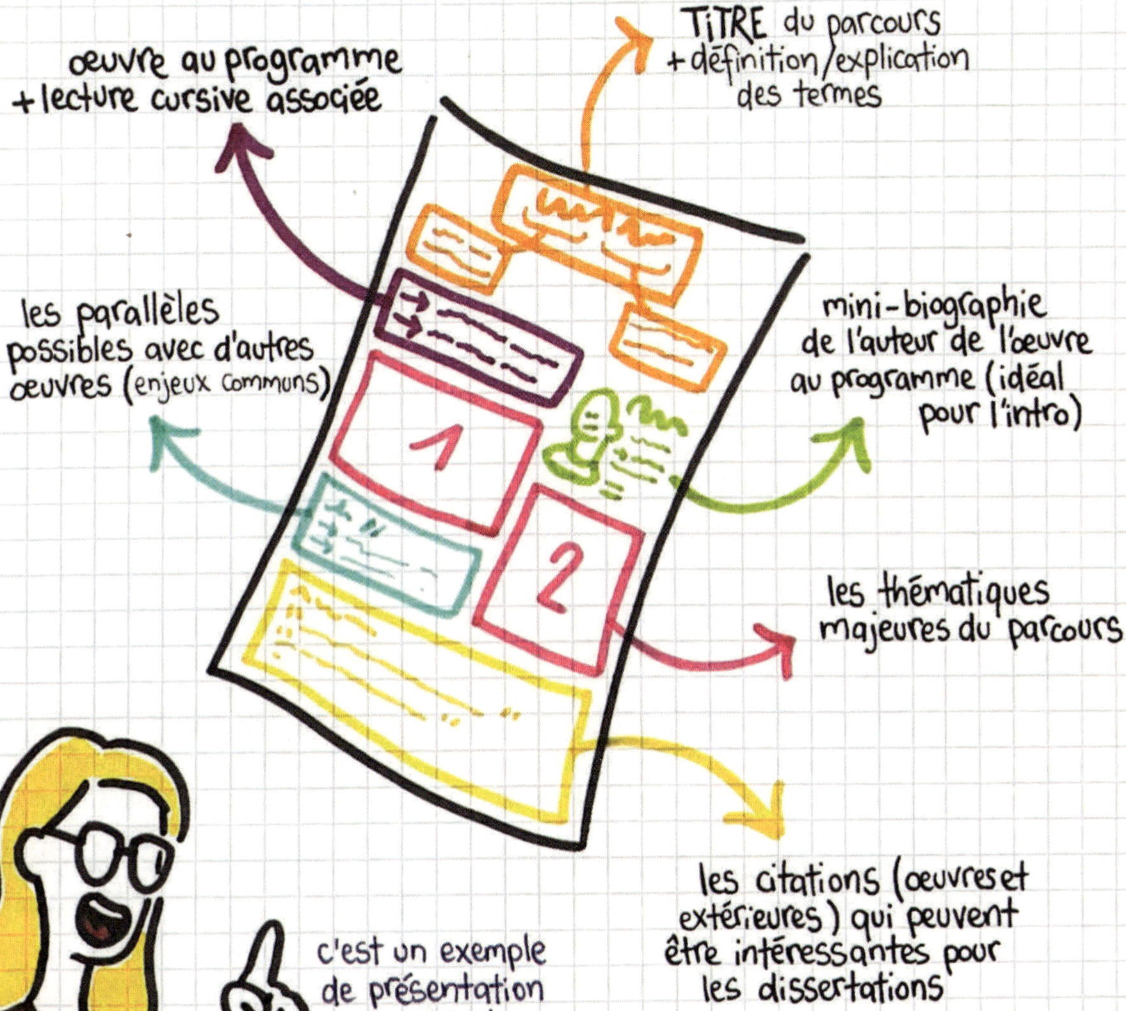

c'est un exemple de présentation mais n'hésite pas à l'adapter pour que ça te ressemble !

du L'ÉCRIT bac de français

COEFF 5 — MI-JUIN — 4h

⚠ Il faut que tu arrives au moins 30 min avant le début de l'épreuve !

La veille, tu prépares ton sac en y mettant :

- ta convocation
- une pièce d'identité
- des stylos
- des surligneurs
- une bouteille d'eau

à l'épreuve, tu auras le choix entre

dissertation et commentaire de texte

dissertation = à partir d'une question à propos d'une œuvre étudiée pendant l'année

\+ Tu peux anticiper les sujets possibles et travailler tes plans et arguments en avance.

− Cela nécessite beaucoup de connaissances. Car tu dois ressortir des axes et des citations dans les œuvres.

commentaire de texte = texte inconnu, tu dois faire une analyse thématique du texte

\+ Cela nécessite moins de bachotage. Il faut savoir repérer les procédés et enjeux.

− Aucune anticipation possible ce qui te rend tributaire du sujet dans un sens.

→ Pour les deux exercices, l'essentiel est la **méthode** !!!

+ d'infos sur le déroulé de l'épreuve page 8

L'ORAL du bac de français

COEFF 5 — FIN JUIN — 30 min de préparation + 20 min d'oral

⚠ Le jour de l'épreuve, il faut que tu arrives 30 min avant l'heure indiquée sur ta convocation

Pour l'oral, tu dois apporter :

- ta convocation
- une pièce d'identité
- des surligneurs
- des stylos
- 2 corpus de textes vierges de toute annotation

30 min — **TOP DÉPART** pour le brouillon, le jury t'a assigné un texte et une question de grammaire

→ NOTE TOUT CE DONT TU TE SOUVIENS

début de l'oral (assis ou debout comme tu préfères)

12 min — **première partie /12**

→ lecture à voix haute
→ explication linéaire
→ question de grammaire

8 min — **seconde partie /8**

→ entretien (présentation de l'oeuvre + questions)

LA spé ABANDONNÉE

→ En classe de Première, tu as 3 spécialités, et en Terminale tu dois en garder 2.

Pour faire le point :

spé (que tu abandonnes)	spé (que tu gardes) — spé (que tu gardes)
COEFF 8	**COEFF 16 chacune**
↳ contrôle continu de l'année de 1re	↳ épreuves fin juin de l'année de Tle

mais comment choisir celle qu'on arrête ?

① Choisis de manière cohérente en fonction des études auxquelles tu aspires !

② Note les + et les – de chaque spécialité selon certains critères : la nécessité pour les études visées, tes résultats, tes préférences…

③ Choisis stratégiquement en fonction de ton appétence pour chaque spé

⚠ Attention à ne pas abandonner une spé indispensable pour ce que tu veux faire après le BAC !

Crédits iconographiques

Français : 20 : © Stocksnapper / Shutterstock ; **21** : © BIS / Ph. Nadar © Archives Photographiques Paris – Archives Larbor ; **24** : **ht** © Radiokafka / Shutterstock ; **b** © BIS / Ph. Coll Archives Larbor ; **25** : © Tallandier /Bridgeman Images ; **28** : **m** © Lukasz Janyst / Shutterstock ; **b** © Everett Historical / Shutterstock ; **29** : © jorisvo / Shutterstock ; **30** : © maziarz / Shutterstock ; **32** : © BIS / Ph. J. Arland © Archives Bordas ; **33** : © Georgios Kollidas / Shutterstock ; **36** : © Georgios Kollidas / Shutterstock ; **37** : **ht** © Everett Historical / Shutterstock ; **b** © Ph. H. Josse ©Archives Larbor ; **44** : © BIS / Ph. S. Guiley-Lagache © Archives Larbor ; **45** : © Apic / Getty Images ; **46** : © Georgios Kollidas / Shutterstock ; **47** : © Kamira / Shutterstock ; **48** : © Rosemarie Clausen / Ullstein bild via Getty Images ; **52** : © Pascal Victor/ArtComPress ; **54** : **htg** © BIS / Ph. Coll. Archives Larbor ; **htd** © Raymond Delalande / Sipa ; **55** : © Studio Lipnitski / Roger-Viollet ; **59** : **ht** © BIS / © Archives Larbor ; **m** © BIS / Ph. Oronoz © Archives Larbor © Succession Picasso, 2019 ; **68** : Chanson de Roland © Archives Charmet / Bridgeman Images ; Chrétien de Troyes © BIS / Ph. Coll. Archives SEJER ; Marie de France © BIS / Ph. Coll. Archives Larbor ; Guillaume de Lorris © British Library / Aurimages ; Rutebeuf © BIS / Ph. Bibliothèque Royale Albert 1er, Bruxelles ; Guillaume de Machaut © BIS / Ph. Coll. Archives Larbor ; Christine de Pisan © BIS / Ph. Coll. Archives Larbor ; **69** : Charles d'Orléans © RMN-Grand Palais / Agence Bulloz ; François Villon © BIS / Ph. Coll. Archives Larbor ; François Rabelais © BIS / Ph. H. Josse Archives Larbor ; Montaigne © BIS / Ph. Archives Nathan ; Pierre de Ronsard © BIS / Ph. Studio J.J. Morlan Archives Larbor ; Joachim du Bellay © BIS / Ph. Coll. Archives Larbor ; Marguerite de NAVARRE © Bridgeman Images ; **70** : Pierre Corneille © BIS / Ph. H. Josse Archives Larbor ; Molière © BIS / Ph. Luc Joubert Archives Larbor ; Jean Racine © BIS / Ph. Canonge Archives larbor ; Mme de Lafayette © BIS / Ph. Coll. Archives Larbor ; Jean de La Fontaine © BIS / Ph. J. Arland Archives Larbor ; **71** : Montesquieu © BIS / Ph. H. Josse Archives Larbor ; Denis Diderot © BIS / Ph. Scala Archives Bordas ; Voltaire © BIS / Ph. Archives Nathan ; Jean-Jacques Rousseau © BIS / Ph. Jean Tarascon Archives Larbor ; Marivaux © BIS / Ph. H. Josse Archives Larbor ; BEAUMARCHAIS © BIS / Ph. Guiley-Lagache © Archives Larbor ; **72** : Victor Hugo © BIS / Ph. Etienne Carjat Coll. Archives Larbor ; Germaine de Staël © BIS / Ph. Coll. Archives Bordas ; George Sand © BIS / Ph. J.L. Charmet Archives Larbor ; Alfred de Musset © BIS / Ph. Hubert Josse Archives Larbor ; François-René de Chateaubriand © BIS / Ph. S. Guiley-Lagache Archives Larbor ; Stendhal © BIS / Ph. H. Josse Archives Larbor ; Balzac © BIS / Ph. Jeanbor Archives Larbor ; Gérard de Nerval © BIS / Ph. Coll. Archives Larbor **73** : Gustave Flaubert © BIS / Ph. Coll. Archives Nathan ; Émile Zola © BIS / Ph. Nadar Coll. Archives Larbor ; Guy de Maupassant © BIS / Ph. Coll. Archives Nathan ; Charles Baudelaire © BIS / Ph. Nadar Archives Photographiques Paris Archives Larbor ; Paul Verlaine © BIS / Ph. X Archives Larbor DR ; Arthur Rimbaud © BIS / Ph. Etienne Carjat Archives Larbor ; Alfred Jarry © BIS / Ph. Coll. Archives Larbor DR **74** : Guillaume Apollinaire © BIS / Ph. Coll. Archives Nathan ; Marcel Proust © BIS / Ph. Coll Archives Larbor ; André Breton © BIS / Ph. Coll Archives Larbor ; Paul Éluard © The Granger Coll NY / Aurimages ; Aimé Césaire © Henri Martinie / Roger-Viollet ; Jean-Paul Sartre © Photo12 / Ullstein Bild ; Albert Camus © Rene Saint Paul/BRIDGEMAN IMAGES ; Léopold Sédar Senghor © Mychele Daniau / AFP ; **75** : Simone de Beauvoir © Serge Hambourg / Opale / Leemage ; Eugène Ionesco © BIS / Ph. Jeanbor Archives Larbor ; Nathalie Sarraute © BIS / Ph. Patrice Pascal Archives Larbor ; Samuel Beckett © Rosemarie Clausen / Ullstein bild via Getty Images ; Marguerite Duras © René Saint Paul/Bridgeman Images ; Georges Perec © BIS / Ph. P. Pascal Archives Larbor ; Patrick Modiano © Helene Bamberger / Opale via Leemage ; Wajdi Mouawad © Gérard Julien / AFP ; Annie Ernaux © Hannah Assouline / Opale / Leemage ; **Histoire : 82** : © BIS / Ph. Hubert Josse © Archives Larbor ; **83** : © BIS / Ph. Coll. Archives Bordas ; **84** : © BIS / Ph. Hubert Josse © Archives Larbor ; **85** : © BIS / Ph. Leonard de Selva © Archives Larbor ; **88** : © BIS / Ph. J.L. Charmet © Archives Larbor ; **94** : © BIS / Ph. Coll. Archives Larbor ; **103** : © akg-images © ADAGP, Paris 2019 ; **Géographie : 108** : © Zbynek Plinta / Shutterstock ; **112** : © VanderWolf Images / Shutterstock ; **123** : © Francis Cormon / hemis.fr ; **128** : © Hung Chung Chih / Shutterstock ; **EMC : 131** © Jérôme Labouyrie / Shutterstock ; **Enseignement scientifique : 145** : **ht** © Nicolas Menguy / IMPMC, Sorbonne université ; **145** : **b** © vvoe / Adobe Stock ; **147** : © Kallayanee Naloka / Shutterstock ; **151** : **ht** © Natali Snailcat / Shutterstock ; **155** : © COULANGES / Shutterstock ; **167** : © Philippe Cosentino ; © Julien Cartier ; © Sandrine Beaudin ; **Anglais : 196** © Alamy / photo12 ; **198** : © Courtesy of Pest Control Office, Banksy, Bristol, 2014 ; **200** : © Marcin Balcerzak / Shutterstock ; **202** : © kryzhov / Shutterstock ; **204** : © Bob Pool / Shutterstock ; **206** : © L. Kragt Bakker / Shutterstock ; **208** : © YAKOBCHUK VIACHESLAV / Shutterstock ; **210** : © Aranami / Shutterstock ; **Espagnol : 214** : © Marcos del Mazo / LightRocket via Getty Images ; **220** : © goja1 / Shutterstock ; **222** : © Javier Larrea / Age Fotostock / D. R. ; **224** : © Ministerio de Transicion ecologica / D. R. ; **226** : © JPF / Shutterstock.

Édition : Laura Dherbecourt, Giulia Endrigo, Agnès Jemain, Virginie Lassarre, Michel Zelvelder
Assistants d'édition : Lisa Liotta, Ophélie Pereto, Paul Robert
Création maquette : Cécile Chaumet, Josiane Sayaphoum (frise littéraire)
Création couverture : Cécile Gallou
Schémas et cartographie : Lionel Buchet, Sébastien David, Domino, Laurent Grolleau, Vincent Landrin
Mise en pages : Ma petite FaB - Laurent Grolleau

N° projet : 10290876 – Dépôt légal : juin 2024
Imprimé en France par Pollina en juin 2024 - 50155,
imprimeur certifié IMPRIM'VERT®

Bordas est un éditeur qui s'engage pour la préservation de l'environnement et utilise du papier issu de forêts gérées de manière responsable et d'autres sources contrôlées.